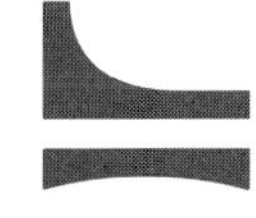

本书是中国博物馆协会资助项目

High-quality Development of Museums: Proceedings of CAMOC-CSM(2024)

Editors: Secretariat of CAMOC-CSM
Shanghai History Museum | Shanghai Revolution Museum

博物馆高质量发展

中国博物馆协会城市博物馆专业委员会论文集（2024）

中国博物馆协会城市博物馆专业委员会
上海市历史博物馆（上海革命历史博物馆） 编

上海交通大学出版社
SHANGHAI JIAO TONG UNIVERSITY PRESS

内容提要

本书为中国博物馆协会城市博物馆专业委员会2024年度学术年会论文集，共收录论文44篇，从近年各地"博物馆热"的文化现象出发，深入讨论了城市博物馆在推动中华优秀传统文化创造性转化、创新性发展中的责任担当和实践路径，以及文旅融合背景下城市博物馆的创新探索、新技术应用赋能城市博物馆多元发展等问题。本书内容兼具思想性和前沿性，对推动新时代城市博物馆高质量发展具有一定启发和借鉴意义。

图书在版编目（CIP）数据

博物馆高质量发展：中国博物馆协会城市博物馆专业委员会论文集. 2024/ 中国博物馆协会城市博物馆专业委员会，上海市历史博物馆（上海革命历史博物馆）编. 上海：上海交通大学出版社，2024. 10 -- ISBN 978-7-313-31699-8

Ⅰ. G269.2-53

中国国家版本馆CIP数据核字第20247FV689号

博物馆高质量发展：中国博物馆协会城市博物馆专业委员会论文集（2024）

BOWUGUAN GAOZHILIANG FAZHAN: ZHONGGUO BOWUGUAN XIEHUI CHENGSHI BOWUGUAN ZHUANYE WEIYUANHUI LUNWENJI(2024)

编　者：中国博物馆协会城市博物馆专业委员会
　　　　上海市历史博物馆（上海革命历史博物馆）

出版发行：上海交通大学出版社　　地　址：上海市番禺路951号

邮政编码：200030　　电　话：021-64071208

印　制：上海锦佳印刷有限公司　　经　销：全国新华书店

开　本：787 mm×1092 mm　1/16　　印　张：25.75

字　数：431千字

版　次：2024年10月第1版　　印　次：2024年10月第1次印刷

书　号：ISBN 978-7-313-31699-8

定　价：98.00元

目 录

一、城市博物馆推动优秀传统文化创造性转化、创新性发展

二、文旅融合背景下的城市博物馆

三、新技术应用与城市博物馆发展

CONTENTS

II. City Museums in the Background of Cultural and Tourism Integration

III. Application of New Technologies and Development of City Museums

一、城市博物馆推动优秀传统文化创造性转化、创新性发展

I. City Museums in Promoting the Creative Transformation and Development of Traditional Chinese Culture

新时代博物馆精品陈列展览策划的实践与思考
——以全国十大精品展览为例

张　霆[①]　樊　欣[②]　郑州博物馆　河南郑州　450000

摘要：

随着时代发展，博物馆不再只是保存历史文物和艺术品，而是成为社会文化传承的重要场所。在此背景下，对博物馆精品陈列展览策划的实践和思考变得愈加重要。本文将围绕“新时代博物馆精品陈列展览策划”主题进行研究，客观反映2018年度至2022年度全国博物馆十大陈列展览精品推介活动的基本现状，对郑州博物馆精品展览策划进行思考。

关键词：

博物馆　精品展览

Planing Practice and Thoughts on the Fine Exhibitions of Museums in the New Era: Taking the National Top Ten Fine Exhibitions as an Example

ZHANG Ting　FAN Xin

Abstract:

With the development of the times, museums no longer just preserve historical relics and artifacts, but have become an important place for social cultural inheritance. In this context, the practice and reflection on the planning of museums' fine displays and exhibitions have become more and more important. This paper will focus on the research themed on "Planning of the Fine Displays and Exhibitions of Museums in the New Era", objectively reflect the basic situation of the activities promoting the fine exhibitions of national top ten museums from 2018 to 2022 as well as reflect on the planning of the fine exhibitions in Zhengzhou museum.

Key words:

Museum　Fine exhibitions

---

① 张霆，郑州博物馆党总支书记、馆长。ZHANG Ting, Zhengzhou Museum.

② 樊欣，郑州博物馆陈列部主任助理、助理馆员。FAN Xin, Zhengzhou Museum.

全国博物馆十大陈列展览精品(以下简称十大精品)推介活动由国家文物局指导，中国博物馆协会、中国文物报社主办，截至2023年已成功举办20届，共产生奖项512个。十大精品推介从主题、内容、形式设计、展品选择、文物安全、宣传教育、观众服务、社会反响等多个方面对精品展览提出要求。十大精品推介活动充分起到推动、鼓舞和示范作用，涌现出一大批主题鲜明、制作精良、各具特色的精品陈列展览，从而有力地强化博物馆精品意识。

策划精品陈列展览是博物馆发展的重要一环，能够促进博物馆的影响力和可持续发展。首先精品陈列展览往往涉及独特的文化题材和主题，通过展示珍贵文物和艺术品，让观众深入了解特定时代和文化，为观众带来更好的文化体验和知识启迪。其次，精品陈列展览通常会引入前沿的学术研究成果和专家学者观点，通过展览形式为学术研究和文化交流提供平台，推动相关领域发展与进步。最后，精品陈列展览通常具有独特性和吸引力，能够吸引更多观众前来参观，这不仅增加参观者数量，也提高参观者满意度和回头率，有助于博物馆建立良好口碑和形象，提高博物馆知名度和影响力。

一、博物馆精品陈列展览发展现状分析

本文选取2018年度至2022年度十大精品推介活动中获奖展览为研究对象，采用文献收集、线上调研、实地考察等多种方式，总结精品展览的特色，并结合郑州博物馆陈列展览策划实施情况进行深度研究。

(一) 2018—2022年获奖基本情况

自1997年第一届十大精品推介活动举办以来，其评选标准越来越关注展览的综合水平。2018年度至2022年度推介活动奖项设置均为5项，根据《推介办法》中所述“十大精品推介活动设精品奖10个；优胜奖若干；国际及港澳台合作奖和入围奖若干；围绕党和国家重大政治或历史纪念活动的展览举办情况，设特别奖若干”。2018年度至2022年度十大精品推介活动共产生获奖展览158个，其中精品奖50个、优胜奖69个、国际及港澳台合作奖9个、国际及港澳台入围奖12个、特别奖18个。

十大精品推介活动涵盖多种题材的陈列展览，研究展览主题分类，有利于解读分析新时代精品展览现状，对研究打造新时代博物馆精品展览及未来展览策划方

向具有重要意义。根据现今博物馆展览特点，将获奖展览划分为古代历史类、近现代革命建设类、通史类、自然历史类、艺术类、科学技术类、综合类7种。①

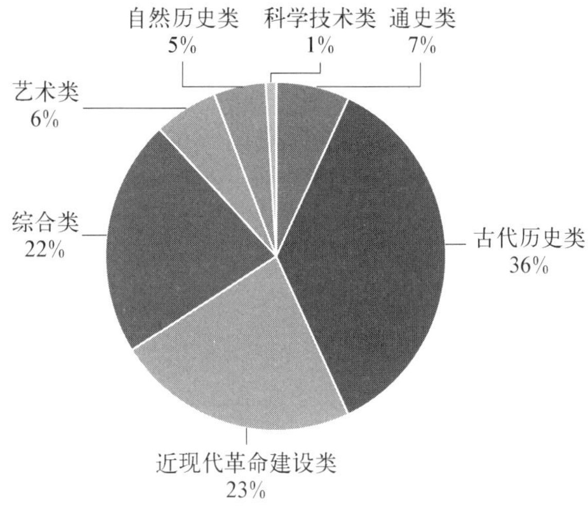

图1　2018—2022年十大精品推介活动中获奖展览分类占比图

图1显示，自2018年以来，获奖展览中古代历史类、近现代革命建设类及综合类所占比重最大，分别占到全部获奖项目总数的36%、23%及22%，说明目前国内博物馆展览类型是以人文历史类为主。表1显示，综合类展览获奖数量逐年递增，近现代革命建设类展览获奖数量在2021年突增。笔者认为出现上述情况，一方面是由于博物馆陈列内容及表现形式不再局限于单一模式，将历史、文化、艺术等多方面进行融合，所以形成综合类展览增多的趋势；另一方面2021年是中国共产党百年华诞，全国博物馆陆续推出"庆祝建党100周年"系列展览，因此近现代革命建设类展览在2021年繁荣发展。

表1　2018—2022年十大精品推介活动中获奖展览分类情况表

年份	通史类	古代历史类	近现代革命建设类	综合类	艺术类	自然历史类	科学技术类
2018年	6	7	6	4	4	1	1
2019年	1	14	4	6	1	3	0
2020年	2	13	5	4	2	2	0

① 吕军、张力月、袁函琳等：《历届全国博物馆"十大陈列展览精品"入选项目的类型与区域分布》，《中国博物馆》2018年第1期。

续 表

年份	通史类	古代历史类	近现代革命建设类	综合类	艺术类	自然历史类	科学技术类
2021 年	1	10	16	10	0	2	0
2022 年	1	13	5	11	3	0	0
总计	11	57	36	35	10	8	1

（二）优秀展览案例分析

上述获奖展览在展览主题、内容、形式设计等方面均体现全国博物馆办展的最高水平，现根据调研情况，挑选符合郑州博物馆办展特色和理念的部分优秀案例，分析其展览亮点。

1. 丽人行——中国古代女性图像展

该展获得 2022 年度全国博物馆十大陈列展览优胜奖。它是浙江省博物馆打造出的“丽人行”文化 IP，展览精选馆藏的古代女性题材画作，配套展示相关古代女性的饰品、服装、生活用品等实物，以及当代女艺术家作品共 160 余件(套)，设置“闺闱风韵”“云幕椒房”“庭院春生”三个单元，分别聚焦古代女性的外在形象、生活空间、精神世界，让观众走进图像中各类女性的百味人生，感受多样的女性力量。

“丽人行”展览运营过程中始终以品牌构建为导向，努力构建具有辨识度、影响力和生命力的展览品牌。本次展览为“丽人行”系列中的第二个展览，展览创新打造以“云展览”先行，再构建实体展览的模式，探寻以女性视角讲述中国故事、传播中国声音，展现中国形象。展览还配套推出“丽人行”女性论坛、文创产品、虚拟微策展大赛、三联中读课程及“在浙博遇见古代自己”等教育活动，最大限度地将文物“活”化，带动博物馆全链条发展。

2. 寻·虎——小鸟虎儿童主题展

该展获得 2022 年度全国博物馆十大陈列展览优胜奖。它是江西省首次针对儿童设计的博物馆主题展览，展览以馆藏文物“商代伏鸟双尾青铜虎”为核心展品，打造“小鸟虎”卡通 IP 形象，围绕“大揭秘、大发现、大创想”三个部分展开，介绍“小鸟虎”的发现、修复等过程，同时辅以新干大洋洲同时期出土的文物构成“小鸟虎的朋友圈”共同展出，以生动风趣的语言揭秘青铜虎背后的神秘国度，探寻江西与虎的不解之缘。

展厅内部配色活泼多彩，童心十足，图文版面采用卡通字体打破沉闷氛围，28个互动项目贯穿展览全程，带领孩子发掘动手探索的乐趣。展厅专设美育创意空间，儿童艺术作品成为独特展品，展厅结尾处设置森林影院，趣味动画唤起爱虎、护虎之心。此外，展览还精心筹备儿童舞台剧、研发文创产品，推出儿童版展览海报及读本等。该展览彰显博物馆社会教育责任与担当，是打造博物馆特色品牌的有益探索和尝试。

（三）获奖展览的突出亮点

根据对近五年获奖展览研究，可以看出每个展览都具有自身的特色，现就精品展览的突出亮点进行总结和分析。

1. 展览选题和内容设计的亮点

（1）策划原创展览，突出时代特色和地区特色。博物馆作为地区文化宣传的关键力量，扮演着重要角色。获奖展览中，大部分原创性展览与当地的历史文化、人物事件、遗迹遗物及民风民俗等紧密相关。这些原创性展览通过展示和解读，帮助人们深入探索和理解当地的独特魅力。此外，展览主题往往与当代社会的发展趋势和时代精神相契合，通过展现社会热点和时事问题，引发观众对当代社会发展的关注和思考，具有较高的新颖性和吸引力。例如，2021年是中国共产党建党100周年、2022年是中国人民解放军建军95周年，为迎接这些重大而庄严的日子，各大博物馆纷纷推出“伟大历程——中共中央在延安十三年历史陈列”“向海图强——人民海军历史基本陈列”“南国烽烟举红旗——南方红军三年游击战争历史陈列”等展览，旨在向观众展示中国共产党和人民军队在历史上的辉煌成就，激发观众的爱国情怀和自豪感。

（2）加强学术支撑展览内容，文物展品精挑细选。博物馆展览是学术研究成果的有机展示，它承载着专家学者长期以来的努力，贯穿于整个策划过程，以保证展览内容的学术性、专业性和前沿性。此外，展览还要有深入浅出的设计理念，让观众在参观中既能感受专业知识的力量，又能轻松理解并产生共鸣，这要求展览要结构清晰明了、语言简洁易懂、内容富有层次等。

文物选择也是精品展览的重要衡量标准，展览的成功不仅仅在于文物数量和规模，更在于文物选择和展示方式。针对精品展览而言，文物选择需要多方面考虑。选择与展览主题相符、具有较高学术价值、最新发现或首次展出的文物，并确保其保存状况和安全性，为观众呈现一场丰富、有趣且有意义的展览。

2. 展览形式设计和陈展制作的亮点

（1）形式设计精工细作，与展陈内容和谐统一。博物馆陈列有两个目的，一个是给观众美感，二是使观众增加知识。[①] 因此，形式设计是展览的重要组成部分，好的形式设计能够增加观众的兴趣和参与度，并通过美学、感官的刺激，更好地传达展览的主题和信息。

首先，展览布置可以采用线性、平面、空间等不同形式来呈现，以突出展览内容的层次和重点。其次，景观设计在展览形式中起到非常重要的作用，可以包括植物、景观造型、装饰艺术等元素，来构建特定的环境氛围，丰富展览视觉效果，增强观众感官体验。灯光和音效也是不可或缺的元素。通过不同亮度、颜色及造型的灯光设计，为展览增添艺术感和戏剧性，同时也能够吸引观众的注意力；音效设计则可以通过背景音乐、语音导览等方式，为展览内容增添更多的情感。最后，展览形式设计的成功不仅仅在于展览的外在表现，应根据展陈内容特点进行有机组合，以确保观众能够充分理解展览主题和内容。形式设计和内容相得益彰，相互促进，共同传递出展览的价值和意义。

（2）多元化展示手段，立体叙事空间。在科技迅速发展背景下，智慧科技在精品展览中的应用不断丰富和深化，为传统博物馆注入新活力。第一，智慧科技为观众提供丰富的互动方式。传统的博物馆观展往往以文字、图片和实物展示为主，观众的互动空间有限。而引入智慧科技后，观众通过二维码、导览 APP、虚拟现实（VR）、增强现实（AR）等方式进行触摸、点击、移动，甚至使用手势或语音指令来探索和解读展览中的文物和艺术品。同时，观众可以利用社交媒体、在线评论系统等方式与其他观众和博物馆进行交流，分享自己的观点和体验。第二，智慧科技使博物馆的展览内容更加生动和形象。通过投影、全息技术、增强现实等方式，传统静态展示场景可以转化为动态虚拟场景，观众可以身临其境地感受历史事件、文化景观等。

3. 展览社会教育与宣传推广的亮点

（1）配套活动丰富多样。从获奖展览研究中发现，与展览相关的配套活动也是衡量精品展览的重要标准之一。出现较多的活动有人工讲解、语音导览、虚拟展览、社教活动、文创及学术讲座等，“云讲解”“云体验”“云直播”“云课堂”等线上活

---

① 景立：《浅析博物馆陈列展览的形式设计是如何服务于内容策划的》，《文物鉴定与鉴赏》2020 年第 23 期。

动也深受大家喜爱。此外，部分精品展览根据主题举办特色活动，如山东博物馆“衣冠大成——明代服饰文化展”，展演内容包括有古代复原服饰、具有明代美学风格创新设计的服装、当代经典设计的服装等作品，将文物展品与现代设计完美转化，用当代语言诠释如何让文物“活起来”，为中华传统优秀文化的传承、发展和创新做了很好的示范。①

(2) 跨界融合打造 IP 热点。为提升展览的吸引力，博物馆逐渐开始进行跨界融合，打造 IP 热点，给观众带来更丰富多样的体验。同时，部分获奖展览呈现博物馆 + 教育业、博物馆 + 旅游业、博物馆 + 新媒体业、博物馆 + 服务业等多元合作趋势。通过与各类知名品牌、艺术家、设计师合作，将自身的形象和文化传递给更多的人。以“山高水阔　长流天际——长江流域青铜文明特展”为例，该展览联合长江流域 48 家文博单位，吸引文旅、创意、数据等 14 家企业赞助，实现“1 + N”策展新模式，推动流域沿线博物馆之间，博物馆与社会企业之间的资源整合。②

二、关于精品展览的讨论及建议

(一) 建立以观众需求为导向的新时代精品展览

研究中我们引用中博热搜榜分析展览情况。中博热搜榜从 2020 年 5 月开始发布“十大热搜展览”排行榜，这些展览是根据原创指数、学术指数、参观指数等 20 项指数作为评价依据，可以折射出各展览受网友关注程度。

研究选取“十大热搜展览”的时间段从 2020 年 5 月至 2023 年 4 月，十大精品推介活动中的获奖展览共有 20 个登榜。中博热搜榜作为热门博物馆的风向标，优质展览的大众指南，然而十大精品推介活动的获奖展览上榜率并不高，2019 年度上榜展览 1 个，2020 年度上榜展览 10 个，2021 年度上榜展览 4 个，2022 年度上榜展览 5 个。因此，策划精品展览应了解观众需求和兴趣，创新展览形式，多元化展览内容，并引导观众参与互动，营造出更具吸引力和参与性的观展体验。

(二) 建立品牌化博物馆展览

博物馆虽然呈繁荣态势发展，但部分博物馆存在同质化现象，其展览主题、内

① 庄英博：《陌上花又开——“衣冠大成——明代服饰文化展”展览简述》，《文物天地》2020 年第 12 期。

② 廖倩：《基于“山高水阔 · 长流天际——长江流域青铜文明特展”的历史类展览叙事策略分析》，《长江文明》2023 年第 2 期。

容结构、叙事方式、展品选择等方面较为相似。以体现古代文明的通史类基本陈列为例，展览均是以时间为主线，采用第三人称角度讲述当地历史故事。在展览内容标题上还发现，“文物摇篮”“文明启示”“文明起源”“文明曙光”“文明初现”“文明之光”等类似的单元名称多次出现，在表现形式上也多以相似的古代人类生活场景复原为开篇。在此情况下，观众在参观这些展览时，难免会觉得雷同。

因此，差异化经营是提高竞争力和吸引力的关键。通过展览策划的差异化、陈列方式的创新、服务项目的个性化、宣传推广的独特性和文化产品的特色性，打造具有独特品牌形象的展览，提升观众体验和吸引力。此外，在博物馆展览品牌建设中，博物馆应丰富展览体系，根据最新考古发现和研究成果，更新常设展览内容，并系统性和前瞻性地规划临时展览，实现可持续发展。

三、关于郑州博物馆精品展览策划的思考

郑州博物馆是一座地方综合性博物馆，得中原厚重文化底蕴滋养，有着无可替代的资源与区位优势。2021 年 5 月 1 日，郑州博物馆文翰街馆正式对外开放，博物馆展览体系由基本陈列、专题展览和临时展览构成。基本陈列和专题展览围绕郑州历史文化中的闪光点，以郑州历史成果、文脉传承为主线，讲述郑州在中原文明和黄河文化发展中的重要地位及特色。此外，我馆积极策划和引进优秀临时展览，其中“微观之作——英国 V&A 博物馆馆藏吉尔伯特精品展”荣获“第十九届(2021年度)全国博物馆十大陈列展览精品推介——国际及港澳台合作奖”，“繁星盈天——中国百年百大考古发现展”荣获“第二十届(2022 年度)全国博物馆十大陈列展览优胜奖”，“大河文明展”荣获全国 2023 年度“弘扬中华优秀传统文化、培育社会主义核心价值观”主题展览重点推介项目等。研究在原有展览体系的基础上，对未来郑州博物馆精品展览策划提出以下思考。

(一) 深挖地域特色，打造文化 IP

郑州地处中原腹地，黄河之滨，是中华文明大发源地之一。郑州处处有历史、处处有文化、处处有故事，而如何利用博物馆平台打造具有辨识度的城市文化 IP，彰显文化底蕴，放大城市个性，策划郑州文化特质相关的精品展览是一个重要手段。

2023 年 8 月 25 日，郑州市文旅文创发展大会召开。会议提出要立足郑州“文武双全”的时代特征，打响“天地之中”“华夏之源”“功夫郑州”城市品牌。从古至

今,郑州这座城市生动诠释着“天地之中”的文化内涵,西周初期,周公旦在嵩山南麓设立测景台,确立阳城为“天地之中”;今天的郑州利用得天独厚的区位优势,建立起覆盖半径700公里的“米”字高铁网,连接全国各地。郑州是一座喜爱说“中”的城市,历经千年发展,吸取百家思想之所长,形成中原地区不偏不倚,包容万千的文化血脉。郑州是“华夏之源”,在这里裴李岗文化、仰韶文化、龙山文化、二里岗文化、商周文化等文化遗址构建中国考古学文化体系的“郑州符号”,也是中华起源及其发展研究不可撼动的历史坐标。“天下功夫出少林,少林功夫甲天下”,少林功夫作为中国功夫的代表,其发展和繁荣源自郑州这座城市。此外,郑州地区名人辈出,多少帝王将相、英雄豪杰生长或活动于此,他们为郑州悠久历史文化注入鲜活的生命,让这座城市璀璨多彩。

因此,郑州博物馆肩负着地域文物收藏、保护、研究和文化传播的重任,在未来展览策划中可以尝试打造一系列关于“天地之中”“华夏之源”“功夫郑州”“历史名人”等相关的文化IP,展现博物馆个性特色,增强文化自信,推动地方文化繁荣发展。

(二)以观众为中心,优化观展体验

近年来,博物馆正从聚焦“藏品”到聚焦“观众”的过程转型,一个成功的展览往往通过较强的故事性来打动观众,提供难忘的观展体验。因此,在展览策划过程中,不仅需要以业内专家的评估为办展依据,博物馆还可以通过观众调查、数据分析等方式,了解观众的需求和兴趣,推出观众叫好又叫座的展览,不断提高展览质量和观众满意度。

为优化观展体验,在展览内容策划上可选取有故事的文物,并揭示其关联性,与观众产生共鸣;在展览设计上,通过利用虚拟现实技术、沉浸式展览设计等创新方式增加展览互动性和娱乐性,让观众产生更深刻的理解和记忆;在与展览相配套的讲解、社教活动、宣传推广、文创产品及场馆设施等方面也应强化服务细节,拓展服务空间。

(三)规范策展流程,培养策展团队

在博物馆文化产品中,展览是展示文物和艺术品的重要方式,也是博物馆向公众传递知识和文化的重要途径。然而,一次成功的展览更需要一个科学、规范的策展流程来保证各个环节的协同和衔接。

广东省博物馆作为一个成功的范例,从2014年开始施行策展人制度,构建以策展人为核心的策展工作体系。[①] 该体系以策展人为核心，以陈列展示中心为枢纽，陈列展览委员会为决策机构，实现三者之间的责权分明，推动博物馆陈列展览的高质量发展。

规范化的策展流程对于博物馆培养高品质策展团队起到重要作用。第一，规范流程可以明确策展工作的目标、流程和责任，为策展团队提供明确的工作准则和方向。第二，规范流程可以提高团队成员之间的协同配合和沟通效率。同时，规范流程也为策展团队提供经验总结和分享的机会，借鉴和吸取前人的经验和教训，提高策展能力和创新能力。

结　语

近些年策划的精品展览从历史文化类到综合类、革命纪念类、艺术类、自然科学类等，展现博物馆的创新和多元化发展。博物馆也在不断突破传统的单一陈展理念，积极寻求融合和跨界的创新模式，并注重以观众为中心，关注展览的故事性、互动性以及品牌化。

习近平总书记在考察运城博物馆时强调："博物馆有很多宝贵文物甚至'国宝'，它们实证了我国百万年的人类史、一万年的文化史、五千多年的文明史，要深入实施中华文明探源工程，把中国文明历史研究引向深入。要认真贯彻落实党中央关于坚持保护第一、加强管理、挖掘价值、有效利用、让文物活起来的工作要求，全面提升文物保护利用和文化遗产保护传承水平"。因此，展览策划作为博物馆核心业务之一，我们应当深化学术研究，串联文物展品背后的故事，创新陈展方式，推动文物活化利用。郑州博物馆也将致力于推出一批有高度、有深度、有力度、有温度的新时代精品展览，不断丰富博物馆高品质、差异化、个性化文化产品和服务，推进文化自信自强，讲好中国故事，为社会主义文化新辉煌发展提供力量。

---

① 白芳：《规范与创意——广东省博物馆展览策划实践之路》，《策展研究》2022 年第 2 期。

博物馆在推进民族文化多样性发展与城市建设的实践探索

董劲林[①]　柳州工业博物馆　广西柳州　545006

摘要：

党和国家历来对民族地区工作极为重视，作为民族地区的城市博物馆，要全面贯彻党关于加强和改进民族工作的重要思想，以铸牢中华民族共同体意识为主线，坚定不移地走中国特色解决民族问题的正确道路。随着博物馆在加强人民精神文化生活、促进社会全面发展方面的作用日益凸显，以博物馆的力量诠释博物馆作为城市文化窗口和宣传阵地在培育和弘扬民族精神方面起到了重要作用。本文将以柳州博物馆和柳州工业博物馆为例，深入研究博物馆在推进民族文化多样性发展，助力民族地区城市建设事业繁荣发展方面的实践探索。

关键词：

民族文化　多样性　实践探索

Practical Exploration of Museums in Promoting the Development of Ethnic Cultural Diversity and Urban Construction

DONG Jinlin

Abstract:

The Communist Party of China (CPC) and the State have always attached great importance to the work in ethnic areas. As a city museum in an ethnic area, it is necessary to comprehensively implement the Party's important ideas on strengthening and improving ethnic work, to cast a firm sense of the Chinese national community as the main line, and to steadfastly follow the correct path of resolving ethnic issues with Chinese characteristics. As museums increasingly play a vital role in strengthening the spiritual and cultural life of the people and promoting overall societal development, their role as the city's cultural windows and platforms for cultural promotion becomes crucial in cultivating and promoting the national spirit. This paper takes the Liuzhou Museum/Liuzhou Industrial Museum as an example to delve into the practices explored by museums in promoting the development of ethnic cultural diversity and supporting the prosperous development of urban construction in ethnic regions.

① 董劲林，柳州工业博物馆馆长、副研究馆员。DONG Jinlin, Liuzhou Industrial Museum.

Key words:
Ethnic culture　Variegation　Practical exploration

华夏五千年，为人类留下了灿烂的多民族文化遗产。为加强各民族交往交流交融，铸牢中华民族共同体意识，推动各民族文化的传承保护和创新交融，党和国家不断加强对博物馆事业发展与民族地区工作的投入与扶持。博物馆在此过程中认真聚焦主业，找准切入点，深入挖掘和整合各民族地区文化资源，不断铸牢中华民族共同体意识的坚强阵地，开创区域民族事业发展新局面。

柳州，是一座多民族相聚而居、充满民族风情、具有民族文化的城市。千百年来，汉、壮、瑶等民族在这片肥沃丰饶的土地上辛勤劳作，将本民族的文化不断融合发展，形成种种美丽的文化瑰宝。这不仅传承了悠久的民族历史，也积累了深厚的民族文化，为和谐柳州发展作出了重要贡献。

近年来，柳州博物馆依托馆藏民族文物资源，持续做好民族陈列展示，加强民族文化社会教育，充分挖掘自身优势，促进校企多方联动合作，在民族文物保护、展示、宣传、教育，推进民族文化多样性建设，助力民族地区事业繁荣发展等方面，不断进行新的探索与实践。

柳州，也是一座工业文化遗存丰富、工业多元发展的城市。从清末民初的传统手工业、制造业，至现代工业冶金、机械、化工等高速发展的产业，柳州已形成了独立、完整及相当规模和效益的现代民族工业体系。基于此，柳州工业博物馆逐渐形成的“工业遗址活化利用＋综合工业文物展示”双模式，得到了社会普遍认可。

一、丰富“线上＋线下”展览互动形式，举办多场民族文化互鉴交流展

为铸牢中华民族共同体意识，促进各民族共同团结奋斗、共同繁荣发展，坚定文化自信，讲好中国故事，传承中国精神，展现新时代中国特色社会主义壮美广西风貌，柳州博物馆以“走村串寨看民俗——柳州民族风情馆”为依托，柳州工业博物馆以“柳州民族工业历史发展”为主线积极开展工作，两馆从不同角度、不同形式对展览推陈出新，进行积极探索。

（一）柳州博物馆依托民族文物，推进民族多样性文化发展

柳州博物馆馆藏丰富的民族文物资源，有壮族、侗族、苗族、瑶族、仫佬族、水族等的服饰、银器和竹、木、陶乐器以及岭南地区的民俗文物精品。其中馆藏民族服饰有1.36万件套，类别主要有壮族男女服、苗族男女服、侗族男女服、瑶族男女服、仫佬族男女服、壮锦、侗锦、瑶锦等，其中以瑶族服饰、苗族服饰、侗族服饰最具特色。这些民族服饰不仅类别齐全、精致，而且手工织绣更为难能可贵，表现了各民族同胞们对生活的热爱、对美的追求以及对传统文化的延续，同时也浓墨重彩地展现了这些少数民族在历史长河中创造的突出成就和伟大文明。这不仅能够增进大众对不同民族历史的认识，也有利于传承弘扬中华民族优秀的传统文化。

（1）为进一步做好民族文化教育工作，柳州博物馆先后举办了“中国侗族在三江大型摄影展”“同一个柳州　同一个梦想——柳州独峒手拉手活动摄影绘画展”“民族的记忆——广西世居民族原生态文化影像展”，并先后前往石家庄、内蒙古、上海、湖北等地举办“五彩羽衣——广西少数民族服饰展”；“美在广西——广西民族文化服饰展”赴韩国举办，展览以动静结合的方式，将广西多姿多彩的民族文化风情展现给国外观众；2019年，由柳州博物馆、广西壮族自治区博物馆、广西民族博物馆、广西自然博物馆研发的“民族文化”文创产品在越南首都河内集中展示和推介。展览有效促进两国在文化上的深入交流，助力民族文化的繁衍与传播；同年，举办“八桂古刻　书史遗珍——广西少数民族地区文字石刻拓片巡展”，展览从书法艺术角度出发，通过精心设计，力求让观者在书法艺术审美、历史文献研究等多个方面领略八桂古石刻民族的艺术魅力。

（2）运用数字化手段，进一步提升博物馆民族藏品数字化展示水平，对藏品进行数字化保护及三维数字化扫描建模，并制作民族文物宣传动态视频，开展线上VR展览展示等。例如，对馆藏重要民族文物进行扫描建模，加强藏品数字化建设，让游客足不出户观赏精美藏品，非常便利。云雷纹青铜角形器，国家一级文物，具有极强的岭南少数民族特色，呈牛角造型，通体饰精美的云雷纹、三角形纹、弦纹。造型奇巧趣致，纹饰精美细腻，独具风格，在国内罕见，是一件十分珍贵的西周青铜酒器。这件青铜器是柳州博物馆的镇馆之宝，曾经代表中国走出国门在法国进行展览，现在对这件青铜器进行扫描建模，可以让世界各地的人们通过互联网便可领略到岭南青铜精品的魅力。再如，制作博物馆馆藏民族文物、博物馆开展各项

民族文化普及活动、民族文物抢救、民族非物质文化遗产传承工作等动态视频。又如，对博物馆少数民族风情展及各类临时民族交流展制作线上 VR 展览，丰富线上展览形式。

(3) 增加观众互动区，运用多媒体交互技术实现科技与文化相交融，通过感官刺激，增强观众体验感、参与感、认同感，提升观众对展厅民族文物、民俗文化的了解程度。例如，在展厅内设置一片区域，用于观众体验当地民俗文化特色，如提供自助体验民族拓片、自助体验鼓楼、风雨桥立体拼的活动，以及提供展厅固定时段免费讲解服务等，加强观众互动体验。又如，运用科技手段，通过高流明超清投影机与感应雷达、多通道融合技术、空间投影融合构成互动，实现展厅声、光、电有效统一，形成投影空间整体，观众可以通过触摸、踩踏等方式，沉浸式体验展厅氛围，实景感受绚烂的民族风情。

(4) 利用博物馆线上线下平台，如在场馆互动展示区、微信公众号和小程序、微博、短视频号等进行民族文化知识科普，利用文字、图片、讲解员录制云上科普民族文物视频等形式，做好文化传播工作，扩大本地民族文化的社会化宣传。

(二) 柳州工业博物馆依托工业遗产，树立民族工业文化品牌

工业遗产是文化遗产中不可或缺的组成部分，而工业博物馆正是工业与产业、工业与文化传承的重要机构。柳州是一座历史悠久的工业城市，拥有众多知名的民族工业品牌，这些品牌见证了柳州工业的发展，为柳州经济发展作出了重要贡献。不同地区、不同民族的人们汇聚在这片土地上，共同创业、和谐共进，百年间造就了柳州从“桂中商埠”向“西南工业重镇”的华丽转变。作为广西近代工业的发源地，柳州拥有门类齐全、基础雄厚的工业体系。汽车、机械、钢铁，柳州三大支柱产业为世人所熟知。

柳州工业博物馆馆藏有 1902 年以来柳州所使用和生产的大中小型工业设备、产品、相关文献、图片、影像资料共计 3 万多件，藏品类目繁多，涉及柳州市工业各个门类、各个时期，其中不乏具有国家“第一”“唯一”珍贵价值的工业文物。如馆藏工业文物 1101 型汽油机曾作为 150 个“新中国第一”，在 2018 年“伟大历程　辉煌成就——庆祝中华人民共和国成立 70 周年大型成就展”上展出。

(1) 积极筹划“柳州民族工业文化品牌故事展”，本展览聚焦 20 世纪 50 年代至今的柳州本土工业品牌发展历程，讲述柳州四十多个民族工业品牌的故事，向游客展示柳州的经济实力和工业发展水平，增强人们对柳州本土工业品牌的信心和自

豪感。通过工业实物、文件、照片、视频的展示，阐释柳州独特的工业文化内涵，弘扬敢为人先、自强不息、勇于创新的柳州工业精神，并以此展览作为起点，与重庆工业博物馆、天水工业博物馆、攀枝花中国三线建设博物馆等签订巡展战略合作协议，让柳州的民族工业文化品牌得到更多的弘扬与宣传展示。

（2）积极举办“百年匠心——柳州工业博物馆馆藏文物·图片展”。本展览作为弘扬柳州工匠精神系列主题活动之一，通过充满历史印记的展览及感人肺腑的主题宣讲，让观众集体回忆坚守历史的担当，把情感认同归属于柳州工业文化的精神血脉之中，培根铸魂，不断升华，让工匠精神、劳模精神在新时代爱国主义教育、廉政教育中发光发热。

（3）策划“大青山——融水大苗山原生态景观水彩画长卷作品展”。画作分为《春潮》《夏风》《秋歌》《冬梦》四个篇章，共计 25 卷，画面高 1 米，全长 246.6 米，开创了广西、中国乃至世界的纸质水彩画长卷之最。作品画面雄奇秀美，画风浑厚滋韵，不仅是水彩画大尺度的突破，也是水彩画创作的空前壮举，体现了画者敢为人先的创作激情、炉火纯青的艺术造诣和真挚厚重的苗乡民族情怀。同时，展览以水、色、光作为诗境的音符，以春、夏、秋、冬四季为板块，通过精神维度，用细腻而精炼的手法，写实与写意兼容的艺术语言，展现了融水大苗山雄奇秀美的原生态自然景观和丰富多彩的民族风情人文景观。

因此，博物馆作为民族团结、民族融合、民族教育的阵地和窗口，承载着多样化民族展示和传承的重要职能，其文化展览也是民族地区城市文化建设、民族文化品牌发展、城市精神品格提升的重要实践方式之一。

二、充分发挥博物馆“民族文化教育基地”优势，助力城市文化建设多元化发展

柳州博物馆和柳州工业博物馆均在民族文化保护、传承、宣传、教育等方面做了大量努力与实践探索。2010 年，柳州博物馆被评为“首批广西壮族自治区民族团结进步教育示范基地”，2012 年，中国少数民族文物保护协会将柳州博物馆确定为国内首家“中国少数民族文化教育基地”。2020 年，柳州工业博物馆被评为柳州市民族团结进步教育基地、第四批柳州市民族团结进步示范区示范单位。这两所博物馆充分发挥博物馆“民族文化教育基地”优势，有效整合多方资源开展民族类

特色教育实践活动，助力城市文化建设多元化发展。

为助力推进地区民族教育事业发展，两馆均开展系列丰富多彩的民族类特色实践教育活动，通过有效整合校企资源，与当地学校携手共建“民族文化教育基地”，促进馆校之间的资源优势互补，实现博物馆教育和学校教育共同发展。此外，博物馆积极与第三方进行合作，开发特色民族精品研学课程、丰富柳州民族旅游路线、开展多样化民族互动活动等。

(1) 开展“博物馆进校园”主题教育。两馆曾多次走进市、县、乡、村的各个校园，开展“博物馆走进课堂”“课件下乡——走进少数民族地区校园”等活动。通过主题教育，提高学生对民俗文化的了解，激发学生对民族文化的保护意识，增强学生热爱祖国、热爱家乡的情感，推动学校民族团结和爱国主义教育。

(2) 创新开展民族研学教育课程。博物馆面向青少年学生免费开展多次中小学民族研学科普教育活动，内容以“柳州民族风情”“柳州民族工业历史”为基础，根据义务教育阶段不同阶段的学生特点，设计能激发不同年龄段学生参与热情的教育课程，主张“在做中学”，让学生经历一个完整的知识的发现、形成、应用和发展的过程，锻炼学生运用知识解决问题的能力，避免同质化、片面化、浅层的解读方式，将“研”与“游”有机融合，以此获得知识，培养能力，发展探索精神与创新能力，以此提升与强化博物馆社会教育职能，传播民族文化，增强青少年主人翁意识，加强爱国主义教育宣传。

(3) 运用新媒体等平台，多方位开展民族故事、民族文化宣传工作。为让广大市民深入地了解柳州民俗文化知识，增强他们文化生活的获得感。在博物馆官方微信平台定期推出民族文物鉴赏，同时联合柳州电视台“摆古”“尚学堂”栏目等新闻、电视媒体，参与录制民族知识普及相关节目，让观众多方位、多渠道了解更多柳州民族故事，了解当地非遗传承文化。

(4) 结合传统节日，开展独具特色的民族文化体验活动。以思想性、时代性、地方性、趣味性为原则，结合馆藏资源及节日特点，常态化推出各类丰富多彩的活动，如“我们的节日”民族主题系列动手体验活动，让博物馆变成孩子快乐学习的殿堂。并积极邀请少数民族地区从事非遗传承、文化教育、工艺美术等相关工作的人员参与。如：春节系列活动——木版年画制作 、侗族剪纸、趣味手偶制作；“518 国际博物馆日”民族社教活动；文化和自然遗产日活动——探秘柳博寻宝记；中秋国庆系列活动——民族木雕灯笼制作、民族填色挂画等。

每年的寒暑期,博物馆针对青少年举办“小小讲解员”培训班等活动。以讲解的形式,增强孩子们对民族文化的学习了解,让青少年主动走进博物馆学习民族知识、感受民族文化。

(5) 积极利用藏馆条件,为游客打造民族阅读书屋。如柳州博物馆开设漂流书吧;再如工业博物馆在开设 24 小时列车书吧、学工坊和职工书屋里设置民族类书籍板块,每周有 6 天免费向公众开放达 60 个小时以上,日接待阅读游客达 500 人以上,惠及市民游客每周达 3 000 人次。这种相对自由免费开放式的传播方式深受市民游客的喜欢,也使得民族文化传播得到最大化的延伸。

三、加强民族专业人才队伍建设,做好城市民族文化保护传承工作

光辉璀璨的中华文化,是各民族相互融汇、共同创造的,各少数民族在长期的历史发展中,形成了风格迥异的文化,而博物馆正是征集、典藏、陈列和研究代表自然和人类文化遗产的公共机构,通过文物藏品的征集,为公众提供知识、传播文化。为加强民族性人才队伍建设,做好城市民族文化的保护和传承工作,笔者认为博物馆可从以下几方面着手进行探索与研究。

(1) 依托博物馆力量,成立“地区民族文化提升课题”研究小组,组织开展民族地区文物修复、非遗文化传承发展、民俗文化探索等相关课题研究。为加强当地民族文化事业发展,可由区内外博物馆学者、民族文化研究者、非遗文化传承人、高等院校教授等组成当地“地区民族文化提升课题”研究小组。课题研究小组每年需完成 2—3 个课题研究,并将所作研究成果进行图文编撰,出版相应图书、专著。同时,组织开展“地区民族文化提升人才培养高级研修班”,邀请市区及省内外的优秀民族文化研究学者进行线上、线下授课,并与本课题研究小组成员进行交流探讨,共同商议当地民族文化传承提升的发展之策,不断加强区域民族文化专业型人才培养,拓宽受训范围,加强成果展示,培养一批具备综合素质的复合型人才,为地区民族文化提升提供人才保障。

(2) 组织民族考察调研队,助力各区县乡民族文化事业建设发展。如柳州博物馆从 2019 年 12 月开始,与三江侗族博物馆成立联合征集小组,前往三江侗族自治县、融水苗族自治县以及贵州省、湖南省等地开展征集工作。进一步打造侗族文

化，传承和发扬民族精神，积极助力三江侗族博物馆新馆建设，并进一步对民族文物展品进行抢救性征集，丰富其陈列展览内容。

(3) 定期开展各类民族文化教育培训、讲座，组织单位人员前往少数民族地区，学习非遗手工艺技术反哺于博物馆开展各项体验活动。如已在工业博物馆成立的柳州非遗协会，通过策划举办民族非遗展览、比赛等方式，积极开展各类民族文化教育赛事活动，取得了很好的效果。

(4) 开展博物馆系列民族文创产品展在市、县、乡镇巡展活动。博物馆作为提供知识、教育和欣赏的场所，具有传播文化、启迪思想的功能。博物馆针对民族文化创意产品的研发设计，赋予了其不同的文化价值和美学价值，让人民群众得以一览极富创意性与观赏性的民族文创产品。这是继承发扬民族传统文化、传播民族文化精神、增强民族文化自信的有效举措。

(5) 充分挖掘地区民族文化元素，举办当地特色民族文创产品展。通过对地区民族文化元素进行创意设计，创新其展现形式，开发出与该元素相关的特色文创产品，并举办特色民族文创产品展，为产品赋予文化价值。同时，通过设计出的文创产品，可为当地特色民族风情进行宣传、科普，加深人们对地方乡村的了解，增强人民群众对民俗文化的知识汲取，提升当地旅游对人们的吸引力，促进该地文化旅游事业发展，带动该地民族旅游经济增长。

结　语

文脉兴则国兴。综上所述，作为地区文化展示窗口，博物馆肩负着地域民族文化的保护和弘扬。今后，博物馆仍应以创新为突破，不断围绕以铸牢中华民族共同体意识为中心，进一步做好民族文化教育工作、传播工作，让文物资源禀赋积极转化为文化发展动能，同时借助现代科技、网络等，推出“云展览”“云社教”“云服务”，加强打造中华民族共同体意识宣传，形成服务社会的良好口碑，为地方民族文化赋能城市博物馆的发展与建设提供更多创新思考和有益探索，贡献出博物馆自身的坚实力量。

城市博物馆陈列展览中对历史真实性语境的构建
——对杭州博物馆民国部分展陈的思考

邹　芬① 杭州博物馆(杭州博物院(筹)) 浙江杭州 310002

摘要：

重构真实的历史于博物馆而言，是助力优秀传统文化创造性转化和创新性发展不可忽略的力量。城市博物馆通过物质媒介重构真实的历史，利用馆藏文物，从无言的古代物质中提炼出社会文化信息，以历史和微观的叙事方式，实现今人与古人共情，引导人们在共情中汲取中华民族“守正不守旧，尊古不复古”的进取精神。本文结合杭州博物馆民国部分的展陈案例，从城市博物馆为什么要重构真实的历史、如何利用展览语言重构真实的历史、在重构真实的历史过程中是止于共情还是给予导向等几个方面，对城市博物馆重构真实的历史进行一些思考和探讨。

关键词：

历史真实性　城市博物馆　展览语境

The Construction of Historical Authenticity Context in Urban Museum Exhibition：A Reflection on the Exhibition of the Republic of China Part of Hangzhou Museum

ZOU Fen

Abstract：

The City Museum reconstructs real history through material media，uses its collection of cultural relics，extracts social and cultural information from speechless ancient materials，and uses historical and micro narrative methods to bring empathy to modern people and ancient people，guiding them to draw on the enterprising spirit of the Chinese nation's "upholding righteousness and not preserving the past，respecting the past and not restoring it" in empathy. This article intends to combine the exhibition case of the Republic of China section of Hangzhou Museum，and explore the necessity of reconstructing real history in urban museums，how to use exhibition language to

① 邹芬，杭州博物馆(杭州博物院(筹))副研究馆员。ZOU Fen，Hangzhou Museum.

reconstruct real history, and whether to stop at empathy or provide guidance in the process of reconstructing real history. It will provide some thoughts and discussions on the reconstruction of real history in urban museums.

Key words:
Historical authenticity　City Museum　Exhibition context

习近平总书记在2014年10月15日文艺工作座谈会上曾讲道"'以古人之规矩,开自己之生面',实现中华文化的创造性转化和创新性发展"。重构真实的历史于博物馆而言,是助力优秀传统文化的创造性转化和创新性发展不可忽略的力量。任何物质都是一个时代文化和思想的反映。城市博物馆,作为城市的记忆库,肩负着记录、传承和展示城市历史、文化、艺术、思想和精神的重任。展览作为城市博物馆的核心活动,其策划与设计尤为关键,而在其中如何构建一个真实的、引人入胜的历史语境,使观众能够深刻理解和感受到展品背后的历史事件、文化内涵和精神特征,成为博物馆展览的核心任务。

一、城市博物馆展览呈现历史真实性的必要性

历史是过去的现实,现实是未来的历史。"借由古代物质,深入体察古代文化发展的规律与真谛"[①],城市博物馆通过物质媒介重构真实的历史,利用馆藏文物从不同时代不同物质中提炼出社会文化信息,以历史和微观的叙事方式,为今人带去与古人的共情,引导观众在共情中汲取中华民族"守正不守旧,尊古不复古"的进取精神,也成为当代博物馆的历史使命。

不同历史时期,有着不同的文化特点和历史语境。近现代历史时期是历史真实性不依赖于考古发掘实证的一个时期,这个时期的历史真实性可以从众多的史料和物件中,借助历史分析法和逻辑学一探究竟。以下笔者将结合对杭州博物馆民国部分展陈的思考,对城市博物馆展览中历史真实性语境的构建做一窥探。

① 臧振华、邓淑苹、肖宇:《宝岛觅遗珠玉海探古史臧振华、邓淑苹夫妇访谈录》,《南方文物》2021年第3期。

二、城市博物馆如何构建历史真实性的展览语境

民国时期是杭州走向现代化的一个重要拐点，此时杭州的社会生活新旧并存、中西杂糅，中西文化的日益融合，反映了民国时期杭州社会现代化转型的潮流所向。伴随着这一潮流的演进，杭州逐渐成为一座极具都市化、现代化，却也不失东方韵味的休闲之城。作为城市博物馆的杭州博物馆，要如何在展览中讲好这个时期的杭州故事？如何系统呈现这一时期杭州的历史发展、文脉传承、人文精神？这无疑需要我们在展览中竭力维护历史真实性，构建历史真实性的展览语境。

城市博物馆构建历史真实性的展览语境，首先要对基于展览需求的历史真实性进行探索和研究，在全面而成熟的研究基础上，有重点地构建展览语境，通过丰富生动的展陈形式向大众传播。

（一）展览内容方面

1. 尽量选用第一手资料，以最大限度地接近历史原貌

民国时期距离现在也就百来年时间，在做这段时间的展览叙事时，我们可以尽量采用与展览人物、事件相关的原始材料、物件或亲历者的回忆、口述等，努力做到用史料、文物本身说话，呈现历史本来面目。

“1927 年至 1937 年（抗战全面爆发前）的十年间，当时年轻的杭州市政府依据城市特色，将杭州的长远规划定位于以发展旅游业为主导，并确立了以市政建设为工作重点的城市建设方针。”①经过这段时间的发展，杭州城市现代化水平获得长足发展，旅游业迅速扩大，这无疑为今天杭州旅游城市的建设发展积累了经验，奠定了基础。在做这段历史事件的展示时，我们可以尽可能地收集如当时杭州市政府发行的《市政月刊》《改进环境卫生的催办令》等档案文件，以了解当时杭州为旅游发展在市政建设、环境治理等方面所做的努力，以及为了促进旅游业发展，政府于 1929 年举办了西湖博览会，1930 年举办了第四届全国运动会等。伴随着这些大型会议的举办，政府及一些民间组织编辑发行了如《西湖游览指南》《西子湖》等便于游客游览参考的书籍、地图等。这些一手的文献资料对于展现这段时期历史的真实性非常重要且必要。

① 何王芳：《民国时期杭州城市社会生活研究》，浙江大学博士学位论文，2006 年。

2. 有甄别、有重点展示能代表优秀传统文化的历史事件或人物

每一个时代都有精华和糟粕，在提炼一个时代的文化内涵用以展示时，我们要注意选择对城市发展有正面影响的、对后人可以汲取养分的文化精神进行阐释和传播。民国时期的杭州在传统中有现代，在保守中有进取，在西化中有坚守，汲取精华，未忘来路，已具城市都市化、现代化雏形。城市的发展是一脉相承的，我们想洞悉今天，也需要回望过去，了解过去的历史，才能够更清晰地明白今天的现实和未来的方向。所以抓住今天杭州城市的几个关键词：都市化、现代化、休闲、旅游，我们可以利用展览带观众去民国时期的杭州走一趟。

以“现代化”为例，在经过资料整理和对现有研究成果的梳理后，我们会发现民国时期杭州城市现代化主要体现在城市建置走向了现代化、工农商产业发展走向了现代化、旅游和邮局等服务行业出现并具有相当规模的发展、衣食住行方面走向了现代化等几个方面。这样在民国杭州展览展现现代化方面的宏观叙事上便有了方向。再聚焦到微观叙事方面，例如以交通工具的发展为脉络，杭州城市交通工具如何从轿行为主到以人力车为主，从出现在杭州的第一辆汽车，到市内公共汽车的出现，再到跨市、跨省客运汽车的发展，随之而来的也有政府和各民间组织为了交通事业发展而做出的努力。如 1912 年 4 月 15 日《申报》：“杭州自人力车出现后，发展迅速，轿行营业大减，千余轿夫，生计为难，昨在吴山四景园开会，集议对策。”然而，政府当局认为，轿子容纳的人数少，价格昂贵，且速度缓慢，已明显跟不上都市生活的快节奏，故于 1915 年 11 月 15 日公布了《取缔轿埠之规定》，在社会革故鼎新潮流的影响下，人力车取得了最后的胜利。① 交通工具的进步又对城市经济的发展、城市都市化具有重要意义。

通过对这种基于成熟的研究而甄选出的足以代表民国杭州城市现代化内涵，又能贴近杭州城市发展需求的内容，以宏观和微观相结合的形式展现出来，历史的真实性便也悄然映入观众眼帘，思绪似回到那个时代，同时也能与如今生活相连共情。

3. 展览内容须具有完整的体系和清晰的逻辑

构建历史的真实性，展览内容的系统性、完整性和延续性都很重要。展览大纲在基于成熟研究的基础上，搭建起结构合理框架，以清晰的叙事逻辑，对相关历史

---

① 何王芳：《民国时期杭州城市社会生活研究》，浙江大学博士学位论文，2006 年。

脉络、人物、事件系统归纳组织。展品组合依据体系完整、逻辑清晰的展览大纲，做到点、线、面结合，纵横关系有序。

自古以来水都是人们赖以生存的重要物质。杭州历史上便有数次著名的治水经历，如唐代李泌凿六井，引西湖水入井，解决百姓饮咸水问题；白居易治理西湖，筑堤蓄水；更有宋代著名的苏轼疏浚六井和沈公井，解决居民饮水问题。到了民国时期，自来水出现在了人们的视野。自来水行业的发展，不仅是城市走向现代化的一个体现，从时空的纵向来看，它可以带我们窥探城市发展过程中，随着社会和科技的发展，人们物质生活的不断改善；从时期的横向来看，通过对自来水行业的研究和展示，比如《提倡举办自来水办法》、发行“杭州自来水公债”等，我们可以看到民国时期杭州市政府的治理能力和努力。这种对于一个在历史空间上具有体系性、延续性的历史事件的完整叙述和展现，可以有助于历史真实性的呈现，使观众在观展中感受到一座城市随着历史的不断发展，城市精神的塑造与传承。

综上所述，城市博物馆构建历史真实性的展览语境从展览内容方面来讲，第一要注重对史料(包括文献资料、新闻报道和档案等)的收集整理研究；第二是要注意史料、档案及物件的真伪之辨，选用的展品尽量是传承有序或能与历史事件、人物、背景、物件上的铭文、史料、档案中的记载等互相印证；第三要对优秀文化进行甄选，习近平总书记一直强调弘扬优秀传统文化，这里突出的是“优秀”二字；第四，城市博物馆在利用民国时期的文物资源进行展示时，应当与文史著作的创作有所区别。文史著作是基于史料加以论述，这当中会对历史进行阐释，也会对历史有作者的主观评判。博物馆的展览，更多的应该是对历史进行展示或阐释，有选择性地客观呈现，不做主观倾向性导向；更多的是对优秀传统文化的传播，利用展览和文物资源，引导人们对未来美好生活的追求和自信自强精神的塑造，并不以历史的批判精神去审判过往。第五，构建历史的真实性，也要求展览内容具有体系化和逻辑性，如果在逻辑上不能自洽，那我们对其真实性也仍要存疑。

（二）展览形式方面

1. 精心策划与设计

策划与设计展览时，工作人员需深入研究和理解展品的历史背景和文化底蕴，作为构建历史真实性语境的基石。这涉及展览主题的确定、空间布局的规划、灯光效果的营造以及展板设计的细节等方面。这些元素的综合考量，旨在使观众在参观过程中能够沉浸于历史场景中，感受到展品所呈现的历史和文化气息。

2. 辅助材料的巧妙运用

在展览中，绘画、照片和影像等辅助材料对于构建历史真实性语境起着至关重要的作用。这些材料应依据历史事实进行创作，力求还原历史的真实面貌。同时，非说明性文字的运用也能够与其他元素相互补充，为观众提供更全面的历史背景和文化内涵。

3. 互动体验的创新设计

为了增强观众的参与感和体验感，博物馆可以在展览中引入多种互动体验项目。如民国时期报业已经非常发达，时事新闻常能见之于报。将各时期重要时事新闻，以互动多媒体直观呈现，让观众可以获取第一手的资料信息，未经加工处理的第一手信息，是表达历史真实性非常重要的一种形式。民国 26 年(1937)3 月 30 日的《大公报》上刊登了一篇“于学忠、杨虎城抵杭州”的文章，这一年也正是杭州沦陷抗战开始时。借助互动多媒体的展现，可以帮助观众直观了解这一时期的真实历史。

4. 宏观与微观相结合的展览叙事模式

民国时期的杭州与现在的杭州有很多的共通之处，为了能更好地引导观众连接过去与现在，这部分的展览形式定位以“宏观叙事为主，微观叙事辅助”的展陈形式，宏大的核心概念传递城市精神，再以各单元小节微观具象表达，实现展览与观者的共情。

5. 不断创新与提升

随着科技的进步和观众需求的变化，博物馆在构建历史真实性语境时需要不断创新和提升。例如，利用新技术手段增强观众的互动体验、引入更多元化的展示方式呈现历史信息、加强与其他文化机构的合作以丰富展览内容等。只有不断创新和提升，才能确保观众始终保持对博物馆展览的兴趣和热情。

历史的真实性需要以陈列的真实予以表达，而陈列的真实要以一种美好、艺术的手段表现出来。城市博物馆通过深化对城市历史的研究，深入挖掘展品背后的历史事件和文化内涵，对历史记忆反复地解构与重组，将文物、人物、历史事件、城市精神叠加叙事，再以文物影像物景并茂的陈列艺术形式，呈现于观众，以此弘扬优秀的传统文化和城市精神。

三、构建历史真实性是止于共情还是导向未来

“博物馆是物质世界，博物馆物呈现着物质世界的客观和真实，人们借助博物馆物认知和理解物质世界。”①博物馆基于历史真实，又突破历史，与时代紧密联系，促进历史与时代的对话，建立观众与时代的沟通，服务大众的精神，引导观众走向美好未来，而非止于娱乐或共情。苏东海先生认为博物馆“和国家、民族的文化及精神具有更为深刻的关联，在快速发展的时代潮流中，博物馆不能一味从众、媚俗，要坚守自己的核心价值与立身之道，要警惕技术主义对博物馆内涵的异化。……从取悦观众的角度，博物馆永远赶不上迪斯尼，因此博物馆也不必迪斯尼化”。②

党的十八大以来，习近平总书记将“守正创新”作为文化建设的重要原则之一，强调“对文化建设来说，守正才能不迷失自我、不迷失方向，创新才能把握时代、引领时代”③“对历史最好的继承就是创造新的历史，对人类文明最大的礼敬就是创造人类文明新形态”④。城市博物馆的展览不仅仅是展示，也是创新、发展、引领，为书写好城市的未来贡献一份力量。

结　　语

博物馆从“为物而建”到“为人而创”⑤，博物馆里观众不再是内容的被动接受者，而是一个与周围环境进行感官对话的行动者。城市博物馆需要借助陈列真实的手段构建历史真实性，尊古而不复古，提倡科学性不止于娱乐性，展现城市形象、城市精神、城市魅力，不止于共情，引导观众建立对未来更美好的认知，助力城市的可持续性发展。

---

① 苏东海：《博物馆物论》，《中国博物馆》2005 年第 1 期。

② 曹兵武：《物人关系的进阶之道——苏东海博物馆思想探析》，《博物院》2022 年第 1 期。

③ 2018 年 8 月 21 日，习近平在全国宣传思想工作会议上的重要讲话。

④ 2023 年 6 月 2 日，习近平在文化传承发展座谈会上的重要讲话。

⑤ 杭侃：《博物馆的变与不变：致敬苏东海先生》，《博物院》2021 年第 4 期。

5W 理论视角下城市博物馆巡展质效提升路径初探

龚　哲[①]　南京城墙保护管理中心　江苏南京　210000

摘要：

巡展是以地点转化为特点、偏重“点式传播”的展览类型。本文选取传播学5W 理论模型，从传播者、讯息、媒介、受众、反馈等要素层面，从主体出发分析举办巡展的益处，并结合2023 年以来各城市博物馆的巡展实践案例，提出系统化讲好文物故事、在地化呈现巡展讯息、全媒化传播文化内涵、延伸化推出配套产品、科学化构建评估体系等博物馆巡展质效的提升路径，旨在以博物馆巡展为切口，更好地发挥城市博物馆在推动优秀传统文化创造性转化、创新性发展方面的作用。

关键词：

巡展　博物馆　传播学

Exploring the Path to Improve the Quality and Efficiency of Tour Exhibitions in City Museums from the Perspective of 5W Communication Theory

GONG Zhe

Abstract:

A touring exhibition is a type of exhibition characterized by location transformation and emphasizing “point-to-point dissemination”. This paper adopts the 5W theoretical model of communication studies and analyzes the benefits of tour exhibitions from the perspectives of communicators, information, media, audience and feedback. It also proposes ways to improve the quality and efficiency of tour exhibitions in city museums, such as systematically telling cultural relics stories, locally presenting exhibition information, fully disseminating cultural connotations through media, greatly extending supporting products, and scientifically constructing evaluation systems, based on practical cases of city museums since 2023. This essay aims to use tour exhibitions as a starting point to better play the role of city museums in promoting the creative transformation and

① 龚哲，南京城墙保护管理中心馆员。GONG Zhe, Nanjing City Wall Protection and Management Center.

innovative development of excellent traditional culture.

Key words:
Tour exhibitions　Museum　Communication　Exhibition

展览是城市博物馆的必备功能和核心业务，如果说基本陈列是阐释内涵的主要途径，那么临时展览则是常看常新的内容载体。随着文博事业的蓬勃发展，巡展作为临时展览的重要形式之一，越来越多地出现在各城市博物馆的实践中。但是，目前学术界大多把展览作为整体进行研究，鲜少对巡展这一特定类型的展览进行深入观察；而且，由于巡展自带的展出内容基本一致的显著特征，实践中极易出现展览内容同质化、展览效果不理想等情况。鉴于展览以传播和教育为主要目的，本文尝试利用传播学经典的5W理论模型，结合巡展实践，对巡展这一特定类型的展览进行分析和思考，探讨提升城市博物馆巡展质效的路径。

一、巡展的定义和类型

（一）巡展的定义

“巡”，本义是“到各地视察”，暗含地点的转换。巡展是博物馆展览的一种形式，通常指同一内容支持机构到不同地点举办主题讯息基本一致的展览，通过时间、地点或目标群体的转换，达到传播目的。

巡展的核心“变量”是地点，巡展以流动的形式把展览讯息呈现给不同受众。19世纪末至20世纪初，俄国现实主义画家在各大城市巡回展出美术作品，反映社会现实，推动社会变革。① 后来，巡展也越来越多地应用于商业会展，扩大品牌影响力，提高市场占有率。②

（二）巡展的类型

根据巡展的定义，锚定内容支持机构和展览主要讯息，以展出地点为变量，便可以划分出巡展的集合。

传统意义上的地点，主要包括博物馆、美术馆等固定空间，以及学校、企业、社区、机关、部队等组织机构。随着策展理念和展陈技术的迭代更新，巡展地点也出现了更多元

① 刘宏宇：《主题巡展空间的延展性设计研究》，鲁迅美术学院硕士学位论文，2023年。
② 郭冉、王晓宇：《巡回展会品牌现状探析及发展对策》，《市场周刊》2018年第11期。

的变化——拓展到更多非限定和非实体的空间，购物中心、露天广场等公共空间皆可作为巡展的场地，从线下实体展览到线上数字展览亦是一种特殊形式的“地点转换”。

（三）巡展的实践

本文主要研究对象是在我国城市博物馆进行的巡展实践。近年来，巡展在城市博物馆展览中得到了越来越多的运用。持续时间较长、知名度较高的巡展项目有“叙利亚古代文物精品展”(在国家图书馆、广东省博物馆等地展出)和“阿富汗国家珍宝展”(在清华大学艺术博物馆、成都博物馆等地展出)等。

2023 年以来，随着文旅市场强势复苏，城市博物馆又迎来了一波参观的热潮。各博物馆组织策划各类展览，打响了博物馆知名度，扩大了城市文化影响力，也极大地丰富了博物馆服务供给，促进公共文化服务均等化。

在 2023 年举办的 4 万余场展览中，有多个主题巡展贯穿全年，足迹遍布各地城市博物馆(见表 1)，这为研究提高巡展质效、避免低质量、同质化现象积累了大量实践案例。

表 1　2023 年至今部分主题巡展实践

主　题	内容支持博物馆	展览名称	地点支持博物馆	展览时间	备　注
圆明园兽首	中国保利集团有限公司保利艺术博物馆	盛世回归——圆明园兽首特展	荆州博物馆	2023 年 3 月 14 日—4 月 9 日	
		国宝归来——圆明园兽首暨海外回流文物特展	东莞市博物馆	2023 年 5 月 18 日—8 月 27 日	6 月 19 日起展出复制件
		盛世聚首　天宝芳华——圆明园兽首暨文物展	香港城市大学般哥展览馆	2023 年 7 月 4 日—8 月 31 日	
		国宝聚首　皇家器象——圆明园兽首暨清代宫廷艺术特展	淮安市博物馆	2023 年 10 月 13 日—12 月 17 日	10 月 14 日起展出复制件
		五首重聚·故园新语——圆明园兽首铜像特别展览	圆明园博物馆	2023 年 10 月 18 日—10 月 29 日	
		圆明园兽首暨海外回流文物特展	珠海博物馆	2024 年 3 月 5 日—6 月 2 日	4 月 7 日起展出复制件
		金石不朽——圆明园与云冈文物寻护纪	云冈石窟博物馆	2024 年 4 月 15 日—5 月 26 日	

续 表

主 题	内容支持博物馆	展览名称	地点支持博物馆	展览时间	备 注
万历文物	北京市昌平区明十三陵管理中心 明十三陵博物馆	明潢贵器——万历专题文物展	杭州市临平博物馆	2023 年 4 月 26 日—7 月 25 日	
		邂逅·多彩大明 1573——万历文物主题特展	国家典籍博物馆	2023 年 4 月 27 日—8 月 29 日	
		明定之典——定陵文物再聚首展	明十三陵景区游客中心	2023 年 7 月 8 日	
		万历那年——明十三陵万历文物特展	上海市闵行区博物馆	2023 年 8 月 15 日—11 月 26 日	
		惟日与月——明万历文物专题展	武汉博物馆	2024 年 3 月 21 日—6 月 15 日	
		万历那些年——万历文物主题展	深圳市南山博物馆	2023 年 12 月 29 日—2024 年 3 月 31 日	
20 世纪胸针艺术	展品来自个人收藏	铭心——20 世纪胸针艺术展	清华大学艺术博物馆	2023 年 1 月 9 日—3 月 26 日	
		铭心——20 世纪胸针艺术展	甘肃省博物馆	2023 年 5 月 18 日—8 月 18 日	
		铭心——20 世纪胸针艺术展	上海市历史博物馆	2023 年 9 月 26 日—2024 年 2 月 25 日	
印加/安第斯文明	秘鲁共和国文化部	消失的文明——印加人和帝国四方之地	陕西历史博物馆	2023 年 6 月 10 日—9 月 10 日	
		重回安第斯——印加人和帝国四方之地	中国大运河博物馆	2023 年 9 月 29 日—2024 年 1 月 1 日	
		印加——秘鲁安第斯文明特展	金沙遗址博物馆	2024 年 1 月 10 日—4 月 10 日	
		太阳的子民——印加人和帝国四方之地	深圳市南山博物馆	2024 年 4 月 19 日—8 月 11 日	
马王堆	湖南博物院	汉·无极——长沙马王堆文物精品展	上海市闵行区博物馆	2023 年 3 月 3 日—5 月 3 日	

续 表

主　题	内容支持博物馆	展览名称	地点支持博物馆	展览时间	备　注
马王堆	湖南博物院	无极——长沙马王堆汉墓文物精品展	南宁博物馆	2023年9月15日—12月15日	
		永生奇迹——长沙马王堆汉墓文物精品展	甘肃简牍博物馆	2023年12月28日至2024年3月26日	
		永生——千古奇迹马王堆汉墓文物特展	东莞市博物馆	2024年5月1日至8月25日	

二、巡展的传播学5W模式构建

传播是指两个相互独立的系统之间，利用一定的媒介所进行的、有目的的讯息传递活动；而博物馆展览是博物馆面向受众进行观点和思想、知识和信息、价值和情感传播的直观生动的陈列艺术形象序列。① 因此，展览是一种直观、形象和生动的复合性传播。

任何一次完整的传播活动必定包含以下要素：传播者、讯息、受众、媒介和反馈。1948年，美国政治学家拉斯韦尔提出5W传播模式(图1)，最早以建立模式的方法对传播活动进行分析，界定了传播学的研究范围和基本内容，影响极为深远。②

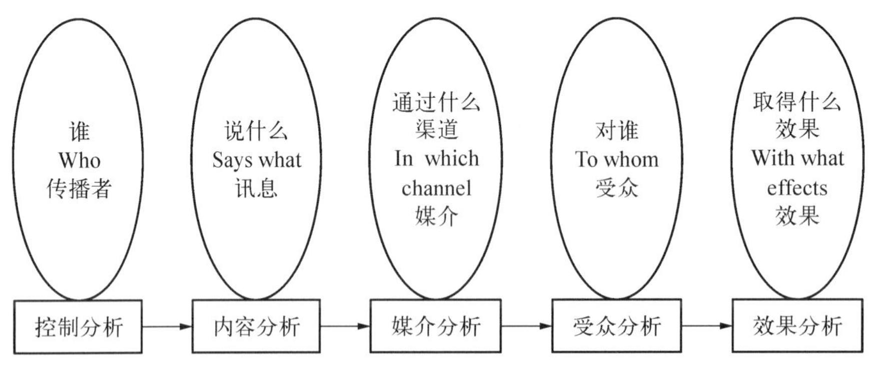

图1　拉斯韦尔5W传播模式

① 《博物馆学概论》编写组编：《博物馆学概论》，高等教育出版社2019年版，第147页。
② 郭庆光著：《传播学教程》，中国人民大学出版社1999年版，第58页。

结合巡展实践的特点，巡展的传播学模式可构建如图 2：

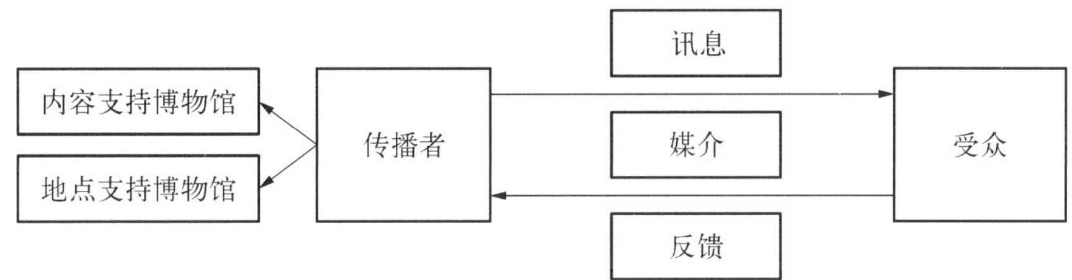

图 2 巡展 5W 传播模式

在巡展的 5W 传播模式中包含以下要素：① 传播者，在传播过程中担负着信息的收集、加工和传递的任务，在巡展实践中，传播者包含内容支持博物馆和地点支持博物馆双重主体；② 讯息，是由一组有意义的符号所组成的信息组合，即巡展实践活动；③ 媒介，是讯息传递所必须经过的中介或借助的物质载体，在巡展中主要是展厅传播载体及人际媒介、大众传播媒介等传播渠道等；④ 受众，是传播的最终对象，即巡展实践中的受传者；⑤ 反馈，是讯息到达受众后，受众在认知、情感、态度和行为各层面所产生的反应，反馈是评价巡展效果的重要方式。

三、5W 理论视角下城市博物馆巡展的优势

在巡展的传播学模式中有三方能动的主体，即内容支持博物馆、地点支持博物馆和受众。从主体角度分析，巡展实践是一个共赢的局面。

（一）扩大内容支持博物馆影响力

固定化展览的覆盖面相对较窄，优质展览只能被动坐等受众上门参观。巡展通过移动的“点”式宣传，让展览内容的传播度更广。

内容支持博物馆与不同城市博物馆进行的策展、商谈、协调等过程，即是增进主题内容与在地文化交流的过程。以巡展为桥梁，不同地域、不同时空的文化得以相遇，加深对多元文明和多样文化的理解。经过时间的累积和空间的迁移，巡展项目逐步形成品牌，扩大巡展知名度，提高内容支持博物馆的影响力。

（二）提升地点支持博物馆吸引力

通常而言，巡展的内容体系和配套方案已较为成熟，城市博物馆以引入巡展方式补充展览，将大大节约人员精力和经费投入，以高效便利的方式提供高品质公共

文化服务。

大多数巡展的展期在数月以上、一年以内，是相较于博物馆基本陈列展的临时展览。周期性更新的临展，是受众特别是本地市民定期重访城市博物馆的重要吸引力。知名度高的巡展项目还自带流量，“走到哪、火到哪”，拉动当地城市的文博热和文旅消费。

（三）丰富受众精神文化生活

巡展从四面八方而来，内容不尽相同，且主题大多是与本地历史文化差异较大，因此，巡展是受众了解多元文明的一扇重要窗口。

巡展改变了展览固定、受众跑路的模式，而是展览“跑路”、文物“出差”，受众在当地城市博物馆的文化客厅里即可享受“家门口的文化盛宴”，获取便捷化、均等化的公共文化服务，降低了观展成本，增强了体验感受。

四、5W理论视角下巡展质效提升路径探析

鉴于同一主题巡展具有共同的展览主题、相似的文物展品、基本一致的主体讯息，本文从传播者、媒介、讯息、反馈四个要素层面，分析巡展如何达到更好的受众传播效果，以实现从追求数量增长到质量提升的转变。

（一）作为传播者的内容支持博物馆：系统化讲好文物故事

(1) 切实保障文物安全。巡展地点的变化，无疑会带来文物展品多次运输和布展的问题。由上表可见，知名巡展的文物几乎全年都在“出差”。各博物馆场地环境条件不同，文物展品的展出和运输要求各异，这对文物的保护和安全提出了较高的要求。

特别是对于书画、服饰等对光照、温湿度条件有较高要求的文物而言，不仅需要专业人员对展出环境进行提前对接和现场考察，文物也要进行仔细检查和定期保养，以防密集的展期、频繁的转场对珍贵脆弱的文物造成不可逆转的损害。

(2) 真实呈现文物信息。斯贝尼克・斯坦斯基用“博物馆化”来形容考古现场出土的文物——文物失去了出土环境、进入博物馆，成为“博物馆物”。[①] 而巡展则再次使文物脱离了原有完整的展览叙事体系，内容支持博物馆需在较为有限的空

① 严建强、毛若寒：《博物馆化的拓展：原因、进程与后果》，《东南文化》2020年第2期。

间中真实完整呈现文物本身具有的知识、意义和价值等信息。

加之受制于文物审批、场地空间等客观因素，巡展展出文物的数量和类别会根据场地进行调整，文物不一定能全貌系统展出。展览应利用各种手段，补齐不足，呈现出文物应有的样貌。如法门寺出土的八重宝函应有大小不同、层层相套八重，但在各地的巡展中往往只展出其中的一层，巡展会利用平面图示、3D 动画演示等手段，对展品信息进行补充说明。

(3) 让文物服务于展览叙事。文物是为展览叙事服务的元素。同一件文物，在不同的展览故事里，所侧重展开的角度不一样。内容支持博物馆应提供基础研究信息，寻找与巡展地的契合点，推敲主题设置，梳理组合展品，让巡展在各地以最佳方式“打开”。

以个人收藏珠宝为主题的“铭心”巡展，充分结合了巡展城市的气质和精神：首次在北京展出时，更多的是面向高校师生、社会公众，重点在于科普古董胸针及其背后的历史文化；在甘肃省博物馆展出时，与古老的丝绸之路相对望，体现了近现代珠宝年轻化的风潮；第三站来到最早接触中古文化的国际化都市上海，并在建筑前身是跑马总会大楼的上海市历史博物馆展出，突出了生活方式和状态的“归位”，与城市气质融为一体。

（二）作为传播者的地点支持博物馆：在地化呈现巡展讯息

(1) 与在地空间实现“器”层面的结合。博物馆展览空间之“器”往往是固定的，无法做大幅度改变，就需要巡展内容之“形”机动调整，适应在地空间，以形就器，充分展示展览讯息。

2024 年，正值齐白石 160 周年诞辰，北京画院在 5 座城市推出了各具特色的齐白石专题展。齐白石专题展配有数字展，将齐白石笔下的四季意趣、花鸟鱼虫、乡间风物以动画形式展现出来。在各地巡展中，数字展与地点支持博物馆空间相适应，发挥了不同的作用：在中国大运河博物馆里，数字展被置于公共空间，成为吸引受众观赏展览的引入序曲；在成都美术馆里，书画珍藏和数字互动分为两个独立展厅，数字展是观赏书画作品之后可以沉浸体验书画意趣的场所。

(2) 与在地藏品实现“物”层面的结合。根据展览主题，地点支持博物馆会在基本展项基础上，增加馆藏或相关展品，是巡展在地化的常见表现方式，不仅丰富了展览内容，也体现了地方特色。

齐白石专题展在辽宁时，结合辽宁省博物馆的丰富收藏，展出齐白石存世的唯一一幅纸本设色自画像《白石草衣像》，与北京画院保存的两件肖像画形成了呼应。在齐白石家乡湘潭举办的展览，展出湖湘名人、齐白石师友代表作品30余件，呈现齐白石个人艺术演进与湖湘文化的内在关联。

(3) 与在地文化实现“神”层面的结合。巡展是否能取得良好传播的关键在于是否能与受众产生关联。受众观展时往往会带有一个疑问——展览和“我”有什么关系。由于走进城市博物馆观看巡展的大多数是本地市民，因此，与在地文化实现精神文化层面的连接、与本地市民产生共鸣十分重要。

齐白石专题展在成都展出时，专辟一章重点梳理齐白石与巴蜀之间的深厚情缘，展出了齐白石在成都时所作的书画、全程报道白石入蜀行程的《新新新闻》报纸、“吾道西行”的篆刻等，与成都这座城市和成都市民产生了深度连接。

(三) 媒介：全媒化传播文化内涵

(1) 持续推出高潮亮点。要吸引广大受众，就要用好大众传播的渠道，充分利用电视、报纸、广播等大众媒体平台，呈现巡展看点，提高巡展的知名度。作为城市重点文化活动的巡展，还可以利用城市地标建筑辅以宣传，增加曝光量。

巡展的宣传应贯穿整个展期，而不是“前期发力，后程乏力”。要结合配套活动持续探索巡展的亮点，合理规划安排宣传节点，让传播呈现出富有节奏性的高潮，持续抓取受众的关注。

(2) 用好人际传播渠道。在新媒体和自媒体时代，巡展要善于用好人际传播的渠道，形成良好口碑，带动更多人前来参观。

2023年举办的多场万历主题展览中，在上海市闵行区博物馆的展出效果意外出圈。展览初期，博物馆工作人员发布讲解导览视频，精彩的讲述吸引了第一波人流；后续大量受众创作的图文笔记，带来了较长时间的复利，展厅门口排起长队，网红冰箱贴一货难求，小红书平台话题“万历那年”浏览量超过了230万。

(3) 把媒介作为讯息本身。媒介是受众了解巡展的渠道，也可以成为讯息本身。以媒介为讯息，形式更新颖，内容更直观，获取更方便，受众更广泛，有利于提升传播效果。

“江海撷珍——长江口二号科学考古进行时”展览在上海市历史博物馆展出时，同时将人流量极大的徐家汇地铁站打造成艺术长廊，“长江口二号”古船用拟人化的口吻，将被发现和打捞的故事娓娓诉说。城市公共空间既是引流媒介，也是巡展空间，可以传递展览讯息，让途经的人们也看了一场“轻质”展览。

（四）讯息：延伸化推出配套产品

（1）延伸受众体验。观展不仅是“观看”，更是一系列体验的总和。受众不再是打卡即走，观展时间逐渐变长、对展览有着更深度地参观需求，这对博物馆提出了更高的要求。城市博物馆把巡展所要传达的主题和讯息，嵌入受众参观需求中，提供多感官、多维度配套产品，不仅能更好地服务受众，也能通过多样体验促进受众理解展览。

广东省博物馆在叙利亚精品文物巡展期间，推出了“叙味无穷”下午茶，以仙人掌、大马士革玫瑰等当地植物为灵感，研发蛋糕、饮料等甜品，不仅服务于受众长时间观展带来的餐饮需求，而且延伸文化体验，“用味蕾代替脚步抵达历史现场”。

（2）延伸活动亮点。能够传递展览讯息的不仅仅是展厅本身，从博物馆入口到文创销售的“最后一个展厅”，综合文化空间皆是载体。穆夏主题巡展在南京博物院的火爆出圈，很大程度上就得益于展厅内场景设置和文创橱窗的精心设计等，这些都成为有看头的打卡点，让文物展品中的美好可以浸润当下的生活。

印加文化主题巡展将切合主题的印第安曲风音乐作为特色，在多地巡展的开幕式上演出，带领受众深入古老文明的氛围中。巡展在成都展出时适逢中国农历春节，金沙遗址博物馆结合两种文明中都具有的对太阳的崇拜，举办灯会、演艺、非遗等太阳节活动，成为巡展结合时间节点的又一活动亮点。

（3）延伸社会教育。巡展是城市博物馆开展社会教育的重要资源。针对巡展，博物馆不仅要配套进行导览讲解，还应针对不同年龄段、不同群体的受众，提供不同形式的社会教育服务，帮助不同群体深入理解展览内涵，发挥“第二课堂”作用。

普利亚艺术展览在南京展出期间，六朝博物馆开展了面向视障儿童的社会教育活动，参与者通过触摸高足杯、鸡首壶等富有造型特点的 3D 器物模型，帮助弱势群体感受不同时代、不同地区的器皿所具有的实用美和艺术美。

（五）反馈：科学化构建评估体系

（1）形成对巡展的客观评价。巡展的传播效果受到策展立意、呈现手段以及在地城市文化、受众偏好等多种因素影响。观看巡展的受众数量、受众画像分析等客观数据以及留言簿文本、自媒体留言等主观评论，都是巡展评价的重要内容。一场巡展就是一组数据，通过多地巡展的数据积累，可得出对巡展及传播效果的评价。一方面，内容支持博物馆可以据此优化展览内容，调整展览经营和文创销售策略，并以数据及分析向有意向举办展览的城市博物馆提供参考信息，以便精准对接，呈现更好的效果。另一方面，地点支持博物馆可以通过巡展评价，从较为客观的角度了解本地受众的喜爱偏好，结合问卷调查、个别访谈等形式，深入了解受众对巡展主题和文化活动的需求和偏好，从而有针对性地选择和引入巡展。

(2) 形成同类巡展的优化策略。巡展大多是不同于本地城市文化的"异质"，如何优化阐释策略、进行去陌生化操作，需要长期不断地反馈和回应。虽然每个巡展项目主题各异，但类型有异曲同工之处。纳入外部视角，把传播者和受众双方放到平等的位置上加以考虑，有利于将巡展从相对封闭的博物馆官方叙事转变为适应本土、可以讨论的开放空间，对于提升同类巡展传播效果具有积极作用和借鉴意义。

近年来异域文明的展览是巡展的重要主题，提升了中外文化交流的广度与深度。但在跨文明交流中，应该如何阐释与本民族不同的文化形态是跨文化交流的重难点。传统观念认为要强调文化交流融合，但有学者通过分析"叙利亚古代文物精品展"的受众反馈留言，提出了一定程度上展示冲突与误解可以提供更多想象空间的建议①，打开了跨文化类型巡展的新思路。

(3) 形成巡展培育路径。随着博物馆、类博物馆数量的增多，人民对美好生活的需求日益增长，巡展实践必然蓬勃发展，可以逐步探索形成巡展自身的发展路径。

目前，已有机构整理推出了借展名录，可以搭建博物馆展览交流信息平台，推介各博物馆展览项目，形成菜单式目录，对展览名称、主题、内容、展品数量、展示要求等作出详细的介绍，让有意愿引进展览的博物馆可以顺畅地对接联络。

当前国内城市博物馆组织开展的巡展，其内容支持博物馆主要为单一博物馆，即独家巡展。很多以联展形式开展原创展览，在本地反响热烈，但往往只能联展而不能巡展，这属于一次性消费，是对展览资源的浪费②。随着巡展路径和模式的成熟，可以逐渐发展形成联展式巡展，打通区域共性或线性文化遗产和文物资源，让更多优质展览在城市博物馆之间巡展。

结　语

可以预见，巡展将越来越多地运用于城市博物馆展览实践，成为一扇特色文

① 周夏宇：《"我给你的爱写在西元前"：博物馆留言书写的跨文化实践》，《传媒观察》2024 第 1 期。

② 涂师平：《文物联展策划与文化效应放大》，《中国博物馆通讯》2014 年 11 月总第 327 期。

化、地域文明之间交流和碰撞窗口。巡展应不是简单的复制粘贴,而是通过不断的积累,连点成线、博采众长、渐入佳境、日臻成熟。本文基于对 2023 年以来各城市博物馆巡展实践案例的观察和思考,利用传播学 5W 模型,提出系统化讲好文物故事、在地化呈现巡展讯息、全媒化传播文化内涵、延伸化推出配套产品、科学化构建评估体系等博物馆巡展质效提升路径,以期促进公共文化服务均等化、便利化、品质化,更好地发挥城市博物馆在推动优秀传统文化创造性转化、创新性发展方面的作用。

把展厅打造成“戏园”
——以上海市历史博物馆“梅绽东方”特展为例

陈汉鸿[①] 上海市历史博物馆(上海革命历史博物馆) 上海 200002

摘要:

随着社会的发展进步,展览早已不是科教读物的简单“上墙”。场馆方付出越来越高的展陈设计和搭建成本,希望将看展览打造成一种文化现象;观众们早已不接受在博物馆“被上课”的学习状态,更希望看展是一种全方位的感官享受。鉴于上海市历史博物馆围绕品牌化发展和“博物馆+”的尝试经验,团队跳出以往策展循环模式,通过打造“戏园”的方式对原创展览“梅绽东方——梅兰芳在上海”进行设计布局,以期开辟出一条新的博物馆“文物—展览—活动教育”的发展之路。

关键词:

知识传播 展厅与“戏园” 文物活化利用

Turning the Exhibition Hall into a “Theater”: Taking the Exhibition “The Plum Blossoms in the East” of Shanghai History Museum as an Example

CHEN Hanhong

Abstract:

With the development and progress of the society, the exhibition has long been more than a simple “wall” of scientific and educational reading materials. The venue pays more and more for the design and construction of the exhibition, hoping to make the exhibition a cultural phenomenon; the audience has long ceased to accept the learning status of “being taught” in the museum, and hope to take watching exhibitions as a comprehensive sensory experience. In view of the Shanghai Museum of History’s experience in branding development and “Museum + ”, the team jumped out of the previous curatorial cycle mode to create a “theater” for the original exhibition “*The Plum Blossoms in the East — Mei Lanfang in Shanghai*”, in order to open a new development path of museum’s “cultural relics — exhibitions — educational activities”.

---

① 陈汉鸿,上海市历史博物馆(上海革命历史博物馆)副研究馆员。CHEN Hanhong, Shanghai History Museum & Shanghai Revolution Museum.

Key words：
Knowledge dissemination　Exhibition hall and theater　Adaptive use of cultural relics

在当下这个娱乐至上、追求打卡的年代，博物馆一直被呼吁要放下身段、打开大门、拆掉院墙，但是博物馆的“游乐”如何在保持自己“教育、研究和欣赏”底线的同时，于严肃庄重的知识传播和轻松愉悦的参与形式间寻得平衡，这对博物馆人而言，既是对以往经验的考验，也是走向 Z 世代的必然要求。上海市历史博物馆在“梅绽东方——梅兰芳在上海”特展的“戏里戏外”部分进行了一次尝试。

一、“曲线”讲述“戏里戏外”的故事

2023 年，一种“你要写……，就不能只写……”网络文体掀起了一波又一波的创作热潮。这种表达方式其实充分展现了事物间的关联性，反映出文学表达的曲线美。而我们的历史人物类陈列展览，也可以沿用这一方法，曲线表达，将以往历史人物故事的串联模式，改为“串联 + 并联”的模式，丰富展览内容和形态，让观众更有参与感和探索感。

在京剧大师梅兰芳的人生轨迹中，1913 年首次赴沪演出，开启了他与上海近半个世纪的情缘，并深刻影响了梅兰芳与京剧艺术的发展。为纪念梅兰芳首次赴沪演出 110 周年，上海市历史博物馆联合梅兰芳纪念馆、上海大学、上海戏剧学院、中国京剧艺术基金等单位共同策划一系列纪念活动，以期在缅怀一代京剧大师的同时，传承与弘扬京剧国粹和中华戏曲艺术，并探讨一座城市与人才培养的深层次关系。

所以要展示“梅兰芳和上海”，我们不能简单展示“梅兰芳在上海”的历史阶段，而要从京剧发展和上海城市特点入手，分析梅兰芳为何会来上海演出，抽丝剥茧，挖掘梅兰芳与上海的不解之缘。上海之于梅兰芳，不仅是扬名成角的福地，更是打开艺术视野的窗口，不仅见证了梅兰芳艺术风格的逐步建立，更见证了他艺术革新的历程；而梅兰芳之于上海，既丰富了广大市民的娱乐生活，也助力上海成为南方京剧活动的中心，既留下了诸多历史足迹和感人故事，也成为上海文艺界砥砺自强、爱国敬业的代表。

既然是讲述一代京剧大师的传奇和他在上海戏里戏外的故事，展览就应充分围绕着“戏”字，层层展开，既讲好梅兰芳戏曲舞台的表演、戏里戏外的故事，更要呈

现出他人生中如戏曲舞台般的冲突矛盾。

展览第一部分“承传·京韵华章”共四目，其中“京剧形成”“梅门四代”“艺承明师”让观众重新认识一个有丰厚家传却“不那么天才”的大师成长之路。许多人都说梅兰芳堪称戏曲天才，“为戏而生”，但4岁丧父，10岁登台的梅兰芳，成才之路并非那么容易。跨过广和楼造型般的门头(图1)，首先映入眼帘的便是著名的《同光十三绝》原作。仅是《同光十三绝》本身，惟妙惟肖、形神兼具的人物形象、充满传奇色彩的流传经过和难以一见的画作本身，就已然是绝好的宣传亮点。虽然出身梨园世家，八岁学艺的梅兰芳却被老师说“祖师爷没给你饭吃”，也被家中人认为“言不出众，貌不惊人”①。先天条件并不优越，就需后天努力勤奋。展厅内陈列了梅兰芳所收集的大量明脸谱、清抄本，侧面折射出他对演戏的喜爱；而详细的师承谱系，反映出梅兰芳能集唱念做打表舞于一身、文武昆乱不挡，靠的是持续不断地学习、日复一日地苦练。而1904年的农历七月初七，刚刚年满10岁的梅兰芳，踏上了北京广和楼戏园的舞台，这也是梅兰芳第一次登上表演舞台。家传、学戏、演出，梅兰芳学习之初的矛盾冲突就这般集中在了展览的开篇，快速却又准确地塑造起梅兰芳的人物形象。

图1　展览入口②

① 梅兰芳述，许姬传、朱家溍记：《舞台生活四十年》，湖南美术出版社2022年版，第19—20页。

② 展览入口参照了修复后的广和楼样式，并用剪影的方式表现梅兰芳大师不同时期的艺术形象。

在这一部分，展览专设“京角南下”一目，就如同电影中的镜头切换，让观众的视线突然从旧时的北京切换到清末的上海。“京剧”一词首先在上海诞生、沪上茶园演戏盛行、唱片技术对京剧传播的贡献、徽昆京秦等剧种在上海的发展……彼时的上海，京剧演出市场已十分繁荣，大批京剧名伶奔赴上海演出。对京角而言，上海是吸金致富的理想之地，在此演出可获得数倍于京师的酬劳；对京剧而言，上海是京剧向南方拓展市场的重镇。“长江数千里，上至汉口，内及苏杭，远去闽粤，甚至湖南之常德郡，亦有京班足迹，佥以上海为根本”。[①] 当时的戏剧界，还流行着这样一句话“不到上海不成角儿”[②]。所以京伶们不仅最想到上海演戏，而且还彼此激励“到上海唱红了，才算真红”[③]。这也是梅兰芳必然来沪演出的重要时代背景。

这样一个章节内容与空间环境的布置，与上历博自身场馆的特殊性密不可分。上历博东楼一层建筑空间分为序厅、花轿区（过渡区）和特展厅。为了此次特展，我们将三个区域彻底打通，使观众一进入东楼，就步入中式戏园，化身为京剧舞台中的“龙套”，随着梅兰芳一起在台上水袖翻飞、台下人生入戏。并且，通过序厅和花轿区的延伸，解决了对梅兰芳成长背景的介绍，将梅兰芳与上海的精彩故事全部集中在特展厅展出，更好营造历史氛围、调动观众情绪，也方便后续各类活动有充分的空间（图 2）。

梅兰芳的一生充满各种故事，接下来展览用“惊艳・鹤鸣海上”“启航・梅香万里”“留白・寒梅傲雪”三目讲述梅兰芳来到上海、定居上海、从上海走向世界的故事。我们在每个单元充分调动文物、史料、图片、音影像资料等要素，集中讲好一个故事点，重点突破、以点带面。

比如围绕梅兰芳访美访苏的故事，置于当下的大背景中，就有着独特的意义。作为京剧的海外传播先行者，梅兰芳 1930 年美国之行与 1919 年、1924 年的两次访日相比，无论是文化差异上的悬殊，抑或对中华传统戏曲的推广都是空前的。“功夫在戏外”。梅兰芳访美演出取得巨大成功绝非一人之功，除了传统京剧的艺术魅力、梅兰芳过人的艺术才华，与梅剧团以及梅兰芳背后强大的“智囊团”前期长达七

① 哀梨老人：《乐府新声》，引自叶长海主编，张福海等撰：《中国戏剧研究》，福建人民出版社 2006 年版，第 38 页。

② 王汝刚口述，《新闻坊》栏目组整理：《闲话上海》，上海大学出版社 2018 年版，第 105 页。

③ 齐如山：《五十年来的国剧》，引自齐如山著，梁燕主编：《齐如山文集》（第四卷），河北教育出版社 2010 年版，第 172 页。

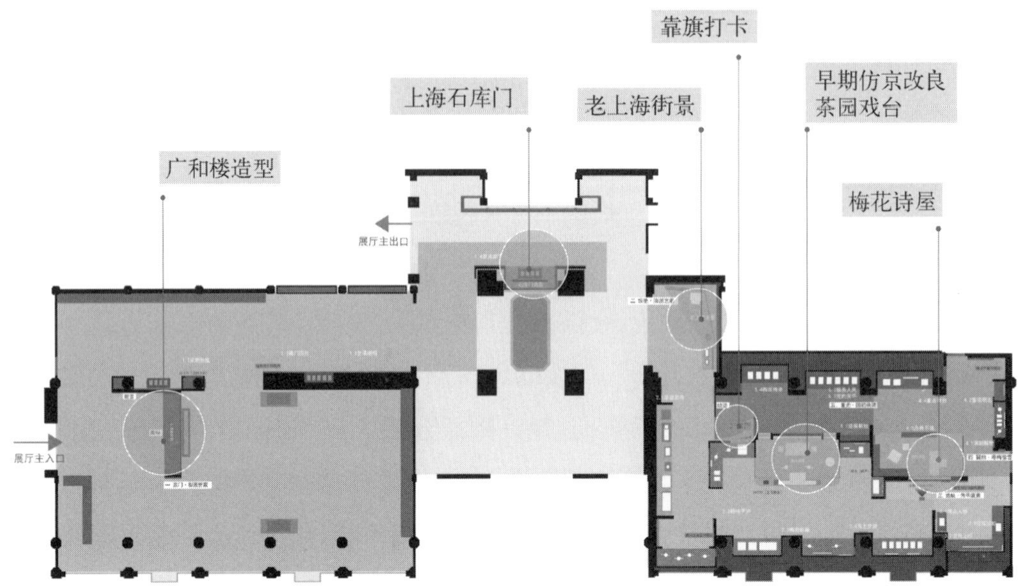

图2　展厅场景点位①

八年的准备息息相关，所以“梅党”是成为我们讲述访美过程的重要切入口。将追捧某位名演员的群体称作某党，是当时戏曲演艺圈和剧评界的通例。“梅党”放在今天，其实就是梅兰芳的“粉丝”，而其中为梅兰芳出谋划策，在艺术、生活、经济上提供帮助的人，则可谓“骨灰级粉丝”，也即“梅党中坚”。

而在这些人物中，有相当一批人生活在上海，因此以梅党为联系，梅兰芳与上海的关系又亲密了几分。冯耿光，广东人，清光绪年间日本士官学校留学生，与蔡松坡、蒋百里等同学。民国后历任陆军部骑兵司长、总统府顾问、中国银行总裁等职。热爱梅兰芳艺术的超级粉丝，他和其他几位上海的骨灰级粉丝一起，作为梅兰芳的朋友，为梅兰芳的艺术发展出钱出力，不计回报。梅兰芳1930年出访美国，恰逢美国经济大萧条，一下子经费不够了，是由冯耿光他们几位上海金融家集资才完成了此次非同寻常的“文化出海”。还有张伯驹、吴震修、许伯明、张謇、程慕灏等，他们中的许多人都受欧风美雨浸润和现代教育培养，有着与传统文人截然不同的艺术观。而他们又如此醉心于传统戏剧，辅助梅兰芳一起在时装戏、古装戏、新编历史戏和昆曲等四个方面进行革新创造。这样一种传统与革新的变化，又恰如时

① 既是整个建筑的出入口，又是展线中的过渡区，巧妙利用空间营造梅兰芳来沪的“第一站”，化展览空间的“不利”为“有利”。

时在上海发生的中西文化之间、古今理念之间的碰撞融合。在这群时代俊杰的帮助下，海派文化的海纳百川、创新包容和梅兰芳的“移步不换形”的艺术准则得到了更好的融合。

二、用“小舞台”传递“大能量”

既然要表现梅兰芳大师“一代完人”（陈毅语）的故事和他“立功”“立艺”“立德”的形象，我们就选择从他的艺术发展生涯入手，展厅改造为了“戏园”，还原文物曾经的使用环境，用舞台场景式的表达方式生动再现梅先生德艺双馨的大师风范。

清末民初的上海，已然成为一个繁荣的贸易港口和商业中心，是中国近代社会转型过程中变化最为剧烈的地区。上海那种开放的文化氛围和眼界，新奇的事物、大胆的革新精神，对梅兰芳会产生何等的震动！因此我们大胆地在展厅中浓缩出了一条极具海派城市特点的马路：繁忙的街巷、苏州河桥上的路灯、十字路口的红绿灯、往来穿梭的黄包车和有轨电车……这种舞台似的场景布置，让观众迅速感受到梅兰芳初到“十里洋场”的冲击感（图 3）。

图 3　舞台化场景布置①

那乍浦路桥上的桥灯与梅兰芳又有什么关系？上海是中国戏剧演出史上第一个使用电光源的城市。以往大众层面的戏曲演出多在白天进行。而现代照明技术

① 用文物和老照片叠合出充满氛围感的 20 世纪前 10 年的上海街头，吸引观众在此打卡。

的运用，使得上海戏园的营业时间延长到了夜晚，促进了戏曲演出的发展。这盏乍浦路桥桥灯，就凝练了上海成为摩登都市的发展故事，也还原了梅兰芳初到上海时见到的光影变化。

尤其在丹桂第一戏台首次演出的时候，就感觉底下好亮。而且灯光可以照在主要演员身上，起到很好的烘托作用。

我初次踏上这陌生的戏馆的台毯，看到这种半圆形的新式舞台，跟那种照例有两根柱子挡住观众视线的旧式四方形的戏台一比，新的是光明舒畅，好的条件太多了，旧的又哪里能跟它相提并论呢？这使我在精神上得到了无限的愉快和兴奋。①

这种刺激和震撼，对梅兰芳而言是影响终身的。从他1913年10月31日首次抵达上海，到50天后离开上海，这里的新舞台、新灯光、新布景、新式切末道具、新的服装设计、新的改良化妆方法，都对梅兰芳今后的演艺生涯产生了深远的影响！

可是我倒睡不着了。对着包房里那一盏黯淡而带深黄色的灯光，开始回忆到这次在上海耳闻目见的种种和演出中间的甘苦况味。新式舞台的装置、灯光的配合、改良化妆方法、添置的行头，自己学习的刀马旦，看人家排的新戏，一幕一幕地都在我的脑海里转。这样翻来覆去地想得很久，不晓得在什么时候，才迷迷糊糊地睡去。②

回到北京之后，他一方面广泛吸收上海的文明戏、灯光、化妆、服装设计等改良成分，融会了海派精髓的舞台艺术之美；另一方面编排直面社会问题的时装新戏和开创美学新风尚的古装新戏，形成独具风格的"梅派"表演体系，迅速脱颖而出获得全国性的声望，成为民众票选的"京剧界大王"。

"海派文化"之所以成为近代中国都市文化的集中反映和典型表现，在于它既能适应近代中国的转型发展，重视商业，迎合市民口味，但又不局限于上海地域，具有在中国近代都市文化中的示范性和普适性③。因而，用梅兰芳的眼光和行动来表现海派文化对其艺术和审美的影响，更能凸显上海这座城市的巨大魅力，凸显城市发展对社会文化的影响力。

展厅中，梅兰芳与"丹桂第一台"签订的一份演出合同，可谓是本次展览的"源

① 梅兰芳述，许姬传、朱家溍记：《舞台生活四十年》，湖南美术出版社2022年版，第189页。
② 梅兰芳述，许姬传、朱家溍记：《舞台生活四十年》，湖南美术出版社2022年版，第249页。
③ 张济顺：《海派文化研究中的方法论问题》，《文汇报》1990年8月8日。

头”。110 年前，正是应该戏院经理许少卿之邀，年轻的梅兰芳跟随名角王凤卿第一次赴沪登台，开始了上海的一生之缘。在这里，他首次上演大轴戏《穆柯寨》，后又在一天内演完头二本《虹霓关》，开创了同一剧目中一人演两个不同行当、不同扮相、不同演法的先例……沪上报刊纷纷发表报道、评论，甚至称誉梅兰芳为“环球第一青衣”。

为了尽可能还原历史上梅兰芳赴沪首次演出的氛围感，展览尽可能复原了丹桂第一台的模样，用传统戏剧舞台和背景音乐，营造梅兰芳在上海的火爆。据记载，丹桂第一台位于四马路大新街(今湖北路福州路)，在新丹桂旧址上建成。由义记公司许少卿招股集资创办。剧场由英国设计师设计，为 2 层钢筋混凝土结构的西式大剧场。观众厅分官厅、包厢，座位宽敞。冬暖夏凉，内装电灯千盏，新式转台一座。1911 年 1 月 15 日开幕，特聘京津山陕名角吴彩霞、贵俊卿、路三宝等 110 余名参演，又新制行头和布景，营业昌盛。但在浩如烟海的史料中，有关丹桂第一台戏台的详细记载并不多。

最终在考证同时期上海戏台的记录和部分戏台的历史图像后，我们在展览现场几乎等比例复建了一个“上海仿京式改良茶园戏台”，其上还悬挂了仿梅兰芳“守旧”样式大幕，沉浸式的场景还原能令观众更直观地体会当时京剧的表演氛围(图 4)。

图 4　展览中的仿京式戏台

这个舞台上，还不仅仅是场景的复原、氛围的营造，更重要的作用是为了在展览期间组织实景演出，上演“戏曲雅集”。作为特展的配套活动，雅集共上演 3 场，主题分别为“博物馆之夜——梅派经典剧目雅集”“香南雪北吐芳华——南北梅派弟子雅集”和“仙姿兰芳冠群葩——国宝级昆曲名家清唱雅集”，剧目全部呼应展览中所提及的内容，观众参与场场爆满。

特别是“香南雪北吐芳华——南北梅派弟子雅集”活动，汇聚了众多南北梅派传人，包括梅派第三代传人胡文阁，上海京剧院演员炼雯晴，上海京剧院国家一级演员田慧，上海京剧院国家二级演员耿露，上海京剧院老生演员陈圣杰等，众多名家为观众献上了一场别开生面的京剧艺术普及，让观众大饱耳福。“没想到可以在关门后的博物馆里看到这么多戏曲大家的精彩演出，这样的体验很特别。”“我是特意来报名这场活动的，之前还有工作人员带我们参观了‘梅绽东方’特展，在了解了梅兰芳生平后，再听其传人唱的经典唱段，更有共鸣了。”现场观众对于活动都给出了很高评价。

演戏不仅仅是一次活动，更重要的是要借此机会增强上历博“City + ”的品牌活动影响力和开辟新的赛道。近几年来，“博物馆戏剧演绎活动”的形式日益受到广泛关注，中国国家博物馆和中国煤矿文工团联合出品的原创肢体戏剧《俑立千年》，国家图书馆(国家典籍博物馆)与白镜戏局联合出品的沉浸式戏剧《永乐长思》，四川博物院与四川人民艺术剧院联合的话剧《苏东坡》文博版，苏州吴文化博物馆演绎社自编自导自演的《水》……各家博物馆都在积极上演自己的“剧目”。

创新、融合、跨界、破圈……成为文博圈的共识，大家都希望用新的理念、行动，改变大家对博物馆的固有印象，吸引更多观众来到博物馆、关注博物馆，真正把“博物馆”纳入自己生活中，让“不在博物馆，就在去博物馆的路上”不再是朋友圈中的口号，而是日常休闲活动的习惯。

梅兰芳先生身上除了高超的表演艺术，还有铮铮傲骨和凛然气节。作为展现梅兰芳与上海城市的展览，梅先生蓄须明志的故事也是必不可少的重点。

为了集中展现这部分内容，我们做了多维的铺垫和集中的展示。首先是通过梅兰芳的交友圈，展现他与书画家的情谊同时，引申出梅兰芳对中国传统绘画艺术的研习、转化与造诣，也为展现他在抗日期间鬻画度日打下了铺垫。在展品选择上，特地选择了《春消息》《松柏有本性》《叶恭绰、梅兰芳合作双清图轴》等蕴含坚信抗战必将胜利信念的画作。同时，我们复原了他在思南路故居二楼的书屋。时人称之谓“梅华诗屋”(图5)。在思南路居住期间，梅兰芳排演了《抗金兵》《生死恨》等京剧新戏，以激励国人的抗日热情。

图5 “梅华诗屋”①

而我们也充分利用了这个书房的舞台效果，根据蓄须明志的故事编排了情景党课。以情景化的演绎，让历史与观众“面对面”。情景党课全部由上历博党员自编自导自演。这堂情景党课，不仅仅演给大家看，更让参与者自己在编排的过程中再次被梅先生崇高的家国情怀所感动。展览开幕后，支部还专门组织全体党员共同学习梅兰芳先生的事迹故事，纪念、缅怀的同时，更要将梅兰芳先生作为一面镜子，坚定我们的思想信仰，叩问我们自己的品行标准，砥砺从业初心，做好中华传统文化的守护者和传承者。并且，我们还将这一情景党课改造为情景剧，送到学校，让更多的学生来到展厅进行演出，如上海市复兴实验中学就与上历博一起，用学生们的演绎让这部情景剧被更多观众所看到。

博物馆活动的多样化，能够提升展览质量，吸引更多观众，增加参与度，并增强文化传承的效果。将展览空间和多样的活动相结合，也能更好地提升展厅利用效率，让静态的景与柜中的物“活起来”，用参与感、体验感开启视听闻触思的多感官看展体验，给观众留下更深的观展印象；而观众也愿意通过参与这样的活动，走近历史，成为历史的“一部分”。场馆与观众在互动中达到合作共赢。

① 书屋尽可能地按照梅家后人的描述进行复原，墙上的两件书画作品也都原样复制。

结　语

“梅绽东方——梅兰芳在上海”是上历博对历史人物类展览的全新尝试，我们跳出以往以史带人、以人叙事的方式，将梅兰芳与上海城市特质、京剧舞台艺术充分融合，通过“文物＋展览＋活动”构建全链条展览体系。虽然展览已经结束，但关于梅兰芳与上海的故事仍然在上历博上演，就在6月22日，在上海市文化和旅游局(上海市文物局)的指导下，上海市历史博物馆结合“梅绽东方”特展的研究积淀和社会效应，会同华东建筑设计研究院有限公司历史建筑保护设计院，在文化传承发展座谈会召开一周年之际，隆重推出“梅绽东方——梅兰芳文物主题游径”(图6)，

图6　梅绽东方——梅兰芳文物主题游径①

① 通过citywalk、研学等方式，让广大观众走出展厅，追寻大师的足迹，感受海派文化的独特魅力。

以不可移动文物资源为依托，通过系统梳理梅兰芳先生在上海活动轨迹和场所，还原梅兰芳先生的生活、演出、交游等场景，串点成线，纪念梅兰芳大师 130 周年诞辰，推动文物与旅游深度融合发展。

以地图为载体，未来上历博还将继续围绕“梅兰芳在上海”这一主题，以市场化的眼光和手段继续研发更多活动和服务，让观众在看完历史展览后再走近生活中的历史，让“故事里的名人”成为“身边的名人”，切身地感受上海深厚的历史底蕴与海派文化魅力，最大化地发挥博物馆研究、展览、教育的价值。

分众教育与多元传播助力优秀传统文化转化发展
——以武汉博物馆为例

邓　琰[①]　武汉博物馆(武汉市文物交流中心)　湖北武汉　430023

摘要：

中华优秀传统文化是中华民族的根和魂，承载着民族记忆和民族精神，是我们增强文化自觉、坚定文化自信的强大底气。党的十八大以来，习近平总书记就文化建设提出了一系列新理念、新思想、新战略。文物是优秀传统文化的物质载体，推动优秀传统文化传承发展既是新时代博物馆的职责使命，也是博物馆提升社会效益、促进高质量发展的自身需求。近年来，武汉博物馆依托丰富馆藏文物资源，深挖城市历史文化内涵，提炼易于被公众理解接受的优秀传统文化元素与当代社会生活相融合，通过多元传播方式，开展了“行走的课堂”“寻访武汉老街、悦读城市故事”“七夕博物馆之夜”等系列分众展教活动，赋予中华优秀传统文化、城市文化新的时代内涵和现代表达形式，对推动其创造性转化、创新性发展进行了探索实践。

关键词：

博物馆　分众化　优秀传统文化转化

Education and Multi-Communication Boost the Transformation and Development of Excellent Traditional Culture: Taking Wuhan Museum as an Example

DENG Yan

Abstract:

Excellent traditional Chinese culture is the root and soul of the Chinese nation, carries the national memory and spirit, and is a powerful foundation for us to enhance cultural self-awareness and firm cultural confidence. Since the 18th Party Congress, General Secretary Xi Jinping has put forward a series of new concepts, new ideas and strategies for cultural construction. Cultural relics are the material carrier of excellent traditional culture, and promoting the inheritance and development of excellent traditional culture is

① 邓琰，武汉博物馆研究馆员。DENG Yan, Wuhan Museum.

not only the duty and mission of museums in the new era, but also the demand of museums to enhance social benefits and promote high-quality development. In recent years, Wuhan Museum, relying on its rich collection of cultural relics, has dug deep into the city's historical and cultural connotations and extracted the elements of excellent traditional culture that are easy to be understood and accepted by the public, integrated them with contemporary social life, and launched the "Walking Classroom", "Searching for Wuhan's Old Streets, and Reading the City Stories", and "Night of Tanabata Museum" through diversified communication, endowing Chinese excellent traditional culture and urban culture with new contemporary connotation and modern expression, exploring and practicing the promotion of their creative transformation and innovative development.

Key words:
Museum Diversification Transformation of excellent traditional culture

文物是中华优秀传统文化的重要物质载体,博物馆是文物文化的收藏者、记录者和见证者,担负着文化守护和文明传承的重大使命,如何让传统文化与当代社会生活有机融合,推动优秀传统文化创造性转化、创新性发展,更好地满足人民群众对精神文化产品的多样化需求,是新时代博物馆的重要职责与使命,也是当代博物馆人面临的探索课题和努力方向。

一、分众概念及分众教育特点

"分众"概念首先由美国未来社会学家阿尔文·托夫勒于1980年在《第三次浪潮》中提出。他划分了三种信息传播系统:人际传播、大众传播、分众传播,并提出在分众化的信息传播语境下,受众所接受的已经不再是传统的统一的信息。他提出"分众"一词,指传媒在传播过程中,针对不同年龄、职业、教育层次、兴趣爱好和生活环境等人群提供特定的信息和服务,使之满足该类人群需求的传播方式。而最早对"分众"概念给予关注的是日本著名研究机构"博报堂生活综合研究所",1985年"博报堂"出版《分众的诞生》,书中指出以"划一性"为基础的"大众"社会正在向着个别化、差异化的小型群体转变,这种"被分割了的大众"的现象被称为"分众"。我国学者熊澄宇则认为,"分众传播的概念是指不同的传播主体对不同的对象用不同的方法传递不同的信息。不同的媒体形态,不同的受众需求,不同的环境和场合决定了分众传播具有最佳的传播效果。从大众传播到分众传播是社会的进步，也是媒体功能发展的必然趋势”。

教育传播是现代博物馆的重要社会职能，早在1990年，国际博物馆协会就将博物馆的核心要素定义为“为公众服务”和“教育”。“分众”作为现代传播学概念，此前多被用于新闻传媒和广告业，随着我国社会经济发展和近年来的博物馆热，越来越广泛复杂的观众群体，对博物馆工作提出了多样化、个性化要求。如何有针对性地将不同文化背景、审美偏好、接受习惯的庞大观众群体加以细分，开展分众化、多元化教育传播成为博物馆学新的发展趋势和研究方向。

分众教育由分众传播发展而来，是一种针对特定受众群体的教育方式，它强调在教育传播过程中，对受众需求的细分和精准把握，根据受众年龄、性别、兴趣、职业等多维度特征，进行精准的内容和渠道选择。其特点主要有：① 教育对象具有高针对性。通过深入分析受众的需求和偏好，分众教育能够确保知识信息准确传达给相应目标群体，避免资源浪费；② 教育内容偏重定制化。在碎片化的信息时代，人们对知识信息的需求日益多样化，分众教育能够满足不同受众的知识需求，提供定制化、个性化的内容服务；③ 教育方式互动参与性强。由于事先对受众需求内容的精准解读定位，分众教育实施过程中参与对象兴趣更加强烈，意愿更高，双方互动性增强，教育效果更好。良好的互动也有利于施教方及时收集反馈受众意见，进一步优化教育策略；④ 教育传播渠道多样化。在多媒体融合背景下，分众教育能够充分利用各种新媒体平台，实现教育内容的跨平台传播，进而扩大后续教育影响力。

二、武汉博物馆展教活动中的分众化探索实践

作为首批国家一级博物馆，武汉博物馆是武汉地区研究保护、展示传播优秀历史文化遗产的重要场所和窗口。近年，依托丰富馆藏文物资源，发掘城市历史文化内涵，以多元传播方式，开展了系列分众化展教活动，赋予中华优秀传统文化、城市文化新的时代内涵和现代表达形式，对推动其创造性转化、创新性发展进行了探索实践。

(一) 深挖馆藏文物资源，研究观众个性需求，打造特色展览

武汉博物馆作为综合性博物馆，观众来源复杂多元。近年来通过大数据统计、观众调查等多种技术手段，依照个人特征(生理指标、参观动机、知识结

构等)、人口统计学特征(年龄、职业、教育程度、来源地等)与场馆参与特征(参与程度)等不同维度,我们对观众进行了细化区分,并按照各自群体需求,有针对性地举办特色展览,或在常设展览中增设一些适合不同受众的图文和互动设备。

例如,随着近现代女性主义浪潮涌起,女性身影以各种不同形式出现在博物馆、美术馆以及观众面前。武汉博物馆近年引进了西安博物院"环肥燕瘦——汉唐长安她生活",并携手私人藏家策划了"袖里乾坤——清代挽袖文化展""妍姿芳华——民国女性的时尚风情"等女性主题展览,展览强调以"物"见人,展示反映不同历史时期普通女性的生活概貌、社会作用,并引发观众对当代社会女性力量的思考和讨论。再如"情侣"是极易被传统博物馆所忽视的观众群体,但他们年轻、富有激情、好奇心强,在社会群体中占比不小,是博物馆重要的观众来源。2022年"七夕"期间,武汉博物馆发掘馆藏文物资源,推出了"比翼和鸣　地久天长——武汉博物馆相约七夕文物特展",展出了具有婚嫁、爱情寓意的各类古代文物、民国婚书以及汉绣花轿等,在展厅中还特设了适合情侣观展留影的打卡点和婚书盖章领取点。针对线上情侣观众,则特别设计了"文物伴你度七夕"专属数字纪念卡领取环节,观众只需扫描二维码,输入昵称或姓名,便可获得一张以七夕文物为主题的专属数字纪念卡。

(二)提炼城市文化记忆,结合当代社会生活,开展分众教育

在城市建设步伐日益加快的今天,部分城市在快速发展中失去了自己的城市特色、历史文脉,出现了"千城一面"的尴尬现象。武汉博物馆作为武汉城市的"灵魂客厅",浓缩了江城千年文明史,记录保存城市记忆,在传承优秀历史文化、参与塑造当代城市文化方面,针对不同受众,开展了多种分众教育尝试。

如武汉博物馆青少年品牌教育活动"行走的课堂",以本馆通史陈列中的武汉地方历史脉络、重要文物及知识点为依托,凸显地域文化特色,通过与教育部门探讨,融入校本课程,针对不同年龄段青少年的身心特点、知识储备和认知水平,分为大、中、小学三个学段,成系列相继研发了"武汉记忆""岁月节令""文物故事""国学礼仪""匠心独运""墓葬探秘"等博物馆体验和校外研学课程。青少年通过各类沉浸式博物馆教育活动,感受中华优秀传统文化的博大精深,内心的文化自信被点亮,也悄然埋下了文化传承的种子。

"寻访武汉老街、悦读城市故事"则是武汉博物馆针对全年龄段观众开发的一

项城市文化体验活动，中小学生以博物馆教学加户外研学形式展开，成人观众则由武汉博物馆成人志愿者团队带领，定期招募参与者，走出展馆，通过 Citywalk 深入武汉老街、老巷、老建筑、文化遗址等，以实地踏访与线上互动相结合的“行走”方式带领公众寻找城市记忆，融入当代社会生活。该系列活动通过武汉博物馆官方视频号、快手、抖音、哔哩哔哩等短视频平台推送和“云直播”等方式，分系列分主题带领公众漫步独具老武汉风情的租界老街，探访南洋大楼、汉口水塔、巴公房子等老建筑，走进同兴里、汉润里等老里份，寻访明代楚王墓等历史遗迹，搜寻这座历史文化名城的光阴故事、文化传奇。该系列活动由武汉博物馆志愿者团队自行策划、拍摄、录制、剪辑，目前以短视频、“云直播”等方式推送近 40 期，累计受众数百万人次，受到公众和新闻媒体的广泛关注。

（三）加强公众互动体验，开发创新文化产品，探索多元传播

传统博物馆展览教育往往是单向、直线传播，观众只能被动接受，积极性、参与性有限，近二十年来博物馆教育研究强调“交互式、体验式、沉浸式学习”。作为提供“终身学习”的知识服务型机构，博物馆应充分利用自己实物性、直观性等教育特点，让观众通过更多互动体验活动，获得知识、改变观点。

2021 年，武汉博物馆与武汉市第一商业学校合作，推出了“糖艺塑瑰宝　匠心守传承”系列活动，由湖北省非遗传承人常福曾大师带领弟子以巧克力和翻糖为原料，采用楚派糖塑传统技艺与当代糖艺相结合，复刻制作了三件武汉博物馆珍贵馆藏文物。巧克力与元青花四爱图梅瓶、翻糖与商代凤纹方罍，这些看似毫无关联的事物，碰撞出了奇妙火花。楚派糖塑非遗传承团队将文物承载的历史文化内涵与当代糖艺技法相结合，让优秀文化遗产焕发出了新的生机和活力，这无疑是对优秀传统文化创造性转化和创新性传承的大胆尝试。在国际博物馆日、文化和自然遗产日期间进行的线上直播、现场展演和公众体验活动，更是给观众带去了视觉与味觉的双重盛宴，在非遗传承人指导下，他们可以在博物馆内学习制作或品尝“元青花四爱图梅瓶”冰激凌、“隋十二生肖俑”巧克力慕斯、“西汉大布黄千铜币”等文创小食。这种新奇的跨界体验，受到了现场观众热捧，也吸引了国家级新闻媒体和线上近百万公众的关注。

2024 年，武汉博物馆结合“惟日与月——明万历文物专题特展”及馆藏明代藩王文物，先后为公众推出了三场展演体验活动，分别是“明代笄礼展演”“明代婚礼展演”及“时光之境　大明之辉——博物馆之夜沉浸式展演”。特别是最后一场博

物馆之夜活动，夜幕降临后，现场观众在考古工作者的带领下穿越古今，探秘定陵，沉浸式体验武汉版“明朝那些事儿”。由演员装扮的万历皇帝、孝端皇后、楚昭王等历史人物先后在博物馆展厅中亮相，展柜内陈列的各种国宝文物也以“器灵”的形式“活了”起来，与现场观众隔空对话。这三场活动共吸引了数千名明史、汉服爱好者近距离感知文物魅力，感受大明风华。

三、博物馆在分众教育、多元传播中应该注意的几个问题

（一）利用数据，细分目标受众，积极培育核心观众

始于疫情防控的博物馆预约制度已实施 4 年有余，给各博物馆带来了海量观众数据信息，各馆应该充分重视利用这些大数据，通过多种技术手段开展观众分析研究。在分析研究的基础上根据受众需求定制博物馆内容，构建博物馆分众供给体系，如多层次的展览支撑、全方位的分众教育策划和全流程的分众教育实施等。核心观众也被称为“经常性观众”，如何将非经常性观众转变为经常性观众，即核心观众培育，是博物馆的长期奋斗目标。分众化展览及配套教育活动，因其高针对性特点更易满足这部分观众对博物馆体验质量以及多样化和个性化的要求，从而促成他们对博物馆的长期关注与深度参与。

（二）内容为王，深挖文化特色，坚持正确价值导向

截至 2023 年，我国备案博物馆总数已达 6 833 家，10 年内数量增长达到 38%，虽然数量众多，但发展不平衡的问题也很突出，不少博物馆展示教育内容同质化现象严重。从社会心理学角度看，面对大量知识信息，人们会下意识地留意与自身相关的，更加熟悉或者感兴趣的信息。分众化、差异化传播从受众出发，相比群体化、同质化传播的信息更有针对性，更加容易吸引人们的注意力。因此除少数国家、省级大馆外，根据目标受众具体特征，充分挖掘本馆或本地区、区域文化特色及优势，提供优质展教内容才是大部分博物馆教育传播成功的基础。

（三）以人为本，注重社会公益性，避免过度受众偏向

分众化是以人为本理念的延伸，它充分尊重、满足特定受众需求，在一定程度上做到了以受众为中心，为其量身定制教育传播内容与信息。在分众教育传播中也要注意避免过度的受众偏向性，如为追求网红热点、爆款文创等对消费力强、传播力高的年轻群体盲目迎合，展览中多媒体互动项目更多地从服务青少年角度开

发等。作为公共服务机构的博物馆，更应注重分众化后中老年人、残障人士等弱势群体的需求，注重社会公益性和公平性原则。

结　语

站在新的历史起点，推动传统文化传承发展既是新时代博物馆的职责使命，也是提升博物馆社会效益、促进高质量发展的现实需要。随着新技术的不断进步和受众需求的日益多样化，分众教育和多元传播更有利于博物馆进行展教资源的合理配置，为观众提供更契合且优质的服务，将在未来博物馆事业中发挥更加重要的作用。

城市博物馆如何推动优秀传统文化创造性转化、创新性发展
——以廊坊博物馆未成年人教育工作为例

曲金丽[①]　廊坊博物馆　河北廊坊　065000

摘要：

博物馆是城市文化发展的重要组成部分，它的职能是城市文化服务体系中无可替代的。在中国特色社会主义进入新时代的今天，把中华优秀传统文化全方位融入未成年人思想道德教育、文化知识教育、艺术体育教育、社会实践教育等各个环节，是城市博物馆推动优秀传统文化创造性转化、创新性发展的首要任务。本文以廊坊博物馆未成年人教育工作为例，进一步阐释对未成年人教育的方式方法，拓宽博物馆教育的深度和广度，让文物活起来，引导青少年坚定文化自信，成为传承历史、发扬文化、引领未来的一份子。

关键词：

博物馆　未成年人　教育

How Urban Museums Promote the Creative Transformation and Innovative Development of Excellent Traditional Culture: An Example of Education for Minors in Langfang Museum

QU Jinli

Abstract:

Museums are an important component of urban cultural development, and their functions are irreplaceable in the urban cultural service system. In the new era of socialism with Chinese characteristics, integrating excellent traditional Chinese culture into various aspects such as ideological and moral education for minors, cultural knowledge education, art and sports education, and social practice education is the primary task for urban museums to promote the creative transformation and innovative development of excellent traditional culture. This article takes the education of minors at the Langfang Museum as an example to further explain the ways and methods of educating minors, broaden the depth and breadth of museum education, bring cultural relics to life, guide

① 曲金丽，廊坊博物馆副馆长、副研究馆员。QU Jinli, Langfang Museum.

young people to strengthen their cultural confidence, and become a part of inheriting history, promoting culture, and leading the future.

Key words:
Museum　Minors　Education

公元前 3 世纪，世界历史上第一座博物馆诞生，时至今日博物馆的社会职能不断变革。在 2 000 多年的发展史中，博物馆从单纯收藏文物的场所转变为现在“为社会服务的非营利性常设机构”，并且它研究、收藏、保护、阐释和展示物质与非物质遗产，向公众开放，具有可及性和包容性，促进多样性和可持续性。以符合道德且专业的方式进行运营和交流，并在社区的参与下，为教育、欣赏、深思和知识共享提供多种体验。① 从当下对博物馆的定义中我们可以看出，博物馆服务社会的职能越来越广泛，为教育、欣赏、知识共享提供多种体验，让博物馆有了更大的发展空间，也让博物馆社会教育职能有了更深刻的阐释。

党的十八大以来，习近平总书记不断对中华优秀传统文化的传承和发展进行深入阐述。习近平文化思想提出要“着力赓续中华文脉、推动中华优秀传统文化创造性转化和创新性发展”，这是博物馆继承和弘扬中华优秀传统文化的思想指引与实践指南，而“中华优秀传统文化只有通过有效的教育普及，才能获得认知认同与实践体验，成为活着的基因、不断的文脉”。把中华优秀传统文化全方位融入未成年人思想道德教育、文化知识教育、艺术体育教育、社会实践教育等各个环节，是博物馆教育普及的首要任务，也是未来博物馆最为重要的发展方向。

一、选择与引领

未成年人是祖国的未来和民族的希望，肩负实现中华民族伟大复兴的历史重任。2023 年 3 月 5 日，习近平总书记在参加第十四届全国人民代表大会第一次会议江苏代表团审议时指出，我们的教育要善于从五千年中华传统文化中汲取优秀的东西，同时也不摒弃西方文明成果，真正把青少年培养成为拥有“四个自信”的孩子。文化是多元的，更是在不断发展的，新的思想理念、新潮的文化供给，给未成年

① 2022 年，第 26 届国际博物馆协会大会通过了对博物馆的新定义，定义内容增强了博物馆的社会服务属性。

人带来了无数的诱惑,我们要有所把握、有所选择。

展览和活动是博物馆提供给观众最直接、最能体现价值观的文化产品。好的展览,正如中国国家博物馆原馆长王春法所说,要有高度、有广度、有亮度、有力度、有深度、有厚度、有谐度、有弧度、有温度、有拓展度。好的教育活动以启发学习兴趣为目的,最终达到获得知识、个性发展、情感体验和实践能力的提升。博物馆教育就是对中华优秀传统文化予以引领,取其精华、去其糟粕,用中华优秀传统的文化因子,引领未成年人的思想方向。

二、让未成年人走进博物馆

近几年,博物馆更注重体验式教育。体验是指亲身经历,实地领会获得的经验。体验使人感到真实,印象深刻,并能从中体悟出很多人生道理,为自己未来选择做出更准确的判断。对于未成年人来说,体验式教育更能激发其兴趣,也更容易引导其人生价值取向。在这种体验式教育中,博物馆是独树一帜的,这也是更能吸引未成年人走进博物馆的关键。廊坊博物馆自开馆以来,未成年人参观占比基本在 30%左右,因活动项目的增加,人数占比也有明显提升。

2023 年 3 月 26 日至 6 月 17 日,廊坊博物馆与随州市久洲艺术博物馆共同举办的“扇动西方——清代宫廷外销扇专题展”在廊坊博物馆第一展厅开展,展览展出了 18 世纪至 19 世纪由广州制作出口的各类精品折扇。怀袖珍物,盈尺之间,既凝聚着中国工匠的精湛工艺,又承载着中国折扇独具特色的文化内涵,可谓珍品荟萃,蔚为大观。外销折扇漂洋过海来到欧洲,惊艳了整个欧洲贵族社会,开启了中国外销扇东风西渐的辉煌时代,是西方文艺复兴和工业革命以来,在“西风东渐”的世界大势下,出现的“东风压倒西风”的一个宝贵特例,也是贸易史上的精彩一笔和中西文化交融的历史见证。

为深化未成年人对展览的理解,弘扬传统文化的魅力,展览期间廊坊博物馆推出“扇舞倾城”系列活动。活动共分三个阶段:第一阶段,组织全市 8 至 15 周岁未成年人周末到博物馆里“看展览、画扇面”,4 月 8 日至 5 月 3 日共举办活动 20 场,向所有参加活动的孩子们征集扇面绘画作品 328 件;第二阶段,5 月 4 日至 20 日,组织相关老师与专家对征集作品进行评选,共选出 142 件作品,并颁发荣誉证书;第三阶段,6 月 1 日举办“画扇成诗·共绘远方——六一儿童节专题展”,活动入选作品全部参展。

活动有四个创新点：

(1) 首次启用“青少年体验中心”。廊坊博物馆青少年体验中心是2023年博物馆重点工程项目,中心集展览展示、数字化互动、研学教育于一体的沉浸式体验场所。“扇舞倾城”系列活动有效利用中心优势,让展览活动一体化。

(2) 以展览促展览。依托“扇动西方——清代宫廷外销扇专题展”形成活动,再由活动形成“画扇成诗·共绘远方——六一儿童节专题展”。让廊坊市中小学生在欣赏展览的同时,能有更深层次体验,通过体验,表达出自己的感受,并形成新的展示。

(3) 传统与现代碰撞。两个展览既独立又联通,在宣传上我们邀请了六景社区老年模特队与馆内小志愿者一起拍摄宣传视频。视频形式为古今“对话”,老年模特队穿着具有现代风格的旗袍走进宫廷折扇的海洋,小志愿者则穿起古装穿越到孩子们的作品中,两个展览同时宣传,形成了呼应。

(4) 让孩子发声。在“画扇成诗·共绘远方——六一儿童节专题展”中,我们让小画家把自己的所思所想录成音频,再通过小程序转化为二维码放在作品说明牌上,让人们欣赏展览的同时还能听见孩子对自己作品的阐释,让展览由无声变有声。

活动吸引了近400名未成年人参与,两个展览的互动也使馆内观众平均每天过千人,最后形成的展示成果更是得到了老师和家长们的肯定,也让博物馆小志愿者报名人数节节攀升。优秀文化充满着无穷的魅力,我们要善于发现与挖掘,善于培养茁壮文化本身,更要善于利用文化引领未成年人形成正确的人生观、价值观和世界观。

三、让博物馆走进学校

“一个博物院就是一所大学校”,这个“大学校”要具有自己的文化特性,更要突出自己的教育功能。2020年教育部、国家文物局出台《关于利用博物馆资源开展中小学教育教学的意见》,“博物馆要坚持‘展教并重’,策划适合中小学生的专题展览和教育活动……结合中小学生认知规律和学校教育教学需要,充分挖掘博物馆资源,研究开发自然类、历史类、科技类等系列活动课程……学校要加强与当地博物馆的联系，通过签订馆校共建协议、举办馆校互动活动、建立第二课堂等方式，定期组织学生到博物馆参观学习。”博物馆教育是学校教育的重要补充。

馆校结合教育我们要考虑几个因素：① 需求性。对于博物馆来说，迎合学校和学生的需求是做教育的前提，这种需求包括年龄阶段、学习类型和学习时段等，在博物馆制定教学规划时要全面考虑，要具有针对性，要体现出博物馆社会教育的专业性。② 长效性。这里说的长效性是指馆校间要有长期合作的计划。博物馆教育不是单一的，在规划课程时要成系统，不要东一榔头西一棒子，让博物馆教育有持续性。③ 合作范围。采取什么样的合作模式是根据博物馆性质和学校的教学理念来确定，许多学校出于安全考虑，尽量不让学生在校期间外出活动，以减少责任风险，因此，博物馆进校园活动更多，这也局限了学生的线下体验感受。在馆校合作上我们完全可以采取就近原则，博物馆覆盖周边学校，既可方便进校园，也可实现学生能安全步行入馆的需求。其实博物馆走进校园不难，难的是让博物馆融入校园。

2021 年，廊坊博物馆根据馆藏文物、廊坊文化历史及人教版历史教材等资源，研发出“文物探索之旅”和“廊坊的足迹”两个系列研学课程及配套学习手册、教育产品，每个系列课程包含了 6 节主题课程，共计 12 节。“文物探索之旅”系列课程重点对象为 6～12 岁学生，更适用于馆内举办的亲子活动课堂，注重科普性与趣味性，在动手体验的乐趣中学习知识；“廊坊的足迹”系列课程重点对象为 10～15 岁学生，课程设计紧密结合历史课本和廊坊地方史，让学生们在课程中了解历史，开阔眼界，增加对传统文化的兴趣。

廊坊博物馆研学课程形成了自己的特点：① 配合已开发的主题课程设计出多种配套教育产品。教育产品的开发和设计与课程主题紧密结合，难度适宜、趣味精巧，让体验成为课堂的重要环节，让学生在增强动手能力、发挥创意的同时，加深对课程的理解。② 打造教育课程品牌。把开发的系列课程推广到学校，走进学生课堂，让“主题课程 + 学习手册 + 教育产品”成为廊坊博物馆文化课堂“三件套”。这一创新组合学习方式，可以促进学生学习，增强博物馆教育的趣味性、互动性和体验性，有效提高博物馆教育活动的教学质量。

2023 年，廊坊博物馆与廊坊市第二十五小学共同推出了“快乐星期五”主题研学项目，首次尝试结合学校教学进度，学生定期来博物馆完成学习课时。研学时间为每周五下午，学生范围确定在四到五年级小学生，研学形式为每周一班 55 人共两节课，课程内容以“文物探索之旅”和“廊坊的足迹”相结合的形式，分现场参观讲解、互动体验两部分。参观部分主要依托馆内基本陈列“廊坊的足迹——历史文物陈列展”；互动体验部分结合讲解内容，设置年画印制、石刻拓印、文物修复、纹样绘本、手工编制、传统书画等。每期课程既可独立成课也可联动成系列。2023 年，廊坊博物馆完成 16 批次、838 名学生的教学任务，与廊坊市第二十五小学形成了长效合作机制，并向全市中小学校全面推广。2024 年廊坊市开发区二小也加入了此项活动中，截至目前，已完成 9 批次、450 名学生的教学任务。

结　语

“教育是一种社会现象，随着社会的发展而发展。”[①]“在 5000 多年源远流长的文明历史中，中华民族始终有着‘自古英雄出少年’的传统，始终有着‘长江后浪推前浪’的情怀，始终有着‘少年强则国强，少年进步则国进步’的信念，始终有着‘希望寄托在你们身上’的期待。”[②]让博物馆真正纳入国民教育体系，助推中华优秀传统文化传承发展工程，拓宽博物馆教育的深度和广度，让文物“活”起来，让更多的青少年爱上博物馆，成为传承历史、发扬文化、引领未来的一份子。

---

① 杨丹丹、闫宏斌主编：《博物馆教育新视阈》，文物出版社 2009 年版，第 1 页。

② 2022 年 5 月 10 日，习近平在庆祝中国共产主义青年团成立 100 周年大会上的重要讲话。

城市博物馆参与小学生城市文化认同构建的实践与思考
——以成都博物馆民俗展相关教育活动为例

余　靖[①]　成都博物馆　四川成都　610071

摘要：

小学阶段是引导儿童建立城市文化认同的关键启蒙时期。城市博物馆作为展示城市历史文化的窗口，肩负着传承和弘扬城市文化、引导城市居民认同和热爱城市文化的天然使命，故而参与小学生城市文化认同构建是其职责所在。如何准确把握小学阶段儿童身心发展规律，利用和发挥好自身展示城市历史文化集中性、实物性、开放性等优势，是城市博物馆践行这一职责的关键。本文以成都博物馆民俗展相关教育活动为例，探讨和总结城市博物馆参与小学生城市文化认同构建的方法和经验。

关键词：

城市博物馆　城市文化认同　博物馆教育

Practice and Thinking of City Museum's Participation in the Construction of Urban Cultural Identity of Primary School Students: Taking Educational Activities Related to Chengdu Museum Folklore Exhibition as an Example

YU Jing

Abstract:

The primary school stage is a critical and initiatory period that guides children to establish urban cultural identity. As a window to display urban history and culture, city museum shoulders the obligatory mission of inheriting and propagandizing urban culture and guiding urban residents to identify and love urban culture. Therefore, it is city museum's responsibility to participate in the construction of urban cultural identity among primary school students. How to accurately apply the laws of physical and mental development of children in primary school and make good use of its advantages of displaying urban history and culture intensively, physicality and openly is the key for city museum to fulfill its responsibility. This article takes educational activities related to the folklore

① 余靖，成都博物馆社会教育部副主任。YU Jing, Chengdu Museum.

exhibition of Chengdu Museum as an example to explore and summarize the methods and experiences of city museum's participation in the construction of urban cultural identity of primary school students.

Key words:
City museum　Urban cultural identity　Museum education

近年来，中国城镇化发展日新月异，城市人口持续聚集，多元文化在城市中汇聚融合，城市文化发展日益繁荣昌盛。青少年儿童是未来城市的建设者和城市文化的传承人，引导青少年儿童了解和认同城市文化是城市高质量发展的必然需求。城市博物馆是传承和展示城市历史文化的窗口，参与城市文化认同构建是其天然使命。本文以成都博物馆为例，着重探讨城市博物馆以构建城市文化认同为目标，结合小学阶段学生的身心发展特点策划设计博物馆教育项目的方法和经验。

一、城市文化与城市文化认同

城市的概念广泛复杂，不同学科的阐释不尽相同，但可以达成共识的是，城市是人类文明起源的重要标志之一，是人类文明创造成果的层层累积与集中体现，更承载着人类对美好生活的追求与向往。城市不仅是一定区域内人类社会的政治、经济中心，更是文化传承、交流和创造的中心。城市文化是指人们在城市中创造的物质和精神财富的总和，是城市人群生存状况、行为方式、精神特征及城市风貌的总体形态。[①] 城市文化的形成不是一蹴而就的，是在特定的自然人文条件下、在长期的历史演进中积淀而成，城市文化中凝聚着一代代城市居民的非凡智慧与精神追求，蕴含着独一无二的城市记忆与城市精神，是城市的根基与灵魂，更是城市发展源源不断的内生动力。

一方水土孕育一方文化，一方文化滋养一方人民。城市居民时时刻刻受城市文化的滋养与熏陶，更承担着传承和发展城市文化的义务。履行这一义务的前提是认可城市文化、对城市文化有亲切感和归属感，即建立起城市文化认同，在此基础上才能凝聚对城市文化的深层次热爱，继往开来，薪火相传，为城市文化的发展注入源源不断的生机与活力。

---

① 夏征农、陈至立主编：《大辞海(文化新闻出版卷)》，上海辞书出版社 2013 年版，第 14 页。

二、构建小学生城市文化认同的必要性与特殊性

青少年儿童是城市居民中备受社会呵护与关爱的重点群体，他们是国家的未来，是民族的希望，也是未来城市建设和城市文化发展的新生力量。他们的茁壮成长离不开城市文化的滋养，其肩负的未来使命与职责也要求他们去了解、认同和热爱所在城市的文化。教育部印发的《中小学德育工作指南》明确指出，小学阶段的德育工作目标包括教育和引导学生爱家乡、了解家乡的发展变化。

小学阶段是青少年儿童的教育启蒙时期，好奇心强、探索欲旺、可塑性强是这一阶段青少年儿童的典型特征，因而这一阶段也是了解和认识城市文化、构建城市文化认同的黄金时期。诚然，城市中的语言文字、文化景观、风俗习惯和建筑风格等无一不是城市文化的外在体现，可以说生活其中的居民无时无刻不在接受城市文化的熏陶，但从日常生活中建立起来的对城市文化的了解和认识往往是零散的、局部的、即时的，对于尚处于学习启蒙阶段的小学生而言更是难以把握其精髓和全貌。小学生城市文化认同构建需要坚持青少年儿童视角，尊重青少年儿童身心发展规律，以符合青少年儿童认知模式的方式引导他们系统地、准确地、真切地了解和感受城市文化。

根据 J. 皮亚杰的“儿童认知发展理论”，小学阶段青少年儿童（6～12 岁）的主体处于具体运算阶段（7～11 岁），这一阶段的青少年儿童开始具有逻辑思维，但其逻辑思维只能运用到具体的或观察到的事物上，他们形成概念、发现问题和解决问题都需要与他们熟悉的物体或场景联系。[①] 因此，构建小学生城市文化认同既要联系他们熟悉的日常生活，又要以系统宏观的角度、精确凝练的内容和生动形象的表达，由近及远、由表及里、由浅入深地引导他们了解和认识城市文化。

三、城市博物馆参与小学生城市文化认同构建的职责与优势

城市文化是在历史长期演进中慢慢积累沉淀而成的，具有连续性和继承性，对

① 陈琦、刘儒德主编：《当代教育心理学》，北京师范大学出版社 2019 年版，第 23—24 页。

当下城市文化的深入完整理解离不开对城市历史的了解和学习。近年来，关于城市博物馆定义与特征的讨论异彩纷呈，本文无意进行完整展示和深入探讨，本文所指的城市博物馆是以城市的历史和发展为展示主题的博物馆。此类博物馆，往往会对城市历史，包括城市建制、经济发展、工程建设、文化教育、宗教艺术等进行全面梳理和高度凝练，将城市历史系统完整、个性鲜明、真实清晰、生动形象地进行实体化展示，可以说是“城市文化的记忆库”①。城市博物馆肩负着传承和传播城市历史，让城市历史文化为公众理解、熟悉和热爱的重要使命，故而参与公众城市文化认同构建也是其应尽之责。

展示城市历史文化的集中性、实物性、开放性是城市博物馆参与公众，尤其是小学生城市文化认同构建的核心优势。首先，城市历史虽以多种形式留存在城市的肌体中，但随着时间的流逝，城市中的历史痕迹逐渐消逝，难以为公众发现、理解和学习。城市博物馆既能完整呈现城市波澜壮阔的历史脉络，又能精准展示城市独具一格的文化特色，称得上是集中了解城市历史文化的窗口。其次，义务教育小学阶段尚未开设历史科目，小学生认知发展又处于具体运算阶段，难以从单一文字的叙事和宏大的历史脉络中真切感受和精准把握城市历史文化。城市博物馆以文物标本为核心，综合运用图文版面、辅助艺术品、新媒体和科技装置等展陈手段，以物叙史、以场景叙史，能让小学生对城市历史演进有最为直观的认识。最后，城市文化既具有继承性与延续性，又具有动态性和发展性，城市博物馆并非一本已装帧完毕、只静待翻阅的历史书，大量的城市博物馆在实践中，在履行好保存和展示城市历史的基本职能外，更提供了临时展览、流动展览、研学活动、文创产品等主题横贯古今中外、形式多彩多样的公共文化服务，不仅为城市多元文化交流互鉴提供了空间，更为包括小学生在内的广大观众与多元城市文化交流提供了便利。

四、成都博物馆民俗展相关教育活动策划与实践

成都，是一座拥有近五千年文明的历史文化名城，自古以来就有“天府之国”的美誉，在岁月的流转中形成了独具一格的城市文化。成都开放包容、乐观豁达的市井文化特色和成都人海纳百川、闲适从容的生活态度更是全国闻名。成都博物馆

① 张文彬、安来顺：《城市文化建设与城市博物馆》，《装饰》2009 年第 3 期。

是一座综合性城市博物馆，以常设陈列“花重锦官城——成都历史文化陈列（古代篇、近世篇、民俗篇）”全面展现成都城市发展的历史轨迹，围绕传承和发扬成都历史文化建立起了内容丰富、形式多样的教育项目体系。在构建小学生城市文化认同的使命与责任的推动下，成都博物馆选取常设陈列“民俗篇”为主题，精心策划研发民俗展相关教育活动。

（一）成都博物馆“民俗篇”陈列特色

成都博物馆“花重锦官城——成都历史文化陈列”中，“古代篇”展现了从新石器时代到明清时期的成都历史，“近世篇”主要展现 19 世纪中叶至新中国成立前成都波澜壮阔、艰难曲折的变革和探索。“民俗篇”以清末民国时期为时代背景，以海纳百川、和谐包容为关键词，通过“老街巷往事”“川人尚滋味”“岁时遨游乐”以及“茶馆小成都”4 个单元串联展现当时成都的生产生活和风土人情。“民俗篇”展陈面积达 1 200 平方米，陈列生活用具、文玩陈设、戏服道具等文物约 750 件（套），并且大量使用多媒体投影、场景还原、微缩模型等多种展示手段再现老成都往日情境，给予观众沉浸式的观展体验。①

与“古代篇”和“近世篇”相比，“民俗篇”陈列注重对清末民国时期成都民间生活的重构，与成都当下的生活联系最为直接、紧密。例如“老街巷往事”单元对民国时期老成都最具代表性的商业中心盐市口至东大街部分街道，通过半景画与微缩场景的形式进行了场景复原。时至今日此区域仍是成都最热闹的商业中心之一，盐市口、东大街这一地名、街名也得以保留。更不必说，“川人尚滋味”单元中介绍的经典川菜和成都小吃，更是成都居民耳熟能详的生活日常。针对没有进行过系统历史科目学习且尚处于具体运算阶段的小学生而言，“民俗篇”陈列亲切熟悉，通俗易懂，是联系细微的日常生活与宏大的城市文化之间的桥梁，能由小见大、由表及里、直观形象地引导小学生感受成都文化的特质。

（二）成都博物馆民俗展相关教育活动实践与思考

在针对小学生策划研发以建构城市文化认同为导向的教育活动时，民俗篇陈列具有情境性强、贴近生活等独特优势，因此成都博物馆以民俗篇为核心，结合小学生身心发展阶段性特点，策划研发了“老成都穿越民俗游”情景闯关活动、“成都民俗”研学课程并配套儿童绘本以及“舌尖上的巴蜀”馆校合作课程等系列活动，其

① 余文倩：《城市博物馆民俗陈列研究：以“花重锦官城——成都历史文化陈列·民俗篇”为例》，《文物天地》2018 年第 6 期。

中以“老成都穿越民俗游”情境闯关活动最具代表性。

“老成都穿越民俗游”活动受众为小学生，以团队协作闯关的形式开展，将民俗篇陈列中街巷、饮食、游乐和茶馆等重点内容融入不同的闯关环节中，活动形式包括展厅参观、自主答题、协作闯关、手工互动等，引导参与活动的小学生感受和了解老成都民俗文化。活动最大特色在于团队闯关游戏设计和全方位氛围营造，为参与活动的学生提供了老成都民俗沉浸式体验，这也是活动名称“穿越”的由来。

第一，任务导向的团队闯关游戏设计。“老成都穿越民俗游”以团队闯关的形式开展，活动一开始参与活动的学生会被随机分入“吃香辣”“逛花会”“泡茶馆”和“走街巷”4 个团队，4 个团队对应民俗篇展厅的 4 个单元，不同的团队在部分环节会有不同的闯关任务。活动包括三个关卡，第一关是现场学习并背诵老成都童谣“胖娃上成都”；第二关是展厅答题，4 个团队的题卡均以团队名称为主题，内容侧重各有不同，这一环节需要团队成员协作，在限定时间内在民俗篇陈列展厅中寻找答案、完成答题；第三关是手工互动，根据学龄段不同进行了分众设计，小学 1～3 年级学生是进行川菜香料包调配，小学 4～6 年级学生需完成由我馆自主研发设计的“老成都街巷景观纸模”拼装。所有关卡完成后，各个团队还需在社教人员的引导下，结合自身的日常生活体验，描述街巷、饮食、游乐和茶馆等 4 个方面城市文化的今昔对比，或者交流在参与活动过程中令自己印象最为深刻的老成都民俗，最后方能获得通关礼物。小学生好奇心强、探索欲旺，因而在针对小学生的活动设计上要注重激发小学生参与活动的兴趣，引导其自主探寻，“老成都穿越民俗游”活动通过任务导向式的闯关游戏设计，让参与活动的青少年儿童完成了参观展览、聆听讲解的“他者”到徜徉在老成都市井、感受民俗文化的“主体”身份的转换，从被动地接受知识转变为在任务驱动下的主动寻找和转化知识。同时，小学生注意力集中时间较短，因此活动各个关卡的主题内容和完成任务方式都各不相同，再加上社教人员情绪饱满、形象生动的引导，确保每一环节都能给予活动参与者足够的新鲜感，牢牢吸引他们全身心参与活动。

第二，全方位营造“老成都”氛围。全方位氛围营造也是“老成都穿越民俗游”活动成功塑造沉浸式体验的有效手段。活动最主要的开展场地为民俗篇陈列展厅，展厅是对老成都风土人情的集中再现，有令人身临其境之感，但活动其他环节还需在教育区开展，如不做其他设计与调整，从展厅到教育区的切换不免会让活动参与者有“出戏”之感。

为确保活动体验的完整度，活动对全流程涉及的人员、场地、物料都进行了全方位的设计。引领全程活动的社教人员会换上长衫或者马褂，让人物形象贴合时代背景，并且在教授老成都童谣环节还会从普通话切换到方言，让活动参与者感受地地道道的成都方言。除了展厅，开展活动的教育区也会进行一番装点。开展川菜香料包调配活动的教育区，会将平时惯用的钢架木板桌用靛蓝色桌布遮盖起来，将塑料板凳替换为长条木板凳，现场还会放置经典川菜如宫保鸡丁、伤心凉粉、麻婆豆腐的仿真道具，营造老成都坝坝宴的热闹氛围；开展老成都街巷景观纸模拼装活动的教育区，则会用手绘老成都街景喷绘板对现场进行装点，街景装饰中有沿街叫卖的街头小吃担担面，有拉着客人奔驰的车夫，有在茶馆闲适饮茶的老人，还有骑自行车穿巷而过的学生，仿佛昔日老成都熙熙攘攘的街景再现。活动物料的设计和选择也是精益求精。川菜香料包调配环节，为参与活动的青少年儿童提供了多种香味浓郁、质量上乘的川菜常见干货香料，包括辣椒、花椒、八角、桂皮、香叶、白芷等，社教人员会在现场讲解各种香料的香型特色和用途，孩子们现场就能仔细观察、直接触摸和嗅闻这些香料，并根据自己选定的经典川菜调配对应的香料，选定香料后可用牛皮纸打包，扎上麻绳，贴上红纸条写上菜名，带回家与爸妈一起烹饪经典川菜。“老成都街巷景观纸模”更是由成都博物馆糅合川西民居特色，如青砖、白墙、挑檐等元素原创设计制作而成，除街道与民居外，模型中还有形形色色的人物形象和成都老字号招牌，俨然一副老成都街巷热闹景象的微缩图景。

成都博物馆自 2017 年起长期持续策划成都民俗主题博物馆教育活动，已形成主题丰富、形式多样、适用面广的成都民俗教育活动体系，为广大青少年儿童学习和了解成都城市文化提供了便利。截至目前已有 3 000 多名青少年儿童参与到成都民俗主题教育中，活动整体满意度达 95%，其中“老成都民俗穿越游”尤为受到青少年儿童的喜爱和社会的认可，该活动曾在中国博物馆青少年教育课程优秀案例推介展示活动中获得全国“十佳教学案例”称号。

结　语

随着城镇化的不断进步和城市经济社会的持续发展，城市文化源源不断地推陈出新，城市居民对城市文化的关注和对构建城市文化认同的需求日益强烈，从近几年兴起的“博物馆热”和“研学热”可见一斑，城市博物馆在传承和发扬城市文化的道路上可谓是天广地阔、大有可为。青少年儿童是城市文化的传承人，更是城市文化的创造者。城市博物馆应抓住机遇、乘势而上，准确掌握青少年儿童身心发展规律，为青少年儿童提供更多更好能系统化、科学化、形象化了解和学习城市文化的机会，促进青少年儿童建立对城市文化的深厚感情和深层次认同，推动城市文化的薪火相传与生生不息，为面向中国式现代化的新型城市高质量发展培育源源不绝的新生力量。

城市博物馆在推动优秀传统文化创造性转化、创新性发展中的作用
——以郑州博物馆为例

杨　芸[①]　郑州博物馆　河南郑州　450006

摘要：

推动优秀传统文化创造性转化、创新性发展是新时代城市博物馆肩负的一项重要使命。郑州博物馆通过精品展览赋予传统文化时代内涵、各色活动丰富传统文化传播路径、数字技术创新传统文化展示形态等举措，为推进优秀传统文化"两创"作出了积极贡献。结合工作实践，本文从创新展陈形式丰富优秀传统文化传播方式、深化学术研究厚植优秀传统文化内涵、文旅融合推动优秀传统文化创新性发展、文创开发推动优秀传统文化创造性转化、人才建设支撑优秀传统文化"两创"建设五个方面为郑州博物馆今后持续推进"两创"走深走实提供借鉴，助力新时代城市博物馆高质量发展。

关键词：

城市博物馆　郑州博物馆　优秀传统文化"两创"

The Role of Urban Museums in Promoting the Creative Transformation and Innovative Development of the Excellent Traditional Culture: Taking Zhengzhou Museum as an Example

YANG Yun

Abstract:

Promoting the creative transformation and innovative development of excellent traditional culture is an important mission for urban museums in the new era. Zhengzhou Museum has made a positive contribution to the promotion of the "two creations" of excellent traditional culture through high-quality exhibitions that give traditional culture the connotation of the times, colorful activities that enrich the path of traditional culture dissemination, and digital technology that innovates the display form of traditional culture. Combined with the work practice, this article starts from the five aspects including the innovative exhibition form which enriches the excellent traditional culture

① 杨芸，郑州博物馆学术研究部工作人员。YANG Yun, Zhengzhou Museum.

dissemination mode, the academic research which digs deep into excellent traditional culture connotation, cultural and tourism integration which promotes the innovative development of excellent traditional culture, cultural and creative development which promotes the creative transformation of excellent traditional culture and the construction of human resources which supports the excellent traditional culture of the "two creations" construction. The above-mentioned five aspects provide reference for Zhengzhou Museum to continue to promote the "two creations" in the future, and help the high-quality development of urban museums in the new era.

Key words:
city museums　Zhengzhou Museum　"two creations" in excellent traditional culture

2023 年 6 月，习近平总书记在文化传承发展座谈会上指出："在新的起点上继续推动文化繁荣、建设文化强国、建设中华民族现代文明，是我们在新时代新的文化使命。"弘扬好中华优秀传统文化，始终把"推动优秀传统文化创造性转化、创新性发展"作为推进中国特色社会主义文化建设的重要方针，成为这一新文化使命的履行要求。在当下"博物馆热"的大环境中、大趋势下，城市博物馆作为一座城市鲜明的文化标识，要推动优秀传统文化创造性转化、创新性发展，让中华优秀传统文化在新时代焕发生机与活力，自然责无旁贷。

一、城市博物馆与优秀传统文化之间的关系

在 2022 年国际博物馆协会正式公布的博物馆新定义中提道："博物馆是为社会服务的非营利性常设机构，它研究、收藏、保护、阐释和展示物质与非物质遗产。"其中，物质与非物质遗产属于文化遗产的两种不同形态，而文化遗产作为中华传统优秀文化的重要载体，承载着中华民族的基因和血脉，蕴含着激发文化创新与创造活力的密码和动能。要贯彻当前博物馆的新定义，"让更多文物和文化遗产活起来"，让中华优秀传统文化在新时代绽放新光彩，推动优秀传统文化创造性转化、创新性发展是当前博物馆工作的一项基本要求。

城市博物馆作为一座城市的重要组成部分，区别于专题类、遗址类等其他类别博物馆，属于地方综合性博物馆。它涵盖了这座城市的政治、经济、文化、社会等方方面面，致力于展示整座城市从古至今的整体风貌，是我们探寻一座城市历史记忆，感受一座城市风土人情的人文名片和精神地标。而对于优秀传统文化，习近平

总书记指出:“中华优秀传统文化是中华文明的智慧结晶和精华所在,是中华民族的根与魂,是我们在世界文化激荡中站稳脚跟的根基。”泱泱中华,万古江河。博大精深、源远流长的中华文明是中华民族生生不息、兴旺发达的深厚滋养。

城市博物馆承载优秀传统文化,将其呈现于世人面前,是优秀传统文化的容器。优秀传统文化则凭借其自身的深厚底蕴与丰富内涵为城市博物馆注入源源不断的动能,助推城市博物馆事业高质量发展,可以说实施中华优秀传统文化传承发展工程,全面提升文物保护利用和文化遗产保护传承水平,推动优秀传统文化创造性转化、创新性发展是新时代城市博物馆的责任、使命与担当。

二、郑州博物馆推动优秀传统文化“两创”发展现状

在习近平新时代中国特色社会主义文化思想的引领下,全国各地博物馆都在推动优秀传统文化创造性转化、创新性发展,郑州博物馆也在积极探索、努力践行。

(一)精品展览赋予优秀传统文化时代内涵

郑州博物馆致力于构建以基本陈列为基础、专题展览为骨干、临时展览为抓手的立体化博物馆陈列体系。以展览陈列为依托,从历史与时代中发掘中华优秀传统文化,对其内涵加以补充、拓展与完善,保持中华文化的特色与特性,不断扩大优秀传统文化的影响力和感召力。

2022 年郑州博物馆推出了“繁星盈天——中国百年百大考古发现展”,展览通过 100 处遗址出土的代表性文物,汇集全国 21 个省(市、区)79 家考古文博单位的精品文物 889 件(组),分四个单元带领观众走进考古发现的中国历史,探索东亚人类起源、中华文明肇始、夏商周青铜时代、统一多民族国家的形成与发展等历史问题。通过集中展示中国考古学百年发展历程和取得的辉煌成就,体现了中华民族悠久的历史和灿烂的物质精神文化。“繁星盈天——中国百年百大考古发现展”荣获“第二十届(2022 年度)全国博物馆十大精品陈列展览精品优胜奖”,为探究中华文明起源发展与演进的传播做出了示范样本。

2023 年郑州博物馆举办的“大河文明展”,展览通过国内外博物馆藏 203 件珍贵文物,展示两河流域、尼罗河流域、印度河流域以及黄河和长江流域的璀璨文明。四大文明古国珍贵文物讲述了大河孕育的人类不同的文明发展历程,其中黄河、长江流域的珍贵文物彰显着中华文明绵延不绝的传统文化之美。“大河文明展”在国

家文物局联合中央文明办、中央网信办举办的2023年度“弘扬中华优秀传统文化、培育社会主义核心价值观”主题展览征集推介活动中被选为全国20个重点推介展览。

（二）各色活动丰富优秀传统文化传播路径

传统的展览模式难以满足当前民众日益增长的精神文化需求，开展多种博物馆互动体验活动，增强观众的参与感和互动性，使得优秀传统文化在新时代传播得更广泛更深入是当前城市博物馆推进优秀传统文化创造性转化、创新性发展的一项重要举措。

新馆开放三年以来，郑州博物馆累计开展社教活动400多场，服务观众近20万人。2023年接待观众130万余人次，策划开展社教活动173场，推出了“博物馆里过大年”、“我们的节日”、“彩龙飘　闹元宵”、“端阳日高涨　福至艾香来”、“寻宝郑博——华夏历史文明探秘之旅”、“星斗一斛　文化筑梦”、“大河之魂　文明之光”探秘之旅、《郑风回响》小剧场之郑风古乐专题展演等形式多样的体验活动。其中，中秋节首次开放夜场活动，设立“与子同袍”“谜彩斑斓”“巧手成花”“雅风文会·团圆”“杜甫对诗”“古乐演出”“汉服变装”等互动体验区，社会反响热烈，给市民带来了丰富多彩的文化享受。

此外，郑州博物馆积极开展科普教育活动，采取“请进来”与“走出去”相结合，到多所学校开展“社科普及进校园”系列活动，例如“窑火千年”专题，在互动中让青少年感受到我国古代陶瓷文化的魅力，在他们心中树立起保护文物和弘扬优秀传统文化的理念。依托“郑博讲坛”，邀请文博行业内知名专家学者开展讲座活动，提供专业咨询等科普服务，弘扬中华文化，塑造中原文化精神，增强文化自信。

（三）数字赋能创新优秀传统文化展示形态

作为国家一级博物馆，郑州博物馆致力于构建智慧博物馆，创新展览方式，将数字化技术充分运用于展览设计，将技术与文物紧密结合，推出新颖数字展览，增强互动体验，推动优秀传统文化“两创”发展。

“老家河南”展以姓氏之源为展示重点，利用视频、多媒体、互动台等数字化解读方式，大胆尝试，新颖构思，使内容和艺术形式达到和谐统一。通过姓氏历史文化，彰显中华民族血脉之根，增进观众对河南姓氏文化的了解，激发乡土情怀。“锦绣云霞”与“豫声豫调”展的AI换装互动设计，增强了观众与文物互动的趣味性；“客家根亲”展的全息投影生动再现客家传统婚礼习俗；“中原象踪”展的数字考古和 VR 观展，让观众体验科技对远古生物的探索和考古的乐趣。①

郑州博物馆“大河文明”“玉出中原”等展览利用网络平台举办了线上虚拟展览，运用展厅实景拍摄、三维空间拼接、嵌入式真人视频讲解、三维空间建模等多种虚拟现实技术，在线上实现完整重构复原，并通过知识图谱拓展延伸。观众可通过郑州博物馆官网和微信公众号随时随地对线上虚拟展进行浏览，自由选择方式去了解自己感兴趣的内容，给予观众沉浸式交互观展体验。②

除上述外，郑州博物馆组织人员申报立项多个国家、省、市级研究课题，出版、发表多本学术著作、展览图录与学术论文，并加强与省市媒体的联系与合作，线上与线下多渠道多形式进行宣传，其中网络热门话题“河南省郑州博物馆保洁阿姨为观众即兴讲解”收获千万阅读量，还结合馆藏文物进行特色文创开发等。在学术研究、宣传方式、文旅文创等方面均为推进优秀传统文化创造性转化、创新性发展提供了有利条件。

三、郑州博物馆如何持续推动优秀传统文化“两创”发展

“博物馆热”的持续升温为城市博物馆的未来发展注入新活力，郑州博物馆作为展示中华优秀传统文化的重要窗口，要打造郑州博物馆作为郑州本地的城市会客厅和区域文化中心，必须“全面提升文物保护利用和文化遗产保护传承水平”，持续推动优秀传统文化创造性转化、创新性发展。

（一）创新展陈形式丰富优秀传统文化传播方式

中华优秀传统文化需要我们薪火相传、代代守护，也需要跟随时代脚步与时俱进、推陈出新。当前城市博物馆在推动优秀传统文化创造性转化、创新性发展的过程中存在创新度不足、展陈形式传统的问题。对于郑州博物馆而言，运用数字多媒体新技术创新展览形态、加快推进沉浸式博物馆游览体验新业态都是其自身推动优秀传统文化创造性转化、创新性发展的新路径。一是技术，创新手段，吸引观众目光，满足不同年龄层观众对于传统文化的精神需求；二是形式，创新内容，丰富游

① 郭春媛、李正、樊欣：《突出中原文化特色　彰显古都郑州魅力——郑州博物馆文翰街馆陈列展览述略》，《文化月刊》2021 年第 8 期。

② 郭春媛、李正：《对话大河文明　奏响互鉴乐章——郑州博物馆“大河文明展”展览策划与实施》，《文物天地》2024 年第 3 期。

览体验，生动地将中华优秀传统文化传递到他们心中。二者相辅相成、互相作用，共同为郑州博物馆推动优秀传统文化创造性转化、创新性发展指引方向、积蓄力量。

创意驱动，科技赋能。借助5G和多媒体新技术应用在展览中还原重建历史场景，将场景、服务、故事三者相结合，开展剧本游、“博物馆奇妙夜”等沉浸式游览新形式，根据不同传统文化的特性打造适配的展览形式，挖掘文物背后的故事，创新游客体验。此外，要学习国内外先进展陈经验，探索适合郑州博物馆的发展理念，将理论与实践紧密结合，助推优秀传统文化创造性转化、创新性发展。同时要满足时代发展要求，引进前端技术，及时更新博物馆室内陈设，提升美观度与舒适感，将趣味性与科技性同陈设环境相融合，抓住观众眼球，愉悦观众精神，从而让优秀传统文化借助博物馆这个平台传播得更广泛、更深入，真正抵达观众心中。

（二）深化学术研究厚植优秀传统文化内涵

中华优秀传统文化是中华民族的文化根脉。“落其实者思其树，饮其流者怀其源。”要求城市博物馆推动优秀传统文化创造性转化、创新性发展，不忘根本，做优秀历史文化的传承者。而学术研究作为博物馆的立馆之基、兴馆之本与强馆之源，其深度和广度，决定着一个博物馆创新的动力和活力，可以说深化学术研究是城市博物馆推动优秀传统文化“两创”，是“思其树、怀其源”的长远道路。然而当前城市博物馆在学术科研工作上面临着研究内容不够深入、研究成果转化率不高的困境，所以提升科研能力，拓展研究深度，加快促进成果转化，同时保证研究成果的质量成为城市博物馆未来推动优秀传统文化创造性转化、创新性发展所亟须解决的问题，对于郑州博物馆而言亦是如此。

郑州是华夏文明的重要发祥地，其所蕴含的文化内容极为丰富，这片沃土中孕育而生的夏文化、商文化、黄河文化、黄帝文化、嵩山文化等优秀传统文化均为郑州博物馆深化学术研究、提升成果转化提供了丰厚的文化滋养。因此，郑州地区华夏历史文明的研究阐释可以作为郑州博物馆开展学术研究方面工作的重点。第一，要做好郑州华夏历史文明的基础性理论研究，不断关注学科新领域新发现新动态，探寻、挖掘其中的文明脉络与文化内涵。第二，可以加强与高等院校、科研院所等机构的联系协作，实现资源共享、互利共赢。在做好理论研究的同时，要建立健全博物馆科研管理机制，通过学术委员会对研究成果的质量层层把关，不断完善激励保障政策，鼓励馆内员工进行课题申报、论著出版与学术交流活动，出台优秀学术成果奖励方案，充分调动馆内职工参与学术研究的积极性，在全馆上下营造起良好的学术氛围，这对于提升馆员的学术研究能力，从而加快推进优秀传统文化“两创”都是极其必要的。

（三）文旅融合推动优秀传统文化创新性发展

济大事者，必以人为本。在当前文旅融合不断推进的浪潮下，要想推动优秀传统文化创造性转化、创新性发展，郑州博物馆应坚持“以人为本、人民至上”的发展理念，以公众需求与体验为核心，积极响应“行走河南·读懂中国”文旅大品牌方案，全力塑造“行走郑州·读懂最早中国”文旅主品牌，着力打造“山·河·祖·国”文化大标识，深入贯彻以文塑旅、以旅彰文的发展理念，赓续中华优秀传统历史文化。

城市博物馆作为一个城市历史的记录者，远道而来的游客想要体会这座城市的魅力，去当地博物馆游玩是其旅游线路中必不可少的一个目的地。作为国家中心城市、中部特大城市、中国八大古都之一的郑州，拥有着丰厚的旅游文化资源和得天独厚的区位发展优势，河南省《“十四五”旅游业发展规划》中将郑州列为“旅游枢纽城市”，因此在文旅融合的现实背景和政策支持下，郑州博物馆更要发挥自身优势，投身于文旅融合的浪潮中，推动优秀传统文化创造性转化、创新性发展。

未来郑州博物馆可与景区、旅行社以及美术馆、图书馆、科技馆、大剧院等合作规划特色文化旅游线路，将本地其他景点与郑州博物馆相串联，推出联票模式，举办特色合作活动，实施一票多次多日使用制，这一模式不仅可以有效整合郑州旅游文化资源，传承发展优秀传统文化，而且节省游客门票花销，吸引更多游客前来，激发文旅消费活力。在营造良好外部环境的同时，不能忘记馆内基础条件的提升。推动完善馆内旅游服务硬、软件设施建设，为游客提供良好游览体验，不断提升工作人员的服务意识，加强业务培训，提升服务质量，做到不仅让游客“进得来”，更要让游客“留得住”，从而扩大郑州博物馆的知名度和影响力，让馆内文物所承载的优秀传统文化被更多人知晓和关注。

（四）文创开发推动优秀传统文化创造性转化

当前文创产品的不断“出圈”为博物馆的发展进步带来了巨大的经济效益和社会效益，文创开发已成为城市博物馆推动优秀传统文化创造性转化、创新性发展不可忽视的一个关键工作。“让文物活起来”，让传统文化活在当下，让过去“束之高阁”的优秀传统文化借助文创产品的形式“飞入寻常百姓家”是当前城市博物馆文创产品开发工作的总体思路。然而在产品研发过程中，城市博物馆也面临着馆藏资源利用率低、创意不足、产品同质化严重等问题。

对于郑州博物馆而言，从馆藏文物特色资源中汲取中华优秀传统文化精华，将其应用到文创开发设计中去，开发兼具美观与实用性于一身的文创产品，从中挖掘本馆文创产品的独特性，把握好质量关，树立与竞品的差异化是当前郑州博物馆文创开发的工作重点。做好宣传工作也是不可或缺的，用心拍摄每一件文创产品的照片、视频，将每一件文创产品的文案书写得引人入胜，从中凸显中华优秀传统文化底蕴，然后发布在各大社交平台、主流媒体上进行传播，引起大众关注。

此外，要想让文创产品持续推动优秀传统文化创造性转化，塑造属于自身的文创品牌是极其重要的。未来郑州博物馆可以朝着打造“郑博文创”特色品牌的方向不断努力，研发设计出“郑博文创”的 IP 虚拟动漫形象，同时这一形象可以应用于日常文创开发，衍生设计出毛绒玩具、盲盒、手办、文具等产品。凸显特色、活泼生动的 IP 形象就是“郑博文创”的最好代言人。

（五）人才建设支撑优秀传统文化“两创”建设

创新是第一动力，人才是第一资源。创新驱动实质上就是人才驱动，所以要想推动优秀传统文化创造性转化、创新性发展，离不开人才的支撑，谁拥有高水平、高层次的人才队伍，谁就拥有优秀传统文化“两创”的优势和主导权，对于城市博物馆而言亦是如此。更何况博物馆的日常各项工作，无论是展览陈列、藏品保护，还是学术研究、数字化建设等，其完成推进均需要高质量、规模化的专业人才支撑。

面对着当前博物馆专业性高学历人才比例低、新技术人才匮乏的共性问题，对于郑州博物馆而言，做好人才建设的“引、育、留、用”是关键。“水积而鱼聚，木茂而鸟集。”首先，要不断优化人才培养选拔机制，注重复合型人才的引进，弥补重要领域人才“空档”。其次，完善人才培养机制，坚持常态化培训，通过课题研究、项目合作、高校深造、外出交流等方式不断提升人员业务能力。再次，健全激励制度，推进差异化绩效激励机制，通过定期的绩效考评，将分配向对馆内有突出贡献的人员倾斜。最后，“君子用人如器，各取所长。”本着“人尽其才，才尽其用”的原则，立足岗位特点和人才本身的实际情况，做到人岗相适、以事择人，为充分发挥人才作用搭建平台、畅通渠道，从而在推进优秀传统文化“两创”的过程中凝聚力量、释放潜能。

结　语

郑州博物馆致力于成为中华优秀传统文化的践行者、传播者，并在推动优秀传统文化创造性转化、创新性发展的过程中取得了一定成绩。当前，面对着城市博物馆在推动优秀传统文化“两创”中存在的种种问题，郑州博物馆如何破解难题、迎风而行，本文针对这一问题在展陈创新、学术研究、文旅文创融合发展、人才建设等方面进行了一系列探讨。面向未来，郑州博物馆定会踔厉奋发、笃行不怠，让优秀传统文化在新时代熠熠生辉，为打造郑州博物馆中原文化传承优质平台、促进郑州博物馆事业高质量发展蓄势赋能、聚力前行。

试论博物馆在弘扬传统节气文化中的创新与探索——以南通博物苑“博物苑中的二十四节气”课程为例

陆苒苒[①] 南通博物苑 江苏南通 226001

摘要：

作为中华优秀传统文化的重要组成部分，二十四节气应得到高度重视并充分发挥其在当下社会文化建设过程中的积极作用。笔者积极探索博物馆如何发挥自身优势，更好地弘扬传统节气文化，以创新的教育形式让更多青少年了解传统农耕文化的神奇。将传统文化中的二十四节气与苑藏文物结合，融入课本中的古诗，讲述历史故事，充分利用馆苑合一的特点，将二十四番花信与植物知识相结合，采用线上线下相结合的方式，让学生通过“二十四节气小主播”的形式真正作为传统文化的小使者，感受二十四节气的独特魅力，弘扬传统文化。

关键词：

博物馆 传统文化 二十四节气

The Innovation and Exploration of Museums in Promoting Traditional Solar Term Culture: Taking the “Twenty-Four Solar Terms in the Museum” Program Held by Nantong Museum as an Example

LU Ranran

Abstract:

As an important embodiment and carrier of the excellent traditional Chinese culture, the twenty-four solar terms should be highly valued and given full play to its positive role in the process of social and cultural construction nowadays. The author actively explores how museums can exert their own advantages to better promote the traditional solar term culture and make more youngsters understand the magic of traditional farming culture through the innovative form of education. By combining the twenty-four solar terms in traditional culture with the collection of museum cultural relics, incorporating ancient poems in textbooks, telling historical stories, making full use of the unification of the

① 陆苒苒，南通博物苑馆员。LU Ranran, Nantong Museum.

museum and its collections, combining the twenty-four flower letters with plant knowledge, combining online with offline, the students can be the real little ambassadors of traditional culture through "The Hosts of Twenty-Four Solar Terms", feel the unique charm of twenty-four solar terms and promote traditional culture.

Key words:
Museum　Traditional culture　Twenty-four solar terms

北京冬奥会开幕式上，二十四节气倒计时的方式引来无数赞叹，被称为“中国人独有的浪漫”。四时、十二月令、二十四节气，是古人关于时间的理解，随之产生的习俗活动也与之紧密相关。这些微妙的感受，不仅体现在日常的生活生产中，也存在于无数的器物和艺术品中。它们共同勾勒出一幅中国人敬重自然、热爱生活的美丽画卷。习近平总书记指出：“深入挖掘中华优秀传统文化蕴含的思想观念、人文精神、道德规范，结合时代要求继承创新，让中华文化展现出永久魅力和时代风采。”作为中华优秀传统文化的重要体现与载体，二十四节气理应得到高度重视并充分发挥其在当下社会文化建设过程中的积极作用。

南通博物苑的创始人张謇先生在办苑初期就提出“设为庠序学校以教，多识鸟兽草木之名”的理念，注重人文历史与自然科普。如今，南通博物苑馆校共建项目秉承让“历史活起来”的宗旨，让学生走进博物馆，探寻历史，了解自然，提升学生文博知识储备量，增强文化自信心。南通博物苑有一百多年前的测候所，张謇先生更是创办了中国第一个农用气象台，结合二十四节气做科学耕种的普及，将传统文化中的二十四节气与苑藏文物结合，融入课本中的古诗，讲述历史故事，充分利用馆苑合一的特点，将二十四番花信与植物知识相结合，采用线上线下相结合的方式，让学生通过“二十四节气小主播”的形式真正作为传统文化的小使者，感受二十四节气的独特魅力，弘扬传统文化。

一、博物馆在弘扬传统文化中的重要作用

博物馆藏品是中国历史文化的重要载体，出于保护传统文化的目的，博物馆要将这些中华民族遗留下来的文化结晶精心保存起来，但保护并不是唯一目的，让传统文化以更加生动的形象展示出来，让人们接受传统文化的教育熏陶是现代社会对博物馆工作提出的基本要求。近年来，关于博物馆的话题不断登上“热搜”，前两

年火出圈的《国家宝藏》节目通过展示国宝重器所承载的历史文化价值，让传统与现代碰撞出新的火花，为传统文化的传播提供了新路径，对青少年传统文化教育具有一定的启示。现在很多博物馆都开展“我们的节日”系列课程，在教学过程中充分发挥了博物馆的社会教育职能，在寓教于乐中传播历史文化，拓展延伸课外知识教育，激发青少年的探索欲、求知欲，让青少年能够更好地传承和弘扬中华优秀传统文化。

二十四节气文化是千百年不熄的火焰，能点燃当代青少年对中华优秀传统文化的热爱之心。传统文化相关知识通常给人生涩难懂、有距离感的刻板印象，而文化知识具象化的呈现将远比抽象的思维来得生动直接，博物馆恰好是能深入浅出地介绍文化知识的最佳场所。农耕文化中不同时令的花卉、瓜果都可以在南通博物苑这个沉浸式科普体验课堂找到，初春时节带领学生了解苑区的部分植物，如樱花、梅花、桃花、李花、梨花等，了解不同植物的习性和生长特点。“博物苑里的二十四节气”校内博物馆课程的开展让历史文物不再只是冷冰冰地躺在玻璃橱窗里，而是“活跃”在青少年的课堂里，成为历史文化开在校园里的“一朵花”。

二、南通博物苑在弘扬传统文化中的实践

传统延时课程常常会出现过于单一、五育割裂的情况。很多学生又因为时间、家长精力有限等各种原因难以获取博物馆这一社会大课堂的丰富资源分享。博物馆课程知识链接点众多，与校内课程教学目标一致却更加容易激发学生的兴趣，再将单一的知识点进行串联，形成趣味生动的知识图谱。合理利用延时服务这一时间点，让博物馆课程与校内延时服务结合，深度挖掘传统文化中的底蕴，让更多学生聆听历史的“脉搏”。

（一）研究馆藏，挖掘文物背后的故事

博物馆中文物藏品从古人的衣食住行到不同文化间的融合都有涉及，藏品丰富，涉及面广。古人在春夏秋冬四时中，试图定格时光，于特定节日、时刻里，抒发情感，寄寓美好生活愿景。而中国古代以农为本的观念，让身处其中的每一个人对时节转换，都有着深深的感触。博物馆的藏品可以带观众沉浸式走近古人的生活。

在南通博物苑内有一件清粉彩玉兰花形杯，这件作品以盛开的玉兰为造型，将敞阔的杯口雕成多瓣开放的玉兰花，又将连着的花蕾和枝茎镂雕成圈，盘沿在杯

底，前后交错，造型小巧精细，质地莹润。“玉花千队映华筵，胜赏须知异隔年。”玉兰花盛开于阴历二月，是春分时节的代表花卉。古人将二十四番花信风的美好与实用器具相结合，这份意境美是属于传统文化的浪漫。

国人有品“明前茶”的习俗，南通博物苑藏有不少精品紫砂壶，清明前夕，以紫砂壶泡明前茶读书饮茶，勾勒出一幅翩翩君子在谈笑风生的愉悦场景，结合紫砂上的纹饰画面更可感受到节令物候变化。这些都是文物带给传统文化的温度，穿越时空对话古人。

“惊蛰节到闻雷声，震醒蛰伏越冬虫。”惊蛰阳气上升，气温回暖，冬眠的蝙蝠也苏醒了，如南通博物苑收藏的清玉雕“五蝠捧寿”。五蝠捧寿是中国民间广为流传的一种传统吉祥图案，五只蝙蝠分别伏在一大一小两只玉桃上，栩栩如生，寓意多福多寿。通过对文物的研究和挖掘，结合惊蛰节气，带来五福捧寿的祝福，把传统“福”文化延伸拓展，将农耕节气文化与纹饰图腾相结合，深入感受传统工艺的高超以及手艺人的匠心。

（二）梳理课本，找准与博物馆的结合点

将二十四节气作为小学语文教学内容的组成部分，不仅能够深化学生对传统文化的认知，还能为学生了解自然与生活提供有力的根据，进而为学生语文综合实践能力的发展打下基础。课文《田家四季歌》描绘出一年的农事活动，让学生对春种秋收有了概念，在《二十四节气歌》中了解了不同节气名称。南通博物苑内常见鸟类多达二十余种，还有各类蛰虫出没，让学生在观察中感受生动的节气文化。

春日里观察南通博物苑内的燕子，对课文《燕子》中动静态描写有直观感受；观察春日苑内草木，结合二十四番花信风，能够深刻体味“不知细叶谁裁出，二月春风似剪刀”。盛夏在苑内荷花池边诵读课文《荷花》，感受夏日清晨一池荷花的美丽姿态，将“接天莲叶无穷碧，映日荷花别样红”的美景刻在心中。秋日里踩着银杏叶铺成的“地毯”，在课文《听听，秋的声音》中了解到候鸟南飞也是七十二物候中的重要组成部分；在博物苑“霜叶红于二月花”的沉浸式枫叶观赏中感悟丰收的喜悦。在课本中《寒号鸟》的故事里探索大雪以后为什么是鹖鴠不鸣；在苑内梅园中轻嗅“遥知不是雪，为有暗香来”。结合道法课程，引导学生们了解二十四节气与中国传统农耕文化的关系，让他们认识到尊重自然、顺应自然的重要性，培养他们的环保意识和节约意识。

(三) 精准施教，充实课后延时服务内容

“双减”政策的发布，体现出教育要回归立德树人的本位。博物馆课程作为学校课程的重要补充，与学校课程相互联系、相互渗透、相互促进，对于培养学生的实践能力和创新精神，实现五育并举，发挥着重要的作用。课后延时服务与博物馆课程相结合，结合学生认知规律和学校教育教学需要，设计开展博物馆系列活动课程，建立健全馆校合作机制，促进博物馆资源融入教育体系，继续拓展博物馆教育服务功能的广度与深度，更好地传承和弘扬中华优秀传统文化。

博物馆课程跨界会使得学生有更广阔的认知空间。利用感官五觉，真听、真看、真感受，结合节气文化在应季美食中感受中华美食文化，例如“咬春”“炖梨”等都是节气文化与美食文化的完美结合。在美味品尝间感悟传统文化早已渗透于每一天的生活中，并不遥远。苑内种植的柿子、山楂、枇杷等果子都可以让学生了解果子生长过程及果树的特点，在甜蜜的果香中感恩耕种者的辛劳。同时，充分利用好延时服务课程的时间，以更轻松愉悦的授课方式带领学生聆听二十四节气古诗词曲目，走进音乐的世界，感受传统文化中节气文化的独特魅力。

三、南通博物苑在弘扬传统文化中的创新

在弘扬传统农耕文化中不断探索，让节气文化教学内容中加入本土民俗特点，通过课件教学与实践教学相结合的方式，了解二十四节气的渊源、交接更替、民间习俗、历史价值、节气文化，结合苑藏文物，让学生走近传统农耕文化。将语文课程中的古诗词、人文历史知识串联，与科学课、道法课中的趣味实践相结合，让博物馆里的二十四节气更加生动有趣。让学生了解古人生活，拉近今天和过去的距离；通过二十四节气小主播展演的方式让学生自觉承担起宣传文化、弘扬文化、继承文化、保护文化的重任。连接过去与未来，让学校、家庭、社会三所大课堂相融并接，将人文历史与自然科普结合，真正实现博物馆成为学生的精神乐园。传统文化让生活更美好，一岁轮回，走进博物馆，让文物与二十四节气“梦幻联动”，一起在文物和节气的魅力中，春日里栽种下的植物连接起四季更迭，春华秋实、夏蝉冬雪都在静静带给大家美好。

(一) 连接传统节气文化与非物质文化遗产

博物馆作为非物质文化遗产的重要载体和活化器，肩负着传承和弘扬非物质

文化遗产的神圣使命，实践证明，博物馆在非物质文化遗产的保护、传承以及创新等方面发挥着不可替代的重要作用。在“博物苑里的二十四节气”课程中将清明节气放风筝的习俗与本地板鹞风筝这一国家级非遗技艺相结合。板鹞风筝融扎裱造型、配色绘画、音律设计、“哨口”雕刻于一体，风筝上缀满了大小不等的“哨口”，多者达数千，即使在7～8级大风中，仍可稳悬于数百米的高空，并发出美妙的声音。通过实践操作，将不同类型的知识融合，在放风筝的实践活动中充分感受“忙趁东风放纸鸢”的快乐。

（二）文创线上线下结合新方式，把博物馆“带回家”

推动文物活化利用，最关键的是要让文物走出库房，让文物与观众见面。进一步拓宽视野，强化传播体系建设，加强文创产品研究开发，开发数字藏品等文创产品，让更多的人能够把博物馆带回家。博物馆课程推广有利于文创产品的宣传推广，本次就采用线上线下相结合的方式，线上推出二十四节气壁纸，让传统文化与现代科技紧密结合。线下推出春日花卉主题产品，如南通博物苑网红“状元张謇”“张謇手植紫藤”系列从种子到紫藤笔记本、帆布包都成为大热追捧，不少学过课程的学生会给家人讲述紫藤的故事。

（三）让“二十四节气小主播”成为节气文化大使

二十四节气是中国传统文化的重要组成部分，与气象台合作，通过线上小主播播报天气活动，结合二十四节气知识普及可以让更多人了解和认识二十四节气的意义和特点，从而弘扬传统文化。小主播活动需要孩子们用语言表达自己的理解和感受，这有助于培养他们的语言表达能力、思维能力和自信心。作为小主播，孩子们需要了解自己的职责和使命，学会尊重和传承传统文化，这有助于培养他们的责任感和使命感。同时，小主播活动需要孩子们相互协作、交流和分享，这有助于培养他们的社交能力和团队协作能力。最后，通过参与小主播活动，孩子们可以锻炼自己的表现能力，增强自信心，从而更好地面对未来的挑战。更有不少孩子参与了龚琳娜老师在南通举办的“二十四节气古诗词音乐会”，大放异彩。

四、博物馆在弘扬传统文化中的思考与总结

博物馆既是保护和传承人类文明的重要殿堂，也是连接过去、现在、未来的桥梁，博物馆将成为展示中华优秀传统文化的最佳空间。笔者发现二十四节气能比

较准确地反映自然的律动与节奏，体现人与自然的和谐关系，是中华传统文化的瑰宝。古人在春夏秋冬四时中，试图定格时光，于特定节日、时刻里，抒发情感，寄寓美好生活愿景。现今社会很多学生对传统节气文化知之甚少。

南通博物苑有馆藏文物与自然园林，作为中国第一座公共博物馆更是肩负着“讲好中国故事，传播好中国声音”的重任。将二十四节气与文物故事相结合，让学生在实践中感受美丽的自然风光，聆听历史的声音，走进大自然的怀抱。真正践行张謇先生的社会大课堂理念，让博物馆更全面地辅助学校教育，弘扬传统文化，让学生触摸历史的脉搏。在实践中发现创新文化体验和传播手段，推动博物馆与教育领域跨界融合，让形式、内容更加有趣，让传统文化不再枯燥，不断拓宽“到博物馆去”之路，也是在为弘扬优秀传统文化这条路的建设而“赋能”。

结　语

诚然，在实践过程中笔者也发现有一些不足。首先，博物馆内传统文化类的课程众多，但大都与本馆文物、特色没有结合好，同质化现象严重；其次，现有的传统节气文化教学体系相对松散，不能严谨深入系统化地以教材等形式呈现，不利于学生自主复习时消化吸收、建立知识图谱；最后，现在最热门的研游学活动中没有利用好不同地区不同民俗的研究探索，让这一沉浸式教学对传统文化的传承与弘扬所呈现的效果微乎其微，没有真正做到“游中学”往往都是“游大于学”。

博物馆中的一大优势就是馆藏丰富，文物的真实感适合学生们具象思维的特点，也有利于帮助学生树立实证思维，培养学生追求真实的态度和深入探究的能力，激发学生对传统文化浓厚的学习兴趣。每一个博物馆人都应该积极思考如何利用好博物馆资源，大力弘扬中华优秀传统文化，要担负起新的文化使命，在历史进步中实现文化进步，让革命精神熠熠闪光，让文化之花开得更加绚丽！

城市博物馆的戏曲音乐展示研究——以湘剧的音乐展示为中心

马湘蕾[①] 长沙博物馆 湖南长沙 410000

摘要：

中国的传统戏曲在世界上享有盛名，是凝结中国传统文化的一块瑰丽琥珀。近年来，戏曲文化伴随着流行音乐再兴，不少地方推出了戏曲主题的展览甚至建造了专题博物馆。作为国家非物质文化遗产的湘剧，是长沙城市文化的重要组成部分，却鲜少被本地博物馆发掘、阐释。本文聚焦湘剧的音乐文化元素，将之粗略分类。在此基础上，综合分析国内外的戏曲类专题展览、音乐专题博物馆的展示案例，从中汲取适用于城市博物馆的展示方法，结合需展示的音乐元素及观众体验需求，探索城市博物馆对在地传统文化持续深耕、展示与保护的可能性。

关键词：

湘剧 音乐 策展

Research on the Display of Opera Music in the City Museum: Focusing on the Music Exhibition of Hunan Opera

MA Xianglei

Abstract:

Chinese traditional opera has been famous around the world and is a magnificent piece of amber that condenses traditional Chinese culture. In recent years, there has been a resurgence of opera culture along with pop music, and many cities have launched opera exhibitions and thematic museums. As a national intangible cultural heritage, Hunan opera is an important part of Changsha's urban culture, but it is rarely excavated and interpreted by local museums. This paper analyzes the musical cultural elements of Hunan opera itself, and put it into four categories: vocal cavity, human vocal music, scene music, and tune music. Then, this paper comprehensively analyzes the display cases of special exhibitions of Chinese opera and music museums at home and abroad, extracts the exhibition narratives and display methods suitable for urban museum exhibitions, and discusses the possible display methods of Hunan opera exhibitions centered on music display, which are relatively less used in urban museums, so as to explore the possibility

① 马湘蕾，长沙博物馆助理馆员。MA Xianglei, Changsha Museum.

of continuous cultivation, display and protection of local traditional culture in urban museums.

Key words:
Hunan Opera　Music　Curation

戏曲文化曾是中国城市生活的重要组成部分，但随着时代更迭，语言与音乐、表演模式的变化，戏曲文化被逐渐剥离现代城市生活，如何让现代观众理解戏曲、通过展览看懂戏曲，是城市博物馆传承与展示戏曲文化的重要课题。近年来，戏曲文化伴随着流行音乐再兴，不少地方对此加以重视，推出了戏曲主题的展览与专题博物馆。

作为国家非物质文化遗产的湘剧，是长沙城市文化的重要组成部分，约起源于明代，已入选国家级非物质文化遗产名录。传承湘剧文化、传播湘剧文化是本地城市博物馆的职责所在。在湘剧文化中，音乐是相当重要的组成因素。但是，要让观众“看”懂音乐，又存在着相当的理解壁垒。第一，戏曲音乐保留了许多传统音乐范式，与现在的流行音乐相去甚远，第二，音乐的辨析本身需要一定的专业素养，对观众来说有门槛。不过，音乐的展示既是挑战也是一种机会，从观众认知的角度来看，调动多重感官是非常有效的认知途径，好的音乐展示有助于观众深入理解湘剧。因此要在充分分析、梳理湘剧音乐本身所具备特征的情况下，结合合适的展陈方法将之“解释”给观众。

一、湘剧音乐策展元素辨析

湘剧音乐内涵丰富，本文所讨论的湘剧音乐元素包括体例结构、声腔、声乐、伴奏、曲牌等元素，归纳后主要将它们粗略分为三大类。

（一）曲牌连缀体与板式变化体

要理解湘剧的声腔概念，必须理解其音乐结构。中国戏曲音乐有两大结构体系：板式变化体(板腔体)与曲牌连缀体(曲牌联套体或曲牌体)。这两者在湘剧音乐中都有体现，是为湘剧音乐的“骨骼”。

曲牌本是用来填词制谱的曲调名称，一个曲牌往往有固定的字句长短、平仄、曲调格律。在阐述戏曲音乐时曲牌的知识相当重要，湘剧四大声腔中有三种主要是曲牌连缀体，依靠曲牌连缀组织剧情，在展览中需通过具体的曲牌及腔句音乐来体现。湘剧里还存在多种曲牌组合使用的情况，被称为套曲、集曲等，根据不同声腔的曲牌连缀模式，可在展陈上进行细分阐述。场面音乐中，不同的乐器也有独特的曲牌，例如唢呐曲牌、胡琴曲牌，胡琴曲牌往往出现在打扫整理等场面，唢呐曲牌出现在宴会等场面中。这些固定搭配与湘剧的程式性、虚拟性特征息息相关，可结合场面音乐的叙事进行设计展陈，将形而上的艺术概念转化为落地的音乐、场景展项。

板式变化体与曲牌连缀体迥异。“板式”一词指节拍、节奏形式，“一板一眼”这一成语本来说的是二拍子这种板式。板式变化体没有曲牌连缀体那么严格的规律限制，将一对上下句作为音乐的基础单位，以所谓的“板式”也就是节拍等变化连接作为音乐的构成基础。

（二）声腔

声腔在戏曲中是相当重要的概念，在《中国大百科全书·戏曲曲艺》中将之定义为“以演唱的腔调加以区分，称‘腔’或者‘调’的……谓之戏曲声腔”[①]。中国的戏曲声腔经历了长时间发展，各剧种中多存在多种声腔混合的情况，湘剧亦不例外。自明清以来，随着戏曲艺术发展繁盛，各地之间戏曲艺术交流活跃，高腔、昆腔、弹腔、低牌子[②]等声腔都逐步进入湖南地区，为湘剧所吸收运用。声腔音乐蕴含着不同的地域文化背景，又与湖南本土文化融合，造就了颇具特色的湘剧音乐（表 1）。

湘剧高腔的“放流”是其一大特色，“放流”突破了原本曲牌对句子长短的严格规定，选取展示材料时要抓住湘剧高腔随心自由、高亢的特点；低牌子与高腔、昆腔渊源颇深，可作对比展示，同时从演唱、乐器方面揭示它们的不同；湘剧昆腔曾红极一时，至道光年后不再流行，在现代湘剧中业已式微，因此其历史与音乐的特色应作为展示重点；弹腔是四种湘剧主要声腔里唯一的板腔体音乐，从展览策划的角度来看，应当结合板腔体的概念进行突出阐述。同时，还应注意，几种声腔并不是完全单独出现，在湘剧中它们常被糅杂在一起使用，增加音乐的表现力，其曲牌、剧目

① 中国大百科全书总编辑委员会编：《中国大百科全书·戏曲曲艺》，中国大百科全书出版社 2002 年版，第 466 页。

② 关于湘剧低牌子与昆腔是否为一种唱腔的争议未休，此处采用黎建明在《湘剧音乐概论》的分类法，视为两种声腔。

也彼此影响。各声腔进入湘剧后，在念白、演唱上均融入了本土方言特色，这点也是需在展示中凸显的湘剧音乐特征。

表 1　湘剧声腔概况

声腔	结构体系	代表性剧目	演唱特色	总体特征
高腔	曲牌连缀体	《琵琶记》《岳飞传》《单刀会》等	“报前”“顿”“调子”“衬”等技巧	“随心入腔”，自由、高亢；唱词细腻、直白、本土
低牌子	曲牌连缀体	《十三福》《醉打山门》等	与高腔常相间演唱，在演唱上具有冲击力	因与湘剧高腔相对照，而被称作低牌子；融合了湖南地方语言特征；曲调朴实奔放
昆腔	曲牌连缀体	《春香闹学》《藏舟》等	“俗伶俗谱”	温婉典雅的音乐特色；融入了湖南方言和高亢的音乐风格；现在湘剧中已式微
弹腔	板腔体	《打雁回窑》《定军山》等	“快打慢唱”	杂糅了多种声腔；分为南路、反南路、北路、反北路 4 种

(三) 场面音乐

场面一词在戏曲中指的是伴奏乐队，场面音乐也就是戏曲中的伴奏音乐。场面音乐在湘剧中当然也十分重要，它的功能也多种多样，譬如戏曲开始前先“闹台”，演员唱、念之时做伴奏，还有的专门乐曲用于一些特定的情境。如果将这些细节整理到展览中，相信会增加不少趣味。在这部分的展陈里可以出现乐器的实物，并需注意展示乐手演奏方法，择取具有代表性的演奏段落为观众阐述乐队的作用以及乐队成员的分工协调(表 2)。

表 2　湘剧文武场面音乐

类别	使用乐器	适用场面
文场	二胡、京胡、月琴、笛等	为唱腔伴奏，演奏过场、环境等乐曲，模仿马鸣音效等
武场	大锣、小锣、堂鼓等	唱念做打音效、风雨声及各种氛围音效等

二、声音展陈方式

戏曲文化近年来颇受重视，许多地方兴建了专题戏曲博物馆，采用了多样的手段展示戏曲音乐。除此之外，各种音乐类专题博物馆、音乐专题展览纷纷涌现，带来更多元的策展思路。

（一）戏曲专题博物馆的声音展陈方式

音乐展陈方式多种多样，这里姑且根据展示的效果将它们分为介绍性展示、体验性展示、活态展示、线上展示。介绍性展示偏向于单向输出音乐和知识，体验性展示则多了互动内容，活态展示在这里主要指现场表演。

第一类是音乐的介绍性展示。其中第一种为单独播放声音，配合展板文字、图片资料进行叙事。以中国秦腔艺术博物馆为例，馆内一楼选取同一唱片公司的多张秦腔黑胶唱片，播放秦腔唱段，让观众在入场后很快就能听到秦腔音乐，并对其唱片产业有初步认知，其黑胶唱片错落的陈列方法具有艺术性与观赏性。粤剧艺术博物馆也曾采用播放老唱片并辅以说明文字的展陈方式，引导观众了解粤剧。介绍性展示中还有第二种——影音区域展示，中国秦腔艺术博物馆按照表演艺术家进行梳理，设置了一个可坐着用耳机收听各艺术家唱段的区域；粤剧艺术博物馆则在展区中规划出影音空间，设置座椅，通过纪录片资料来深入阐述戏曲文化，让观众直观了解粤剧的同时拥有休息空间。这两种音乐展示的方法对城市博物馆来说都是易实现的。

第二类是具有互动的体验性展示。第一种方式是在知识介绍中加入多媒体互动，基础逻辑是通过屏幕界面选择内容，进行声音播放（采用耳机播放或者功放的形式）。如在北京戏曲博物馆中，有一处“同光十三绝”的展项，屏幕界面是著名的同光十三绝画像，观众选择一个人物就能了解其生平并听到其在画中所扮角色的唱段。这类多媒体的使用在近年来已成为国内戏曲类博物馆的常用展陈方法，只不过各馆在梳理逻辑上有些不同，如粤剧艺术博物馆设置的互动展项是让观众选择不同唱腔来观看影音资料。另外，还有更深入的多媒体互动展示方法。中国黄梅戏博物馆曾经引入音影设备，包括视听屏幕和耳机、话筒，让观众可以在游览之时放歌一曲，对熟悉戏曲的观众来说是颇具趣味性的体验。这些展项的梳理逻辑与应用设备为其他戏曲音乐展示提供了参考。

第三类是直接引入戏曲表演的活态展示。这种方式可以作为展览的延伸活动，也是展示非物质文化遗产的最好方法之一。戏曲表演通过博物馆与专业的传统戏曲剧院、演员合作实现。活态化展示需注重演出场地，在演出场地的选择上，各博物馆有不同的处理方式。有的戏曲类博物馆会提供专业的戏台，如中国昆曲博物馆，馆内有古戏台，亦有表演戏台，这里的昆曲演出很受观众欢迎。但是，一般城市博物馆内往往没有专业的演出场地，舞台、灯光、音响等表演配套，演出成本与费用，也是城市博物馆进行活态展示的难点。作为参考，南京博物院专门设立了非遗馆，并举办低价惠民的收费演出，这也是城市博物馆进行音乐活态化展示的一条出路。

第四类是线上展示。线上展示也已被广泛应用于戏曲展陈中，国内已有不少博物馆和机构在推进戏曲文化数字化的进程。第一种是线上展览，江苏淮剧博物馆推出了“中华淮剧”APP，在 APP 中可以线上参观展厅；第二种是线上戏曲资源库，如“中国黄梅戏数字资源库”，它有网站、APP、H5 界面三种触达方式，将戏曲音乐、新闻、历史、研究成果等多种黄梅戏相关资料分类整理，可以使社会各界人士突破时空限制、随时了解黄梅戏文化。另外，国内还有部分专业的戏曲机构将收藏的戏曲名家唱段整理成了广播节目，在 APP、网页端播放。作为城市博物馆，进行戏曲线上展示探索也是不错的选择，但是这类线上展示的资源搜集、长期维护及宣传依旧面临困难。

（二）音乐专题博物馆的声音展陈方式

除了戏曲类博物馆，近年来还出现了许多其他类型的音乐专题博物馆，它们的展陈方式亦存可借鉴的部分。这些展陈方式可大致分为介绍性展示、体验性展示、其他展示。介绍性展示，侧重于知识的梳理，体验性展示更强调观众的参与体验。

第一种是介绍性展示，相当常见。如凤凰城乐器博物馆，其基础展示方式是在展线上放置实物乐器，在乐器旁的墙面上展示乐器演奏的音影资料，给观众配发耳机，观众随着参观动线可以听到所处位置的乐器乐音。

第二种是体验性展示。以格莱美博物馆为例，该馆有一处展项对音乐类型进行了分类梳理，在触摸屏上将用户界面设计为四处移动的图标，让观众随机抓取并播放、了解相关知识，这种梳理逻辑可用于对湘剧音乐整体的阐述。弗里德里克·肖邦博物馆将播放设备放在桌面上，在抽屉中放入该乐器的图文、视频介绍资料，一拉开抽屉播放设备就会播放相应的音乐，增加了趣味性。

此外，还有更深层次的体验性展示，格莱美博物馆设计了音乐制作体验展项，展项中设置了麦克风、键盘、混音设备，可以让观众自己混音，生成音乐。这类体验效果很好，但是从展陈维护上来说，需要更多工作人员和专业设备来支撑，耗费不小。另一种体验展项采用了不同的技术，例如维也纳音乐之家博物馆，使用人体捕捉技术，捕捉观众动作，让观众进行虚拟乐团指挥，了解自己所体验的角色在乐团中起到何种作用。这类体验的参与度很高，相对设备要求也更高，在一般城市博物馆的展览中罕见，如果用于湘剧音乐展示中，可以设计场面音乐乐器体验、混合人声与伴奏的音乐制作体验等，加深观众对湘剧音乐结构的认知。

第三种是更艺术化、强调通感的声音展示，即将声音转化为艺术装置。北京的声音艺术博物馆，采用了非常多元的方式来展示声音，例如其展项“克拉德尼铁板的沙子”，在金属板上撒沙子，能观察到声音振动使沙子聚散为各种图案，声音得以被“看见”。此外，引入更多跨行业的舞台设备（如全息投影等）来进行声音展示也是可行的，这类方式需要更专业的策展人员。

这些声音展示方法各有千秋。但是大量声音的展示或许会与展览本身的讲解和呈现出现冲突，因此如何调和展览中存在的“声音”亦需要仔细考量。首先，音量调节和展厅观展氛围是其中关键。其次，在大量采用交互设备的情况下，设备和系统的维护也是难点，交互设备一旦出现故障，容易给观众带来不好的体验。最后，城市博物馆的体量，能否负担这些设备、系统、维护的成本，也需要纳入考虑事项之中。

（三）声音展陈方式总结

上述所有音乐展陈方式都已经过各博物馆实践验证，能将音乐文化有效传达给观众。可以将这些展示方法进行分类，便于进一步观察（表3）。

表3　声音展陈方式优劣概况

展示类别	展陈方法	优　势	劣　势
介绍性展示	音频播放	直观展示音乐	单调
	视频播放	展示、休息兼顾	单调
体验性展示	互动屏播放	展示且有趣味	需考虑系统和维护
	歌唱体验	有趣，体验深	有门槛、需考虑设备维护
	演奏体验	有趣，体验深	需考虑设备维护
	音乐制作体验	有趣，体验深	有门槛，需考虑设备维护
数字展示	线上展厅	综合性强	宣传
	广播节目	方便，直观	需要大量资源支持
	数据资源库	全面	需要大量资源支持
	APP	方便，直观	资源、系统、宣传

续 表

展示类别	展陈方法	优　势	劣　势
活态展示	现场演出	直观	场地、效果、人员、费用
其他展示	装置艺术	新颖	专业性要求高
	投影技术	新颖	设备、维护、费用

基于城市博物馆的大致条件，这些手段在湘剧音乐展示中都有各自的优劣，可以与湘剧展示所需阐述的具体元素相结合进行探讨。

结　语

城市博物馆一般是综合性博物馆，在进行戏曲类展示时通常会选择临展的方式呈现，当然也有基于本馆藏品、资料将之作为长期展览，或者另外单设独立区域进行展示。根据湘剧音乐元素的实际情况，可与各种展示手段匹配，一个需要阐述的音乐元素能匹配多种展示手段。然后，从城市博物馆的基础条件、人员配备出发，综合音乐元素的特点、对整体展示的影响这些因素来进一步筛选更合适的展示手段(表 4)。

表 4　湘剧展陈方式分析

大　类	小　类	展陈需求	展陈重点
声腔	声腔	定义、综述、区别	定义、特征与区别
	曲牌体和板腔体	定义、分类、用法	定义与用法
	高腔	源流、演唱特征、经典剧目	各自的音乐、演唱特征、剧目、曲牌，以及彼此之间的区别
	低牌子		
	昆山腔		
	弹腔		
声乐	唱	唱法、唱词	让观众听懂并看懂唱词
	念	中州韵、湘剧念白	区分湘剧念白与单纯的中州韵

续 表

大 类	小 类	展陈需求	展陈重点
场面音乐	文场	乐器、对应场景的伴奏	各伴奏乐器是什么声音 何为对应场景
	武场		
曲牌音乐	声腔曲牌	各声腔的细分曲牌	可与场面音乐、声腔合并展示，强调各种牌子使用场景
	文武场曲牌	文场牌子、武场牌子	

从声腔大类来说，如果要阐述清楚就必须向观众明确其定义与音乐风格，因此图文加音频的基础展示方法是适用的，音频播放、视频播放、互动屏小程序都是有效的展示手段，但要注意展示不同声腔之间的区别。在展陈上，设计一些类似于定点播放或者打开小抽屉播放的情境可以增添展览趣味性。

在声乐部分的展示中，要解决当代观众听不懂词、看不懂剧的问题，因此在展示设计上最好采用有屏幕的展示方法，搭建单独的展示小程序，随着音乐将词句展示给观众，并通过系统向观众重点提示湘剧唱、念之中具有本土特色的音韵。此外场面音乐的展示可以做得更具趣味性，一方面可以考虑与具体的场景联系，通过一些数字技术，或者常见的音频与特定场景结合进行展示；另一方面，则可以考虑从乐器出发，搭配人机交互等互动性更强的设备，让观众简单体验乐器演奏。而从湘剧音乐整体的展示效果上来说，要让观众更直观地感受到湘剧的魅力，引入湘剧表演是最有效的方法，既丰富了市民文化生活又增加了展览话题度。

城市博物馆本身具有深耕本地文化的使命，在展览策划上也应充分挖掘本土文化精髓、丰富市民精神生活。在社会发展的技术导向越来越明显的当代，国内的展陈设计也越来越强调通过各种技术进行展览表达。这些技术运用的目的是最大限度调动观众的五感，使观众获得更深刻的具身体验，从而加深记忆，促进文化传播。因此，展陈设计注重音乐元素的展示，能丰富观展的具身体验，有益于更有效地转化、传播湘剧文化。在展示音乐的基础上，将湘剧所经历的历史风云、人物故事进行提炼也是不错的选择，这样能激活观众的情感共鸣，从而使感官与情感彼此协调，形成更深刻的观展记忆。此外，适应当下潮流，探索艺术装置，结合流行乐的传统戏曲进行音乐创作等方式，也是城市博物馆可以开启的戏曲文化创新利用之路。

试论博物馆对外展览的跨文化传播作用——以“裒雅汇尚——旗袍与海派文化展”为例

孙晓芝[①] 上海市历史博物馆(上海革命历史博物馆) 上海 200002

摘要:

近年来,博物馆在中外交往方面发挥着积极作用,对外展览是相对直接和有效的形式。上海市历史博物馆承办的“裒雅汇尚——旗袍与海派文化展”如期在比利时布鲁塞尔中国文化中心开幕,受到了当地民众的欢迎。策展将海派旗袍与上海城市发展结合在一起,力求透物见人见史见精神。展览为推动中华优秀传统文化创造性转化、创新性发展以及非物质文化遗产的海外传播提供了一个新路径,为讲好中国故事、传播中国声音贡献了一份文博力量,促进了中比文化沟通、中欧文明交流。

关键词:

展览 海派文化 非物质文化遗产 跨文化 文明互鉴

The Cross-cultural Communication Role of Museums' External Exhibitions: A Case Study of the "Elegance and Style — Qipao and Shanghai Culture Exhibition"

SUN Xiaozhi

Abstract:

In recent years, museums have played a positive role in Sino foreign exchanges, while external exhibitions are a relatively direct and effective form. The "Elegance and Style — Qipao and Shanghai Culture Exhibition", hosted by the Shanghai History Museum, opened as scheduled at the Chinese Cultural Center in Brussels, Belgium, and was warmly received by the local audience. The exhibition combines the Shanghai-style Qipao with the urban development of Shanghai, aiming to capture the essence of people, history, and spirit through its exhibits. The exhibition provides a new path for promoting the creative transformation and innovative development of excellent traditional Chinese

① 孙晓芝,上海市历史博物馆(上海革命历史博物馆)助理馆员。SUN Xiaozhi, Shanghai History Museum & Shanghai Revolution Museum.

culture, as well as for the overseas dissemination of intangible cultural heritage. It contributes to telling China's stories effectively, making China's voice heard, and promoting Sino-Belgian cultural communication, as well as Sino-European civilization exchanges.

Key words:
Exhibition　Shanghai culture　Intangible cultural heritage　Intercultural communication　Mutual learning with other civilizations

博物馆作为文化的重要载体之一，逐渐成为来自不同文化背景的观众探索世界的窗口。在全球化发展的今天，各国纷纷加强文化外交方面的竞争，文化交流日益频繁。展览是博物馆实现社会职能的关键，博物馆对外展览是我国对外文化交流的重要形式和传统手段之一。对外展示国家形象，积极配合国家外交外事活动，是我国博物馆的一项重要使命，是推动中华文化"走出去"、提升国家文化软实力，实现文化外交的一种有效途径[①]。

"衷雅汇尚——旗袍与海派文化展"于 2024 年 5 月 13 日在比利时布鲁塞尔中国文化中心开展。本次展览以上海的城市发展为脉络，分为"款款经典　上海摩登""念念不忘　上海味道""相映成辉　城市脉络""生生不息　走向国际"四个单元，用 34 件精美旗袍、上海老照片以及广告画等历史影像，展示海派旗袍所代表的中国传统手工艺与西式裁剪方式相结合的非物质文化遗产的传承和创新发展，演绎旗袍之美，讲述上海这座城市焕发出的蓬勃生命力和迷人魅力。

本次展览是上海市历史博物馆承办的出境展览。博物馆是国外了解中国的"第一窗口"，是中国的"文化会客厅"，对于促进文明的交流互鉴有着无可替代的重要作用，是中外交往的助推器。[②] 展览以旗袍背后所代表的海派文化为立足点，以海派旗袍为媒介，坚持创造性转化、创新性发展，找到传统文化与现代生活的连接点，向世界呈现中国非物质文化遗产，讲好中国故事，展现国家文化软实力，增强文化认同。

一、确立展览主题

旗袍展是展览策划的热门选题，海派旗袍展是上海市历史博物馆（以下简称上

① 孔达：《试论博物馆对外展览建构国家形象的价值与路径》，《东南文化》2018 年第 5 期。
② 杨程斌：《新时代中国博物馆的新使命》，《光明日报》2019 年 6 月 23 日。

历博)的特色展览之一,也是上历博“老上海风俗”四部曲中的“衣”部曲。2018 年台湾地区收藏家王水衷将自己珍藏的 338 件海派旗袍等服饰和相关饰品捐赠给上历博。他收藏海派旗袍等服饰已逾 30 年,此次捐赠是借着上历博新馆落成的契机,让这些海派文化的优秀作品物归其所。[①] 这次在比利时展出的海派旗袍展品大多出自王水衷先生的捐赠。这也是为何展览起名为“衷雅汇尚”。

服装承载了一个民族整体的记忆。海派旗袍脱胎于古老的中华传统礼仪文明,发源于海派文化诞生地上海,风靡全国,走向世界,是华人女性的时尚服装,被誉为中国国粹和女性国服。海派旗袍最大的特点则是将中国制作技艺和西方裁剪技术结合,流行于 20 世纪上半叶。如今全世界女性所钟爱的旗袍,就是 20 世纪以 30 年代的旗袍为典型的,而 30 年代的旗袍,就是以海派旗袍为楷模的。[②] 21 世纪初,海派旗袍进入“非遗”保护视野,交织在历史书写、城市记忆、生活习俗以及现代“非遗”保护话语与实践中的海派旗袍,由此完成了关于一座城市、一个时代和一个文化意象的建构[③]。此外,自 20 世纪 20 年代旗袍进入国际视野后,始终在国际舞台上若隐若现。旗袍在全球化时代又被作为文化交流的表征。

近代以来,在中国江南传统文化的基础上,融合近现代工业文明,形成了近代中国都市文化的集中反映和典型代表——海派文化。20 世纪初的上海是“中国之门”,上海是一个小小的世界,在这里可以近距离地研究整个中国的缩影,新旧事物以及古今习俗都奇特地融合在一起,比远东任何一座城市都更能凸显变革之中的东方特色。[④] 当年那个上海就已经具有国际大都市气象、充满进步的朝气和活力、处在变化与矛盾中。海派旗袍如同上海这座城市一般,不断生长和传播,旗袍之所以具有巨大的生命力和强大的时尚表达能力,正是因为旗袍在上海流行之初,服装制作者就一直在改良革新。海派旗袍将上海地域文化融入其中,是中西融合这道风景中的典范。

另一方面,上海是中国经济中心,是当今世界上最具影响的国际化大都市之一,也是中国国家历史文化名城。市民的生活方式,映射着社会的文明程度和文化性格。这为我们提供了一个绝佳的视角,从这个视角我们看到近代上海社会已显

---

① 陈若茜:《上海历博旗袍展的民国往事:叶浅予参与设计,吴湖帆题过店名》,2018 年 8 月 1 日,https://www.thepaper.cn/newsDetail_forward_2331942。

② 包铭新:《20 世纪上半叶的海派旗袍》,《装饰》2000 年第 5 期。

③ 周天:《国服与时尚之间:海派旗袍的记忆建构》,《上海艺术评论》2022 年第 1 期。

④ [美] 玛丽·宁德·盖姆韦尔著,孙雪译:《中国之门:上海图景》,上海人民出版社 2020 年版,第 28 页。

露出的现代城市文明的开放和个性，同时也保持着传统中国的风骨和韵致。这次展览，海派旗袍“远渡重洋”，穿梭在上海城市发展脉络里，展现衣食住行等上海风俗景象，希望观众在欧洲，也可以经历一趟摩登上海的文化之旅。

二、找准连接点

第一单元“款款经典　上海摩登”作为整个展览的开篇，展示内容是 10 件 20 世纪 30 至 40 年代的海派旗袍，当中除中式传统旗袍，亦有体现中西融合特色的印花旗袍、蕾丝旗袍等。我们从中可以看出，在长短、宽窄、开叉高低以及袖之长短、领之高低等方面，海派旗袍吸收了西式裁剪方法，更加称身合体，做工精致，盘扣花样迭出。正如张爱玲在《更衣记》中对旗袍特点的精准总结：“要紧的是人，旗袍的作用不外乎烘云托月，忠实地将人体轮廓曲曲勾出。”20 世纪后，上海的民族纺织业很发达，服饰面料丰富，纹样也受到了西式工艺的影响。我们选取了两件具有代表性的旗袍——火腿纹印花旗袍和蕾丝旗袍。透过它们，我们可以看出被称作“东方巴黎”的上海越出传统审美观念，向西方时尚靠拢。上海民众对西方审美方式展现出了积极的包容态度，对时尚潮流兼容并蓄。在 20 世纪 30 至 40 年代，穿着一套通体蕾丝旗袍，也是相当大胆前卫的，除了在深受海派文化影响的上海，其他地域是难以流行起来的。①

第二单元“念念不忘　上海味道”则是透过上海饮食文化探寻海派旗袍风姿。“上海味道”可以总结为融合东西、吸纳南北、在变化中传承和创新。大量的移民促使多元文化注入并融入上海。文化潜移默化地影响到社会各个层面，渗透到市民的生活方式之中，渗透到人格和个性之中，从而影响着上海的价值观、思维方式和行为习惯。可见，在海派文化影响下的旗袍款式的多变性不难解释。② 旗袍风尚的兴起不仅是时髦的装扮，更是一种摩登思想，全新的生活方式，是一种别样的“上海味道”。无论是辣酱油广告中身穿旗袍的女士，还是老照片中上海咖啡馆里的摩登女郎，再或是，关紫兰油画作品中的女性，展现出的皆是摩登、富有现代审美认知的新女性形象。海派旗袍的样式与色彩融入社会生活中，释放着亦中亦西的独特美感。

① 赵帆：《海派蕾丝旗袍研究》，《浙江纺织服装职业技术学院学报》2018 年第 1 期。

② 刘図：《海派文化与海派旗袍》，《金田》2013 年第 8 期。

第三单元“相映成辉　城市脉络”本单元有着承前启后的作用。近代上海经历了日新月异的发展，一百多年前的上海已经具有国际大都市的气象，最直观地体现在城市景观和城市交通。同时，20 世纪 30 年代，海派旗袍经历了从裁剪方法到结构都向更加国际化的立体裁剪转变，彻底改变了以往旗袍的平面造型效果。腰省和胸省的使用使旗袍更加合身，同时出现了肩缝和装袖使肩部腋下变得更为合体。这些裁剪和结构上的改变都是在上海完成的。①到了 40 年代，旗袍样式也简洁实用，长度适中，领子变成可拆卸的衬领，不仅更加挺括，而且方便清洗。②海派旗袍不断求新求变，始终处于国际化、时尚化前列，并得到了长久的发展，与上海城市更新发展历程相映成辉。

第四单元“生生不息　走向国际”本单元作为展览的结尾部分，重点展现的是海派旗袍的国际影响力和非物质文化遗产成果，一代代匠人不断努力传承非物质文化遗产的同时，也不忘创新海派旗袍，让传统与时代结合得更紧密，本单元对整个展览具有“点睛”与“升华”的作用。

三、促进文明互鉴

在全球融合、文明共享的时代背景下，博物馆既是一个国家历史与文化的承载体，也是公共外交中的非国家行为主体之一③。文化传播的方式相对客观、平和，有着较大的包容性和接受度。本次展览积极推动非物质文化遗产创造性转化、创新型发展，发挥博物馆在中外交往中的独特作用，促进中外文明交流互鉴，具体表现在以下三个方面。

一是为非物质文化遗产的海外传播注入新活力。非物质文化遗产是中华五千年文明积淀而成，代表中华民族精神和价值观念，对于海外受众来讲，新奇并有着极大吸引力，可以说是最有效的并最有利的文化交往载体。④2007 年，“海派旗袍制作技艺”被列入上海市首批非物质文化遗产名录。2011 年，“龙凤旗袍制作技艺”被列为国家级非物质文化遗产名录。在国家“非遗”保护的文化大工程中，海派

① 包铭新：《20 世纪上半叶的海派旗袍》，《装饰》2000 年第 5 期。
② 刘瑜：《国际化视野下的海派旗袍》，《东华大学学报(社会科学版)》2021 年第 1 期。
③ 蒋多、庄欣茹：《博物馆外交：范式演进下的中国道路及其走向》，《中国海洋大学学报》2023 年第 4 期。
④ 吴玉飞：《文化交往视域下中国非物质文化遗产的对外传播》，《潍坊学院学报》2020 年第 5 期。

旗袍的保护和传承工作取得了一系列进展，已成为上海市重要的文化名片[①]。本次展览采取跨界思维，通过讲述上海城市的地理环境、文化背景、民俗风情故事，来展现海纳百川的城市精神，从而印证海派文化为海派旗袍的蜕变、传播和传承提供着肥沃的土壤和丰富的养分。讲故事可以成为向外界传递中国文化的一种“软”技能。博物馆的展览是讲好中国故事的基础，也是提升中华文化影响力的基本途径。[②] 展览可以触动人的神经，同时留下持久性的影响[③]，推动中华传统文化创造性转化、创新性发展，加强欧洲公众对“非遗”文化的认同，增强传播效果。

二是加深异质文化之间的相互理解和对话。习近平总书记强调：“文化自信是更基础、更广泛、更深厚的自信。”博物馆及其文物富含中华民族文化信息，是人们形成文化认同、增强文化自信的重要资源。[④] 开幕式当天，前来参观展览的女士们不约而同地穿着旗袍在现场亮相，让展览与观众的互动达到了高潮。最受欢迎的展品则是一件紫地白花蕾丝无袖旗袍。比利时是欧洲生产蕾丝的中心地，自 16 世纪中叶开始，生产的蕾丝花边主要供应各国宫廷的需要。其中布鲁日被誉为蕾丝的故乡，当时的法兰德斯地区还出现了世界上第一所专门的蕾丝学校[⑤]。蕾丝是比利时人颇为自豪的一门手工艺，因此这件海派蕾丝旗袍最容易被比利时当地观众所看懂和喜爱。这启示我们，在博物馆开展国际活动时，要关注其跨文化性，以增加不同文化之间的理解与交流。加深对所赴国度的理解，充分了解当地的文化习俗和需求，有针对性地举办展览才能吸引更多的观众，从而更好地传递中国文化中蕴藏的民族精神、价值观念，加深观众对中国文化价值的理解。

三是促进文明交流互鉴。著名外交学者约瑟夫·奈在 20 世纪 90 年代初提出“软实力”概念，指的是一个国家的文化吸引力、政治价值观吸引力以及塑造国际规则和决定政治议题的能力。近年来中国政府将文化外交作为提升国家软实力的工具。从国际关系角度来看，对外展览发挥着塑造国家形象、搭建沟通桥梁、增进跨文化理解的积极作用，是让不同国家的民众了解彼此的异同及其背后深层原因的重要渠道。[⑥] 由于博物馆自身具有文化、教育与公共服务机构的专业性，以及文物

---

① 高春明：《非物质文化遗产保护视野下的海派旗袍》，《上海艺术评论》2022 年第 1 期。

② 马琼烨：《中国的软实力与文化外交策略研究》，《传播力研究》2020 年第 29 期。

③ J. M. Mitchell, “International Cultural Relations”, London: Allen & Unwin, 1986: 180.

④ 单霁翔：《以优质文化产品增强文化认同——故宫文创研发的启示》，《人民日报》2020 年 7 月 24 日。

⑤ 赵帆：《海派蕾丝旗袍研究》，《浙江纺织服装职业技术学院学报》2018 年第 1 期。

⑥ 陈莉：《国际关系视角下的博物馆对外展览：作用与挑战》，《东南文化》2021 年第 4 期。

与艺术品的跨越文化与民族的审美与价值，使得国际展览相较于其他对外文化传播手段，更容易被国外社会大众接受[①]。这个展览通过海派旗袍这一文化媒介，透过上海的城市发展，促使比利时及欧洲民众进一步增进对中国传统文化服饰的认识，感受当代中国的城市风貌和人民生活，从而为促进中比文化沟通，中欧文明交流发挥积极作用，搭建起了一座跨文化传播的展览之桥。“欧洲的心脏”布鲁塞尔与“东方明珠”上海交相辉映，这是一次精彩的“双城记”。

结　语

“衷雅汇尚——旗袍与海派文化展”既是对旗袍服饰类展览的创新转化，突破传统的就物讲物的单一策展思维，通过讲述上海城市的地理环境、文化背景、民俗风情故事，展现海纳百川的上海城市精神，多维度印证海派文化为海派旗袍的蜕变、传播和传承提供着肥沃的土壤和丰富的养分。海派旗袍因而能不断求新求变，始终处于国际化、时尚化前列，并得以长久发展。此展也为中国非物质文化遗产的海外宣传和推广提供了新路径，寻找传统文化与现代生活的连接点，关注对外展览的跨文化性，挖掘文物背后的故事，帮助比利时及欧洲民众进一步增进对中国传统文化服饰的认识，感受当代中国的城市风貌和人民生活，从而更好地传递中国文化中蕴藏的民族精神、价值观念，加深海外观众对中国文化价值的理解，促进文化交流和文明互鉴。

在今后的对外展览中，博物馆应该积极发挥主观能动性，努力寻找博物馆自身发展与国家文化战略的结合点，坚守中华文化传承同时创新传播路径，提高展览国际化水平以促进多元文化交流互鉴，为提升国家软实力、展示国家形象贡献一份文博力量。

① 孔达：《试论博物馆对外展览建构国家形象的价值与路径》，《东南文化》2018 年第 5 期。

刘海粟美术馆与上海版画季
——探索上海当代版画的传承和创新

钟　金[①]　刘海粟美术馆　上海　200050

摘要：

上海承载着新兴版画的重要历史与高度起点。鲁迅先生所倡导的新兴木刻运动，是中国传统文化生动转化与创新发展的鲜活案例，为当代版画留下了宝贵的遗产。在新兴木刻运动90周年之际，刘海粟美术馆推出上海当代新兴版画展览推介项目"一年又一年"。同时，与徐汇艺术馆合作，联合举办"上海版画季"。这个充满活力和创意的项目旨在传承中国新兴木刻运动之精神，以整合资源、培养本土版画艺术家为目标，为上海版画的繁荣发展贡献力量。

关键词：

鲁迅　新兴木刻运动　上海版画季　刘海粟美术馆　徐汇艺术馆

Emerging Printmaking Movement in China and Shanghai Printmaking Season

ZHONG Jin

Abstract:

Shanghai bears significant historical importance and boasts a high starting point in the realm of emerging printmaking. The New Woodcut Movement advocated by Mr. Lu Xun stands as a vivid example of the creative transformation and innovative development of traditional Chinese culture, leaving behind a valuable legacy for contemporary printmaking. On the occasion of the 90th anniversary of the New Woodcut Movement, the Liu Haisu Art Museum launched the "Year After Year" project, aiming to promote contemporary printmaking in Shanghai. Simultaneously, in collaboration with the Xuhui Art Museum, they jointly organized the "Shanghai Printmaking Season." This dynamic and creative project aims to inherit the spirit of the emerging woodcut movement in China. It seeks to integrate resources and cultivate local printmaking artists with the goal of contributing to the thriving development of printmaking in Shanghai.

---

① 钟金，刘海粟美术馆馆员。ZHONG Jin, Liu Haisu Art Museum.

Key words:
Luxun The New Woodcut Movement Shanghai Printmaking Season Liu Haisu Art Museum Xuhui Art Museum

从来没有哪一样人文艺术，曾像版画艺术一样，因其复刻复制特点而与印刷术相结合，从而广泛深刻地影响了世界人类文明、人文共识历史发展的千年历程。也从来没有哪一样艺术形式，曾像中国20世纪30年代新兴木刻运动一样，得以广泛深刻地介入中华民族百年救亡历史进程，从而重获时代新生，并成为民族千古艺术传统时代转化与再生的历史与时代的共同记忆，并因反复不断为人民纪念所提示与提醒，进而成为中华民族传统艺术之中，兼具民族性与世界性意义的标志性符号系统。这就是有着千年历史的中华木刻版画艺术，与百年辉煌的新兴木刻运动。

中国新兴木刻运动是20世纪初期在上海兴起的一场重要文化运动。思想家、文学家、社会活动家鲁迅先生对这一运动的积极推动和倡导起到了关键作用。这场运动对中国版画艺术乃至当代艺术的发展产生了深远影响。刘海粟美术馆在当下推出"上海版画季"活动，是对中国新兴木刻运动和鲁迅精神的继承与发扬。通过这一活动，美术馆不仅展示了中国版画艺术的丰富历史和文化价值，还促进了当代版画艺术的发展和创新。这一活动不仅致力于保护和传承传统艺术形式，还通过展览、教育项目和跨界合作等方式，推动本土文化在现代社会中的复兴与再生。

一、历史渊源

(一) 鲁迅与新兴木刻运动

1931年8月下旬，鲁迅邀请内山嘉吉指导研习木刻的美术专科生，他亲自主持并担任翻译，地点在上海虹口长春路日语学校。这个为期六天(1931年8月17日至22日)的讲习班，是中国第一次专门讲授木刻创作的讲习班，被视为中国新兴木刻运动的开端。鲁迅先生对美术的真正意义，正如学者蔡涛先生所言："20世纪30年代初期开始，正是鲁迅陪伴并引导了这群青年画家的范式转型——从缺少文化主体性的'炫怪'时尚，转向注重社会观察和文化反思力的创作版画——具体而言，通过引介、发明木刻媒体的'建设性'能力，来促进中国现代艺术面对变动中的革命文化和社会现实，主动对话世界艺术的全新格局。”①

新兴木刻运动打破了中国传统沿袭下来的以士大夫文人画为主流的艺术思潮，尤其是愈趋精致的为艺术而艺术的创作，使中国艺术免于陷入脱离现实的狭隘境地。鲁迅曾在《木刻纪程》里表明了他的愿望：“本集即愿做一个木刻的里程碑……一方面还在介绍欧美的新作，一方面则在复印中国的古刻。这也都是中国的新木刻的羽翼。采用外国的良规，加以发挥，使我们的作品更加丰满是一条路；择取中国的遗产，融合新机，使将来的作品别开生面也是一条路。如果作者都不断地奋发，使本集能一程一程地向前走，那就会知道上文所说，实在不仅是一种奢望的了。”②

鲁迅在上海的最后 10 年中，积极推介西方版画作品，为了更好地给予中国木刻青年借鉴外国的优秀版画创作，他大量收集外国版画书刊、画集和名作的原拓，还不惜资金、时间和精力，精心编印了 12 种外国版画方面的书籍。③ 以此期望中国青年版画家们“采用外国的良规，加以发挥，使我们的作品更加丰满”，但同时鲁迅还主张，要“择取中国的遗产，融合新机，使将来的作品别开生面”。为此，他又同郑振铎合编、复刻两部中国古代传统经典版画艺术的笺谱，即《北平笺谱》和《十竹斋笺谱》，不遗余力地保护和传承中国传统木刻技艺，这两部笺谱是研究中国古代版画的重要资料。自 1928 年始，鲁迅等人先后编印了《近代木刻选集（一）》《近代木刻选集（二）》，这是中国现代版画史上最早成集介绍外国木刻创作的画册。鲁迅的版画理论虽然散落在序、跋、书信中，却涉及木刻的发展方向、途径、特征、功能等诸多重要范畴，如为大众服务的观点、民族性的问题、遗产的继承，以及关于艺术特征与“工具”的关系等精辟的论述，一直指引着新兴木刻沿着现实主义道路发展。④鲁迅所倡导的新兴木刻运动，是中国传统文化创造性转化、创新性发展最好的实例，为中国现代思想和文化发展留下了宝贵的精神遗产。

（二）鲁迅与版画展览会

1912 年，鲁迅发表《拟播布美术意见书》，提出：“美术之用，大者既得三事，而

① 蔡涛：《秋田义一与晞阳美术院》，引自上海鲁迅纪念馆编：《上海鲁迅研究・鲁迅小说研究》（总第 101 辑），上海社会科学院出版社 2024 年版，第 65 页。

② 鲁迅：《木刻纪程小引》，引自鲁迅著，鲁迅先生纪念委员会编：《鲁迅全集》第六卷，人民文学出版社 2005 年版，第 50 页。

③ 乐融：《鲁迅对于木刻青年的培养和帮助》，引自上海鲁迅纪念馆编：《上海鲁迅研究・中国新兴木刻运动九十周年》（总第 93 辑），上海社会科学院出版社 2022 年版，第 5 页。

④ 齐凤阁：《20 世纪的中国版画研究》，《美术观察》2001 年第 8 期。

本有之目的，又在与人以享乐，则实践此目的之方术，自必在于播布……美术展览会：建筑之法如上。以陈列私人所藏，或美术家新造之品”。自此之后，鲁迅践行着该书中建设美术事业的文艺精神，积极引进刚健清新的艺术作品，其中的举措之一体现在举办美术展览会。根据乔丽华女士编著的《鲁迅与左翼美术运动资料选编》第三部分“鲁迅与左翼美术运动大事记”记载①，鲁迅最早是在1930年为时代美术社举办的“苏联美术图片展览”提供部分展品并为此次展览捐款。展览地点为上海北四川路窦乐安路永安坊临街的一家书店楼上，展品包括政治宣传画、讽刺画和木刻作品。在同年10月，鲁迅与内山完造共同筹备举办“世界版画展览会”，这是中国最早的版画展览。会址在上海狄思威路(今溧阳路)812号日商开办的“上海购买组合第一店”二楼，展出鲁迅收藏的德、苏等国版画作品70余件，其中包括珂勒惠支的多幅版画作品。1932年6月4日 在上海瀛寰图书公司(一家专门经销德文书的书店)举办德国创作版画展览会，展出鲁迅珍藏的德国名家的版画作品，包括珂勒惠支、格罗斯、梅斐尔德等人的作品。从此以后，版画展览活动以上海为中心，向南北辐射，全国各地纷纷响应，木刻运动蓬勃地发展起来了。直至1935年时机成熟，即在北平太庙举办全国木刻联合展览会，展品分四室陈列：第一室是中国现代木刻200余幅；第二室是中国古代木刻及图书(由郑振铎选)；第三室是西洋现代版画(由鲁迅选)；第四室是木刻工具及制作过程。展览盛况空前，随后又在全国多地巡展，取得了广泛性的影响。第二次全国木刻流动展于1936年10月在上海举行，展出作品共计500余件。鲁迅亲临展览现场，并对展出的作品做了诚恳的点评，他为培养木刻青年倾注了全部的心血，上海美专学生沙飞用镜头记录下了这珍贵的一幕。十几天之后，鲁迅先生病逝，这是他最后一次在公开场合与青年会面。这个流动的展览深入大中小几十个城市，覆盖面十分广。“1935年的首次木刻联合展由北向南地扩大了木刻运动的影响，1936年的全国木刻流动展则自南向北宣示了木刻运动的巨大威力。两次木刻展都来到了曾是新兴木刻运动大本营的上海，其意义尤为不凡。”②

鲁迅在积极介绍西方版画艺术，编撰画册，举办展览会的同时还为中国青年木刻家的展览写序言，并且亲自赴现代作家木刻画展览会场为木刻青年讲解展出的木刻作品，鲁迅先生可谓是集组织、策划、出版和讲解于一身“策展人”的最初原型。

① 乔丽华编著：《鲁迅与左翼美术运动资料选编》，上海书店出版社2019年版，第253—296页。
② 乔丽华著：《“美联”与左翼美术运动》，上海人民出版社2016年版，第188页。

中国的新兴木刻运动在他思想指导之下，成为大众艺术的急先锋，起到了唤醒民众、凝聚人心的积极作用，为民族解放和新中国的建设作出了重要贡献。这些版画作品传达了对抗战时期民族悲欢的关怀和记录，也承载了红色革命的美学精神，呈现出对于社会正义和国家命运的思考，具有深刻的社会和政治意义。

二、关于上海版画季

首届上海版画季项目于 2023 年启动，它旨在联合上海地区有版画基础的美术馆等文化机构，共同策划和举办版画展览活动，整合资源，扩大影响力。上海版画季的目标不仅仅是促进上海版画的创作和研究，更重要的是构建一个为创作者提供艺术展示与思想交流的平台，为美术馆从业人员提供提升展览策划、学术研究、媒体宣传和公共教育专业能力的机会，由此建立一个强有力的策展团队，同时向公众推广版画艺术，从而推动上海版画艺术的良性循环发展。刘海粟美术馆与徐汇艺术馆联合举办上海版画季是一项文化创新举措。这一举动体现了上海作为中国文化创新的前沿城市之一的地位，也彰显了上海对于艺术和文化的高度重视。上海版画季的举办不仅是对中国传统文化的传承和发展，更是对当代艺术的探索和创新。通过联合举办，刘海粟美术馆与徐汇艺术馆将资源进行整合，将两个成功品牌的展览活动有机结合，释放出更大的能量。

（一）刘海粟美术馆“一年又一年”品牌展览

刘海粟美术馆在中国新兴木刻运动 90 周年之际推出了“一年又一年”品牌展览，期望此系列展览延续上海版画的艺术精神，见证现代都市文化与艺术的繁荣发展。这是一个准备连续运作十年乃至更长时间的重要展览项目，此项工作从 2021 年起步，以 2031 年作为阶段性的节点，以此纪念伟大的中国新兴木刻运动 100 周年。该项目的目标是创立一个优秀的，有影响的展览品牌，集聚一支优秀的艺术家创作团队，创建一个包容上海当代优秀版画作品的藏品库，书写一部较为详细的上海当代新兴版画艺术发展史，培养由馆方和社会力量组成的，具有创造力和专业水准的策划团队。经美术馆收藏整理的作品和文字图像资料，将以档案的方式成为历史记载，希望能以此促进艺术家们的创作积极性并强化他们的社会责任感和历史责任感。该计划每年遴选十名左右的中青年艺术家，较为系统地展出艺术家某一时期比较有代表性的作品，以及在创作过程中的笔记、草图，和记录创作现场的照片、影像，同时展出原版、工具、材料设备和模拟现场环境。以便观众了解他们的创作理念、创作过程和方法。刘海粟美术馆将收藏展览中的优秀作品并对相关资料作系统性的记录和整理存档。

作为刘海粟美术馆“一年又一年”版画十年计划的开局一年，首届展览分“再读中国新兴版画”和“上海当代版画艺术家推介”两大版块，向公众和媒体阐释上海作为新兴木刻运动发源地和新兴版画的历史渊源。通过不同纬度的议题设置，向上海艺术界和广大观众介绍了此次推介展的策展理念，各展览板块所体现的策展叙事特征和版画工作室对版画艺术的特殊作用，同时另设一个专门版块，记录与创作年度同步的重要社会事件，以及与此相关的版画作品，鼓励和引导艺术家关注社会、关注当下、关注生活。首展参展艺术家 9 人，共计 84 幅作品，主要涵盖上海城市景观、西藏题材、版画与陶瓷跨界，以及实验性的版画创作，展现当代版画与城市文化的密切关联，这既是对社会发展演变与重要历史事件的宏观描述，又是对当代上海各版画画种风格流变的一次微观再现。

第二届“一年又一年”展览侧重介绍木刻版画的艺术思维和实践方式，继续弘扬新兴版画精神，以构建风格多元，学术浓郁为己任，关注当代版画家的时代新观点。在立项之初，策展团队就期望在首届展览成功的基础之上，以后各届展览将关注点扩大延伸，以平行展、同步展等方式，关注上海老一辈德高望重的艺术家以及国内外优秀艺术家的作品，以供上海当代中青年版画家作为参照坐标。在这个思想的指导之下，刘海粟美术馆联合徐汇艺术馆以“上海版画季”的形式，开启第三届“一年又一年”和“第七届上海铜版画展”，并共同举办以“上海版画多样性”为主题的研讨会，吸引了来自全国的美术界专家和学者，为版画未来发展提供有益的方向和启示。

第三届展览的特色体现在于它的包容性，有不同的题材和形式、思想和观念。作品集合木版、石版、铜版、丝网版、综合材料版等不同的版种。展览由两个展厅外加一个开放式公共区域构成，形成一个流动的、联通的，与艺术作品互动的场域。他们是集体又是个人，是时代群体的写照，更是个人独特经历和创作历程的体现。展览是由不同年龄层次的作者构成的，体现出上海版画传承有序的发展势态。这里有艺术样式和风格的多样性，更有思想的多样性。中国美术学院孔国桥教授在本次研讨会中表示：“艺术必须跟我们的现实世界发生关系，我们要对现实保持足够的敏感性，通过作品表达对现实世界的看法，只有这样，艺术才能产生更为根本性的多样性，艺术才能成为我们个体表达对这个世界看法的真正的有效手段。”这正好呼应1935年鲁迅先生曾提出的文艺思想，他在致李桦的信中强调木刻艺术应该反映现实但并不应当被题材束缚手脚：“现在有许多人，以为应该表现国民的艰苦，国民的战斗，这自然并不错的，但如自己并不在这样的旋涡中，实在无法表现，假使以意为之，那就觉不能真切、深刻，也就不成为艺术。所以我的意见，以为一个艺术家只要表现他所经验的就好了，当然书斋外面是应该走出去的，倘不在什么旋涡中，那么，只表现些所见的平常的社会状态也好。日本的浮世绘，何尝有什么大题目，但它的艺术价值却在的。如果社会状态不同了，那自然也就不固定在一点上。”①

（二）徐汇艺术馆“上海铜版画展”

“上海铜版画展”是徐汇艺术馆的品牌项目，在发掘铜版画与徐汇区深厚的历史渊源、推动铜版画创作在上海的良性发展，以及向观众普及铜版画的艺术形式和相关知识等方面都有重要贡献。该项目自2009年开启，两年一届的展览已经连续举办了七届，各届展览在观众中都引起了很大的反响。徐汇艺术馆为什么选择如此小众的艺术门类作为长期品牌项目？这是因为铜版画和徐汇艺术馆有着深厚的历史渊源。徐汇艺术馆前分馆所在地——土山湾美术馆，土山湾是“中国西洋画的摇篮”，范廷佐于1852年建立美术学校，后发展为土山湾画馆，版画传入上海，正是从土山湾画馆开始的。当时被派到土山湾的传教士范世熙，曾在意大利学习过版画，1870年成为上海土山湾孤儿工艺院图画间的美术老师兼孤儿院的神师。② 他为中国孤儿传授铜版画制作技艺，并且主持出版印制许多书籍，其中有一部名为《中国杂录第一卷：展示的信件》，书中附有大量铜版画插画。书中既有范世熙本人的铜版画作品，也收录了院中孤儿们所制作的《福传全图》等铜版画作品，由此推动了铜版画技艺和作品在上海乃至中国民间的传播。土山湾博物馆将范世熙所作《中国杂录第一卷》开卷陈列，该书所配注解为：“范世熙 Vasseur（1828—1902），法国人……擅长版画，制作了大量的圣者像，教理图、圣经故事图……他的作品吸收了中国绘画线条造型的技法，是土山湾第一位运用中国技法表现基督徒主题的艺

① 鲁迅：《书信・350204・致李桦》，引自鲁迅著，鲁迅先生纪念委员会编：《鲁迅全集》（第十三卷），人民文学出版社2005年版，第372页。

② 张伟、张晓依著：《土山湾画馆人物志》，中华书局2022年版，第122页。

术家。"[①]综上所述，这是中西方交流交融非常生动鲜活的实例，也是上海近代化发展历程中的一个缩影。所以徐汇艺术馆决定以铜版画展览作为一个切入点，邀请海内外优秀的铜版画艺术家进行交流切磋，并决心将其办成一个长期的品牌展览项目。这不仅是上海文化精神的延续，同时也是对历史的当代回应，为促进中西方文化交流与艺术创新贡献了积极力量。

表1　徐汇艺术馆"上海铜版画展"(七届)一览表

展　期	届次	主办单位	关　于　展　览
2009.9.11—2009.9.24	一	徐汇艺术馆、上海市美术家协会版画艺术委员会	以征稿形式为主，面向广大高等院校和社会上的铜版画艺术爱好者。徐汇艺术馆与上海市美术家协会版画艺委会合作，商定每两年举办一届铜版画展，徐汇艺术馆提供场地，负责编辑出版画册，设立奖金并收藏获奖作品
2012.12.28—2013.1.16	二	徐汇艺术馆、上海市美术家协会版画艺术委员会	全市征稿，外加向部分艺术家发出特别邀请，除本地艺术家，还邀请来自其他省市的优秀艺术家参与展览
2014.9.30—2014.10.20	三	徐汇艺术馆、上海市美术家协会版画艺术委员会、上海美术家协会版画工作委员会	2014年7月，徐汇艺术馆把"上海铜版画"系列展览的收藏成果带到意大利，与佩鲁贾美术学院收藏的当代铜版画作品一同展出，这次交流成为"友城艺术季"项目的首站，是"上海铜版画展"进一步提升和传播的重要里程碑 通过几年的积累和摸索，该届确立了展览的发展模式——以征稿评奖和提名邀请两种形式隔年交错举办
2015.9.25—2015.10.11	四	徐汇艺术馆、上海市美术家协会版画艺术委员会、上海美术家协会版画工作委员会	展览首次以主题形式出现。本届以"语境之中"为主题。展览以评奖形式
2017.8.18—2017.9.10	五	徐汇艺术馆、上海美术家协会版画艺术委员会、上海美术家协会版画工作委员会	邀请全国著名艺术院校的师生及中外著名版画艺术家，本届主要聚焦学院派铜版画在新技术时代的发展和改变，是较为纯粹的学术展览
2020.11.6—2021.1.10	六	徐汇艺术馆	本届定位为国际美柔汀特展，意在让中国观众有机会近距离接触和感受这门独特的艺术，也希望通过交流，增进各国艺术家之间的了解，并推动美柔汀铜版画创作在国内的发展

① 李丹丹：《清末耶稣会士艺术家范世熙——发轫于土山湾孤儿院的天主教图像集研究》，中国美术学院博士学位论文，2015年。

续　表

展　期	届次	主 办 单 位	关　于　展　览
2023.12.28—2024.3.24	七	徐汇艺术馆	本届展览邀请国内六位优秀铜版画艺术家，他们均在版画界享有很高的声誉。该展首次展出土山湾博物馆所藏范世熙编撰的《土山湾版画集》，书中既有范世熙本人的铜版画作品，也收录了院中孤儿们所制作的《福传全图》等铜版画作品，由此推动了铜版画技艺和作品在上海乃至全国民间的传播。

徐汇艺术馆的上海铜版画品牌展览已经走过了15年的历程，从初期的探索尝试阶段，到逐步完善展览模式，徐汇艺术馆积累了丰厚的藏品，展览不断突破和拓展(表1)。展览的组织形式灵活多样，有国内外的征稿展，有国际交流展，还有知名艺术家的邀请展等，在业界获得了良好口碑。但是，徐汇艺术馆并不满足于现状，在第七届上海铜版画举行之际，决定与刘海粟美术馆携手同行，共同举办上海版画季，积极地通过持续的展览为上海这座城市的文化生活注入新鲜活力。

结　　语

综上所述，上海在我国现代版画发展史上占据重要地位，具有深厚的历史根基。鲁迅先生倡导的新兴木刻运动是中华优秀传统文化创造性转化、创新性发展的成功典范。海派艺术注重创新，融合了中国传统文化与西方艺术思潮，形成了独特的艺术风格。薪火相传，生生不息。刘海粟美术馆倡导的“上海版画季”正是这种海派艺术精神的延续与发展，为上海本土版画艺术的发展提供了新的契机，将传统与现代紧密相连，推动了该艺术的传承与创新。

“上海版画季”在未来的发展方向中有以下设想：

一是在鲁迅倡导的新兴木刻运动的思想引领下，鼓励版画家关注现实生活，通过作品反映社会、影响社会，从而推动社会进步。上海版画有深厚的历史积淀，是红色革命文化的重要参与者与贡献者，在继承了海派文化和江南文化的同时，呈现出多样性的发展。因此，期望将上海版画季打造成上海重要文化品牌。

二是刘海粟美术馆将联合上海有版画基础的美术馆等文化机构共同策划和组织活动，打破壁垒，面向长三角和全国推广上海版画艺术家，为他们搭建展示版画艺术的平台。以档案性质建立上海当代版画作品库，沿着中国新兴版画运动的足迹前行，为未来十年的发展奠定基础。

三是承续刘海粟美术馆“走出去，请进来”的办馆理念，借助“上海版画季”平台，积极参加国际版画交流活动，让上海优秀的版画作品走向世界，并邀请国内外知名版画艺术家参与展览，鼓励版画艺术活动的国际交流。

上海，作为中国新兴版画的发祥地以及中西文化的交流中心，她不仅担负着文化传承的历史使命，更肩负着开拓发展的历史责任。刘海粟美术馆在 2021 年中国新兴木刻运动 90 周年之际，推出“一年又一年”一个准备连续运作 10 年的品牌展览，它将见证现代都市文化与艺术的繁荣发展，同时也承载着上海版画的艺术精神。技术的进步和文化的多元为版画艺术的发展提供了广阔的空间。在江河入海之时，回望数千年奔来的历史长流，展望充满着无限可能的未来。“上海版画季”不仅是向鲁迅先生对中国新兴版画作出的贡献致敬，更是向新兴版画镌刻出的时代印痕和塑造的民族精神致敬。

城市博物馆艺术类展览的策展方法探讨——以上海市历史博物馆“百川汇海”展览为例

唐永余[①] 张牡婷[②] 上海市历史博物馆(上海革命历史博物馆) 上海 200002

摘要:

城市博物馆作为珍藏城市历史文化、物质文化遗产和非物质文化遗产的重要场所,不仅要向观众展示一件件物化的文物,还应该让观众了解文物背后的故事,让观众透过文物、展览了解城市历史,进而阐释城市优秀传统文化的精神内涵。在传统艺术类展览中,往往重文物轻形式,重展示缺解读,重展览轻美育,越来越不能满足观众多元化的观展需求。本文以上海市历史博物馆举办“百川汇海——江浙沪皖海派绘画名家精品联展”为例,探讨如何在城市博物馆艺术类展览中,将历史与艺术相结合,将美育与展览相结合,在历史中了解艺术的产生、形成与发展,在艺术中感悟历史、体验独具特色的地域文化,为多元化观众提供多层次服务。

关键词:

历史与艺术　艺术类展览　美育　多元化服务

Exploring the Curatorial Approach of Art Exhibitions in City Museums: Taking “All the Rivers Run into the Sea” Exhibition as an Example

TANG Yongyu　ZHANG Muting

Abstract:

As an important place for treasuring urban historical culture, material heritage and intangible heritage, city museums should not only display a piece of materialized cultural relics to the audience, but also let the audience understand the story behind the relics, so that the audience can understand the history of the city through the relics and

---

① 唐永余,上海市历史博物馆(上海革命历史博物馆)副研究馆员。TANG Yongyu, Shanghai History Museum & Shanghai Revolution Museum.

② 张牡婷,上海市历史博物馆(上海革命历史博物馆)副研究馆员。ZHANG Muting, Shanghai History Museum & Shanghai Revolution Museum.

exhibitions, which helps to explain the spiritual connotation of the city's excellent traditional culture. In the traditional art exhibitions, often highlight artifacts neglect form, highlight display lack of interpretation and exhibition neglect aesthetic education, which fails to meet the audience's diversified needs of the exhibition. In this paper, the writer will take "All the rivers run into the sea — Jiangsu, Zhejiang, Shanghai and Anhui Haiyang Painting Masterpieces Joint Exhibition" held by the Shanghai Museum of History as an example, to explore how to combine history and art in the art exhibitions of city museums, combine aesthetic education with the exhibitions, and to understand the emergence, formation and development of art in the history, as well as the development of art in the city, to understand history and experience the unique regional culture in art, and to provide multi-level services for the diversified audience.

Key words:
History and Art　Art Exhibitions　Eesthetic education　Multilevel Services

城市博物馆以展示城市历史发展为主题，以弘扬城市文化和精神为己任，以构建城市文明交流平台为抓手，向观众展示着城市发展历史脉络、反映着当地风土人情、阐释着城市精神内核，是一个城市展示其过去、现在和未来的窗口。如何充分发挥城市博物馆优势，让它成为展示城市文明的窗口、展现城市文化的会客厅、促进文明交流互鉴的桥梁、培育市民文化素养的知识殿堂，这些问题值得深入研究探讨。在博物馆藏品中，艺术类藏品丰富，类型多样，相关展览层出不穷，精彩纷呈，同时也存在着展览大同小异、缺乏创新与亮点等问题。城市博物馆艺术类展览又如何与美术馆、艺术类博物馆错位发展；如何结合地域文物、文献馆藏，让观众既能欣赏到精美独具地域特色艺术藏品，又能让观众了解其诞生于斯、发展于斯的历史，以及它在构建城市历史和城市精神中起到的作用。这一系列问题都是城市博物馆应该关注、思考的问题。

将艺术置于历史发展的宏大叙事中，在历史中欣赏艺术之美，在艺术之美中感受历史，在历史与艺术中感悟城市精神，或许是一种不错的选择。2023 年 3 月，上海市历史博物馆(以下简称上历博)联合浙江省博物馆、南京博物院、安徽博物院共同举办了“百川汇海——江浙沪皖海派绘画名家精品联展”，打破历史与艺术的界限，试图将丰富的历史文物、文献及书画作品融为一体，通过“何以海派”解答海派绘画在上海产生、发展、壮大并达到鼎盛的原因；通过“何为海派”阐述海派绘画与传统绘画流派的不同，围绕海派绘画“推陈出新、雅俗共赏”“包容多元、流派自由”“融会贯通、开拓创新”的特质，打破以往以时间、名家为序的展陈模式，展现海派绘画与海派文化的共通之处，唤起观众对于上海城市精神的共鸣。

一、学术研究先行

2024年5.18国际博物馆日主题为："博物馆致力于教育与研究"。藏品保管与研究是博物馆工作的基础与核心，展览与教育是博物馆工作的舞台与目的，彼此相辅相成，缺一不可。一个好的展览，无疑是建立在深厚研究基础上，大到展览架构，小到重点文物研究，甚至场景、模型，都离不开对展览主题和参展文物的深入了解和研究。海派绘画研究成果可谓非常丰富，包含历史学、经济学、社会学及艺术学等多学科融合研究，策展团队需将前沿成果进行收集、整合，结合馆藏文物文献，来确定展览的主题与框架。上历博有着丰富的近现代地方历史文物、文献，也有着丰厚的研究基础和人才储备，为历史与艺术结合的海派绘画主题展览提供了可能。

以往相关展览大多展出名家名作，或按海派绘画发展不同历史阶段展开，或按题材分门别类展开，或按名家师承展开，对于相关历史的介绍限于文字、图版，总体来说还不够系统。为什么海派绘画在上海产生？海派绘画怎样一步步发展壮大的？什么是海派绘画？海派绘画与其他画派有什么不同？海派绘画的本质是什么？这些答案往往隐藏在展品之内，需要观众细细地感悟、体会才能了解，对于普通观众来说可能会云里雾里，看过展览后不甚了了。

本次展览首先对于海派绘画最新研究成果进行了系统的梳理、归纳、总结，在此基础上形成了——"何以海派""何为海派"两个版块。以往海派绘画研究及展览都是从开埠后开始，对于开埠前上海书画界相关研究往往会忽略。"何以上海"版块的第一部分将开埠前上海文人雅集作为海派绘画研究的向下延伸，以馆藏李廷敬刻《平远山房》法帖及刻石原件、吾园雅集李筠嘉画像、《春雪集》、改琦《红楼梦图咏》、蒋宝龄花卉册、《海上墨林》等文物实证，来探讨海派绘画之源，弥补了开埠前平远山房雅集、吾园雅集的盛况在以往研究中的不足，阐述了开埠前的江南底蕴、海派特色，因此形成"何以海派"板块中的第一部分"文秀之区、雅集渊源"。第二部分"因商而起、艺术舞台"，又分成"携艺而来、鬻画为生""联袂合作、救济助赈""展览兴盛、交流活跃""媒体推介、百家争鸣""美术教育、培养栋梁"五个子版块，分别从书画市场、社团、展览、出版、教育等五个方面系统展示海派绘画形成的历史背景。围绕主题将标题、版面文字、文物、文献按时间依次展开，由点连线、由线到面，进而形成完整历史背景介绍。无论是市场、社团、展览、出版、教育都是上海近代历史发展的重要组成部分，它们共同促进了海派绘画的诞生、发展，与海派城市历史发展史同步。其中任何一部分都可以单独拎出来做展览，但鉴于主题与空间，我们选择最具代表性和可观性的文物，以点带面，把文献与书画相结合，点明主题。

“何为海派”版块，分成“推陈出新、雅俗共赏”“包容多元、流派自由”“融会贯通、开拓创新”三个子版块，展现海派绘画本质特征。“何为海派”板块重点突出海派名家的经典作品，如何布置排序是对主题把控和展品遴选的一种考验。第一部分“推陈出新、雅俗共赏”，题材选取主要是表现历史故事和民间传说的人物画和有着吉祥寓意的花鸟画。第二部分“包容多元、流派自由”，展示海派绘画中的流派多元，如鸳湖花鸟画派、金石大写意花鸟画、阔笔写意人物画、城隍庙派人物画、传统仕女画、传统水墨山水画、“三吴一冯”复古山水画。第三部分“融会贯通、开拓创新”，凸显海派名家融合古今中外，在传承中不断创新。展品既有融合古今而独具特色的虚谷、周闲、任伯年、吴昌硕、张大千、黄宾虹等人的作品，也有吸收西方绘画技巧的吴友如、吴石仙、程璋、汪亚尘、潘玉良、丰子恺、陶冷月等名家之作。每一部分按题材及时间先后排序，这样观众可以在一个展柜内看到同一题材绘画不同时期的发展变化，不同绘画风格的鲜明对比，有利于观众理解海派绘画中雅俗共赏、多元包容、开拓创新的本质特征。最后以海派绘画的发展、特色及历史地位来作为展览的收尾。

鉴于地方历史研究及专题研究的复杂性，策展人不可能完全做到样样研究精深。因此，在筹备展览的过程中不断吸收新的理论、请教相关专家，以期将新的研究成果作为展览的坚实支撑。博物馆策展人的研究则侧重相关主题研究的整合以及馆藏文物的梳理。为了深化对重点展出的馆藏一级文物任伯年《树荫观剑图》的研究，在展览开幕前夕，上历博联合豫园管理处共同举办了“任伯年《观剑图》鉴赏暨走进‘海派绘画’研讨会”，邀请江浙沪皖博物馆界、美术史学界、艺术评论界专家共同参与鉴赏研讨，对于该作品历史、艺术、社会价值进行深度挖掘。在展览期间，将相关专家的精彩发言视频，置于《观剑图》旁边，以便观众深入了解这幅作品。

通过研讨交流，策展团队凝练各方共识：① 海派绘画的画家群体以江浙沪皖的书画家为主，是他们在上海的舞台创造了海派绘画的辉煌；② 海派绘画流派自由、多元、包容、创新，主要继承了江浙沪皖为主的江南绘画传统。此次展览，恰恰将江浙沪皖博物馆馆藏海派作品齐聚上历博，共同展示海派绘画的辉煌。在此基础上,提炼出以象征江浙沪皖一体化的“百川汇海”为展览主题。

二、提升观展体验

传统的文物陈列和版面展示,常常忽略展品之间的内在联系,让观众难以理解策展人的思路。如何为观众提供优质的展览体验?如何满足日益多元化的观展群体需求?如何讲好中国传统文化故事?因此,在此次展览中,将学术成果、策展思路和展品背后的故事以大众能够理解且接受的方式传达是亟须解决的问题。对于观众来说,结合历史背景的情境化表达,突出展示重点文物是更易被接受、被认可的。视觉的冲击、听觉上的刺激,或许对于静态文物展示是一个很好的补充。

首先,将相关文物置于适当的场景中,可以加深观众的理解、印象,起到意想不到的效果。在此次展览中,以笺扇庄老照片为背景,复原了笺扇庄的货柜,并摆放了折扇道具,将展厅中的平柜改造为店铺内的柜台样式,融入笺纸、润例、扇面等相关文物,凸显海派绘画兴起与书画市场间的关系。又如任伯年八尺巨幅《树荫观剑图》,此画在豫园点春堂宾日阁所作,其复制品虽一直悬挂于豫园点春堂之内,但游客通常不知其创作背景和绘画特点,因此在游览过程中一瞥而过。此次为了突出此重点作品,策展团队特地在展线的显著位置打造核心展区,将巨幅画作高悬白墙之上并定制展柜全程保护,“点春堂”匾额挂在其上,展柜前还特意摆放供桌,两侧放有花几,一切都依照豫园整体环境进行复原,将江南厅堂的氛围感充分展现。一侧的电子屏还播放专家关于《观剑图》典故、艺术分析、美学欣赏方面的精彩发言,以便观众多方位欣赏、理解这件珍品。此外,为了让观众更直观地了解早期海上书画雅集的盛况、形象地认识海派名家,策展团队根据文献记载和名家画像制作了豫园书画雅集模型,人物根据任伯年、蒲华、虚谷、吴昌硕、钱慧安、高邕、沙馥等人现存的画像进行艺术加工,使得上海豫园得月楼书画雅集的场景瞬间生动。

制作场景打造沉浸式展示空间,不是仅为了满足观众打卡需求,而是以优化文物展陈效果为最终目的;不能为了迎合观众口味而臆想伪造,而应在严谨科学的研究和事实基础上进行艺术再创造。在整个展览中,上述三个场景分别置于展线的不同区域,笺扇庄置于起始,引起参观者的兴趣;场景“点春堂”置于展厅核心区域,将展览推向高潮;书画雅集则置于后尾,让观众能结合作品加深对海派名家的认识。这些场景在展线中起到了起承转合的作用,也使得观展体验富于变化。

其次，策展团队通过复制件等手段，拉近文物与观众距离，对重点文物进行解析，把展览相关内容融入观众熟知的场域，增加文物与观众的互动。为了让观众了解什么是仿帖，选取了不同时代名家书画润例装订成册，置于笺扇庄场景中供大家翻阅，进一步了解海派书画市场变化、润例的样式等。文献在展柜中展示往往只能展示其中一面，无法实现重要内容的展示，为此除了展出《中国画会本埠会员通讯录》原件外，展柜外还放置了复制件，供大家翻阅。通过会员的籍贯、男女比例分析，呼应海派绘画“百川汇海”的展览主题，结合上海老地图及新旧路名对照表版面，可以让观众按图索骥寻找书画名家寓所，以增加展览的互动性和趣味性，让观众回归到自己所在的城市和生活中熟悉的场域。

最后，影像对于观众来讲不仅是更直观的辅助展项，也是展览宣传的重要手段。为了让观众更系统地了解展览的策展思路，还原海派绘画兴起的历史，理解海派绘画的本质与特征，本次展览专门邀请了徐建融、王琪森、单国霖三位资深研究学者分别从美术史、艺术欣赏、绘画鉴定等领域结合展览、绘画作品进行了视频访谈。在此基础上，制作展览宣传视频脚本，整合展览中的史料、文物、文献、画作以及珍贵的历史视频等资料，制作了近 20 分钟的展览宣传视频，在展厅外大屏幕中循环播放，展览和视频形成了一个良性的互补。如果观众先看展览视频，会对整个展览有系统的了解，再进入展厅，按图索骥；如果观众先参观展览，视频则起到了对展览系统总结和回顾的作用。此外，展览中对于重点海派名家精品，分别请三位专家对画作的作者介绍、历史故事、技法传承等方面进行讲解，录制了视频并制成二维码，供观众扫码播放，让观众能够更好地了解作品，了解欣赏国画。

城市博物馆面向更广泛、多元的观众群体。来上历博参观的观众不一定都有美术基础，也不一定对海派绘画都有所了解，那么提供多元化、多层次的展品信息，是展览策划必须考虑的。为了外国友人的参观便利，展览一二级标题文字版面及展品名称都有对应的英文翻译；历史文献和绘画作品的说明牌也有不同的内容标准。历史文献说明牌上有品名、收藏单位、文物说明等基本信息。而书画类说明牌上有品名、收藏单位、材质、尺寸、款识、钤印等基本信息，并附有二维码。通过二维码来扩展文物信息，其中有品名、图片、作者介绍以及作品背后故事及画面赏析等，重点文物还有专家解读和赏析视频。通过对画中款识、题跋、印章的释读，有助于观众对画作的深层次理解和欣赏，也有助于观众理解传统绘画中诗书画印一体的独特艺术形式。二维码里的信息是对于展品的深层次解读，有助于观众了解文物背后的故事，使观众进一步了解中国传统国画、理解海派绘画。观众也可以保存二维码，把展品带回家慢慢地欣赏，有利于展览的广泛展示与传播。

三、深度融合美育

展览设计对于展览是否精彩起着至关重要的作用，也是将美育融入展览的重要组成部分。如何根据展览的主旨提炼统一风格尤为重要。本次展览就内容与形式方面，策展人多次与展览部同仁沟通，展览围绕着“百川汇海”主旨展开，既要表达开埠后的上海为江浙沪皖乃至全国的书画家提供了开放、多元、包容、中西交融的艺术大舞台，也重在强调江浙沪皖乃至全国的书画名家才是创造海派绘画辉煌的主体，两者密不可分，缺一不可。因此，提炼出了“海”的设计理念，海纳百川、兼容并蓄是海派绘画精神特质的体现。展标以陶冷月山水画为素材，演绎出溪水穿过重重高山顺流而下，汇聚成一片蓝色的大海，在简洁而不失雅致的装置艺术中，展示展览的标题，表达着“百川汇海”主题。在展厅开始之处，通过解构的艺术方式，制作了“百”“川”“汇”“海”四字展标，以流动的蓝色海水为背景，来自不同地域的海派名家名字从空中悬挂而下，错落分布在上海这座艺术大舞台之上，既强化了展览主旨，也增加了展览设计的美感，同时辅助以“水纹”洗墙灯，投射出凌凌波纹，加入浪涛的背景音乐，从五感让观众去感受海的魅力、海派的魅力。展厅整体色调以白色为主，不遮蔽原有建筑顶部，以展示海派建筑之美。展览用色上以淡雅为主，展柜内饰都采用淡蓝色，板面则采用宣纸质感的米黄色，字体采用了雅宋体，排版多用仿古处理方式，在设计中表现出中国画特有的雅致和悠远。展陈分割布置也以简洁为主，根据版块内容将展厅一分为二，“何以海派”以壁柜加通柜，根据章节而分布，“何为海派”则以通柜依展厅结构及章节分割而形成。两者之间通过重点展示的任伯年《树荫观剑图》为分割过渡，既突出展示了这件重点藏品，也成了历史与艺术间的衔接与过渡。重点文物和场景设置也是根据展览的节奏而分布，四件一级重点文物分处不同展柜，尽量做到疏密有致。展陈设计简洁而不失优雅，展线布置重点突出，起伏跌宕而不呆板，恰好与展厅建筑融为一体。

本次展览从展标装置艺术、结构文字舞台艺术、展厅的背景音乐，再到整个展览设计元素、场景的融入，都试图将“美”植入其间，让观众在感受海派绘画之美的同时，还能体验到展览设计之精美，给观众创造一个舒适、美好的观展环境。为了让小朋友或者不熟悉传统中国画的观众能够了解和认识中国画，展厅中错落布置了美育小课堂版块。美育小课堂的内容，不是简单概念的灌输，尽量做到的是一种提示、一种启发，可以让观众了解中国国画及花鸟画、人物画、山水画的基本特征和规律，让他们学会从国画的特征和规律来欣赏，进而获得自己对每一幅作品的认知和审美。每个板块都选取了作品精彩局部，去体会国画之美，寻找自己心中的美。还可以增加观众观展的互动，通过局部再去寻找整幅作品，在整体中感受国画的气韵生动、传神写照、意境悠远之美。

除了展厅的美育设计外，为了让更多观众了解“百川汇海”展览，能够欣赏海派绘画之美，上历博举办了丰富多彩的展教宣传活动。无论是展览宣传，还是展教活动，在展前都做了整体规划，展期前后都有不同安排。在开展前，召开任伯年《树荫观剑图》专题研讨会，在媒体上掀起了一股对《观剑图》研究的讨论，作为展览前期预热；开展前一天，通过文汇新媒体发布了《观剑图》布展现场及《观剑图》讲解视频；开幕当天，举办了策展人导览，接受新闻媒体采访，将展览特色、亮点及展览基本情况，通过媒体大规模宣传；展览期间，将展览宣传由被动转为主动，通过官方微信逐步发布策展人导览、设计理念导览、美育小课堂导览视频及展览相关内容的介绍。同时，在主流媒体澎湃新闻多篇报道的基础上形成“百川汇海”展览专题，分别有《任伯年巨幅画卷领衔上历博呈现海派绘画源流》《“百川汇海”里读虚谷枇杷吴昌硕的牡丹》《晚清海上书画雅集与海派绘画之兴起》《“百川汇海”里读名家笔下的诗画江南与春光》四篇文章围绕着展览先后刊登。对于新媒体的兴起，视频直播可以使展览传播更远，让更多的人了解展览的内容。本次展览先后进行了三场网上视频导览，《看看新闻》“中国节令 · 清明”栏目，走进“百川汇海”展览寻找绘画中春天的故事；上海人民广播电台“经典947”栏目视频直播，与主持人一同介绍“百川汇海”展览；新华网视频直播“百川汇海”展览导览。现场每天两场志愿者讲解服务，为观众提供了免费讲解服务，让更多的观众能够在海派历史中欣赏海派绘画，在欣赏海派绘画中体悟海派城市精神。展览结束之后，通过数字技术，将展览搬到上历博官网形成“百川汇海”网上展厅，供观众欣赏海派绘画。

在展览期间，分别安排了三场专家讲座，王琪森先生“吴昌硕的艺术成就与历史贡献”、汤哲明先生“海派绘画——中国文艺的历史转折”、徐建融先生“海派绘画和海派文化精神”，结合展览围绕着海派名家、海派绘画及海派精神展开，为展览带来拓展和补充。聘请资深的美育老师举办三场海派美育系列活动，即“陈老莲的影子——神奇的线描体验”“吴昌硕的朋友圈——石鼓文临习体验”“书画中的吉祥事——寻找吉祥寓意画与团扇绘制”，让小朋友参与到传统书画学习实践当中，享受传统书画带来的乐趣。

展览经过主流媒体争相报道，深受广大观众好评，王琪森先生在展览期间发表了《从“何以海派”抵达“何为海派”》艺术评论文章，被评选为上海市 2023 年度“弘扬优秀传统文化、培育社会主义核心价值观”主题展览。2024 年 1 月，“百川汇海”海派绘画展走出上海，走进岭南美术馆，增加了“沪粤情深”版块，通过文物、文献展示上海与岭南画派的诞生与发展的历史渊源，再现了两派绘画艺术的异同，将海派绘画的影响作为展览的进一步延伸。

结　语

城市博物馆举办艺术类展览，必须打破以往艺术珍品的展陈模式，注重艺术与城市历史之间的关联，关注艺术与城市精神之间内在逻辑。在展览策划前，要熟悉相关主题最新研究成果，将学术成果与文物、文献进行串联，确定展览框架，提炼展览主题，在研究方面可以适当引进外部研究力量，集思广益；重视展览形式设计，根据主题提炼设计内涵，色彩、版面、文字、展柜、场景都围绕其展开，风格统一，为观众营造一个优美的观展环境；注重展品说明与解读，为多元化的观众提供多层级的展品说明，深挖展品背后的故事和内涵；注重美育功能，将美育真正地放到展览中，让观众在观展中了解艺术、了解历史，进而学会欣赏，在潜移默化中让观众爱上中国传统文化，提高观众的审美能力；注重展览的宣传与教育，制定全面详细的计划，展前、展中、展后各有侧重，利用新媒体、新技术的应用，开展丰富多彩的展教活动。

试论博物馆生肖文化展览的策划与制作——以南通博物苑“寅虎纳福——虎年生肖文化展”为例

刘思勤[①] 南通博物苑 江苏南通 226001

摘要：

中华优秀传统文化是中华民族前进的精神支柱，博物馆是传承发展中华优秀传统文化的重要公共文化机构，在传承发展中华优秀传统文化、进行社会教育方面具有不可替代的独特地位和作用。南通博物苑作为地方综合性博物馆，在策划“虎年生肖文化展”的过程中，就展品展示、社教活动、文创产品等领域进行了探索和思考。

关键词：

传统文化　民俗　文物活化

Discussion on Planning and Production of a Museum Exhibition on Zodiac Culture: Taking “Tiger Brings Good Luck — Tiger Year Zodiac Cultural Exhibition” at Nantong Museum as a Case Study

LIU Siqin

Abstract:

Chinese excellent traditional culture is the spiritual pillar of the Chinese nation, and the museum is an important public cultural institution for the inheritance and development of Chinese excellent traditional culture, which has an irreplaceable unique position in the inheritance and development of such culture as well as in social education. As a local comprehensive museum, Nantong Museum, in the process of planning the “Year of the Tiger Zodiac Cultural Exhibition”, explored and reflected on the exhibition display, social and educational activities, cultural and creative products and other areas.

Key words:

Traditional culture　Folklore　Cultural heritage activation

---

① 刘思勤，南通博物苑馆员。LIU Siqin, Nantong Museum.

在2022年10月16日召开的中国共产党第二十次全国代表大会上，习近平总书记强调“以社会主义核心价值观为引领，发展社会主义先进文化，弘扬革命文化，传承中华优秀传统文化，满足人民日益增长的精神文化需求，巩固全党全国各族人民团结奋斗的共同思想基础，不断提升国家文化软实力和中华文化影响力”。文物资源是中国历史文化的重要载体，博物馆则是传承发展中华优秀传统文化的重要公共文化机构。博物馆充分利用馆藏资源在创造性转化、创新性发展中华优秀传统文化、开展社会教育方面具有不可替代的独特地位和作用。

十二生肖是中国人乃至整个中华文化圈中普及率最高的传统文化符号，是中华民族探索自然，将对动物的认识融入人类文化生活的重要成果。围绕十二生肖，人们编织出了许许多多动人的故事和传说，形成了各式各样的生肖习俗，经过千百年来的演化发展，已经成为传统年俗文化的象征。近年来，各博物馆都在春节之际，或利用自身的藏品，或多馆协作，举办以生肖文化为主题的临时展览。南通博物苑作为地方综合性博物馆，在2022年春节期间举办了“虎年生肖文化展”，利用环濠河博物馆群联盟的平台，联合兄弟博物馆一起，就展品展示、社教活动、文创产品等领域进行了探索。

一、全方位筹划，丰富展陈内容

（一）在展览内容方面关注生肖各方面的属性

虎因集完美的形、色、神、力于一身，自古以来被尊为“百兽之王”，一直受到人们的敬畏、尊崇与喜爱。为此在撰写展览内容大纲时，从自然、文化、习俗三个方面，以期在呈现老虎自然属性的同时，展现出“虎”在人们精神文化、风俗习惯、衣食住行中的烙印，希望观众能在品味浓浓年味的同时，去了解、感受生肖文化的由来和寄寓，触摸古人心理追求和审美趣味，增添文化传承的责任。

（二）在展品选择方面突出馆藏资源特色

南通博物苑是一座综合性的博物馆，其创办人张謇在建苑之初就提出“设为庠序学校以教，多识鸟兽草木之名”的理念。从1905年至今，南通博物苑除关注历史文物收藏外，还设有自然部、园林部，从事自然标本的采集、制作，目前，共拥有文物和自然藏品5万余件。为了充分利用馆藏资源，展览特意选取了与“虎”相关的文物标本，如东北虎标本、有关虎的书画作品、布老虎等20余件。

在此基础上，展览主创人员将选择展品的目光放宽，一方面突破传统的以文物为主体的展示方式，将自然标本与文物融合在一起，利用自然标本制作场景，方便游客打卡拍照。另一方面将与老虎同属“猫科动物”的自然标本，生活中“老虎灶”有关的构件，古代表示方位的“青龙白虎”纹样等相关藏品一并予以展示，最终遴选出 80 余件文物和 5 件标本，丰富展品数量的同时，也充分展示了“虎”文化的内涵。

（三）在展览形式设计方面增强观展体验

展览陈列艺术语言丰富，形式设计表现力强，围绕展览主题，将展品与空间相结合，在展区的中部规划一个抬高区域，将老虎与其同属“猫科动物”的自然标本置于其上，营造出了一个兼具艺术性与观赏性、富有互动性的展览空间。

展览注重细节，特别注重光线的设计，通过恰到好处的灯光效果，突出展览的内容。在图版设计和文字排版方面也进行了精心设计，图片选择精美且知识点清晰，字体简洁明快，背景色与展览空间的整体色调相协调，整个展览看起来和谐统一。

二、完善配套产品，让文物活起来

博物馆陈列展览是指在特定空间内，以文物标本和学术研究成果为基础，以艺术的或技术的辅助展品为辅助，以展示设备为平台，依据特定传播或教育目的，使用特殊的诠释方法和学习次序，按照一定的展览主题、结构、内容和艺术形式呈现的，进行观点和思想、知识和信息、价值和情感传播的直观生动陈列的艺术形象序列。展览是博物馆主要的产品，是连通博物馆与公众的桥梁。但是这并不意味着，博物馆随着展览的推出，其业务活动便随之终结。为了能够让观众更好地理解展览策划者的目的，了解展品背后的故事，还需要通过社教活动、文创产品等途径来实现。

（一）设计民俗活动

在着手撰写展览内容大纲的同时，博物苑从事社教活动的工作人员同步介入，本着创办人张謇先生“设为庠序学校以教，多识鸟兽草木之名”的宗旨，围绕展览内容，从“自然”“民俗”“非遗”等角度入手，采取“游园会”“手工体验”“知识讲座”等形式，讲好“老虎”的故事。如在正月初一日，与南通博物苑所在的社区联合开展了“瑞虎迎春”系列活动。此次活动特别选用了汉服的表演形式，活动分为瑞虎迎春(情景表演)、灵虎送福(热场舞蹈)、生龙活虎(游园送礼)、金虎献瑞(做游戏集“虎”送礼物)四个部分，生动地向市民游客展示了虎年的历史小故事、民风民俗和非遗文化。同时展厅内设置了四个游戏关卡让市民朋友们体验挑战，每个关卡都有一个印章，四个印章集齐即拼出一个“虎”字，并能得到一个精美小礼物，趣味十足。

（二）拓展社教服务

虎在中国的历史文化中扮演着重要的角色，很早就与中国人建立起一种密切而神圣的关系。为此南通博物苑在正月初二日、初三日、初五日，连续举办了三场相关活动。正月初二日策划开展了“虎虎生威——趣谈十二生肖暨布艺老虎制作体验活动”，围绕“虎年说虎”主题，老师介绍了“虎”字的演变、老虎相关的人工遗迹，并从各地博物馆老虎主题代表性藏品入手，同时结合“寅虎纳福——南通博物苑虎年生肖文化展”，从远古的图腾、威勇的象征、生活的点缀、美好的祈愿四个方面，带小朋友们略览传统虎文化。通过“知识 + 体验”的形式，让 30 余位小朋友和家长在博物苑里开心过大年。正月初三日举办了“虎年说虎”知识讲座，邀请自然博物专家从“老虎和我有什么关系”“老虎和生态有什么关系”“老虎未来发展是怎么样的”三个方面为观众讲解老虎的相关知识，激发青少年对动物研究和生态保护的热情，号召大家保护野生动物，保护生态环境。正月初五日举办了“虎头虎脑——手工虎头帽 DIY 活动”，活动结合传统非遗元素与民俗知识向大家介绍了老虎的相关艺术衍生品，并通过 DIY“手工虎头帽”的形式传承中国传统技艺，让大家更了解中国的传统文化。

（三）开发文创产品

每个博物馆关于生肖主题的藏品有很多，但是各个博物馆各有千秋。为“提炼展示中华文明的精神标识和文化精髓，加快构建中国话语和中国叙事体系，讲好中国故事、传播好中国声音，展现可信、可爱、可敬的中国形象”，博物馆文创产品在其中发挥了不可或缺的作用。看完展览、体验完社教活动，那么如何把生肖文化带回家？为此南通博物苑结合展览的展品，如泥老虎、张大千的二哥张善孖的绘画作品，开发了面塑、泥塑、画笺、艺术绒毯、桌旗等形式的文创产品，一经推出即受到市民游客的喜爱和欢迎。

三、挖掘藏品资源，讲好文物故事

随着传统文化受到社会普遍关注，在策划生肖主题文化展的过程中，作为博物馆的工作人员，笔者还有几点思考。

（一）策划展览时要关注民俗

民俗文化是一种历史悠久的文化遗产，是生肖文化得以传承和发展的重要土壤，它包含了丰富的生活习俗、节日庆典、民间信仰等内容，与生肖文化紧密相连。

博物馆生肖主题文化展关注民俗，是对中国悠久传统文化的生动传承与弘扬。生肖文化作为中华文化的瑰宝，蕴含着深厚的民俗底蕴，展览通过多样化的形式展现其独特魅力，能让观众在品味中感受传统文化的韵味与力量。通过展示生肖文化中的民俗元素，能提高公众对非物质文化遗产的认识与重视，为这些珍贵文化遗产的传承与发展注入新的活力。

民俗见证着一个地方历史文化长期积淀凝聚的过程。随着现代农业的发展，许多传统器具、技艺、理念正在走向衰落和消失。深入挖掘民俗文化的内涵及其当代价值，保护、传承和展示民俗文化，对于构建和谐社会，具有十分深远的历史意义和重要的现实意义。20 世纪 80 年代，南通博物苑把民俗学引进到博物馆，开全国风气之先，首创民俗文化展览。2015 年，南通博物苑推出“翻开记忆——南通农耕文化暨民俗风情展”引起了不小的轰动。民俗展示能够从服饰、饮食、娱乐、住宿、交通、日常生活等方面，唤起人们的生活记忆，让人们记住乡愁，珍惜如今来之不易的美好生活。

（二）社教活动要与展陈内容紧密结合

习近平总书记在多次演讲、考察中更是提到“一个博物馆就是一所大学校”，中国博物馆事业的创始人张謇在创办中国第一个公共博物馆——南通博物苑时，就十分注重其社会教育的功用，认为博物馆“以为学校之后盾，使承学之彦，有所参考，有所实验，得以综合古今，搜讨而研究之”①。展览展示是博物馆特有的语言，也是博物馆发挥教育职能的主要手段。但是受限于展览的面积、展示的手段，文物的有关信息以及背后的故事并不能在展览中得到充分的体现。因此，就需要丰富多彩的社教活动进行补充，而且“展览在策展的初期就应该有博物馆教育工作者的参与”②。

生肖文化展通过社教活动与展陈内容的紧密结合，能显著提升展览的教育价值和文化传承效果。这种结合不仅能丰富展览的形式，增加互动性和趣味性，还能

① 张謇：《上学部请设博览馆议》，清光绪三十一年(1905)，引自张謇研究中心等编：《张謇全集》第四卷，江苏古籍出版社 1994 版，第 272 页。

② 复旦大学文物与博物馆学教授、博士生导师陆建松在“如何策划博物馆展览”课程中所强调。

促进观众对生肖文化深层内涵的理解。通过参与生动有趣的活动，观众能够学习生肖文化知识，锻炼动手能力和创造力，培养创新思维。同时，这种寓教于乐的方式也增强了观众的文化认同感和自豪感，推动了文化交流与融合，使展览成为一个集知识性、趣味性和教育性于一体的综合性平台。

（三）要充分研究挖掘藏品背后的故事

无论是陈列展示，还是社教活动，抑或是文创产品的设计开发，都源于博物馆对自身收藏的研究和解读。当下，博物馆的展览更为深入，策展更注重探索展品背后的故事和细节，以此提升观众体验。

深入挖掘藏品背后的故事，是生肖文化展不可或缺的重要环节。在策划生肖文化展时，深入挖掘并呈现藏品背后的故事，不仅能够丰富展览内容，提升展览品质，更为展览增添灵魂与深度。深入挖掘藏品背后的故事，能极大地增强展览的吸引力和互动性，观众在参观展览时，不仅能够获得知识的增长，还能够产生情感的共鸣，加深对传统文化的理解和认同，增强文化自信文化自信。文物藏品的展示不仅仅是物质形态的简单展示，更是对生肖文化历史脉络、制作工艺、寓意象征的深刻挖掘与诠释。通过挖掘藏品背后的故事，能够使观众超越传统的视觉欣赏，深入到生肖文化的核心价值与精神内涵，从而感受到中华文化的深厚底蕴。

（四）要加强博物馆馆际合作，推动文物活化利用

习近平总书记在给中国国家博物馆的老专家回信中强调，要推动文物活化利用，推进文明交流互鉴，守护好、传承好、展示好中华文明优秀成果。近年来我国博物馆事业发展迅速，但博物馆发展不平衡的问题仍然存在。一方面，博物馆藏品高度集中在省级以上大型博物馆，导致大馆由于馆藏文物数量庞大，大量文物常年积压库房，无法让人民群众广泛了解和欣赏；另一方面，中小型博物馆的藏品数量相对较少，馆藏不够丰富。因此，博物馆应该打破级别、类型和地区的界限，建立联办机制，通过加强博物馆馆际合作来实现博物馆资源的共享，推进博物馆事业的高质量发展。

在策划生肖文化主题展时，博物馆之间的合作显得尤为重要。每个博物馆都拥有自己独特的藏品和研究成果，这些资源是举办高质量展览不可或缺的基石。通过合作，各博物馆可以整合各自的优势资源，实现文物、展览内容、研究成果等方面的共享。这种共享不仅限于物质层面的展品，更包括学术研究的深入交流，碰撞出思维的火花。

具体来说，各博物馆可以根据生肖文化的特点和展览的主题，从各自的藏品库中精选出与生肖相关的文物。这些文物涵盖了不同的历史时期、地域文化和艺术风格，从而共同构成了生肖文化的丰富图景。通过联合策划，博物馆可以将这些文物有机地组合在一起，形成一条清晰的历史脉络或文化主线，让观众在欣赏展品的同时，也能感受到生肖文化的深厚底蕴和独特魅力。此外，博物馆之间的合作还可以促进研究成果的共享与交流。在筹备展览的过程中，各博物馆可以组织专家学者进行深入的学术研讨，共同挖掘生肖文化的内涵和价值。这些研究成果不仅可以为展览提供有力的学术支撑，还可以为未来的研究和传承提供宝贵的参考和借鉴。

通过博物馆之间的合作，生肖文化主题展将不再是一场简单的文物展示，而是一场集学术性、观赏性、互动性于一体的文化盛宴。观众在参观展览的过程中，不仅能够欣赏到精美的文物和丰富的展览内容，还能够感受到生肖文化的独特魅力和深远影响。这种跨地域、跨文化的交流与合作，不仅能丰富展览的内容和形式，也能提升展览的学术价值和观赏性，为传承和弘扬中华优秀传统文化作出积极的贡献。

结　　语

博物馆作为文化遗产的重要保护者和展示者，承载着民族、国家和人类文明的记忆，具有不可替代的历史文化价值和教育功能。博物馆在弘扬中华优秀传统文化、服务人民美好生活、促进人类文明交流互鉴中发挥了积极作用。

博物馆在文化传承与创新之间的平衡依然是一个持续关注的议题。随着社会变革的步伐日益加快，博物馆不仅需要在陈列手法、社会教育等方面持续创新，更需对中华优秀传统文化深入挖掘，以更富创意和深度的方式呈现给公众。同时，博物馆的发展还需要更加积极地与其他博物馆、文化机构进行合作，形成合力，共同推动中华传统文化的发展和传承。因此，深入研究博物馆在中华优秀传统文化传承中的角色与影响，对于推动我国文化软实力的提升，促进文化多样性的交流与共享，具有重要的理论和实践价值。

城市博物馆基于城乡文化交流视角的文旅创新路径

赵耿华① 苏州博物馆 江苏苏州 215000
陈 谦② 重庆师范大学 重庆 401331

摘要：

随着社会主义现代化建设的不断推进，文化和旅游融合发展成为国家和地方的重要战略，也为城市博物馆的发展提供了新的机遇。本文针对以文旅融合的理念和手段来推动城市博物馆与城乡文化的互动与互补，进而对实现城乡融合发展的目标进行研究，并以文化和旅游融合发展的理论为指导，运用文献研究、案例分析等研究方法，分析城市博物馆在文旅融合中的作用和价值。研究结果表明，城市博物馆应该在创新展陈、优化服务、拓展业态、整合资源等方面进行文旅创新，既促进乡村文化的特色性和创新性，又展示城市文化的多样性和包容性，进而实现文化和旅游的共生共赢、共创共享，为城市更新和城乡融合发展提供文化支撑和强大动力，做出积极贡献。

关键词：

城市博物馆 文旅融合 乡村文化 城乡融合

The Innovation Path of Cultural and Tourism Integration for Urban Museums Based on the Perspective of Urban-Rural Cultural Exchange

ZHAO Genghua CHEN Qian

Abstract:

As the continuous advancement of socialist modernization progresses, the integrated development of culture and tourism has become an important strategy at both national and local levels, providing new opportunities for the development of urban museums. This paper explores the concept and means of cultural and tourism integration to promote the interaction and complementarity between urban museums and rural culture, thereby achieving the goal of integrated urban-rural development. Guided by the theory of cultural and tourism integration, this study employs research methods such as literature

---

① 赵耿华，苏州博物馆工作人员。ZHAO Genghua, Suzhou Museum.
② 陈谦，重庆师范大学硕士研究生。CHEN Qian, Chongqing Normal University.

review and case analysis to analyze the role and value of urban museums in the integration of culture and tourism. The results indicate that in response to changes in the era and social demands, urban museums should innovate in exhibition presentation, service optimization, business expansion, and resource integration. Such innovation not only promotes the distinctiveness and innovation of rural culture but also showcases the diversity and inclusiveness of urban culture. Consequently, this fosters a symbiotic and win-win relationship between culture and tourism, co-creation and sharing, providing cultural support and a powerful impetus for urban renewal and integrated urban-rural development, making a positive contribution.

Key words:
Urban museums　Cultural and tourism integration　Rural culture　Urban-rural development

在快速发展的时代背景下，城市博物馆不仅是历史的沉淀，更是文化传承的活跃场所。它们见证了城市的成长，记录了文明的脉动，成为连接过去与未来的桥梁。城市博物馆的收藏丰富多彩，涵盖了从古代艺术到现代科技的广泛领域，不仅展示了城市的历史和文化，也反映了城市居民的生活方式和价值观。

在社会主义现代化建设的推动下，城市博物馆迎来了新的发展机遇。文化与旅游的融合发展已成为国家和地方的重要战略，使得城市博物馆成为展示中华文明和增强文化传播能力的新平台。习近平总书记强调，博物馆不仅是展示中华文明的窗口，也是社会主义精神文明建设的重要组成部分。[①] 它们通过展示和教育功能，成为连接历史与现代、传统与创新的桥梁，为青少年提供了宝贵的文化教育资源。城市博物馆的发展体现了文化遗产的科学保护和利用，彰显了中华优秀传统文化的生命力。作为文化和旅游融合发展的亮点，城市博物馆在传承和弘扬中华文化中扮演着至关重要的角色，为建设社会主义文化强国贡献力量。

本文探讨城市博物馆在文化和旅游融合发展中的关键作用，分析城市博物馆如何利用其独特资源和优势，促进城乡文化的交流与互补，提升城市文化的活力和吸引力。本文进一步详细讨论城市博物馆如何通过创新展陈、拓展业态、优化服务和整合资源，为城市更新和城乡融合发展提供文化支撑和动力。此外，本文还将分析城市博物馆在促进文化认同感和归属感、激发文化创新活力方面的潜力和挑战。

① 习近平：《加强文化遗产保护传承　弘扬中华优秀传统文化》，2024 年 4 月 15 日，https://www.gov.cn/yaowen/liebiao/202404/content_6945341.htm。

通过文献综述、案例分析等研究方法，本文为城市博物馆的发展提供理论指导和实践参考，帮助城市博物馆更好地适应时代变化，满足社会需求，实现可持续发展。

一、文化和旅游融合发展的理论基础

文化和旅游融合发展是本文的核心概念，也是理论指导的基础。为了更好地理解和运用此概念，本部分将从其内涵与动力两方面进行阐述。该概念是一个跨学科、跨领域、跨产业的综合性实践，它涉及多种理论的支撑和指导。本文将探讨包括文化产业理论、文化创意产业理论及文化和旅游融合理论在内的多种理论，为了更清晰地阐述，本部分将通过一个框架图(图 1)来呈现这一主要内容。

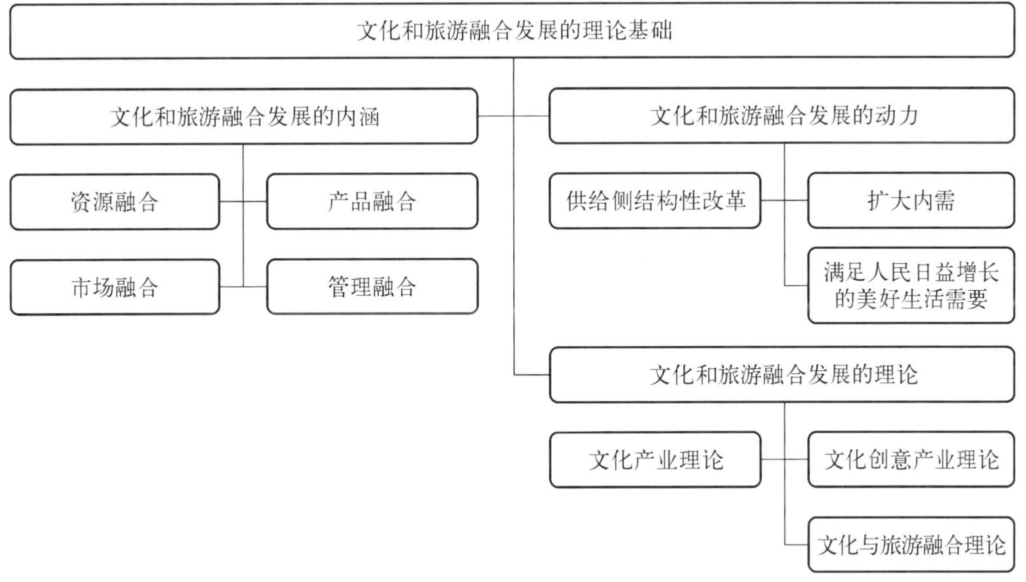

图 1　理论基础框架图

(一) 文化和旅游融合发展的内涵

文化和旅游融合发展是一种创新的模式，它涉及文化和旅游两大产业在资源、产品、市场、管理等方面的有机结合，旨在实现资源共享、产品共创、市场共享、效益共赢。具体来说，这种融合包括以下四个主要方面。

(1) 资源融合。文化和旅游两大产业各自拥有丰富的资源，文化资源具有深厚的历史底蕴和独特的艺术魅力，而旅游资源则以其自然风光和人文景观吸引着无数游客。将这两种资源有机融合，不仅能够提升资源利用效率，还能创造出全新的文化旅游体验。通过深入挖掘文化遗产，可以开发出独具特色的文化旅游线路，让游客在游览美景的同时，感受文化的熏陶。同时，旅游资源的开发也能为文化遗产的活化利用提供新的途径，使其焕发新的生机与活力。

(2) 产品融合。在文化和旅游产品融合的过程中，通过创新和协作，打造出更具吸引力和竞争力的文化旅游产品。这些产品不仅融合了文化和旅游的双重特色，还充分考虑了消费者的多元化需求，提供了更加丰富多样的选择。同时，产品融合也带来了诸多创新点，如将传统文化元素与现代科技相结合，创造出具有互动性和体验性的新型旅游产品，让游客在欣赏美景的同时，也能深入体验文化的魅力。

(3) 市场融合。当前，文化和旅游市场呈现出蓬勃发展的态势，但各自的市场边界仍然相对清晰。通过市场融合，我们可以打破这一界限，实现文化和旅游市场的共同拓展。这不仅有助于拓宽消费群体，吸引更多潜在游客，还能提升品牌和产品的影响力，增强市场竞争力。同时，市场融合还能促进文化和旅游产业的协同发展，实现资源共享和互利共赢。

(4) 管理融合。文化和旅游产业通过协商和合作，实现文化和旅游管理的共同规划和执行，提升服务质量和管理水平。文化管理是旅游管理的重要组成部分，也是旅游管理的核心支撑。旅游管理是文化管理的重要组成部分，也是文化管理的有效补充。文化和旅游管理的融合，可以建立统一的服务标准和监管机制，确保游客在享受文化旅游产品的同时，能够得到良好的服务和保障。同时，管理融合还能促进文化和旅游产业的规范化发展，提升行业形象和竞争力。

(二) 文化和旅游融合发展的动力

文化与旅游融合发展的动力涵盖了推动两产业有机结合的内在驱动力和外在推动力。主要包括以下三个方面。

(1) 供给侧结构性改革。通过优化供给结构和提升供给质量，适应需求变化，促进经济转型升级，从而提高经济发展的质量和效益。这一改革是产业转变的内在动力，推动文化与旅游产业从单一到融合，从数量到质量，从低端到高端的转型。

(2) 扩大内需。通过增加国内消费和投资比重，提高其质量，促进生产与消费的平衡，增强国内经济的自主性和稳定性。这一政策是市场拓展的外在推动力，促使文化与旅游产业从依赖外需转向满足内需，从被动适应到主动创新。

(3) 满足人民日益增长的美好生活需要。通过提升收入水平和消费能力，改善生活条件，保障基本权利，促进全面发展和幸福感，实现物质与精神需求的统一。这一目标是价值导向的根本动力，推动文化与旅游产业从经济利益转向满足人民需求，从单纯满足到积极创造。

(三) 文化和旅游融合发展的理论

文化产业理论研究了文化作为一种特殊商品和服务的经济价值和社会价值，强调通过市场机制进行生产、流通、消费和创新。该理论为文化与旅游的融合提供了文化的经济属性和市场属性，以及价值创造和实现的理论依据。

文化创意产业理论探讨文化创意作为特殊的文化资源和文化资本，其创新性和差异性能够通过创意开发和运用，形成高附加值和高竞争力的文化产品和服务。此理论为文化与旅游的融合提供了文化创意的创新属性和差异属性，以及开发和运用的理论方法。

文化与旅游融合理论则研究文化和旅游作为相互关联和促进的产业，其融合性和发展性通过资源、产品、市场、管理的有机结合，实现资源共享、产品共创、市场共享、效益共赢。该理论为文化与旅游的融合提供了共享和共赢的理论目标。

二、城市博物馆在文旅融合中的作用和价值

城市博物馆作为城市文化的重要载体和展示窗口，集中展示着城市的历史、艺术、科技等多方面的成就与特色。随着城市化进程的加速和文化旅游需求的不断增长，城市博物馆逐渐成为社会各界关注和重视的焦点。它们在文化与旅游的融合中扮演着至关重要的角色，不仅是城市旅游的宝贵文化资源和理想的休闲场所，同时也成为城市的标志性景点和热门打卡地。更为重要的是，城市博物馆作为城市文化的推动者和实验场，积极参与到城市的文化创新和旅游发展中，在推动城市文化与旅游融合发展的进程中，发挥着不可替代的作用，成为城市文化创新和旅游发展的源泉动力。

(一) 城市博物馆是重要载体和窗口

城市博物馆不仅收藏、展示、研究、传承城市的历史文化、地方文化、民俗文化等，还展现了城市的文化底蕴和特色，从而提升了城市的文化品牌和影响力。作为

城市文化的舞台，这些博物馆举办了多样的文化活动、推出了丰富的文化产品和服务，与城乡居民及游客进行了广泛的文化交流。这些举措不仅满足了人们对文化的需求和消费，还促进了城乡居民的文化认同感和归属感，加强了城乡之间的文化交流和融合。以上海博物馆为例，作为中国规模最大的综合性博物馆之一，它也是上海的文化象征。馆内收藏了跨越各个朝代的艺术珍品，不仅展示了中国的文化精髓和多样性，还吸引了全球的游客和学者，使其成为上海对外文化交流的重要窗口。“何以中国”系列第二展“实证中国——崧泽・良渚文明考古大展”，吸引了超过 72 万名观众。“对话世界”系列第二展“从波提切利到梵高——英国国家美术馆珍藏展”，是上博自筹资金举办的首个收费特展，接待了超过 42 万名观众，刷新了中国博物馆展览的多项纪录。①

（二）城市博物馆是重要平台和桥梁

城市博物馆通过展示城市的风貌、风情、风俗、风味等，丰富了文旅融合的旅游景点和项目。利用城市的地理、历史、人文、生态等优势，这些博物馆提供了优质的旅游环境和条件，包括便捷的交通设施、舒适的住宿和餐饮服务。通过举办各种旅游活动和项目，城市博物馆增强了游客的参与感和互动性，为文旅融合的消费者创造了难忘的记忆和深刻的情感体验。以北京故宫博物院为例，它是中国规模最大的古代建筑群和艺术博物馆，同时也是北京的标志性景点。故宫不仅展示了中国古代皇室的生活场景，还反映了中华民族的历史和文化，每年吸引了无数国内外游客。利用其独特的地理位置和历史背景，故宫与周边的天安门广场、北海公园、王府井步行街等景区和商圈形成了互动和互补，为游客提供了多样化的选择和体验。故宫博物院还举办了诸如紫禁城上元之夜、故宫讲坛等多种活动，让游客能够更深入地体验和参与文化活动。

（三）城市博物馆是重要源泉和动力

城市博物馆不仅是城市文化的引擎和实验室，也是文化遗产的守护者和传播者。它们在与旅游产业的深度融合中，创造了一系列充满文化内涵的旅游产品，这些产品不仅具有强大的吸引力，还激发了城市文化的创新活力。这些举措推动了城市文化的有机发展，并为城市更新及城乡融合提供了坚实的文化支持和动力。以苏州博物馆为例，该馆在平江路开设的文创商店是其文创事业的重要里程碑，也

① 上海博物馆：《上海博物馆 2023 年工作成绩》，2024 年 1 月 9 日，https://www.shanghaimuseum.net/mu/frontend/pg/m/article/id/I00004605。

标志着它与平江路历史街区的深入合作①。店铺推出了600多种由博物馆自行设计的文创产品，包括各类纪念品、生活用品、文具、玩具、茶具、香品、饰物、服饰和工艺品，充分展示了苏州博物馆的馆藏亮点和独特风格。该文创店的成立，不仅为苏州博物馆的文创项目提供了展示和推广的新空间，也为平江路增添了新的文化风貌，为游客带来了独特的文化体验和消费选择。

三、城市博物馆推动城乡文化交流和城市文化更新

城市博物馆是城乡文化的重要载体和展示窗口，它不仅承担着城市文化保护和传承的责任，也肩负着乡村文化创新和发展的使命。在当前城乡融合发展的大背景下，城市博物馆如何推动城乡文化的交流和互动，促进城市文化的更新和提升，是一个值得探讨的问题。本部分从创新展陈、拓展业态、优化服务、整合资源4个方面分析城市博物馆如何利用文旅融合的理念，推动城乡文化的交流和城市文化的更新。

（一）创新展陈

展陈作为城市博物馆的核心功能，是展示城市文化和吸引观众的主要方式。为了推动城乡文化的交流和城市文化的更新，博物馆应创新展陈内容和形式，突出文化的特色和差异，激发观众兴趣和情感。具体来说，博物馆可以根据不同的文化特色和需求，设计和制作有针对性和吸引力的展览。这种文旅融合模式，既包括开发型的展览设计，也涵盖创意型的数字传播，展示文化的多样性和包容性，挖掘文化的内涵和特色，打造有地域特色的文化旅游产品。例如，博物馆可以与乡村博物馆或文化中心合作，开展主题展览，如乡村传统工艺、民俗风情、生态文明等，展示文化的独特魅力和价值。

利用新媒体的数字技术，城市博物馆可以创造更丰富和生动的展陈内容，提高互动性和体验性。通过提升文化的吸引力和感染力，进而促进文化消费和传播，吸引更多乡村居民和游客参观和了解城市文化。城市博物馆还可以通过网络平台和社交媒体，推出在线展览和直播活动，让更多的人随时随地观看和参与城乡文化的

---

① 央广网：《苏州博物馆官方文创店平江路店正式启幕》，2024年1月30日，http://js.cnr.cn/rdzt/qnjs/qnjsgdxw/20240130/t20240130_526576429.shtml。

展示和传播。

（二）拓展业态

业态作为城市博物馆的重要功能，是提供文化产品和服务，实现经济效益和社会效益的主要方式。为了推动城乡文化的交流和城市文化的更新，博物馆应拓展业态的种类和范围，突出城乡文化的融合模式，满足观众的多元化需求。具体来说，博物馆可以从以下几个方面进行文旅业态拓展。

(1) 与乡村旅游业深入合作，开发和推广具有城乡文化特色的旅游产品和服务。这种城乡文化的融合模式，既体现了互动和互补，也实现了共赢和共享。例如，博物馆可以与乡村旅游景区或民宿合作，提供博物馆门票和乡村旅游套票的优惠政策，鼓励城市居民和游客到乡村旅游，体验文化和生活。博物馆也可以与乡村旅游企业或组织合作，开展文化旅游项目，如文化体验营、文化志愿者服务、文化研学旅行等，让城市居民和游客能够更加深入和全面地了解和参与文化的保护和发展。

(2) 与乡村文化产业有效对接，支持和培育具有城乡文化特色的文化产品和服务。这种城乡文化的融合模式，既促进了文化和产业的融合和创新，也实现了文化和产业的发展和增值。例如，博物馆可以与乡村文化企业或合作社合作，推广和销售文化产品，如特色工艺品、特色食品、特色文创品等，让城市居民和游客能够购买和收藏文化精品、纪念品。博物馆也可以与乡村文化人才或团队合作，开展文化创作和生产，如特色影视作品、特色音乐作品、特色文学作品等，让城市居民和游客能够欣赏和支持文化的创意和表达。

（三）优化服务

服务作为城市博物馆的重要功能，是与观众互动和沟通，提升品牌形象和影响力的主要方式。为了提高城乡文化的交流更新，博物馆应优化服务的质量和水平，突出服务的针对性和个性化，展示服务的专业性和创新性，满足观众的多样化需求。具体来说，博物馆可以从以下几个方面进行优化服务。

(1) 优化服务的便捷性和智能化。利用信息化技术，打造智慧文化旅游平台，实现文化旅游的信息化和智能化，提供网上预约、在线导览、移动支付、智能问答等服务，方便观众随时随地获取博物馆的信息和资源。同时，利用大数据、云计算、人工智能等技术，分析观众的行为和需求，提供个性化的推荐和服务，增强观众的参与感和满意度。

(2) 提升服务的多元性和包容性。充分考虑不同年龄、性别、文化、地域、兴趣等方面的文化旅游消费者的需求和喜好，提供多元化的服务内容和形式，如主题展览、专题讲座、互动体验、文化活动、社区服务等，丰富观众的参观选择和方式，满足观众的知识、审美、娱乐等多重需求。同时，注重服务的无障碍和平等，为残疾人、老年人、儿童、外籍人士等特殊群体提供便利和关怀，营造开放和包容的服务氛围。

(3) 提升文化教育和讲解服务。城市博物馆应该不仅是展示文化的场所，还应该是文化教育的阵地，提供专业的解读员和讲解服务，帮助观众深入理解展品和文化内涵，开展文化讲座、工作坊、互动活动等，增加观众的文化知识和体验。

(4) 加强社区服务和参与。城市博物馆应该融入社区，服务于当地居民。与社区合作，开展文化活动、志愿服务、社区展览等，增进城乡居民的友谊和感情。鼓励观众参与文化创作、文化保护和文化传承，让城市博物馆成为文化共享的平台。

(四) 整合资源

资源作为城市博物馆的重要功能，是开展文化活动和服务，提高文化效益和社会效益的基础和保障。为了促进城乡文化的交流更新，博物馆应整合各类资源，突出资源的优势和特色，展示资源的价值和意义，满足观众的多样化需求。具体来说，博物馆可以从以下几个方面进行整合资源。

(1) 与乡村文化机构有效合作，共享和互换具有文化特色的文化资源，促进城乡文化的交流和融合。博物馆可以与乡村文化馆、图书馆、美术馆等文化机构联合举办文化展览、文化演出、文化讲座、文化培训等活动，让城市居民和游客能够欣赏和体验文化的多姿多彩。也可以与城市文化协会、社团、俱乐部等机构协作，共同策划和组织各种文化活动，如文化节庆、文化竞赛、文化交流、文化志愿等活动，让乡村居民和游客能够参与其中。

(2) 与城市文化市场有效对接，开拓和拓展具有区域文化特色的文化市场，促进城乡文化的消费和投资。比如，博物馆可以与城市文化企业或商家合作，研发和推广文创纪念品、文创礼品等产品，让乡村居民和游客能够购买和珍藏具有地方特色的文创产品。博物馆也可以与城市的企业或机构合作，建设文化基地、文化园区、文化产业等多样化的文化项目，让乡村居民和游客能够亲眼见证和深入了解城市历史的发展和创新。

(3) 博物馆可以利用自身的文化资源和专业优势，与乡村建立长期的合作关系，建立城乡文化交流的平台和机制。通过定期组织博物馆的专家学者、馆员、志愿者等到乡村开展文化讲座、培训、咨询等活动，博物馆不仅能帮助乡村提升文化素养和管理水平，还能解决文化发展中的实际问题。定期在乡村举办城乡文化展览、演出、节庆等活动，也是促进城乡文化的互学互鉴，增进城乡居民的友谊和感情的有效途径。

结　语

本文从文旅融合的视角出发，深入探讨了城市博物馆在推动城乡文化交流与城市文化更新中的作用和价值。研究表明，城市博物馆不仅是城市文化和旅游的重要载体、平台、源泉和动力，更是文旅融合的活跃参与者和创新实践者。通过创新展陈、拓展业态、优化服务、整合资源等多维策略，城市博物馆可以有效促进城乡文化的交流与互鉴，推动城市文化的活力与创新，为城市更新和城乡融合发展提供坚实的文化支撑和持续的动力。

本文也对城市博物馆发展中的局限与挑战进行了分析。第一，城市博物馆的概念和范围尚需明晰，与其他类型博物馆的界定和联系需要进一步细化。第二，城市博物馆在城乡文化交流方面的案例和经验尚显不足，亟须系统总结和规律性指导。

针对上述问题，本文提出以下改进和完善的方向：一是理论与政策层面，即加强城市博物馆的理论研究，明确其在城市文化生态中的定位和功能，制定具有前瞻性的发展规划和政策指导，为城市博物馆的改革和发展提供科学依据；二是实践与创新层面，即鼓励城市博物馆积极探索实践，发挥其资源优势，开展文旅融合项目，创新文化产品和服务，构建城市博物馆的品牌，为城市文化和旅游的融合发展贡献力量。

本文研究的理论意义在于为城市博物馆的文化和旅游融合发展提供新的视角和思路，实践价值则体现在为城市博物馆的城乡文化交流和城市文化更新提供可行的路径和策略。未来的研究可在此基础上，进一步探索城市博物馆在全球化和数字化背景下的新机遇和挑战，为城市博物馆的可持续发展提供更加丰富的理论和实践资源。

守护城市历史　推动文化发展
——文化“两创”带来新机遇

李玉泉[①]　济南市博物馆　山东济南　250014

摘要：

文化“两创”即中华优秀传统文化的创造性转化与创新性发展。这一重要指示精神，具有变革性实践意义，是对优秀传统文化的继承发展，古为今用，萃取精华，同时又具有时代特征，推陈出新，面向未来，从而推进文化自信自强，守正创新，赓续中华文脉，推动博物馆持续性发展。本文着重探讨博物馆、纪念馆如何释放文化“两创”的力量，在创造、创新方面持续发力，拓宽博物馆公共文化的广度和深度，增强展览的吸引力，进一步发挥博物馆等场馆传播文化及社会教育的功能。

关键词：

博物馆　文化创新　传承发展

Protecting Urban History and Promoting Cultural Development: New Opportunities Brought by Cultural Innovation

LI Yuquan

Abstract:

Cultural "Two Innovations" refers to the "creative transformation and development of traditional Chinese culture". This important guiding principle has revolutionary practical significance, and it is the inheritance and development of traditional culture, making the past serve the present and extracting the essence. At the same time, it embodies contemporary characteristics, bringing forth new ideas and facing the future. So as to promote cultural self-confidence, integrity and innovation, continue the Chinese context, and promote the sustainable development of museums. This paper discusses how museums and memorial halls can release the power of "Two Innovations" of culture, make continuous efforts in creation and innovation, broaden the breadth and depth of public culture in museums, enhance the attraction of exhibitions, and further play the role of museums and other venues in culture dissemination and social education.

---

① 李玉泉，济南市博物馆副研究馆员。LI Yuquan, Ji'nan Museum.

Key words：
Museum　Cultural innovation　Inheritance and development

中华文明生生不息，自古延续从未间断。初始涓涓，但在兼容并蓄中历久弥新，并日益彰显出强大的生命力、创造力。文化关乎国本、国运，文化兴则国兴。2023年，习近平总书记在文化传承座谈会中发表重要讲话，对中华文化的传承与发展指明了方向，再次强调坚定文化自信，创新发展中华文化。在习总书记关于文化"两创"思想的指引下，济南市革故鼎新，切实发展文化事业和文化产业，促进文旅深度融合发展，深入推进优秀传统文化创造性转化、创新性发展。

只有深刻地了解一个城市的历史，才能更好地把握这座城市的未来。山东历史文化源远流长，是中华文明的重要发祥地之一，也是儒家文化的发源地，文化遗产资源非常丰富。省会济南不仅历史悠久，而且人杰地灵，名人辈出，房玄龄、高僧义净、李清照、辛弃疾等名人名士，在历史长河中熠熠生辉。杜甫的名句"海右此亭古，济南名士多"即赞美了济南名士风流。文化是一座城市发展的基因和血脉，是创新活力的重要标志，更是省会城市综合实力的重要组成部分。如何增强文化自信，让传统文化和现代文明有机融合，是济南一直深入探索的问题。近年来济南以文旅产业为载体，着力打造文化创新标杆，将深厚的历史文化内涵、文脉的传承镌刻进博物馆，使其守护传承下去。

博物馆体现着一座城市的文化和底蕴，令人感受到穿越时空而来的文化气息。每一件文物都有自己的故事，仿佛拥有生命一样，讲述着历史与过往，连接着现在与将来。济南市博物馆于1958年建馆，2015年被评定为国家一级博物馆，拥有各类馆藏文物20余万件。近几年，济博积极践行"让收藏在博物馆里的文物活起来"的发展理念，优化馆藏环境、创新展览形式，采取静态展示和活化利用相结合的方式，助推文物真正"活"起来，充分挖掘文物的历史、艺术和科学价值，惠及于民。

一、打造多元化社教活动，推动文化惠民再见成效

济南市博物馆持续开展文化顾问与中心村结对帮扶工作，助力乡村文化振兴；社教部通过各项活动，服务教育、服务社会，对文化传承起到良好的引导作用。

2024年1月，济南市博物馆与太平街道阎桥村开展结对共建活动。博物馆将

“开天辟地大事变——中国共产党创建史图文展”送到阎桥村，以文化下乡的形式开展革命传统教育和爱国主义教育。在活动中发放普法宣传手册，为村民写福字、赠春联。了解到当地的文化需求后，济博领导表达了深度合作的意愿，愿意提供文化支持，为乡村文化振兴贡献力量。同时期，济博还与大桥街道大庄村确定了乡村文化振兴服务活动清单，依托博物馆的优势和特色，将流动展览、青少年文博课堂等服务项目送到结对中心村，切实推动文化惠民走深走实。

济南市博物馆的“红色宣讲行走课堂”志愿服务活动获得第五届全省博物馆优秀社会教育活动案例。济博紧握时代脉搏，整合汇总本地与馆内的红色资源，推动红色资源与研学教育融合发展。2023 年 12 月，济博入选“首批省级校外美育实践基地”“山东省第二批中华优秀传统文化、革命文化、社会主义先进文化专题实践教学基地”。近年来，济南市博物馆充分发挥社会教育职能，加强与共建学校合作，为培育和提升青少年的精神素养和文化自信发挥着积极作用。周末和假期开展“青少年文博讲堂”“小讲解员培训”“探寻历史 走进博物馆”等一系列丰富多彩、寓教于乐的实践活动，使博物馆真正成为中小学教育的“第二课堂”。

作为济南文旅的年轻一员，济南市文物保护利用中心同样大力推进志愿服务活动，先后荣获了“优秀传统文化传承示范基地”“山东省爱国主义教育基地”等荣誉称号。2024 年五一期间，文保中心分别在下辖的府学文庙以及三个文物场馆（蔡公时纪念馆、济南老舍纪念馆、济南曲山艺海博物馆），同步开展“小红花”志愿服务活动，在经过专题培训后，40 名志愿者分批到各文物场馆进行志愿服务实践，积极投身到弘扬传统文化的行列，参与公益讲解，或协助开展活动，传递了社会正能量，自身也获得了成长和锻炼，为文化的繁荣注入新的活力。

济南文保中心持续举办的“文脉传承”开笔礼仪式，已成为济南市众多中小学活动的重要一环。活动中的行拜孔礼、朱砂启智、书写人字等环节，让莘莘学子感受到学习氛围的庄重，树立热爱学习的信念和正确的价值观。

二、发展博物馆信息化建设，实现数字信息资源共享

数字化的建设成果是文化“两创”的重要体现。在提升博物馆服务能力方面，离不开科技的力量。随着社会的发展，博物馆建设也大步迈入数字化、智能化。数

字化使博物馆展览不再局限于实物陈列，打破了时间与空间的限制，让文物活起来，即使身处远方也可以线上远程参观博物馆，还可以使观众置身于历史场景中，更深入地了解文物。数字化集趣味性和科普性于一体，充分调动观众参与互动。有很多新技术已融入博物馆，比如 AR 识别展示、沉浸式空间体验、互动体验墙、3D 打印文物用以巡展等。近些年，济南市各大博物馆主动引入先进技术、通过“博物馆+”的战略，叠加文创、科技等方式，让文物展示更加灵活、生动。数字化还可以对文物高精度三维扫描与建模，实现文物数字化保护。

艾米机器人已入驻首都博物馆，为观众自主讲解、智慧导航；山东孔子博物馆通过智慧展示，实现了文物与科技的深度融合。

在济南市博物馆，展厅多媒体互动屏幕墙上可以 360°观赏文物图片，全方位多角度立体呈现，有助于游客更好地察看展品不同角度的样貌，同时还可以放大或缩小文物进行细节化欣赏，增加了观众的互动性。另外还有“西汉彩绘乐舞杂技陶俑”动漫短片和 AR 互动游戏，带来更有趣味的感官触动和体验，观看展览结束，在文创中心可以购买喜爱的文创产品，将“文物”带回家。

济南市博物馆已成为数字化博物馆主阵地。2023 年 12 月“汤汤大河　生生不息——山东地区黄河文明特展”在济南市博物馆盛大开幕。为配合此次展览，济博特地面向青少年推出了以“遇见·黄河非遗”为主题的系列活动，包括鼓子秧歌演绎、手作翻花龙体验等；打造黄河文化互动体验厅，积极开发相关的文创产品；借助数字化传播媒介宣传黄河文化，使观众感受“科技+文化+艺术”带来的交互体验，贯彻习近平总书记强调的“黄河文化是中华文明的重要组成部分，是中华民族的根和魂”这一思想，讲好“黄河故事”。

科技赋能，与时俱进。科技创新是博物馆持续发展的有力支撑。将多媒体技术融入博物馆，使其成为更具吸引力的文化空间。在未来的发展中，博物馆将借力线上线下同时发展，实现创新与传承，既满足公众的文化需求，也满足其个性化、差异化的需求。

三、深挖潜力、创新开发，推动文旅文创发展

文旅文创，突出了“文”字，优质的文化内涵是融合发展的要义。文旅融合与文创的拓展，对于推广文化、创新文化具有重要的意义。

（一）文旅融合使文化资源得到更好地保护和利用，有助于改变和发展，带来经济效益

济南是以山、泉、湖著称的旅游城市，被誉为“泉城”，曾经家家泉水，户户垂杨。大明湖铁公祠有一副著名楹联，为清代才子刘凤诰与铁保宴饮时所作，上书“四面荷花三面柳，一城山色半城湖”，从中可领略到济南古城的秀丽风貌。

济南的曲水亭街是一条颇具“泉水”特色的老街，连接大明湖、百花洲等名胜景点，西邻府学文庙，自古就是文人墨客徜徉的地方。古时曲水亭街的“曲水流觞”盛会声名远扬，街上多古玩、书画店，吸引了文人雅士相聚于此。为了恢复旧时古韵风貌，社区做了大量工作，在尽可能保留原有建筑古色古香韵味的基础上，打造民俗文化街。青砖红瓦、小桥流水、垂杨依依，曲水亭街如今凭借浓厚的文化氛围和独特的泉水风貌，吸引了众多游客。沿流动的泉水信步游览，似步入水墨画卷，又似置身唐诗宋词之中。听一听老街故事，品一品泉水烹制的茶饮，看一看剪纸、泥塑、泰山石雕等文化作品，还可以购回心仪的非遗和文创产品。古街富有特色的建筑与装饰，抓住了年轻人的需求，带火了跟拍和妆造，出现了多个网红打卡地，汉服体验馆假期尤为繁忙。曲水亭街被称为济南最出片的“古风”老街，许多年轻的女孩身着汉服，头戴簪花，享受慢时光，体验老街古韵的仪式感。簪花不仅仅是一种风俗，也是对美好生活的呈现与表达。在古朴典雅的老街老巷衬托下，簪花女孩们也成为一道道靓丽的风景线。

济南市第十二次党代会提出，将加快实施明府城等片区保护建设，丰富展览文创、数字经济等，保护利用代表济南历史特色的老街老巷，推动“泉·城文化景观”申遗。未来还将打通小王府池子、百花洲、西花墙子街等泉道，带给游客更美好的旅游体验，以传统文化带动潮流文化，并以此发展夜间经济。

济南西部的老商埠，逐步成为年轻人喜爱的另一网红打卡地。同样拥有浪漫风情，与曲水亭街的明媚清新不同，老商埠呈现出浓郁的民国风。老商埠曾是济南最早的商业中心，直至新中国成立之后仍然商贸鼎盛。随着时代演变，其逐步失去了原有的作用，渐渐冷清了，临街多处百年历史的连排两层建筑也成为危房。直到市政府复建老商埠，修旧如旧，让沉寂多年的老建筑重焕生机。并且随着网络及自媒体的繁荣，历经起落的老商埠，以复古的风格、有意境的店铺及背景墙，潮燃火爆出圈。2024 年年初，济南市接连发布商埠区更新项目房屋公告，老商埠区文保、历史建筑群将予以保留。原商埠区东门户，包括小广寒电影院、英美烟草公司旧址等

“征而不拆”，打造文化展示街区，展示文化核心价值，与周边其他历史建筑通过新旧融合的方式，建立起文化创意新地标，引流盘活经济。更多的老字号、老店铺正融入现代生活，引入新的经营模式，被赋予了更多时尚个性元素。随着软实力的提升，老城新风景会带给人们更多期待和惊喜。蔡公时纪念馆与济南商埠文化博物馆也位于这一片区，自2024年年初以来，济南市文旅局与槐荫区领导多次到两馆考察调研，对纪念馆提升改造提出有效建议。

（二）文创产品是文化遗产走入社会和生活的连接点，本馆特色是文创的“根”，有助于提升文物场馆形象，树立品牌效应

博物馆是连接过去、现在和未来的桥梁，每一件文物，每一个展览，记载着流逝的岁月，再现了一方土地的宝贵文化。博物馆文创，是连接博物馆与社会大众，增强文化记忆的重要载体。各地博物馆依托自己特有的文化文物资源，探索文创发展途径，让原本收藏、陈列于博物馆的文物，化身文创产品，飞入百姓家中，再一次发挥推广与传播的功效。

济南市博物馆文创产品琳琅满目，先后推出60余种文创产品。作为一级馆，济博文物资源丰富，可开发数量众多。但文创产品不是简单的文物复制，还包含设计理念和美好的寓意。市博展厅改造提升后，设立了全新文创展销区域，还有茶歇区。文创种类繁多，如小镜子、复仿制拓片、帆布包、负壶陶鸠异形抱枕等产品，贴近生活、价格实惠，销量不错。山静日长丝巾，虽然价格偏贵，但因图案精美，也吸引了观众购买。

济南市文物保护利用中心定期在下辖四个文物场馆，举办“拼图里的文化遗产”活动，迄今有600余人参与活动。每个文物点的拼图结合自身特点，选取各自最有代表性的建筑为正面图片，背面附有本文物场馆的介绍和《文物保护法》节选内容，既宣传了场馆，也推广了文物保护的理念，小小拼图为宣传文化遗产增光添彩。

近年来，济南在传承创新中，让沉淀数千年的文化焕发新的生机。以中华历史文明传承创新为核心，释放文化魅力，赓续历史文脉，古城焕发新风采。文旅与文创融合发展，符合本地文化特色，是深具文化内涵的举措。

博物馆是保护和传承人类文明的殿堂，是观众亲近历史、感受文化的平台。每一个博物馆也是一所大学校，贯彻“保护为主、合理利用”的方针，致力于发挥社会教育功能，让传统文化从殿堂中走进人们的生活，融入社会发展中，让文化和智慧

得到传承。更多的人意识到保护和传承文化遗产的重要性,从历史中沉淀出力量,坚定文化自信,行而不辍,未来可期,文物保护成果必将更多惠及大众,推动文化文物事业持续发展。

结　　语

文化“两创”的思想为推动文化事业发展提供了有力指导,全国各地的文物工作者们着力实践,推动两创发展。孔孟之乡山东是中华文明的发祥地之一,近几年一直积极弘扬传统文化,展现出在文化传承方面的担当。作为省会窗口,济南市博物馆担负文脉相传的责任,在文化惠民、智能化发展、文创开发等方面,挖掘历史文化蕴含的价值,让文化遗产展现新的魅力。本文着眼于这几方面探讨文化两创对于博物馆、纪念馆发展的意义,以及博物馆对传统文化的保护利用。

中华传统文化与新时代文明融合,可以为现代文明提供丰厚营养,也为传统文化注入新鲜血液。通过文旅融合、文化下乡等方式,让有特色的传统文化焕发新生,提升文明程度,增强文化自信。

社教适合内外结合,让文化两创的成效真正惠及大众,推广民族文化、地域文化,潜移默化影响群众的思想行为,让历史文化传承和发扬。

信息技术和互联网广泛应用,打破了博物馆文化传播的壁垒。声光电等现代手段,有效地带动与观众的互动,增强了参与性和趣味性。藏品数字化,是对实体博物馆职能和功能的拓展延伸,数字媒体等新业态深受大众欢迎。

文创开发要善于发散思维,文创产品抛开固有的形式,不仅要设计美观,尽量在日常生活中也能使用,把艺术转换成生活,创作出更多的人民喜闻乐见的文创产品。

文化“两创”思想为传统文化发展指明了方向,盘活挖掘历史文化资源,尽力做到保护与利用统一,转化与发展统一,科学创新,尽量避免同质化。

城市博物馆激活中华优秀传统文化生命力的实践探索——以青岛市博物馆为例

杨　帆[①]　青岛市博物馆　山东青岛　266061

摘要：

城市博物馆正在推动优秀传统文化创造性转化与创新性发展、激活中华优秀传统文化生命力的时代课题上，持续发挥作用。作为接待五湖四海观众的会客厅，城市博物馆辐射一座城市的公共文化空间，透过这张名片对外展示着国家文化的厚重积淀。青岛市博物馆是一座始建于1965年的综合性地志博物馆，近年来在以藏品为核心的保护利用、展览展示、公共教育、文创研发等领域全面发力，从中华优秀传统文化中寻找源头活水，多元化创新展现传统文化魅力，让城市博物馆有效连接起文化、城市与大众，以时代精神激活中华优秀传统文化的生命力。

关键词：

城市博物馆　创新　优秀传统文化

Practical Exploration of Activating the Vitality of Excellent Chinese Traditional Culture Through City Museums: Taking Qingdao Municipal Museum as an Example

YANG Fan

Abstract:

City museums are continuously playing a role in promoting the creative transformation and development of excellent Chinese traditional culture and activating the vitality of it. As a meeting room for visitors from all over the world, city museums radiate a city's public cultural space. Through this business card, it displays the profound accumulation of national culture to the outside world. Qingdao Municipal Museum is a comprehensive topography museum founded in 1965. In recent years, it has made comprehensive efforts in the fields of protection and utilization, exhibition, public education, cultural creation centering on collections. The museum aims to find the source of living water from the

① 杨帆，青岛市博物馆馆员。YANG Fan, Qingdao Municipal Museum.

excellent Chinese traditional culture and shows the charm of traditional culture through diversified innovation, connecting culture, city and the public, activating the vitality of excellent Chinese traditional culture with the time spirit.

Key words:
City museums　Innovation　Excellent Chinese traditional culture

习近平总书记在文化传承发展座谈会上强调,只有全面深入了解中华文明的历史,才能更有效地推动中华优秀传统文化创造性转化、创新性发展,更有力地推进中国特色社会主义文化建设,建设中华民族现代文明。青岛地区历史文化资源丰富,据考古成果表明,最晚至距今 6 万～5 万年前,青岛地区人迹初现,他们沿河而居,以石为器,狩猎为生。距今约 7 000 至 4 000 年前,居于青岛地区的东夷先民,创造出独具特色的新石器文化。据史料记载,公元 623 年唐朝在如今青岛下辖的胶州市设立板桥镇,一千多年前这里曾商贾云集,"板桥市舶之法,使他日就绪,则海外之物积于府库者,必倍于明杭二州"①。近代,康有为先生对青岛评价为"红瓦绿树,青山碧海,中国第一"。如今,这座昔日海纳百川、糅合着异域文化独特气质的城市正走在高质量建设"博物馆之城"的路上。据 2023 年 11 月青岛市文化和旅游局公布数据,目前青岛市拥有各类博物馆 125 家,形成了海洋文化、历史建筑、乡村记忆、工业遗产四大博物馆集群,汇聚起传承发展传统文化的合力。"作为文化地标与城市名片的博物馆,将为城市繁荣发展注入新的力量,而城市也会使博物馆拥有更加旺盛的生命力和更广阔的发展空间。"②青岛市博物馆在与城市发展的融合共生中,不断实践探索传统文化的传承发展路径。

一、加强文物保护利用和文化遗产保护传承

文物是历史的见证、文化的载体。2014 年 3 月 27 日,国家主席习近平在联合国教科文组织总部演讲时指出,让收藏在博物馆里的文物、陈列在广阔大地上的遗产、书写在古籍里的文字都活起来,让中华文明同世界各国人民创造的丰富多彩的文明一道,为人类提供正确的精神指引和强大的精神动力。为走好新时代"两创"

① ［宋］李焘:《续资治通鉴长编》卷四百九,元祐三年三月,乙丑下条。
② 张颖岚:《博物馆,为城市发展注入力量》,《人民日报》2022 年 5 月 24 日。

实践之路，各地博物馆也在加强文物保护利用和文化遗产保护传承的基础上，注重文物价值挖掘阐释，讲好中国故事，让文物活起来。青岛市博物馆结合城市发展定位与馆藏文物特色，着力提高文物研究阐释和展示传播水平，更好地传承保护非遗，不断探索文化活化利用新模式。

古琴是青岛市博物馆的馆藏特色，分属于乐器门类。近年来围绕古琴进行一系列研究保护与活化传承，在让古琴“苏醒”的路上脚步从未停歇。古琴文化源远流长，作为位列中国传统文化四艺“琴棋书画”之首的古老乐器，具有清、和、淡、雅的音乐品格。2003 年中国古琴艺术被联合国教科文组织列为“人类口头和非物质遗产代表作”，古琴再次走进大众的视野，也促使了青岛市博物馆“博琴雅韵”古琴艺术传承活动的筹备酝酿。青岛市博物馆藏明清古琴 11 张，皆为国家二、三级文物。秉持将馆藏名琴“在保护中利用、在利用中传承”的理念，联合国家级艺术院所、邀请国内古琴名家在共同完善古琴文物信息、提升馆藏古琴研究的基础上，广泛开展馆藏古琴保护利用国际学术研讨会、古琴公益讲座、古琴公益培训班、古琴雅集、非遗宣讲进校园、公益云赏会等在内的多元艺术传承活动，向社会传递古琴的魅力。小众古琴，成为城市生活新风尚。作为一门宝贵的世界文化遗产，为向民众、向世界讲述好古琴艺术背后中国人的精神世界，扩大古琴艺术在当代的文化普及面，“博琴雅韵”项目开展至今已深耕古琴艺术传承推广十年，古琴艺术传承研习在青岛已蔚然成风，无论是城市中生活的年轻人，还是老人、小孩，七弦声中总能觅得“知己之音”。文物保护与利用并重，青岛市博物馆与湖南博物院合作的国家可移动文物保护专项，完成了 11 张古琴文物(二级文物 2 张，三级文物 9 张)的科学保护修复，适度恢复古琴的历史原貌，使修复后的古琴文物在适宜的环境下可以长久保存，同时也满足了对文物研究、展示、适度利用的要求。接下来还将进一步加强对馆藏文物资源的价值认知和内涵发掘，在保护利用中使文化遗产得到永续传承。

为拉近文物与公众距离，提升民众文化认同感，青岛市博物馆以“文物”为中心的活化利用同时体现在提供常态化公益性文物鉴定咨询服务、打造数字化时代下博物馆文物展示模式、以展教互动融合形式推出特色鲜明的书法艺术课程等博物馆实践中。自 2000 年始，每年国际博物馆日前后，开展公益性文物鉴定咨询成为本馆一项常态化服务项目，并不断完善优化。2023 年增加鉴定活动频次，在“国际博物馆日”“自然和文化遗产日”密集举办民间收藏文物公益鉴定咨询活动，提升公众文物保护意识和参与度，感受文物鉴定服务为精神文化生活带来的积极影响和美好体验。不断推动文化融入时代、融入百姓日常生活，新开发的“数字文博互动魔墙”以16万件馆藏文物为基础，筛选出200件数字文物进行研发，不仅可以查看文物高精度三维质感形态，还能梳理文化脉络、还原历史场景、查看知识图谱、讲述文物故事，全方位感受数字文化带来的新场景、新魅力，文物魔墙成为亲子互动、获取传统文化的热门栈点；启动“数字电视博物馆——博文进万家”公益精品文化传播项目，通过与中国广电山东网络有限公司青岛市分公司合作，以“博物文化资源通过数字电视免费点播推送”的模式进行博物文化宣传，实现文化资源的社会共享。近年来，面向社会公众推出展教实验书法艺术课程，以展览和教授相结合的方式，深入解读馆藏赵孟頫、吴昌硕等名家法帖。展教实验课最大的受众是线上观众，小众化的线下课堂加上大众化的网络直播形式，很多现场观众包括特邀老师都曾发出过感慨：“不必隔着玻璃看文物的感觉特别好，特别真切，甚至可以看清每一个笔画的用力和转折。”①

二、多维立体展览，彰显中华文化之美

一个博物院就是一所大学校，是讲述故事的理想场所。在博物馆内，历史通过展览可以变成看得见的文化遗产。展览是博物馆最重要的公共文化产品，如何结合馆藏资源推出一流的精品展览，以深刻的主题、丰富的内容、多样的形式展示给观众，从而吸引更多观众主动走进博物馆，在常看常新中读懂中国。这就要求展览需契合时代价值，从弘扬中华优秀传统文化的视角，挖掘展现中华优秀传统文化中的哲学思想、人文精神、价值理念与道德规范，发挥以文化人、以文育人的特殊作用。

传统文化类主题展览激扬起文化的活水。青岛市博物馆策划“会讲故事的博物馆”儿童展，从“文物给你讲故事”入手，点亮主题，挖掘文物展品背后的人物故事，用轻松活泼的展示语言，在孩子们心中播下中华优秀传统文化的种子，增强孩子们的民族认同感与文化自信。“岁时佳兴：中国古典季节美学展”从中国传统文化入手，寻找文物与文化的关联性，让沉睡库房的文物走出“深闺”，讲述中国古典美学的故事。“从清爱堂走来——刘墉和他的书法艺术展”展示了刘墉为臣、为子、

① 引自中国博物馆协会博物馆图文典籍与金石拓片专业委员会2023年“溯源与发展——探寻博物馆的永续之路”学术交流活动中，青岛市博物馆罗琦的发言《展教实验课——馆藏碑帖展示利用途径的新探索》。

为师、为友的一生，借由其书法艺术传递了清廉爱民、刚正不阿的家风传承与为官之德。此外，“一场关于生肖兔的旅行——癸卯生肖贺岁胶东五市联展”“龙腾盛世——甲辰龙年生肖贺岁展”等传统文化类主题展览，从文化的多维度视角带观众领略东方美学，展现文化活水在新时代生生不息的独特魅力。

红色革命类主题展览让红色基因赓续传承。原创展览“烽火胶东——纪念全民族抗战爆发85周年展”，以物述史，还原真实的胶东抗战，并入选国家文物局2022年度“弘扬中华优秀传统文化 培育社会主义核心价值观”主题展览。以合作促发展，青岛市博物馆与青岛科技大学、青岛理工大学、山东科技大学、青岛市城市文化遗产保护中心、中共青岛党史纪念馆发起成立了青岛革命文物协同研究中心，并在每年7月份开展“红色文化主题月”活动。2024年，在第75个五四青年节来临之际，为追忆五四历史，弘扬五四精神，凝聚奋进力量，青岛市博物馆联合北京大学校史馆、山东博物馆举办“五月的风——纪念五四运动爆发105周年展”。展览期间，同步开展“理想之火——纪念五四运动105周年暨‘五四运动与青岛’”馆校联合思政课、“博悟——青春中的战火”线上研学等教育活动。

文明因交流互鉴而多彩丰富。博物馆是保护和传承人类文明的重要殿堂，也是文明交流互鉴的重要平台。为搭建中外文明交流互鉴之桥，加强“一带一路”国际友好合作，青岛市博物馆积极承接国际交流合作展览项目，敞开胸怀展示各国多元文化，更向世界展现可信可爱可敬的中国形象。相继与亚美尼亚中国合作关系发展中心(ACPC)、基里巴斯国家博物馆、乌拉圭前哥伦布土著艺术博物馆、乌拉圭东岸共和国驻华大使馆开展交流互鉴，引进高水平专业展览。同时推动“年画里的中国——青岛市博物馆藏民间木版年画图片展”参与墨西哥阿卡尔科市“中国船”艺术节活动，推动“琴岛瑰宝——青岛市博物馆藏精品文物图片展”“年画里的中国——青岛市博物馆藏民间木版年画图片展”等赴亚美尼亚埃里温博物馆展出。发挥馆藏资源优势，拓展“两创”之路，注重讲好中国故事，传播好中国声音，通过展览的交流互鉴增强国际传播的亲和力和实效性，在创造性转化和创新性发展中展现中华优秀传统文化的独特魅力，全面彰显中华文化之美，不断提升国家文化软实力。

三、探索富有活力的公共教育活动

博物馆是保护和传承人类文明的重要殿堂，是连接过去、现在、未来的桥梁。

充分利用教育阵地服务资源，守正创新、活化利用，丰富公共教育内容与形式，可以让优秀传统文化的活水在青少年心间激荡起传承的欢快生命力。透过文物溯源中国人独特的精神世界和日用而不觉的价值观，引导青少年学习其中包含的中华优秀传统文化、革命文化和社会主义先进文化。近年来，青岛市博物馆不断致力于探索富有活力的公共教育活动，开展文博特色研学、树立馆校合作品牌，同时也让博物馆流动起来，打破地理上的阻碍，开展与社会、与社区联系更为紧密的公共文化服务。

依托馆藏文物资源与区域特色，打造“研之有物”的主题系列研学活动。革命文物是党百年奋斗历程的最好见证者，为了守护好、传承好新时代征程路上的底色，青岛市博物馆在创新“红色矩阵”展览展示方式的同时，开展不同主题的线上线下研学活动，将红色基因活化为青少年可视、可听、可触的精神食粮。由展览延伸而来的公共教育活动主题多元，涵盖丰富，其中“五四运动与青岛”“博悟正青春”“追寻红色足迹　传承延安精神”等研学活动不断上新。专为少年儿童群体推出的“青岛地方口述史交流研讨会”已连续开展三季，在博物馆里为孩子们带来更为鲜活生动的历史课堂。设计推出的“博乐·奇妙博物馆”亲子游玩寻宝活动将文物与节气民俗巧妙结合，“东夷探源”“胶澳日记”“碧海扬帆——海上丝绸之路与青岛”“我是城市推荐官”等主题系列海洋特色研学，在博物馆里从城市地域文化视角展现了蔚蓝色世界的多姿多彩。

在新时代开展中华优秀传统文化教育进校园、进课堂，青岛市博物馆针对“博乐伴成长”特色选修课做了有益探索。在校园里，文物活化利用变身热门文博特色课程，课桌之上的方寸间舞动起五千年文化积淀。学党史颂百年课、古琴赏析课、古籍修复课、瓷器修复课等系列课程在传承创新中唤醒了古物活力，“博物馆+学校”的学习模式，也让青少年在学校里便可踏上非遗文化体验之旅，切实发挥博物馆在文化传承中的作用。近年来，青岛市博物馆先后获评青岛市研学旅行示范基地、山东省红色研学基地、山东省中小学研学基地、山东省师德涵养基地等；“胶澳日记”研学活动、“博乐伴成长”博物馆特色选修课程进校园分别获评山东博物馆优秀社会教育活动案例和十佳社会教育活动案例，“夜色青博”时尚文旅活动获评全国“优秀文博社教案例”，“博琴雅韵”古琴艺术传承活动项目入选全国文博社教百强案例。此外，青博的“真情传博万里行”文化志愿宣讲团，还携带馆藏文物、流动展览与特色文博体验活动，走进聋校、乡村课堂、居民社区等地，让文物“活”起来，打通公共文化服务的“最后一公里”，最大可能实现文化惠民、服务基层。

四、文创产品研发，创新与融合双轮驱动

近年来博物馆文创备受大众关注，文创产品反映着人民群众对美好生活的向往与公众对中华优秀传统文化的认同，作为“链接”传统与当下的有益尝试，实现观众将博物馆带回家的美好愿望。“博物馆热”的持续升温，使得文创成为浓缩地域文化特色的名片，成为越来越多人 Citywalk（城市漫步）旅行方式中必不可少的打卡选项。

文创产业迸发出的巨大活力，催促着文创领域的跨界融合。青岛市博物馆在文创研发上，以跨界融合促进多元发展，不断拓宽传播模式。与传媒平台、社会力量合作，以二十四节气为主题，推出系列传统文化分享会，以馆藏文物为介，以品茗闻香、挂画抚琴等为展现方式，通过官方平台直播，向观众讲解馆藏文物中的传统文化，同时在线直播销售文创产品。节气文化主题上线立春、立夏、立秋、立冬主题四期直播，走出博物馆，联合本土品牌如是书店，举办文化直播及“四季里”文创展示活动，让观众通过参加活动、参观展览，感受文创融入美好生活、传统与时尚的完美相遇。动漫二次元与博物馆文创跨界联动，展现了不一样的博物馆打开方式。通过文物元素 IP 授权的方式，联合国产动漫《君有云》，共同打造了动漫手办文创产品和“国创之名　君子有约——青岛市博物馆首款跨界手办首展”主题活动。推出《君子傲雪》文创手办，将馆藏文物明代谢时臣《武当南岩霁雪图》与动漫女主“南宫夕儿”进行跨越时空的“文化破圈”融合，进行全新的跨界尝试。稳健发行的数字文创，先后推出馆藏印章、古钱币、铜镜等主题，共计 23 款数字文创，并在国内最大平台“蚂蚁鲸探”发布，为传统文化注入了新的生命力，提升了产品的文化内涵和用户体验，实现产品市场与文化价值双拓展。

青岛市博物馆以“地域特色 + 文物内涵”模式，让文创产品成为城市文化最佳“代言人”。找准城市博物馆自身文化特色，挖掘和围绕城市特色进行文化创意创作，融入城市发展格局，用文创讲述小城故事。如青博推出《青岛城事绘》，囊括了青岛风俗、青岛物产等内容，通过手绘作品输出青岛魅力。博物馆原创展览在讲好“文物故事”，让“文物活起来”的同时，也给文创研发带来创意与灵感。如“会讲故事的博物馆”儿童展，文创设计团队提取其中的文物元素，进行创意设计，贴合展览

活泼、亲民的属性,为展览打上了青博"智造"的标签。其中铜像尊金银纪念章、笔袋、拼图等文创深受观众喜爱。突出本土文化和馆藏优势的"从清爱堂走来——刘墉和他的书法艺术展""探源青岛——青岛地区考古成果展"等,分别通过开发刘墉Q版形象系列与考古盲盒系列巧克力,打造更具吸引力的地域文化特色文创产品,为展览增色不少。博物馆文创承载着文物的前世今生,传达出中华优秀传统文化的价值内涵,通过构建有效的博物馆文化价值传播体系,在凸显城市地域文化特色的同时,使博物馆收藏、展示、研究、教育等核心功能得到拓展。

结　语

城市有许多的历史记忆,城市博物馆里收藏有关于优秀传统文化和城市历史文脉的生动故事,这些都需要在新时代通过有益的创新实践与探索,以喜闻乐见、具有广泛参与性的方式,讲述中国故事、传播中国声音、赓续中华文脉,有效推动中华优秀传统文化创造性转化和创新性发展。让"两创"更好地落地开花,持续输出高质量的文化产品,是城市博物馆需要不断实践突破和探索思考的时代课题之一。

略论国有博物馆馆长的素质要求与责任担当

程存洁[①]　孙中山大元帅府纪念馆　广东广州　510220

摘要：

在中国博物馆协会城市博物馆专业委员会中，国有博物馆占绝大多数。它们在繁荣中国特色社会主义文化事业上发挥越来越重要的作用。本文简略地阐述了国有博物馆馆长的素质要求及其能力建设，以及国有博物馆在社会发展中面临的一些新问题。文章同时指出，作为国有博物馆的馆长，更应努力夯实博物馆的基础，完善博物馆的功能，提升博物馆的服务效能，为完善中国博物馆建设体系作出积极贡献。

关键词：

国有博物馆　馆长　职业素质

On the Quality Requirements and Responsibilities of State-owned Museum Curators

CHENG Cunjie

Abstract:

In the city museum professional committee of China Museum Association, state-owned museums account for the vast majority. They are playing an increasingly important role in flourishing the cultural cause of socialism with Chinese characteristics. This paper briefly expounds the quality requirements and capacity building of state-owned museum curators, as well as some new problems faced by state-owned museums in the social development. The article also points out that, as the curator of state-owned museums, more efforts should be made to consolidate the foundation of museums, improve the functions of museums, improve the service efficiency of museums, and make positive contributions to the improvement of China's museum construction system.

Key words:

State-owned museum　Curator　Professional quality

---

① 程存洁，孙中山大元帅府纪念馆馆长、研究馆员。CHENG Cunjie, The Memorial Museum of generalissimo Sun Yat-Sen's Mansion.

在中国博物馆协会城市博物馆专业委员会中，国有博物馆占绝大多数，是引领当地文化事业高质量发展的一支主力军，对促进当地文化事业的发展起着举足轻重的作用。2023 年 2 月 7 日，《中国文物报》刊发了《开展文博强国行动，建设世界文博强国》一文，明确提出“建设社会主义文博强国”的发展目标。为实现这一目标，各类博物馆需要齐心协力，共同努力，而国有博物馆的作用和责任更为重大。

新中国成立后，党和政府高度重视文博事业，75 年来我国的文博事业发生了翻天覆地的变化，博物馆的数量不仅得到了快速增长，其质量也得到了空前提高。如今，全国各省市县（区）已基本建有博物馆，一些部门和行业还建起了各类专题博物馆，甚至民间个人也纷纷创办博物馆。

根据《博物馆条例》规定，我国的博物馆包括国有博物馆和非国有博物馆两大类，其中，利用或者主要利用国有资产设立的博物馆为国有博物馆，利用或者主要利用非国有资产设立的博物馆为非国有博物馆。根据国家文物局公布的数据，2022 年全国备案博物馆共有 6 565 家。

当前，我国国有博物馆不仅数量多、种类多，而且质量高，影响也日益增大，已成为展示我国物质文明、精神文明和生态文明成就、传播科学文化知识、开展文明交流、普及社会教育、启迪民智、引领社会进步、弘扬社会主义核心价值观的重要场所，是我国博物馆事业发展的一支中坚力量。因此，国有博物馆能否建设好、运营好，能否带好头，将直接影响我国文物博物馆事业的健康发展，而作为国有博物馆的馆长，无疑又是一个十分关键的因素。

一、国有博物馆馆长的素质要求

现阶段，我国国有博物馆的馆长人选主要是由博物馆所属上级党组织按照一定的用人选人标准和程序选拔任命的。综合我国国有博物馆馆长人选现状，他们当中既有出自文博系统的，也有从文博系统以外其他事业单位选调而来的，还有来自国家公务员队伍或高等院校等科研单位的。这些馆长或有丰富的文博从业经验和文博专业知识，或具备良好的管理经验和领导艺术才能，或拥有良好的科研能力。总之，他们是具有某一类特长的高素质人才。

针对国有博物馆的馆长人选，各地视自身情况，又设定了一些任职条件。比如，2017 年 7 月 27 日经广东省第十二届人民代表大会常务委员会第三十四次会议批准并自2017年12月1日起施行的《广州市博物馆规定》，其第二十二条规定："博物馆馆长应当具有相应的专业知识和工作经验，利用或者主要利用市级财政性资金设立的博物馆馆长还应当具有相应专业的正高级专业技术职称。"这条规定的目的，就是通过提高广州市那些利用广州市级财政性资金设立的国有博物馆馆长的专业技术水平，来保障广州市国有博物馆健康发展，并以此带动本地区博物馆的全面进步。

作为国有博物馆的馆长，除了要具备基本的专业知识和管理能力外，还需努力提升个人的综合素质，包括以下几个方面：

（1）牢固树立正确的政绩观，把握好职业操守，明确博物馆的宗旨，制定切实可行的发展计划，筑牢博物馆的发展基础。

（2）有廉洁奉公、勇于奉献、吃苦耐劳的精神，对博物馆事业要有强烈的责任感，要始终保持敬畏之心，热爱博物馆事业，愿意全心全意地投入到博物馆事业中。

（3）努力提高统筹协调和处理复杂关系的能力，能处理好个人与集体、人与人之间的关系。

（4）有国际视野，主动与国内外各类博物馆开展文博交流活动，当好文明交流的使者，讲好中国故事。

二、国有博物馆馆长的能力建设及面临的新问题

纵观国际博物馆发展史，博物馆的建设目的，从最初期的仅为个人或少数人提供玩赏服务，发展到近代，已成为为社会公众提供服务，以传播知识、教育和启迪民智为目的，再到新世纪，以追求更为开放包容的文化精神并给予公众以全新体验为目的。如今，博物馆正面临一系列新问题，包括如何更好地处理与公众的关系，如何使博物馆的公共教育不只停留在说教式的层面，而是提升到一个更高层次、更为生动的互动关系上，使公众参与体验成为博物馆的一个中心内容。博物馆在做好收藏、保护与研究、展示等传统功能的基础上，正积极运用新技术和新手段，更形象生动地为公众讲好藏品及藏品背后的故事，使公众参与全新的参观体验，并以此拉近博物馆与公众之间的关系。

为适应新形势，解决好新问题，使国有博物馆始终站在时代前沿，作为国有博物馆的馆长，必须持续加强自身能力建设。

首先,要切实规划好博物馆的发展方向,要勇敢地担负起“满足公民精神文化需求、提高公民思想道德和科学文化素质”(《博物馆条例》第一条)的历史使命,坚持“以教育、研究和欣赏为目的,收藏、保护并向公众展示人类活动和自然环境的见证物”(《博物馆条例》第二条),把“坚持为人民服务、为社会主义服务的方向和贴近实际、贴近生活、贴近群众的原则”(《博物馆条例》第三条)贯彻到底;要坚守底线思维,保障博物馆事业始终行走在《博物馆条例》规定的范畴内,确保博物馆的核心价值、理念和功能符合博物馆的标准和精神,不会偏离方向,更不会沦为商业性的画廊或媚俗的娱乐场所。

其次,为了丰富人民群众精神文化生活,就必须夯实博物馆的基础,使博物馆的馆藏、展陈、教育、研究等各项工作更上一层楼。为夯实博物馆的基础,博物馆的科研工作显得尤为重要。今年国际博物馆日主题是“博物馆致力于教育和研究”,表明国际博物馆界已充分认识到科研的重要性。事实上,博物馆里的各项工作都离不开科研,科研既是博物馆的一项基础性工作,也是博物馆的首要任务。无论是博物馆的展陈工作、文物标本的征集与保护工作,还是公众教育与欣赏工作,都是建立在科研基础上。因此,加强科学研究,为博物馆的建设和发展打好基础,永远是馆长需要牢记的事情。

那么,作为馆长,应该怎样重视科研工作?首先应当配齐博物馆科研工作所必需的研究设备、科研人员等,既要配备一定数量的专家学者,使他们能够担负起文物标本的征集、整理与研究工作、陈列展示和宣传教育工作等,确保博物馆的各项工作具有科学性和权威性,又要重视文物资料标本室、收藏室、修复室、实验室、图书资料室和数字化信息化等各类研究设备的基础性建设工作,并采购收集与本馆性质相符的图书资料等。如果忽视了这项工作,就会很容易使博物馆的科学性和权威性受到公众质疑,势必影响博物馆的声誉,使博物馆的发展受到限制。

再次,博物馆是中国特色社会主义文化的一个重要组成部分,是提高公众科学文化水平的一个重要场所。作为馆长,要抓好人才队伍建设,全面提升从业人员的政治思想、科学文化和业务水平。只有这样,才能使博物馆的各项工作更上一层楼。

最后,要提升国际视野,跟上时代发展步伐,使自己能站在博物馆学学科前沿来规划和发展博物馆。还要充分利用本馆优势,从馆的宗旨、定位和性质出发,探索馆的发展规律,明确馆的任务,做到守正创新。为此,要不断学习,丰富知识,使自己具备与本馆宗旨、定位、性质相匹配的专业知识，把自己锻造成为博物馆的行家里手。作为馆长，如果知识储备不足，即便管理能力强，对馆的未来发展也会陷入难以作出科学判断的尴尬境地。

近年来，我国博物馆事业得到社会各界的高度关注，许多地方政府纷纷提出“博物馆之城”建设的宏伟目标，对博物馆而言，这无疑是一次良好的发展机遇。但是，随着社会经济和各项事业的快速发展，博物馆，尤其是国有博物馆，却不可避免地迎来了一些新问题。比如，一方面，博物馆的重要性越来越为社会各界所认识，人们对博物馆的期望越来越高，博物馆不仅成为人们接受知识、获取智慧的重要场所，而且成为抚平人类心灵、构建和谐社会的重要基地；另一方面，社会各界对博物馆，尤其是国有博物馆的认识尚存模糊地块，一些部门在制定相关政策时，出台了一些与博物馆事业发展相左的政策，导致国有博物馆的一些重要工作无法开展，阻碍和束缚了国有博物馆的健康发展。

国有博物馆在运行机制体制方面也遇到一些新问题。比如文创事业，近年来国家高度重视，但国有博物馆，特别是实行公益一类运行的博物馆，受当地政策制约，无法有效开展文化创意产品的开发经营。又如，对专业人才的培养政策，不仅无法得到有效加强，反而有削弱趋势，特别是对馆级领导的选用，更是存在不少缺陷，难以做到人尽其才。这些问题的出现都将会制约博物馆事业的健康发展，使从业人员所学专业难以得到充分发挥，“择一业，终一生”只能成为梦想。上述问题如果不能得到及时解决，势必会影响和制约国有博物馆的健康发展。

结　语

2024 年 3 月 5 日下午，习近平总书记参加江苏代表团审议时叮嘱广大文物工作者：“要把博物馆事业搞好。博物馆建设要更完善、更成体系，同时发挥好博物馆的教育功能。”让收藏在博物馆里的文物、陈列在广阔大地上的遗产、书写在古籍里的文字都活起来，这是一份沉甸甸的使命。作为国有博物馆馆长，责任重大，任务艰巨，使命光荣。

早在 2021 年 5 月 24 日，中央宣传部、国家发展改革委、文化和旅游部、国家文物局等 9 个部门联合印发了《关于推进博物馆改革发展的指导意见》，明确指出“博物馆发展不平衡不充分与人民美好生活需要之间的矛盾仍很突出，在发展定位、体系布局、功能发挥、体制机制等方面尚需完善提升”。作为国有博物馆，要带头积极落实《指导意见》精神，敢于突破体制机制障碍，为进一步完善提升我国博物馆发展定位、体系布局和功能发挥作出积极贡献。作为国有博物馆的馆长，更应努力夯实博物馆的基础，完善博物馆的功能，提升博物馆的服务效能，为把我国博物馆建设成为基础扎实、专业高效、开放创新、智慧多元的教育基地而努力奋斗。

二、 文旅融合背景下的城市博物馆

II. City Museums in the Background of Cultural and Tourism Integration

文旅融合促育城市博物馆发展新动能
——基于杭州博物馆实践的思考

黄　燕[①]　杭州工艺美术博物馆　浙江杭州　310002
郑亭亭[②]　杭州博物馆　浙江杭州　310002

摘要：

文化旅游产业的快速发展使越来越多的城市开始关注博物馆的建设和运营，城市博物馆也逐渐认识到自己的责任除了引领城市文化、弘扬城市精神外更要主动融入城市经济社会发展大局，积极助力城市发展。与之相应的转变就是博物馆在强调文物保护和学术研究的同时，逐渐开始与旅游产业等进行融合。本文以杭州博物馆实践为例，探讨文旅融合背景下，城市博物馆多元化、可持续性发展的新路径。

关键词：

文旅融合　城市博物馆　发展

The Integration of Culture and Tourism Stimulating the Development of City Museums: Reflections on the Practice of Hangzhou Museum

HUANG Yan　ZHENG Tingting

Abstract:

The rapid development of cultural tourism industry makes more and more cities pay close attention to the construction and operation of museums. In addition to leading the city culture and promoting the city spirit, the city museum has realized that it is also necessary to actively integrate into the overall economic and social development of the city, making contribution to the development of the city. Accordingly, museums have gradually become integrated with the tourism industry while emphasizing preservation of cultural relics and academic research. Based on the practice of Hangzhou Museum, this paper attempts to explore the way to the diversified and sustainable development of city museums in the context of integrating culture and tourism.

---

① 黄燕，杭州工艺美术博物馆副馆长、研究馆员。HUANG Yan, Hangzhou Arts and Crafts Museum.
② 郑亭亭，杭州博物馆宣教部副主任。ZHENG Tingting, Hangzhou Museum.

Key words:
Integration of culture and tourism　City museums　Development

随着社会经济的发展和人们生活水平的不断提高,文化旅游的需求日益增长。作为城市活力和城市竞争力的代表之一,城市博物馆是认识一个城市最好的"名片",是深入了解城市内涵的重要渠道。现在许多游客外出旅游首选就是到城市的博物馆,了解当地的历史文化和风俗民情。所以,城市博物馆在文旅融合中扮演着越来越重要的角色。2021 年 5 月,中央宣传部、国家发展改革委、教育部、科技部、民政部、财政部、人力资源和社会保障部、文化和旅游部、国家文物局联合发布《关于推进博物馆改革发展的指导意见》,强调优化传播服务,推动博物馆与旅游业的深度融合,促进文化消费。近年来,许多城市博物馆都在积极探索文旅融合的发展路径,通过举办各类展览、推出文创产品、开展文化活动等方式,促进与旅游业的深度融合,在整合文化资源、保护文化遗产、创新展示方式上下足了功夫。为了提升自身文化价值和旅游吸引力,城市博物馆正在不断努力,这些努力也为其发展注入了新的活力。西安、成都、洛阳、南京等历史文化名城的博物馆吸引了众多游客,这些城市里的各类博物馆"串珠成链",不仅仅记录城市文化,也成为推动城市发展的重要力量。杭州历史悠久、风景秀丽、人文荟萃,旅游资源丰富,作为历史文化名城、创新活力之城、生态文明之都,全市博物馆亦在深入践行窗口理念,做好文物活化利用,主动融入新时代浙江文化工程、宋韵文化建设、亚运城市行动、对外人文交流等重点工作,对文旅融合进行了积极的探索和研究。

一、文旅融合背景下城市博物馆的发展策略及其矛盾

城市文化软实力的提升及城市旅游业的可持续发展都要求作为文化传承和旅游体验重要场所的城市博物馆积极制定和实施有效的发展策略,助力实现文化价值的最大化和旅游经济的活跃。目前,从国内城市博物馆的经验来分析,发展策略的着力点主要有以下几个方面。

(一)创新展览内容与形式,加强品牌建设

一是开发与时俱进的临时展览,引进国内外优秀展览项目,以丰富常设展之外的展览内容,保持博物馆常看常新的吸引力。博物馆的临时展览具有很强的灵活

性，不仅可以结合城市历史、文化特色展示多样性的自然、民俗、遗产、宗教、艺术等内容，还可以围绕时事热点、社会问题等，设计特色主题展览，吸引更多目标群体。二是利用多媒体和互动技术，如虚拟现实（VR）、增强现实（AR）等手段，提升观众的参与度和体验感。三是建立独具特色的博物馆品牌形象，通过高质量的视觉设计和推广营销活动，树立独特的品牌标识。

（二）拓展宣传与教育功能，加强文化传播

开设多样化的教育项目，如学校合作项目、讲座、研讨会、研学活动、亲子活动等，以覆盖不同年龄和兴趣的受众。发展志愿者项目，吸引社会各界人士参与博物馆的宣传，同时提供深度的文化教育和社会实践机会。利用线上平台，如官方网站、社交媒体等，进行数字资源共享和网络教育，扩大教育的覆盖面和影响力。与当地政府、社区合作，举办主题文化活动，增强公众对博物馆的认同感和归属感。

（三）提升运营管理与服务质量，优化旅游体验

在新需求与新技术双重涌现的当下，对公众消费诉求保持动态适应是获得发展活力与竞争力的关键所在。① 所以，城市博物馆在以下方面不断提升：一是引入现代管理和运营理念、技术，优化内部管理流程，提高工作效率和服务水平；二是注重培训专业的导览人员和服务团队，提供多语种服务及无障碍服务，满足不同国家、地区游客的需求及特殊人群的需求；三是改善设施设备，确保安全舒适的参观环境，如良好的照明、清晰的指示牌、便利的休息区等；四是实施顾客满意度调查，及时了解并解决游客的需求和问题，不断提升服务质量。

通过以上举措，城市博物馆成为连接过去与未来、传统与现代、地区与全球的重要桥梁，并越来越好地发挥出其在社会文化生活中的作用。在文旅融合的过程中，已有不少博物馆主动转换角色，申报成功 5A 或 4A 级旅游景区，打造“景区化”博物馆，而旅行社也在不断策划并推出博物馆研学旅行项目，电商平台也在线上推出相关导览类产品。然而在文物和旅游日益融合的趋势下还存在一些矛盾需要解决。

一是公益与商业化的矛盾。国有博物馆作为公益类事业单位，开展展览、主题活动以及文创等均以社会效益为先，而文旅产业开发则以经济效益为先，商业性和公益性之间存在互斥关系，双方需要反复磨合。另外，文物资源向旅游产品转化方

① 谢雨婷：《可及性：公众感知视角下的博物馆公共文化服务评价体系》，《东南文化》2021 年第 2 期。

式并不完善，存在旅游行业单方面利用博物馆免费资源开展进行有偿研学活动，以及电商平台高价出售本应免费的博物馆门票预约和深度导览服务等问题，并引发部分游客投诉，让文化之旅的意义大打折扣，有损城市旅游形象。

二是教育性与娱乐化的矛盾。为增加参观体验的互动性与趣味性，吸引更多游客，博物馆可能会增加更多的互动和娱乐元素，如 VR 体验、游戏化设计等。这些元素虽然能够提升游客的体验感，但也可能使得博物馆的教育和研究功能被简化和淡化。博物馆在追求娱乐化时可能会更加注重大众市场，而忽视了专业研究者和特定兴趣群体的需求。这会导致博物馆在满足广泛受众的同时，失去了对特定人群的深入服务。

三是需求提升与服务供给不足的矛盾。很多中小城市博物馆受城市文化氛围、场馆经费和人员不足等因素制约，存在场地有限、空间不足、功能不齐、设备老化、人才培养欠缺等问题，容易出现节假日拥挤、设备故障、服务不到位等问题，使观众参与和体验不佳。

所以，博物馆与其他业态的有机融合尚需社会各方凝聚共识形成合力，在摸石头过河的进程中积累有效经验，促进良性发展。

二、杭州博物馆的文旅融合实践

杭州是国家级历史文化名城，有实证中华 5 000 年文明的良渚古城遗址，有奠定“东南第一州”的吴越文化遗存，有城市发展历史顶峰的南宋临安城遗址，有江河交汇的世界文化遗产大运河，有体现中国传统“天人合一”理念的世界文化景观西湖，历史文化积淀十分深厚。杭州博物馆作为杭州的城市博物馆，是集中展示杭州历史文化的重要窗口和载体。在建设独特韵味、别样精彩世界名城，打造展示新时代中国特色社会主义的重要窗口，落实推进杭州市委提出的“六大行动”和长三角一体化、“拥江发展”等重大战略的新时期，杭州博物馆也面临着前所未有的机遇和挑战。

（一）举办优质主题展览，耕植城市文化影响力

展览作为文化旅游的一种重要形式，具有丰富的文化内涵、直观的教育意义、互动性强、良好的旅游融合和可持续发展等优势。因此，展览在文化旅游领域具有重要的地位和作用，并成为文化旅游最好的产品之一。以历史、艺术、人文、科技等

为主题的精品展览，展示地区的文化底蕴和历史传承，这样的文化体验是其他旅游产品无法比拟的。当代展览注重与游客的互动，通过多媒体、虚拟现实等技术手段，让游客参与到展览中来，增强了旅游的趣味性和吸引力。同时展览作为一种文化遗产的保护和传承方式，具有很强的可持续性。从形式到内容可以通过不断创新和更新，吸引更多的游客前来参观，实现旅游业的可持续发展。

近些年，杭州博物馆通过以举办高质量的展览和更专业的学术研究，全面推进博物馆各方面的业务工作，来强化“杭州博物馆”自身的 IP 建设，增强文化磁场，并将展览的文化元素融入旅游推广，为游客提供丰富的文化体验。原创临展围绕宋韵文化研究、中华文明探源及杭州人文底蕴宣传，陆续推出了“行在山水间——南宋视野下的杭州临安城”“与古为新：从中原到江南——中国尚古文化的源与流”“湖山胜处——16 至 20 世纪书画杭州特展”“发靥的宋潮——青少年体验展”等展览，取得优异的口碑，吸引了大量游客前来参观，外地游客人数占总参观人数的比例高达 70%，杭博网络热度也在全国博物馆热搜榜上占有席地。

值得一提的是，杭博首个针对青少年的临展“发靥的宋潮”实现了出人意料的破圈效应，展览依托宋韵文化传世工程的驱动，扎根青少年核心价值的培育，“无文物”“沉浸式体验”的展陈形式把生涩的知识点转化为孩子们喜闻乐见的“五感体验”“定向运动”和“跨学科学习”项目，不仅让小朋友喜爱，年轻观众也乐在其中，一度成为 2022 年暑期的“爆款”临展。展览期间的自媒体热度引发了宾馆、公园、商业综合体等旅游业的关注，主动对接的巡展不断，别具特色的宋韵 IP 在西湖国宾馆、西溪湿地公园、江东龙湖天街甚至长沙印象城等经营场所吸引了超百万的线下参观流量，实现文化与旅游的双向奔赴。

（二）实施“博物馆 + ”文创战略，彰显跨界合作创新力

博物馆的功能如今已从传统意义上对“物”的收藏、研究、展示，提升到“以人为本”的新阶段，充分运用教育、交流、互动体验等充满活力的传播手段。在此基础上，博物馆文化创意工作的设立、运行与开拓也显得日益重要，文化衍生产品不断推陈出新，合作领域向纵深发展。杭州博物馆的文创研发主要以杭州历史文化及馆藏为基础，结合博物馆展览、活动，杭州传统节日节气风俗，形成“最忆是杭州”“宋韵”“临展主题”三大系列。文创产品的持续更新成为吸引游客参与、传播杭州文化、增加社会效益、提升影响力的新途径。

近年来，杭博积极践行“博物馆 + ”理念，使文创产品突破丝绸、茶叶、瓷器等土

特产类目，把杭州的文物和文化符号广泛运用到饰品、服装、饮料、玩具、香氛、家装、文体用品甚至数字产品上。与菜鸟、七月夕、楼外楼等知名品牌合作，主打“国潮”风，将现代气息与怀旧情结完美融合，孕育包含杭州传统元素的新风貌，以古今交融的人文厚度对话时代，让观众在现代都市中，也能享受古韵与今风并存、优雅与实用兼备的品质生活。近年来推出的一系列文创产品不仅具有实用性，还具有很高的文化价值，成为游客购买的热门商品。通过不同的合作载体，“把博物馆带回家”的文创设想落到实处，扩大文创辐射半径的同时也让文创走向文旅集市，走入省内外商场、公园、超市、地铁站等公共场所，助力城市文旅消费新趋势的发展。以跨界融合为链路，主动与传统行业对接，积极关联新潮流、新科技，培育健康绿色的文创生态，发挥数字智慧的焕新作用。

（三）助力城市文旅品牌活动，增强以文塑旅内核力

杭州博物馆积极开展各类文化活动，联手杭州市文化和旅游推广中心，先后推出“集五福 游杭州”“宋韵杭州奇妙夜”“宋福杭州年”等特别活动。在活动中融入杭博特色文物资源展示，讲述文物背后的传奇故事，配套丰富多彩的互动项目，延长开放时间，吸引广大市民游客积极参与，彰显博物馆文化魅力的同时也增强文旅活动品牌的文化底蕴和精神内涵。

“杭州奇妙夜”是杭州市文旅局的固化 IP，自 2020 年推出以来，成为全省乃至全国疫后复苏、拉动消费、彰显城市活力的重要场景。2022 年 8 月 27、28 日两晚，杭博结合年度大展“行在山水间——南宋视野下的杭州：临安城”，与杭州市文化和旅游推广中心联合举办了“宋韵杭博奇妙夜”活动。活动以宋画中的“烟火味”为主线，围绕宋人的生活方式，设置宋代四雅、文人趣物、古代游戏、科举体验、宋人飨宴、文人空间等 6 大版块内容，设置近 20 个展陈与体验项目，打造 10 多个消费场景，充分展示南宋生活的美学气息，营造可观赏、可互动、可购买，充满趣味，寓教于乐的宋文化空间，让人身临其境穿越大宋。两晚夜游活动共吸引 4 000 余名观众到馆参观、体验。“杭州奇妙夜”和“宋韵文化”的首次成功融合，不仅与杭博的临展相得益彰，也为打造城市文旅夜间消费新平台、探索文旅带动共富新路径、呈现城市历史文化新魅力提供了新思路。在此基础上，杭博继续遵循“宜融则融，能融尽融，以文促旅，以旅彰文”的工作思路，策划系列宋韵文化研学活动，解码地域文化基因，放大优势、多元联动。传承杭州优秀传统文化的精神内核，彰显最江南、国际化、时尚范的场馆特色，开启文旅融合新常态。

(四) 携手在地名企员工培训,扩大乡土文化传播力

2021 年 11 月,杭州博物馆与杭州黄龙饭店开展共建合作。通过城市博物馆与在地企业强强联手,秉着文旅融合的理念,凝聚彼此力量,共同向生活、工作、旅游在杭州的新老杭州人推广历史文化。在共建项目中,每年都组织两次黄龙饭店新员工进杭博参观,通过讲解导览,把杭州的人文历史、自然风景、风土人情、方言俚语、地道美食等更生动地传达给员工,带领他们寻找杭州的烟火味和人情味,并由此激发他们对城市的热爱。这也是杭州博物馆在与幼儿园、中小学校共建工作后,策划推出的“杭州人的第一课”系列公共教育项目,希望与包括杭州黄龙饭店在内的首批文化推广合作战略单位,通过文旅融合讲好杭州故事,传播杭州文化,成为杭州历史文化宣传的一线窗口。在此基础上,合作组织面向杭州黄龙饭店新员工的“入职培训”,以杭州博物馆为基地,将馆陈参观游览、历史文化熏陶、风俗礼仪学习相结合,创新组织形式,丰富活动内容,增强活动实效,推动了杭州历史文化的有效传播,让在杭州旅游、工作、学习的人爱上杭州。截至 2023 年 7 月底,共计开展相关培训 6 批次,培训人员 178 人,馆企共建合作取得显著成效。

(五) 规范社会人士入馆讲解,优化公共服务供给力

随着“博物馆热”席卷全国,进入博物馆的文化旅游团和研学团体日渐增多,这给博物馆参观和讲解带来新的考验。为了给游客带来更好的参观感受,保证文化宣传输出的质量,提升公众服务水平,杭州博物馆主动出击,积极探索研究社会人士入馆讲解办法。经过前期与市文旅局的充分沟通和广泛的社会调研,于 2021 年正式公告《杭州博物馆社会人士入馆讲解和研学活动管理办法》,打破只限制、不引导的“惯性做法”,于 2022 年推出并实施“社会人士讲解培训计划”。目前,杭博已联合杭州市文旅局开展了两期“社会人士讲解培训”,培训内容包括博物馆讲解、杭州历史文化、杭博馆藏文物、杭州南宋遗址与遗迹等,汇集文博界、旅游界师资力量,保证授课的接地性和实操性。培训后进行现场考核,考核通过者可持“证”上岗。第一期培训于 2023 年 7 月实施,共报名 14 人,培训合格 5 人。虽然是首次尝试,但社会反响热烈。第二期培训接着于 2024 年 1 月 20 日推出,报名人数增加至 65 人,经过筛选,来自旅游行业、研学机构、高等院校等 30 多名社会人员参加培训,通过考核共 3 人。两期培训合格获得持证资格的社会人士均已补充到讲解队伍中。截至 2024 年 3 月,社会人士已在杭博共开展免费讲解 21 场,为 428 人提供了讲解服务。原本闹哄哄的散团在杭博不见了,游览环境得到明显改善。这一举措

的成功实施，也进一步说明，博物馆作为公共文化传播机构，最大的魅力在于其公共性和开放性。通过规范讲解秩序，明确参观的边界与规则，让社会力量广泛参与进来，不仅可以让文物“活”起来，也能让游客满意度高起来。

结　语

文化旅游的深度融合为城市博物馆发展带来了新的契机。在全球化和数字化时代背景下，城市博物馆应该不断开拓创新，积极探索文旅融合的发展路径，实现自身的持续发展，担负起新的文化使命，在实践创造中进行文化创造，在历史进步中实现文化进步。杭州博物馆的实践是诸多城市博物馆谋求新发展中的一个案例，它充分表明，通过举办主题展览、推出特色文创产品、开展品牌文化活动、加强社会交流，优化共享等方式，博物馆可以实现与旅游业的良性融合，为城市发展注入新的活力，也为自身的多元化发展提供更广阔的空间。杭州博物馆也将坚持“以人为中心，博物馆建设成果人民共享”的发展理念，继续深化文旅融合，力争把博物馆打造成学习、休闲、旅游、观光为一体的公共空间、研学基地和旅游目的地，实现博物馆与周边自然、文化、社会环境的互融互通，充分发挥博物馆对社会可持续发展和构建美好生活的潜力。让文化成果更多更好地惠及群众，助力“博物馆之城”建设高质量前行。

博物馆助力城市文化更新的深圳探索[①]

胡秀娟[②]　深圳博物馆　广东深圳　518026

摘要：

博物馆是一个城市的“文化湿地”，它记录城市的历史，也守护城市文化的未来。文旅融合背景下，博物馆事业的发展与城市文化形象的关联性愈加密切，如何让博物馆事业助力城市文化发展与更新，是文化治理思维下的城市文化建设新路径。深圳作为改革开放的“窗口”城市和新兴的移民城市(因而被称为“文化沙漠”)，其城市文化发展轨迹一直备受关注。深圳的文博事业是伴随着改革开放、城市加速发展的时代背景而建立和发展起来的，博物馆的发展与城市的发展相得益彰、互为助益，深圳文博场馆如何在“文化沙漠”中扎根，探索城市文化更新和创造性转化的经验，非常具有代表性，值得深思和探讨。

关键词：

博物馆　城市文化更新　深圳

Shenzhen's Exploration of Museums Contributing to Urban Cultural Renewal

HU Xiujuan

Abstract:

A museum is a city's cultural wetland, which records the history of the city, collects the material evidence of the current development, and guards the future of urban culture. Under the background of the integration of culture and tourism, the relationship between the development of museums and the cultural image of the city is increasingly close. How to make museums contribute to the development and renewal of urban culture is a new path for urban cultural construction under the thinking of cultural governance. Shenzhen as a "window" city of reform and opening up and a new immigrant city which has always been called a "cultural desert", its urban cultural development track has been highly concerned. Shenzhen's cultural industry was established and developed along with the era of reform and opening up and the accelerated development of the city. The museums'

① 本文为2023年度文化和旅游系统青年科研人才扶持计划入选项目“馆与城：文旅融合背景下博物馆与城市文化形象的良性互动”阶段性研究成果。

② 胡秀娟，深圳博物馆馆员。HU Xiujuan, Shenzhen Museum.

development and the the city's development complement and help each other. The exploration and experience of how Shenzhen cultural museum take root in the "cultural desert" and promote the urban cultural renewal and creative transformation is very representative and worthy to reflection and investigation.

Key words:
Museum　City cultural renewal　Shenzhen

习近平总书记指出："博物馆是保护和传承人类文明的重要殿堂，是连接过去、现在、未来的桥梁。"对于城市来说，博物馆保护城市文化命脉，连接城市发展的每一个阶段，记录、保护、传承城市文化底蕴，也助力于城市文化的发展与更新。

文化是城市的灵魂，城市文明的升华和发展往往是城市文化创新及跃迁的产物。[①] 进入文旅融合新时代，城市文化是一座城市的魅力所在，不仅关系到文化行业的发展，也与城市经济发展息息相关。博物馆具有文化场馆和旅游场所的双重属性，对于城市文化内涵的传播、拓展和更新起到不可或缺的作用。

一、博物馆与城市文化的关联性

文化构成城市的核心，更成为城市文明演进的重要动力源。一个显见的趋势是，城市的发展从"拼经济"到"拼管理"再到"拼文化"，"以文化论输赢、以文明比高低、以精神定成败"的城市文化发展新时代已经到来。[②]

博物馆与城市文化紧密相连，博物馆的功能不仅限于城市文化的载体，不只是被动地记录、容纳城市文化和文物本身，它可以主动作为，发挥更多的文化功能，承担起文化传播、创造、研究等功能。它与城市文化的关联性主要表现在以下几个方面。

第一，博物馆是城市文化的重要载体。博物馆承载着丰富的历史和文化遗产。深圳博物馆是深圳第一家文博机构，收藏和展示了深圳古代、近代以及改革开放以来相关的历史文物，通过展览展示了深圳7 000年以来的发展进程和文化脉络。同

① 李凤亮、涂浩、陈能军：《以习近平文化思想指引城市文明典范建设——以深圳为例》，《深圳社会科学》2023年第6期。

② 李凤亮：《从"文化创新"到"创新文化"——创新型城市建设的一个视角》，《深圳大学学报(人文社会科学版)》2013年第4期。

时，博物馆建筑作为文化地标，本身也成为城市文化的重要见证。深圳博物馆古代艺术馆是深圳特区建立之初设立的“八大文化设施”之一，后又被评为“深圳改革开放十大历史性建筑”，它在记录深圳历史文化的同时，也成为城市文化的一部分。

第二，博物馆是城市文化的传播平台。传统的博物馆更多的是专注于博物馆“本身”，如文物收藏、文物保护、文物展示。随着社会的发展、博物馆功能的拓展以及博物馆业务关注点从“物”到“人”的转变，博物馆不仅仅是一座文化场馆，更像是一个城市文化的“基站”，通过展览展示、社会教育、文创开发等方式，向市民发射和传播文化信号。

第三，博物馆是城市文化更新的内核。鉴古知今，学史明志，知其所来，明其将往。博物馆承载城市本土文化和发展历史，城市文化的传承和更新，需要基于博物馆馆藏，以历史为基础，以传统文化为核心，并在此基础上整合与创新。因此，博物馆不仅是外在展示城市历史和文化的窗口，也是城市文化发展和整合更新的内核和源泉。

在文旅融合的背景下，博物馆与城市文化之间的良性互动显得尤为重要。这种互动不仅能够促进城市文化的发展，还能增强城市的吸引力和竞争力，进而推动城市经济和社会协同发展。

二、深圳城市文化符号的变迁

1979 年深圳建市，1980 年深圳经济特区成立。经过 40 多年来发展，深圳从落后的边陲小镇发展成为一座现代化国际化大都市，创造了世界城市发展史上的奇迹。这大概是人们对于深圳最为普遍的认识。正是因为深圳建市历史较短，人们对于深圳城市文化的发展存在一定的质疑和争议，深圳城市文化的发展经历了曲折前进的过程。

（一）“文化沙漠”的隐忧

20 世纪 80 年代开始，关于“文化沙漠”的论述屡见不鲜，既是对深圳文化发展的担忧，也是一种偏见。

深圳特区建立之初，文化基础设施很差，只有建于 1949 年的人民影院、建于 1958 年的深圳戏院和建于 1975 年的深圳展览馆。[①] 文化人才奇缺，文化系统 187

① 深圳博物馆编：《深圳特区史》，人民出版社 1999 年版，第 625 页。

名工作人员中只有3名大学生；群众文化生活单调，文化资源贫乏。[①] 在这一背景下，部分学者对深圳文化的发展提出了自己的隐忧——深圳是文化沙漠，没有自己的文化底蕴。但是事实是否如此，文化场馆和文化机构的稀缺是否就等同于文化的缺失呢？深圳又该如何破除偏见，摘掉“文化沙漠”的帽子？

（二）“现代文化名城”的尝试

“现代文化名城”这一概念作为深圳文化的发展目标，是1995年由主管文化工作的市领导李容根副市长在深圳市文化工作会议上正式提出的，后来被写进《深圳市文化事业发展(1998—2000)三年规划及2010年远景目标》[②]。可以说，“现代文化名城”的目标是深圳摒弃“文化沙漠”的帽子之后的第二次创业和文化发展新阶段。

深圳并非没有“童年”，而是有着比较辉煌的历史，但深圳作为中国的改革开放之城，他的辉煌首先是建立在现代创造和文化创新上。[③] 那么，如何在深圳原有的文化基础上，创造更丰富的文化成果，打造更加现代化、国际化城市文化形象呢？这是包括博物馆在内所有文化单位都在思考和探索的问题。

（三）先行示范与“城市文明典范”的挑战

2019年，《中共中央、国务院关于支持深圳建设中国特色社会主义先行示范区的意见》出台，其中提出深圳建设先行示范区的战略定位包括“城市文明典范”，要求践行社会主义核心价值观，构建高水平的公共文化服务体系和现代文化产业体系，成为新时代举旗帜、聚民心、育新人、兴文化、展形象的引领者。作为“中国特色社会主义先行示范区”的深圳，在文化维度要担负起建设“城市文明典范”的先行使命，通过“率先塑造展现社会主义文化繁荣兴盛的现代城市文明”，为创建社会主义现代化强国的城市范例贡献文明和文化力量。[④] 这既是深圳城市文化未来发展的目标，也是深圳文化推陈出新、引领城市发展的现实挑战。

每一个标签都代表着深圳城市文化发展的不同阶段，也是人们赋予深圳文化发展的希冀。在这些文化标签的背后，深圳的公共文化场馆尤其是博物馆，一直在思考和作为。如何破圈，消除偏见、应对挑战、树立和更新深圳城市文化至关重要。

---

① 杨宏海著：《我与深圳文化：一个人与一座城市的文化史》，花城出版社2011年版，第90页。

② 杨宏海著：《我与深圳文化：一个人与一座城市的文化史》，花城出版社2011年版，第87页。

③ 杨宏海著：《我与深圳文化：一个人与一座城市的文化史》，花城出版社2011年版，第88页。

④ 李凤亮、涂浩、陈能军：《以习近平文化思想指引城市文明典范建设——以深圳为例》，《深圳社会科学》2023年第6期。

三、博物馆促进深圳城市文化更新的实践

纵观深圳城市发展的历史和城市文化符号的变迁，我们看到深圳文化事业的发展是其城市发展的重要一环。虽然璀璨的经济发展成果让深圳文化的发展始终没有得到太多的赞美，但是它的发展、更新一直备受关注，“现代文化名城”如何晋升为“城市文明典范”是深圳文化发展的重要命题。博物馆作为城市文化承载密度最大的公共文化服务机构，在促进深圳城市文化更新方面做出诸多有益的尝试。

（一）考古研究延伸深圳城市文化“深度”

大多数人对深圳的了解都是从 1980 年特区建立后开始，过去的深圳是什么，未来是什么，都一片空白。而考古发掘工作则为深圳历史厘清了脉络。

为保护深圳历史文化遗迹，深圳高度重视考古发掘工作。配合城市基建工作，及时发掘和保护了深圳本地出土文物。如深圳南头红花园墓群出土文物见证了秦始皇统一岭南后的两汉时期深圳所在的南海郡经济、文化获得较快发展；再如大鹏咸头岭遗址是深圳地区迄今发现的年代最早的文化遗址，也是环珠江口地区最早、发掘面积最大、遗物最多的新石器时代中期沙丘遗址，为珠江三角洲地区距今 7 000 至 6 000 年间考古学文化的分期、断年树立了一个重要的标尺，为探寻珠江三角洲地区的古文化之源提供了重要的线索。①

考古发掘和研究，勾勒出了深圳 7 000 年来的文化发展脉络。不仅更新了深圳城市文化的历史深度，而且奠定了深圳城市文化在全国文化发展史上的地位，刷新人们对深圳城市文化的认识：深圳并非没有童年，它的历史并不是一片空白，深圳作为珠江流域文化的重要组成部分，是中华文明历史上不可或缺的构成。

（二）文物征藏拓宽城市文化的“广度”

《深圳商报 · 文化广场》1996 年刊发的《深圳文化忧思录》指出，与科学馆同为“深圳八大文化设施”的博物馆，其使用效率与科学馆处于伯仲间，但有“庙”无“佛”，馆藏欠丰。“硬件一流，藏品末流”成了对深圳博物馆的主流评价。②

博物馆藏品的欠缺，与城市“文化沙漠”论似乎在这一时期对应了。正是由于文物藏品原始积累的缺乏，深圳文博单位高度重视博物馆藏品征集工作。以深圳

---

① 深圳博物馆编：《古代深圳》，文物出版社 2009 年版，第 15 页。

② 杨宏海著：《我与深圳文化：一个人与一座城市的文化史》，花城出版社 2011 年版，第 150 页。

博物馆为例，一是加强对全国其他地区和文物藏家的文物征集，二是重点突出对改革开放史物证的征集。深圳博物馆藏品来源多样化，除了考古发掘以外，还通过调拨移交、社会捐赠、征集购买、文物托管等渠道丰富馆藏。在这些措施下，深圳的文物收藏越来越丰富，城市文化的广度也进一步拓宽了。

深圳博物馆原馆长叶杨曾说道，深圳为什么要花钱去征集与深圳关联度不大的藏品，因为自然遗产和人类文化遗产无国界，更无世界。如果我们仅是收藏和展出深圳"土特产"，那深圳博物馆永远只能是一个"乡镇馆"。

（三）文物保护更新城市文化生态

文物保护，是更新传统文化生态的重要举措，这里说的文物包括可移动文物和不可移动文物。以深圳龙岗客家围屋鹤湖新居为例，鹤湖新居原为罗氏家族祖屋，新中国成立后，随着人们生活水平的提高和生活习惯的转变，罗氏家族逐渐改变了原来聚族而居的传统，走出围屋另觅新居。鹤湖新居中的房间则被出售或闲置，围屋因年久失修损坏坍塌。改革开放后深圳工业化发展带来外来人口剧增，鹤湖新居一度成为外来务工人员的租住地，其原有的文化价值没有得到重视。

1996 年，原龙岗镇政府将鹤湖新居整体租赁，并辟为龙岗客家民俗博物馆，设立专门的机构对其进行管理和保护。① 博物馆成立后，开始积极发掘、保护、整理围屋内原有文物，复原客家人开发深圳东部的历史文化面貌，展示龙岗客家勤俭朴实、积极进取的精神和人文情怀。通过对文物的保护和修复，改变了鹤湖新居及其周边区域的城市面貌，也更新了该区域的城市文化生态。

（四）展览展示丰富城市文化菜单

在 1994 年深圳市文物管理委员会办公室成立之前，深圳博物馆是深圳市唯一的文博单位。② 深圳被扣上"文化沙漠"的帽子，很大一部分原因来自深圳缺乏文化机构去研究展示和传播历史文化。因此，消除深圳"文化沙漠"的偏见，是建市之初的深圳博物馆作为深圳唯一一家博物馆当仁不让的使命。那么，深圳需要什么样的展览，深圳博物馆应当怎么丰富城市文化的菜单？

1981 年，深圳博物馆《建馆陈列大纲》指出"深圳市博物馆是我国第一个在经济特区中创建的博物馆。因此，它应当以古代、近代和当代的文物资料所组织的陈列展览作为其主要的活动形式，反映深圳特区以至全国各地的历史发

① 深圳龙岗客家民俗博物馆编：《鹤湖新居》，中国时代经济出版社 2012 年版，第 138 页。

② 深圳博物馆编：《深圳博物馆》，文物出版社 2008 年版，第 14 页。

展进程。"[①]因此,深圳博物馆基于深圳的城市定位,推出古代深圳、近代深圳和深圳改革开放史等基本陈列,同时通过专题展览系统地展出全国各地的优秀传统文化,为深圳市民及全国展示深圳文化面貌。

2019 年,时隔 39 年,深圳城市文化的定位再次更新。《中共中央、国务院关于支持深圳建设中国特色社会主义先行示范区的意见》中指出:"要发展更具竞争力的文化产业和旅游业……推动文化和旅游融合发展,丰富中外文化交流内容。"为推进文旅融合,加强中外文化交流,博物馆做出了诸多尝试,其中最为典型的方式便是展览交流,促进不同城市、不同国家之间文明的交流互鉴。2019 年至今,深圳博物馆举办各类专题展览近 70 个,其中引进境外展览和国内馆际交流展览占比超 70%,为深圳打造国际化、现代化城市文明典范提供文化支撑。

(五)社会教育助力城市文化传承与创新

习近平总书记曾表示:"一个博物院就是一所大学校。要把凝结着中华民族传统文化的文物保护好、管理好,同时加强研究和利用,让历史说话,让文物说话。"博物馆不仅仅是文物的守护者,也是文化内涵的传播者。文化资源需要活化,才能更好地传播和推广,活化的过程既是一种传承,也是一种创新。社会教育活动是博物馆参与城市文化传承和创新的有效手段。

将展览融入城市单元。通过展览进社区、进校园、进部队等各类型的送展工作,在社区、学校、部队营造浓郁的文化氛围;开展馆校合作,传播历史文化、活化文物文化资源,充分发挥博物馆"文化育人"的功能;创新社教模式,将博物馆红色文化与戏剧表演相结合,如 2023 年深圳博物馆与南方科技大学附属中学合作推出话剧《火种》,以深圳本土抗战戏剧团体——海岸话剧团的历史活动为蓝本,以东江纵队联络处处长、海岸话剧团团员袁庚等一批热血青年为核心人物原型,再现海岸话剧团团员积极参加抗日救亡运动的历史故事。

与教育局和学校开展合作。深圳博物馆与深圳市红岭中学合作研发语文跨学科学习博物馆课程,课程融合了高中语文新教材和深圳博物馆专题展览"商声振金石——纪念商承祚先生一百二十周年诞辰特展"的内容,创造性推出语文跨学科学习博物馆课程,利用传承文化创新学习形式。深圳博物馆与深圳市教育局线上协

---

① 于璟:《凝聚当代历史,弘扬改革开放精神——深圳博物馆"改革开放"主题展览研究》,《特区经济》2020 年第 6 期。

作，利用各自微信视频号直播公开课“识古知新，甲骨文有话要说”“商承祚藏品中的汉字源流”，扩大课程及其文化内涵的影响范围。

（六）文创开发促进城市文化产业更新

依托各类文化文物单位馆藏资源，开发文化创意产品，是推动传统文化和珍贵文物创造性转化和创新性活化的重要方式。博物馆是重要的公共文化服务单位，在文创产品开发方面具有得天独厚的优势。

深圳市政府高度重视文化单位文创产品开发工作。首先，政府给予政策和资金的支持。2020 年，深圳市文化广电旅游体育局出台《深圳市文化产业发展专项资金资助办法》，鼓励利用文化文物单位馆藏文化资源开发生产文创产品，经认定为优秀文创产品开发项目的，给予不超过项目实际投入 30%、最高 200 万元的事后资助。其次，注重平台的搭建，连续 20 年举办中国（深圳）国际文化产业博览交易会（简称“文博会”），作为国家级文化产业博览交易盛会，吸引各大文博机构的参与交流，也向世界展示深圳文博行业的文创开发成果。最后，鼓励文创产业与科学技术的结合。深圳市基于其良好的产业基础和科技优势，率先探索出一条“文化＋科技”的创新路径，即以文化为核心、以科技为依托，促进科技与文化的相融相加。①

基于政策的支持、深圳“创意之都”的技术支撑以及博物馆文化资源的独特性，深圳文博行业文创产品的开发工作取得一定的成绩，促进了城市文化产业更新。

（七）“博物馆之城”建设更新城市文化布局

2021 年 1 月，广东省发布的“十四五”规划纲要提出支持深圳建设“博物馆之城”。2022 年 12 月，广东省文化和旅游厅印发《关于推进博物馆改革发展的实施方案》，支持包括深圳在内的六地建设“博物馆之城”。可见，深圳虽然“先天不足”，但是对于城市博物馆建设十分重视。

深圳建设“博物馆之城”的总体思路是，全面发挥深圳的“观念优势”“经济优势”“区位优势”“创新优势”，以先进的理念、开放的态度、科学的制度设计和富有针对性的政策措施，吸引优质博物馆资源集聚，盘活存量、加快增量，建成以骨干型国有博物馆、特色型行业博物馆、活力型非国有博物馆三大部分组成的深圳博物馆体系（图 1）。②

---

① 周建新：《从“文化＋科技”到“文化×科技”的深圳表达丨春天的故事·深圳观察》，2023 年 6 月 8 日，https://www.21jingji.com/article/20230608/herald/7ce1df893487a91e6e9c8447f13385d5.html。

② 深圳市文化广电旅游体育局：《深圳市博物馆事业发展五年规划（2018—2023）暨 2035 远景目标》，2019 年 4 月 24 日，http://wtl.sz.gov.cn/xxgk/ghjh/fzgh/content/post_4538422.html。

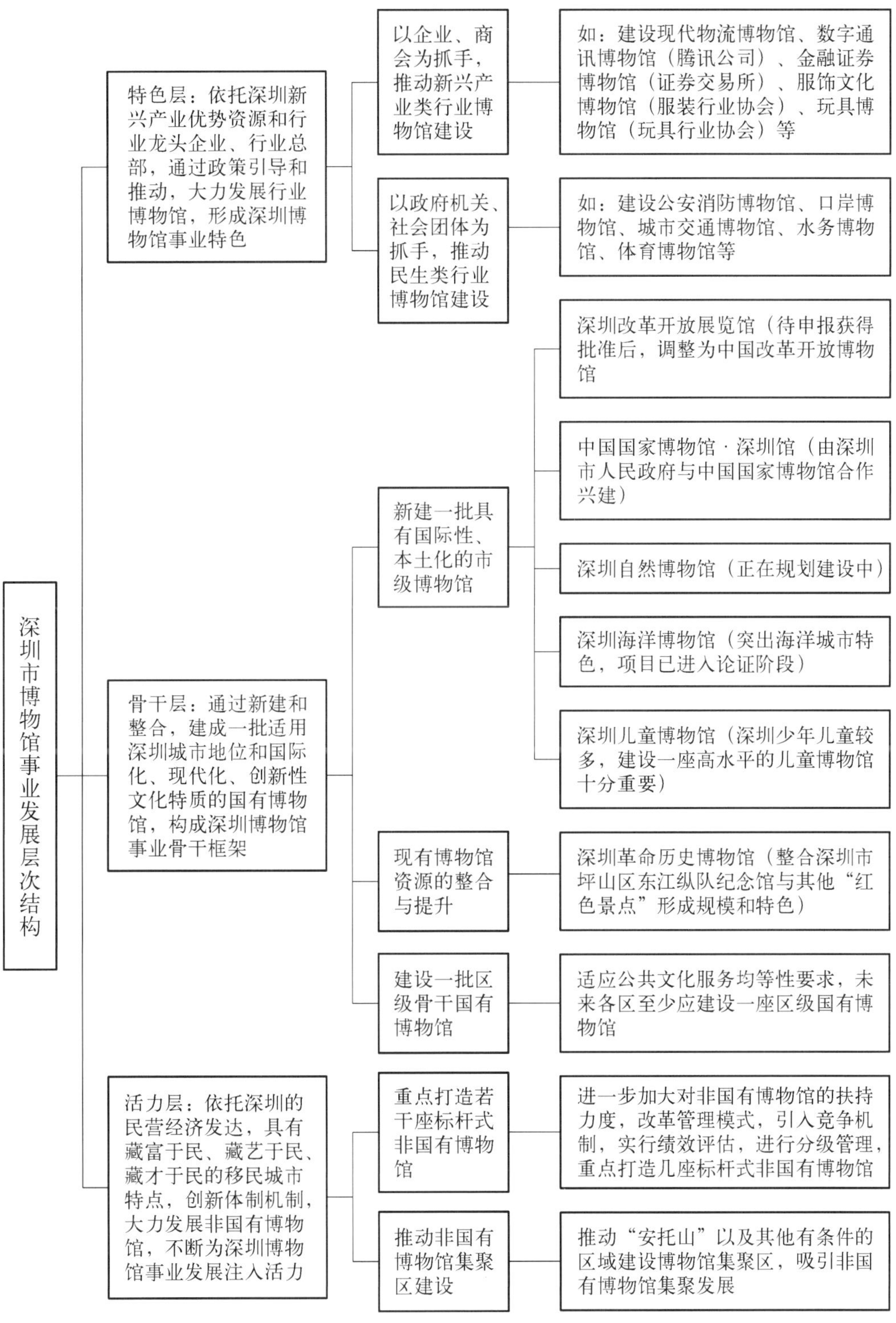

图 1　深圳市博物馆事业发展层次结构图(图片来源：深圳市文物局官网)

深圳博物馆体系是对深圳城市发展和城市文化的梳理和重新布局，博物馆的规划与城市文化发展和更新的步伐紧密结合。规划中提到的深圳城中村博物馆，就是利用博物馆反映深圳传统地域文化与快速城市化进程的融合与共生的城市文化现象，是博物馆参与城市文化更新、转型的典型例证。

四、深圳探索带来的启发

深圳在较短的时间内从边陲小镇发展到国际化大都市，其文化发展与经济发展齐头并进需要博物馆的助力。博物馆参与深圳城市文化更新取得的成效主要源于几点：首先，深挖本土文化，在经济不断发展、城市不断更新的时代背景下守住深圳城市历史文化的根与魂；其次，紧跟城市发展定位，无论是“文化立市”的口号，还是“现代文化名城”的规划，博物馆都结合城市文化发展的方向，相应地制定系统的展览和活动规划；最后，积极参与城市文化交流，无论是送展进社区、进学校，还是馆校合作、馆际交流，博物馆通过各种途径积极主动融入城市文化需求的各个单元，将历史文化与社区文化、校园文化、产业文化结合，创造出新的文化形态。

结　　语

许多学者都将深圳比作“一夜新城”，形容它是“一张白纸好作画”，博物馆则是这张白纸上浓墨重彩的一笔。也正是因为城市发展从“一张白纸”开始，深圳的博物馆对于城市文化的影响力更为显著，一笔一画都意义非凡。1980 年改革开放后才开启文博行业发展历程的深圳，其博物馆助力城市文化发展和更新的成绩毋庸置疑，具有重要的借鉴意义。

深圳经济特区建设之初就提出的“文化立市”的口号，虽然随着深圳文化行业的繁荣和发展，这一说法不再被人提起，但是，这一口号对于今后的深圳依然有很大的指导意义。建设先行示范区需要有更加坚实的文化支撑，博物馆作为具有“文化治理”功能的公共文化场馆，在城市发展进程中必然会发挥更大的作用。

刘海粟美术馆建设网上社区、融合文旅发展的新路径

张　宇[①]　刘海粟美术馆　上海　200050

摘要：

美术馆作为艺术的重要载体，承担着社会大美育的重要使命，在现代社会中发挥着越来越重要的作用。随着科技的进步和互联网的普及，美术馆也开始探索线上发展的新路径。本文以刘海粟美术馆为例，利用公共空间理论和场域理论，结合美术馆个性化差异化发展，探讨美术馆从自身的核心资源、自有优势出发，打造网上社区的新路径，从而实现线上线下的深度融合，以期达到高质量发展同时满足人民日益增长的精神文化需求的目的。

关键词：

美术馆　网上社区　文旅深度融合

Discussion on a New Development Path for Integrating Culture and Tourism by Building an Online Community for Liu Haisu Art Museum

ZHANG Yu

Abstract:

As an important carrier of art, art museums shoulder the significant mission of social aesthetics education and play an increasingly vital role in modern society. With the advancement of technology and the popularization of the internet, art museums have also begun to explore new paths for online development. Taking Liu Haisu Art Museum as an example, this article discusses how to leverage public space theory and field theory, emphasize personalized and differentiated development of art museums, and create a new path for online communities based on their core resources and inherent advantages. The goal is to achieve deep integration of online and offline operations, aiming to achieve high-quality development while meeting the people's growing spiritual and cultural needs.

Key words:

Art gallery　Online community　Deep integration of culture and tourism

---

① 张宇，刘海粟美术馆副馆长、馆员。ZHANG Yu, Liu Haisu Art Museum.

美术馆自诞生以来，就承担着收藏、陈列、展览、研究等工作，美术馆的发展一定程度上反映了所在地区的艺术氛围和人民的精神需求。近年来，在“社会大美育”的时代要求下，美术馆在现代人们的生活中发挥着越来越重要的作用，美术馆不仅是展示艺术品的场所，更是向公众提供美育服务的公共文化平台，承担着向公众普及文化艺术常识、提高公众文化艺术修养和审美素养的使命，并成为公共休闲、学习交流、资料获取和艺术教育的重要场所。文化和旅游部发布的《“十四五”文化和旅游发展规划》中明确，到 2025 年，文化事业、文化产业和旅游业高质量发展的体制机制更加完善，文化铸魂、文化赋能和旅游为民、旅游带动作用全面凸显，文化事业、文化产业和旅游业成为经济社会发展和综合国力竞争的强大动力和重要支撑。在此背景下，美术馆作为公共文化场所，不断积极探索在文旅融合大环境下开展特色化的群众文化活动，使美术文化在群众中得到更好传播，提升社会影响力，其中网上游览美术馆、网上社区的打造已成为享受艺术熏陶的重要方式，成为吸引美术馆主流观众的重要途径。

一、上海美术馆的发展概况

上海的美术馆事业蓬勃发展，“来上海看美展”已经成为体验上海、感受美好生活的优选。上海文旅正致力于构建以人民为中心的高品质艺术创造和美育普及场域，推进美术馆集群能级提升，实施“大美术馆计划”，构建新时代上海市美术馆话语体系，打造服务全民的创新型美育普及体系。

数量上，2022 年上海市美术馆已达到 100 家，与 2021 年相比，净增加 4 家美术馆。2022 年全市美术馆共举办 535 项展览，接待线下观众 261.4 万人次。与此同时，全年还举办了 666 项线上展览。① 2022 年，上海的美术馆共举办公教活动 2 393 项，刘海粟美术馆以 216 项位列第二。②

内容上，上海的美术馆涵盖了各种艺术门类，通过展览策划、教育课程、公共讲座等形式，扩大美育的覆盖面和影响力，满足不同年龄层和兴趣爱好观众的需求，提升了城市的艺术品位。

渠道上，线下用现代化科学技术来增强美术馆的展览效果和艺术性、提升美术

① 数据来源：《2022 年上海美术馆发展年度报告》。

② 数据来源：《上海文化年鉴 2023》。

作品的展览价值。线上大多搭建起了网络新媒体展览，在官方网站、社交媒体开设了线上展览和活动，利用网络平台的广泛性和便捷性，打破了传统的地域和时间限制，让更多人接触和了解艺术。通过网络开展美育，一些美术馆还推出了线上教育课程，涵盖了绘画、摄影、雕塑等多个领域，还与网络平台合作，推出虚拟现实（VR）展览和在线直播等活动，让观众身临其境地感受艺术的魅力。

二、刘海粟美术馆的美育教育实践

刘海粟美术馆是我国首座以个人名字命名的省市级国家美术馆，是以中国新美术运动的拓荒者、现代美术教育的奠基人刘海粟先生和他所创办的上海美专研究为基础，以海派文化为根脉，推崇和倡导美育激发真善美，承担社会美育责任，以"不息地变动"的精神为艺术创作与办展方略的美术馆。

刘海粟美术馆注重个性化差异化发展，将刘海粟先生的艺术创作、上海美专历史文脉、海派艺术和当代优秀青年艺术家的作品作为主要的收藏方向，现有馆藏作品 3 000 多件，中国历代名家书画作品 200 多件，被业内誉为博物馆级别的美术馆。

近年来，刘海粟美术馆紧跟时代，践行人民城市理念、推动社会美育和传播，在公共教育的内容和形式上，不断进行创新和拓展，着力发挥美术馆"艺术为民服务"的功能。以丰富多元的艺术展览及公教活动为公众服务，创建了馆藏系列研究展、个案研究展等展览品牌，多次入选全国美术馆馆藏精品展出季活动，多次荣获全国美术馆优秀展览项目或提名。刘海粟美术馆的美育教育实践主要体现在以下几个方面。

一是整合资源精心策展，展现海派艺术风华。展览是美术馆的重要的业务之一。馆方与上海美术学院共享藏品和文献资源，精心策划打造以梳理中国现代美术教育起源和发展的"中国现代教育文脉大展"和"百川归海——上海美专建校110 周年纪念展"常设展，后者入选 2022 年全国美术馆馆藏精品展出季活动，并获得上海文化发展基金会资助。联手上海视觉艺术学院每年推出两位兼具传统底蕴和创新思维的海派艺术大家，策划展现海派艺术创新发展的艺术展览，推动对传统中国画的"创造性转化，创新性发展"的探索。利用馆藏资源和多家博物馆、美术馆藏品，策划上海美专的第一任教务长、上海视觉文化的先驱、都市文化的引领者和实践者丁悚的艺术展"慕琴生涯——丁悚诞辰一百三十周年文献艺术展"，呈现 20

世纪早期海派新文化的盛况。

二是立足上海、辐射全国、放眼世界，推进地域间、国际的交流与合作。作为长三角美术馆协作机制的理事长单位，积极拓展与成员单位的合作发展，扩大对外交流，与昆山市侯北人美术馆联合策划展出“2022 年中国泼彩画双年展”“戏墨·墨戏——中国水墨戏画作品展”等，推广中国优秀的传统艺术。与德国驻上海总领事馆文化教育处共同主办的中德艺术交流展“间有小憩——不同世界的时间表达”，让中德两国当代艺术家交流对话。在“一带一路”倡议提出 10 周年之际，与匈牙利法约基金会合作举办“旅途：亚诺士·法约及 PESTI 工作室”展览，展示不同地域的艺术风采。

三是区分目标受众，研究观众接受度和参与度，通过公教活动提升展览的影响力和传播度。开办了针对专业人士及艺术爱好者的“海粟讲堂”“存天雅集”、针对青少年课堂美育教育拓展的“艺术小小史”空中工作坊和“美术馆奇妙日”、针对亲子传统手工艺术体验的“艺粟工坊”系列活动，惠及 700 余组家庭、开展覆盖全年龄段的多元公共教育公教活动 91 场。“粟上海”社会美育项目，以内容置入方式在黄浦区、虹口区及长宁区陆续推出三个艺术社区，开展 4 期展览，30 余场体验活动，线下惠及市民 1 万余人，荣获 2021 年度上海市美术馆优秀公共教育项目。

四是践行提高公众审美素养的使命，送美育进社区。开展“爱上美术馆　共建分享嘉”支部共建联建、艺术赋能“五大新城”计划，做好“粟声朗朗　嘉图艺教”“粟声朗朗　人文松江”等社会大美育品牌建设，推进国有美术馆进新城。开发“河边居所·粟上海华阳街道艺术项目”，推进艺术植入社区、打造文化共建阵地。与长宁区少年宫共同主办社会美育类展览“QU 吖！小朋友《美术馆奇妙日》之学生作品展”，促进青少年美育提升。

三、文旅融合背景下的新途径

文旅融合是指以旅游为主导，文化、体育、休闲等多种业态深度融合的新型产业形态。它打破了传统旅游业与其他相关产业之间的界限，实现了文化资源、旅游资源、体育资源等的有机组合。从空间形式上看，文旅融合突破了地域限制，实现了跨区域的文化旅游资源整合；从内容上看，文旅融合实现了文化内容与旅游形式的深度融合；从产业发展上看，文旅融合促进了旅游业与文化创意、体育休闲、商业零售等产业的联动发展。

2023年，淄博烧烤和哈尔滨冰雪成为文旅融合最火爆的出圈案例，也充分彰显出基于网上社区成功向线下高效转化的新途径。两地线下的聚集首先源于网上社区的爆火。经过线上口碑分享、美誉传播，突破物理障碍汇聚形成社区平台，并在短期内几何级地提高了网上社区的影响力和知名度，成功实现线下转化。

网上社区的重要组成是平台和圈子。哈贝马斯的“公共空间”理论认为公共空间可以为公众提供自由、开放、平等的对话平台，促进交流与碰撞。布迪厄的“场域”理论则认为不同场域有着不同的制约规则和行动逻辑，将社会生活划分为一个个彼此独立又紧密联系的空间，即是不同的圈子。布迪厄的“场域”理论提供了一种理解和分析社会现象的有力工具，有助于我们更好地理解不同领域中的规则、关系和互动模式。

平台是整个社区的基础设施，是社区成员进行交流和互动的场所，是公共空间。圈子提供了各种功能和服务，社区成员根据兴趣、职业、地域等形成不同的归属感和认同感，形成自己的圈子。社群，即是场域。

淄博烧烤和哈尔滨冰雪的案例正是哈贝马斯的“公共空间”和布迪厄的“场域”理论的现实结合。哈贝马斯和布迪厄的理论也为开辟美术馆线上空间和推广美育新途径提供了重要的依据。任何行业都忽视不了网上社区的建设，美术馆必须打造网络社区，让公众无论身处何地，只要有手机或电脑，就能随时畅游美术馆，赏平时难以触及的艺术瑰宝。

网上社区以互联网为渠道，有广义和狭义之分。广义的网上社区通常指整个网络，包含了各大型的综合性网站、平台甚至自媒体等，如播客、文字、视频等社交平台。这些社区通常拥有庞大的用户群体和多样化的内容，涵盖了各种主题和兴趣领域，具有多样性和综合性。狭义的网上社区平台则更加专注于某一特定领域或主题，通常是为了满足某一特定行业或单位自身的社区的需求而建立的，具有更加明确的定位和更加专业的内容，用户群体也相对更加集中。如美术馆自身建立的公众号、APP等，在自己的网上社区中，可以更加深入地探讨相关话题，与同行交流经验，分享专业知识等，更加注重专业性和针对性。

美术馆的网上社区也可建造成一个由多个场域组成的网上“公共空间”，一个含有多个圈子的公共平台。在网上社区可展示和欣赏多维的艺术作品，可以设计艺术展览、教育活动、论坛交流等活动和功能的公共空间，通过开放的、多元的交流，吸引观众、艺术家、策展人参与，组成因交流、审美差异的独立又联合、相交互织、相互影响的不同场域圈子。在实践中，平台和圈子可以相互促进和补充。平台可以提供各种工具和功能，促进圈子内部的交流和互动，同时也可以通过各种手段来吸引更多的圈子加入社区中；而圈子则可以通过内部的讨论和交流，形成更加深入的观点和见解，丰富整个社区的内容和价值。通过平台和圈子的关系，哈贝马斯的公共空间理论与布迪厄的场域理论可以实现相互统一与协作，为社区成员提供一个自由、开放、平等的交流平台，促进不同观点和意见的碰撞与交流，打造出一个具有特色、富有活力的网上社区。

四、美术馆网上社区打造的新探索

开辟网上社区是美术馆开展美育的新途径。2023 年，互联网网民渗透率已经达到 76%。2022 年，抖音平台上博物馆相关视频数量同比增加 70%，点赞量超过 12 亿次，播放量超过 394 亿次，相当于全国博物馆一年接待观众人次的 70 余倍，网上美术馆的网络传播能量愈来愈大。以网上社区的火爆带动线下文旅的实地参与，成为美术馆创新发展越来越有效的路径。

刘海粟美术馆 2023 年 6 月通过对来馆参观观众随机抽取 229 名做了问卷调查，有效答卷 204 份，回收率 89.08%。调查结果如下①：

从年龄结构看，12～50 岁间的人占到了 73%。美术馆受众以中青年为主，中青年人多以兴趣为导向，更易接受多样化的沟通平台，这正是建立网上社区的良好基础。

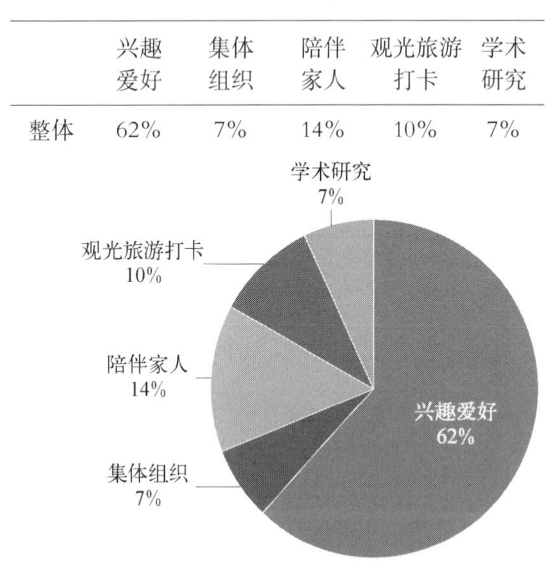

	兴趣爱好	集体组织	陪伴家人	观光旅游打卡	学术研究
整体	62%	7%	14%	10%	7%

图 1　参观刘海粟美术馆动机统计

从观众走进美术馆的动因看（图 1），5 个动机中，走进美术馆因兴趣爱好的占 62%，越来越多的观

① 问卷数据分析由刘海粟美术馆志愿者王宇轩、王翌岷整理提供。

众因个人需要走进美术馆。对欣赏丰富艺术知识、了解特色文化、提高生活品位、休闲交流需求占比第一。这些动因可为网上社区提供广泛的策展基础。

从参观美术馆的收获看(表1),观众普遍认为观展中丰富了历史及艺术知识,提高对美好生活的感受。普遍认为有参观美术馆的旅游,能带来更多精神享受和收获。打卡照片9.4%的占比也说明,美术馆在网红打卡点的创卖上还有很大空间。

表1 参观刘海粟美术馆收获分析

	丰富了艺术品知识或历史知识	放松了心情,提高生活的品位	欣赏到自己喜欢的艺术品	拍到了美美的照片	了解本地文艺特色	其他
整体	30.6%	21.8%	26.7%	9.4%	10.8%	0.7%

调查显示了“文化是旅游最好的资源,旅游是文化最大的市场,文化是旅游的灵魂,旅游是文化的载体”这一结果。如何更好地把握文化和旅游的契合处,让观众不仅“走近”且要“走进”美术馆,将文化艺术欣赏与旅游体验价值有机结合,还需要更深入地探索。

刘海粟美术馆较早就在微信公众号、文化云、乐游上海、哔哩哔哩、喜马拉雅等平台陆续推出了适合不同人群的线上展览及活动。特别是近三年,美术馆致力于打造新技术新渠道的网上社区,打破了传统的时间和空间限制,通过虚拟现实技术,让观众感受到了沉浸式的艺术氛围,欣赏到了美术馆的珍藏,享受到了艺术带来的精神滋养。具体做法如下。

一方面,丰富自身公众号,即打造狭义网上社区。与文化云文化数字化平台战略合作,运用大数据、元宇宙等新兴技术开发数字化展项,建造网上刘海粟美术馆专区。制作“走进寒鸦图”数字展项,推出“风华何处——海派女性艺术家群像展”和“馆藏梅花主题线上特展”等“云展览”,以及“海粟讲堂×现代视觉文化”“粟·典”“粟说”等线上系列美育活动和线上导赏。制作2分钟小视频《小粟说展》12集;开设馆藏刘海粟作品赏析“粟·典”栏目38期;开通了刘海粟美术馆视频号,阅读转发点赞数量超过3万人次。

另一方面,借助其他平台和渠道,即拓展广义的网上社区。一是以空中电波的传播方式推出“粟上海”新内容,探寻发掘实体艺术活动之外更适合广泛传播、青年人热衷参与的方式，推进呈现上海当代文化实践。第一季节目已在喜马拉雅、小宇宙双平台推出，线上点击量约 25 万人次。“粟上海 · 公共艺术与社区营造计划”各类媒体平台点击量超百万次，多次获得全国及上海市美术馆优秀公共教育项目。二是和崇邦集团旗下的“今潮 8 弄”联合推出“无边界电台”。“电台”立足于“上海当代文化实践的呈现”和“建立文化实践和社会生活的对话”两大主旨，采用博客形式，从本地的文化和历史出发，以广阔的电影、音乐、小说、视觉艺术等各种类型视野，重新审视城市生活和当下艺术实践的框架，帮助观众理解、探寻城市脉络的延续，构建内容新鲜、生动、丰富、深入的文化生产平台。三是通过各种渠道，吸引目标受众。2022 年通过上海电视台、《文汇报》、上海观察等 30 多家电视、广播、平面、网络媒体推送近百条内容，宣传报道本馆信息。网上“海粟讲堂”针对专业人士及艺术爱好者，线上浏览量达 230 余万人次，针对青少年课堂美育教育拓展的“艺术小小史”“美术馆奇妙日”，线上课程的点击率达 15 000 余次，刘海粟美术馆微信公众号推送展览和教育活动信息 200 余条，关注人数新增 36%，累计阅读量共计近 26 万人次。

五、网上社区打造存在的不足与未来展望

在网上社区的搭建上，刘海粟美术馆已经开展了 2 000 余场公教活动，70 余场展览，线下参与 10 多万人，线上参与 4 200 多万人。上新了“无边界电台”“艺术疗愈”“艺粟工坊”等项目介入网上社区，已经成为上海市民终身学习文化艺术的重要体验基地。通过网上社区的打造，美术馆为观众提供优质的艺术体验和服务，使其享受到了新的艺术体验和美育服务，同时也扩大了美术馆的影响力和知名度。但从受众数量、线上到线下转化率，以及影响力效果来看，还存在一些问题。

一方面，网上社区框架构建好了，但是内容还比较贫瘠单一，需要新鲜内容的填充。另一方面，活动的宣传效果和影响力还不够。网上社区对参与者的反馈和评价还不够全面，对观众兴趣点的刺激和氛围感的营造还不够。同时从线上到线下的孵化还不足，线上观众变为会员、铁粉的转化率还较低。活动的商业价值和社会效益还未充分彰显，网上社区建设还有很大的空间。要把网上社区打造成不仅可为观众提供欣赏艺术的平台，更是开放的交流空间和场域的多元集合。

因此，刘海粟美术馆网上社区进一步发展的路径，将着力于以下方面。

一是夯基垒台，丰富内容，运用新技术手段，强化本馆网上社区的质量。继续完善线上刘海粟美术馆，精品打造线上展览，结合最新的技术手段来建好网上社区。美术馆要根据自身定位，挖掘自身优势资源，加强个性化体验、增加网上社区吸引力。要注重创新和差异化，将海老提出的弘扬艺术“不息的变动”作为价值观，让更多人了解刘海粟先生，“粉”上美术馆。通过提高三维导览互动，高保真还原实体展览，缩小虚拟技术和真实场景的差距，用全息投影、VR 等新技术，虚拟出质感高的藏品，打造精妙绝伦的智慧美术馆，增强现实还原度，增加细腻感和身临其境感，让更多的人通过手机、电脑和电视等观看藏品细节，远程得到美的熏陶。建立网上社区运营团队，根据美术馆网上社区的现状和特点来持续丰富增加网上内容，进行数据分析、处理用户反馈，找到用户的“关注点”，有目的、有针对性地推广，以满足不断变化的观众需求。同时利用新闻学、传播学，不断提高生产内容的能力，从而优化网上展览内容和服务，提供更加符合观众需求的观赏体验，贴近观众。此外，主题要精确，内容要尽可能地丰富，方便用户在单一的主题中，接触到其他延展的内容。比如“无边界电台”这一文化生产平台，立足于“上海当代文化实践的呈现”和“建立文化实践和社会生活的对话”两大主旨，扎根上海的本地文化和风土历史，呈现常驻上海的各领域文化工作者的最新成果。配套推出的各类趣味小栏目，请嘉宾、市民在平台上对话、讲故事、表演才艺。在技术、形式和内容上找到契合点，达到既推广宣传又吸引客源的效果。同时增加线上互动式的艺术展览和体验，用便于被更多人欣赏和体会的方式，与网上社区人员建立稳固关系。激发观众兴趣，鼓励观众积极参与讨论、分享观点，营造一个活跃的公共话语空间。可在艺术展览子场域中设置专家解读、观众评论等功能，在教育活动子场域中设置开放麦、小组讨论等环节，以引导观众的参与和互动，促进不同场域间的交流与碰撞。

二是落子布局，生成热点，拓展广义的场域，扩大本馆网上社区的吸引力。网上社区的主要功能还是吸引公众关注和产生兴趣，需要通过专业的营销设计，找到能引起观众共鸣的热点。美术馆不能再孤芳自赏，“酒香也怕巷子深”，要及时关注各类热点，随时造势，不断推广自己的展览和公教品牌。首先，采用矩阵式多平台宣传，在官网、微信公众号、微博、小红书、小宇宙等多平台同频共振。针对每个平台的受众群，做出不同的产品，这就是吸引力灌输，利用搜索引擎优化、故事化内容营销等手段，将品牌和产品推广给更广泛的群体，建立起各场域之间的链接，延伸网上社区。其次要有一整套网上社区推广运营方案。比如针对某个已经引起热点的展览，就要不断再推出新文章或新视频，将热度保持，争取出圈，增加话题，将热度推向新的高潮，几何化增加进入网上社区的观众。争取在某一期间，全民都在谈论该展览，日日热搜榜的态势。再次，要和艺术博主、业内大咖、播客主播、观感体验师等合作，通过他们的转发和再制作，丰富新媒体矩阵的毛细血管，形成网络几何级的扩散，实现更大范围的传播。自媒体的传播速度和广度有目共睹，武康大楼与旅游融合就是个成功案例。自媒体时代的观众既是接受者又是传播者，网上社区突破地域局限和现实，传播可覆盖全球。最后，通过合作和联盟，与其他机构进行多内容、跨行业的合作，通过精准的定位和有效的推广策略，吸引潜在的消费者群体，共同扩大网上社区受众面。

三是提高网上社区获客转化率，将线上流量转变为线下客流。线上流量是巨大的商业资源，通过提高网上社区的吸引力促成用户线下参与，将这些流量转化为实际的客流。线下体验服务，感受真实的美术馆及藏品才是根本。电脑屏幕和手机屏幕再高清，也不能等同真实的画作。把网上社区做好了，吸引了观众，目的还是要让观众走近线下，让观众不远千里奔赴，线上“走近”、线下“走进”美术馆，一睹为快，从而实现文化艺术欣赏与旅游体验价值的有机结合，更好地促进文旅产业联动发展。

文旅结合创造卖点，多维度为观众设计好“参观—打卡—购物”“走游—参观—享受”的线路。通过线上的旅行路线规划，吸引用户参加线下的文化旅游活动，以本馆自身的艺术价值的优势作为独特的卖点，利于周边其他文化场馆、文保建筑、便捷的交通、有特色的商业街等旅游服务，让游客在享受美景和美食的同时，感受到当地的文化和风情。

为线上营销和线下亲历无缝连接结合点。通过搜索引擎优化、社交媒体运营等方式，成功提高知名度，吸引了更多潜在游客。网上社区不仅可以吸引线上流量，还可以通过各种活动和互动，吸引用户到线下体验。比如2024年刘海粟美术馆推出的“海粟讲堂×播客品艺会”“无边界电台”线下交流活动，就是很好的尝试。邀请这些博主、主播来馆开展线下粉丝见面会，通过线上线下两级互动，把线上的粉丝引入线下活动，形成良性社区生态，变单向信息传导为多元渠道导流，几何化增加口碑传播，让观众在现实中更多感受美术馆魅力，实现商业价值和用户价值的共赢。

结　语

美术馆在文旅深度融合大发展的背景下，要更好地发挥文化传播功能，不断地探索和拓展新思路、新方法，在文旅融合中突出自身核心的艺术价值，书写旅游者的纪行之书和造艺之书，才能使越来越多的观众涌入美术馆，迎来美术馆的更好更快发展。作为继承海老精神的美术馆，将以“传承海老精神、凝聚青年力量、秉持创新理念、弘扬中华文化”为宗旨，使刘海粟美术馆成为文旅业中的重要践行者，“以文塑旅，以旅彰文”文旅深度融合高质量发展，为上海的文旅业赋能添彩，让更多的人近悦远来，心生向往。

文旅融合下专题博物馆引进展览的实践与思考——以上海世博会博物馆为例

俞华蕾[①] 上海世博会博物馆 上海 200023

摘要：

本文探讨了文旅融合背景下，上海世博会博物馆引入“重返恐龙世纪——超时空科技互动体验展”和“天才相对论——爱因斯坦异想世界展”的实践与思考。通过对市场调研、商业谈判、展览策划、布展实施、展品展示安全、沉浸式体验实施过程中所引发的一些思考，探讨如何通过引进展览更好地实现文化与旅游的融合、提升观众的观展体验和满足人民日益增长的精神需求等问题。同时，文章反思了未来类似展览的发展方向和挑战，为如何推动文旅融合发展提供有益参考，使上海在城市文化推广中运用专题引进展更好地服务百姓，带来精彩纷呈的观赏体验和旅游资源。

关键词：

文旅融合 专题博物馆 展览策划 展览管理 文化产业发展

Practice and Thinking of Introducing Special Exhibitions in Thematic Museums Under the Integration of Culture and Tourism：A Case Study of the Shanghai World Expo Museum

YU Hualei

Abstract：

This article explores the practice and thinking of introducing the “Return to the Dinosaur Century — Hypertime Technology Interactive Experience Exhibition” and the “Relativity of Genius — Einstein’s Imagination World Exhibition” into the World Expo Museum under the background of the integration of culture and tourism. By analyzing market research，business negotiations，exhibition curation，exhibition implementation，exhibit display safety，immersive experience，and some resulting reflections，this paper discusses how to better achieve the integration of culture and tourism through the introduction of exhibitions，and how to enhance the audience’s exhibition experience and meet the

① 俞华蕾，上海世博会博物馆副研究馆员。YU Hualei，World EXPO Museum.

growing spiritual needs of the people. Taking the opportunity of introducing exhibitions, it promotes the coordinated development of material civilization and spiritual civilization in the context of Chinese-style modernization. At the same time, the article reflects on the development direction and challenges of similar exhibitions in the future, and explores how to provide useful references for the development of the integration of culture and tourism. It hopes to learn from the practice and thinking of holding exhibitions, and to better serve the people and bring wonderful viewing experiences and tourism resources in the promotion of urban culture in Shanghai through thematic introduction exhibitions.

Key words:
Integration of culture and tourism　Thematic museum　Curation　Exhibition management　Development of cultural industries

近些年,全国各地国有博物馆新馆纷纷落成,文博氛围蓬勃向上,博物馆多彩的展览传播一片繁荣。世博会对中国来说已然不是陌生,而我们在分析国内外临展趋势的同时,也要侧重对城市文化旅游的解读和保存,这是世博馆的重要使命之一。笔者将通过在世博馆展览管理过程中引进展的实践操作与思考进行分享交流,寄希望为更多的专题博物馆提升社会效益的同时使之获得一定的经济效益,在推广城市文明和城市精神的同时,更好地服务每一位来博物馆的观众,为他们带来更多精彩纷呈的参观体验。

一、国内博物馆办展现状

2021 年,全国备案博物馆 6 183 家,其中国有博物馆 4 194 家(文物行政部门管理的国有博物馆 3 252 家、其他行业性国有博物馆 942 家)、非国有博物馆 1 989 家;国家一、二、三级博物馆共 1 218 家,其中国家一级博物馆 204 家、国家二级博物馆 448 家、国家三级博物馆 566 家。[①] 全国博物馆不断优化服务效能,参观服务人次稳步提升。2021 年,全国博物馆陈列展览 3 1931 个,比 2012 年增长 58.7%;参观人次 74 850.45 万,比 2012 年增长 32.7%(图 1)。[②]

① 国家文物局博物馆与社会文物司:《国家文物局关于公布 2021 年度全国博物馆名录的通知》,文物博函〔2023〕6 号,2023 年 3 月。

② 央广网:《文旅部:全国博物馆藏品数量超过 4 665 万件/套》,2022 年 9 月 29 日,https://ent.cnr.cn/ywyl/20220929/t20220929_526023120.shtml。

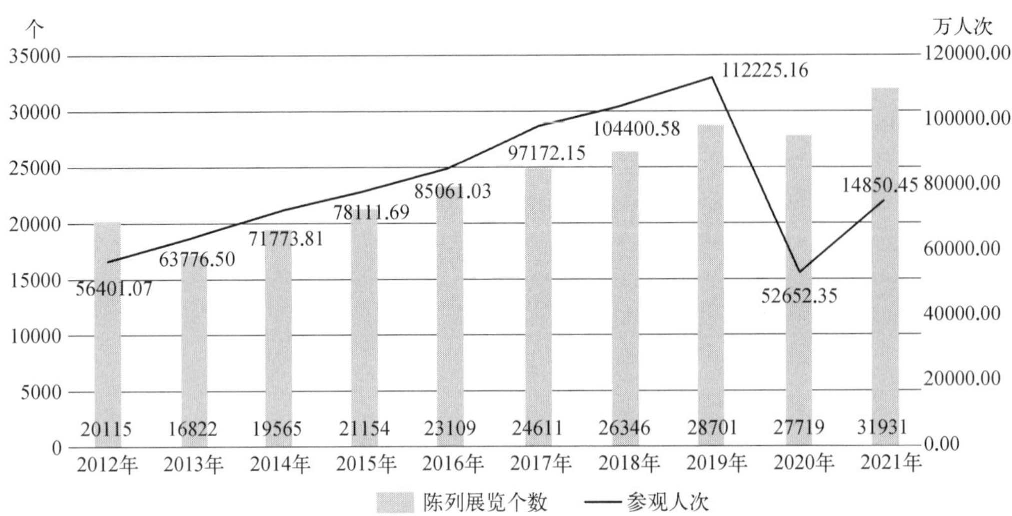

图1　2012—2021年全国博物馆陈列展览数量和参观人次(图片来源：央广网2022年9月29日)

博物馆数量的增长以及观众对博物馆展览的关注，必然会促使博物馆考虑创新展览创作和管理的机制，并且形成一些有益的经验和做法，让博物馆中的中国故事更加真实生动，更加富有学术性和感染力。目前我国博物馆体系中，国有博物馆依然占据主导地位。根据国家文物局最新数据显示，2023年我国新增备案博物馆382家，全国博物馆总数达6 565家，排名全球前列。全年举办线下展览3.4万场、教育活动近23万场，接待观众5.78亿人次，推出线上展览近万场、教育活动4万余场，网络浏览量近10亿人次，新媒体浏览量超过百亿人次。通过持续完善博物馆免费开放政策，我国90%以上的博物馆实现免费开放。[①] 然而，我国国有博物馆基本定位在自办展和馆际交流为主的展览，而形式更具活力，演绎更具生动的合作引进展几乎不在其列，很少有博物馆会与商业体合作展览，也很难实现经济效益和社会效益的有效结合，使得市场消费的经济理念与博物馆服务社会精神消费理念有所脱节。博物馆更专注文物背后的故事如何吸引更多观众，而很少用扩大消费的概念去组织展览的传播力，使得社会参与文博行业的消费价值被低估。

根据国务院2021年颁发的《行政事业性国有资产管理条例》中，明确了资产配置、使用与处置，其中包括调剂、购置、建设、租用、接受捐赠等方式都属于国有资产

① 央视新闻：《国家文物局：2022年我国新增备案博物馆382家　全国博物馆总数达6 565家》，2023年5月18日，https://content-static.cctvnews.cctv.com/snow-book/index.html?item_id=12798378777825331138&track_id=41486100-8beb-467f-a271-e51345110f50。

配置。国内的博物馆主要分国有博物馆与非国有博物馆，其中，国有博物馆的性质是公益类的，相关的公益分类为公益一类、公益二类以及公益三类，而公益类的博物馆必须符合国有资产的管理要求。公益类行政单位国有资产应当用于本单位履行职能的需要，除法律另有规定以外，行政单位不得以任何形式将国有资产用于对外投资或是设立营业性组织。以上海世博会博物馆（以下简称“世博馆”）为例，其属于公益一类行政事业单位，展厅场地和相关设施设备具有国有资产的属性。本文所述的“引进展”基本定义为富有一定经济效益的社会参与合作展，从文化属性中富有社会推广价值，且含有受观众喜爱的内容，符合专题博物馆自身定位需求。与此同时，与博物馆的原创展不同，它的主办可以其他机构，但从公共服务的角度，文化附加和旅游资源的对象最终还是其观众本身。对于博物馆自身来说，一方面起到了客群引流的作用，另一方面是服务多元化文化内容的一个体现。

二、专题博物馆引进展的实践

世博馆在传承世博精神，侧重世博主题文化解读和保存的同时，探索利用更多具有时代性的文化输出方式，这是专题性博物馆的重要使命。世博馆也有“城市文化客厅”属性，其临时展览的使命和演绎内容是需要有前瞻性的，作为上海的城市地标，世博馆输出的“世博精神”，演绎了 2010 年世博会让全世界的人民欢聚在上海，也赋予了这座城市不一样的时代符号。同时，在每一位观众心中，博物馆的展览成为丰富市民群众精神感受的重要途径。

（一）博物馆社会收益的调查与研究

从经济学、管理学及社会学的不同角度，调研市场价格信息和相关管理模式也是开展工作的切入点，这对博物馆的稀缺资源配置和相关资产使用效率问题是研究的底层逻辑。笔者在 2017 年之前调研全国各大博物馆，采访是否有举办合作引进展的情况，得到的回复基本是博物馆都有自筹资金，在全额拨款的行政事业单位前提下，事业机构不需要市场经济干预，既没有经营的属性，也没有收益的需求。因此从市场规律和经济学角度，对于场地场租定价是具有一定争议的，对于“史无前例”的操作，使我们每一步都走得“既谨慎，又敬畏”。

（二）博物馆消费的乘数效应

在 2018 年之前，上海已有很多博物馆对相关方法有过初探，包括上海博物馆与上海科技馆，都有许多成功收费展的案例值得我们研究和借鉴，但从专题类博物馆的成本收益角度研究，还是首次尝试。我们也分析了博物馆成本收益的组成，运用消费者剩余和影子价格理论可以测得博物馆对社会贡献度(社会效益)，当前国有博物馆基本采用免费开放方式，免费开放的服务不直接产生经济效益，但是可以成为社会效益的方式体现，从另外一个维度就是社会福利的贡献度。地区经济产出水平是由消费、投资、政府支出和进出口净值这四个变量决定，通俗地表达为消费指标和实际消费水平差异化体现在乘数效应，[①]不论是哪一个变量，国内大多数博物馆办展一般使用本地政府财政支出，资金属性是政府的税收财力，根据每年财政预算情况进行计划和拨付，因此如何体现消费的乘数效应，让 1 元的消费给百姓赋予产出要大于 1 元消费效益。

(三) 博物馆制度与监督的兼容

在做好充分的调查研究工作后，秉承合法、合规、合理的原则，以符合上级单位管理要求为保障，同时结合本馆内控相关管理制度，笔者参考了 2010 年上海世博会期间在世博展示中心的临展区域相关对外临时展览的管理经验；2011 年的上海世博会纪念展项目展的临展管理经验，有了一定的法律依据后，再结合引进展览会场地的成熟的实操流程，探索出一套管理办法，特别针对引进展制定操作规范的流程，包括申请程序的流程与时效性，馆内相关设施设备使用说明，馆内安全管理规定等。在有效地保护了博物馆自身利益的同时，对观众参观过程的安全和质量也能予以监督和及时改善。

(四) 引进展沟通与谈判的技巧

在展览管理和监督制度完善的基础上，对外的沟通与谈判显得尤为重要，如在与主办方沟通中，仅关于办展资质就有企业资质证明、搭建商资质证明、合作方资质证明、运营方资质证明等。此外，博物馆方面还要提前审核展览策划方案和设计方案、内容是否有政治问题、设计需要符合相关规定要求、消防问题、文物安全问题等，在与对方充分互通并达成共识后，进行书面意向确定。与此同时，在双方的合同条款的修订上可能出现很多争议性的问题需要进一步协商以便达成共识，既要合法合规，也要保障各方利益。

(五) 引进展实践过程与操作步骤

设计制作展览及活动相关的展厅使用操作说明是实践过程的重要一环。以世博馆临展厅使用为例，对于博物馆展示区域和开放区域相关交通和便捷部分需要

---

① 宋强、宋坚：《博物馆成本收益分析研究方法初探》，《吉林师范大学学报(人文社会科学版)》2007 年第 5 期。

指明，在利用展厅自身大跨度的结构来适应不断变化的展示需求，同时也满足各种活动、秀场、研讨等多功能空间属性，以达到展厅空间资源的最大化利用，具体包括：临展厅 01：恒温恒湿，面积 917 平方米，层高 5.5 米，定位为高规格展厅。用于精品艺术展，属于高规格展览举办场地；临展厅 02：面积 630 平方米，层高 7.8 米，定位为专题、主题展为主，用于一般巡展及世博主办展览；临展厅 03：面积 640 平方米，层高 7.8 米，适用于创意类展览、展览试验场，会务及一般性来展，临展厅 02—03 可合并使用。三个展厅内没有柱子横梁，也没有任何遮挡，见宽、见方、见高，展览可塑性强，各展厅之间的空间组织充分考虑到陈列的系统性、灵活性和参观的可选择性，分别具有单独对外门，便于独立运营。除此之外，馆内“云厅、北大厅、户外广场”既可作为展览陈列的补充延伸，云厅又可呈现高端活动和小型精品陈列。合作方可选择上述一个展区或同时申请多个展区举办展示推介活动。为配合展示推介活动可选择世博馆其他配套服务区域，如办公室、贵宾室等(图 2)。

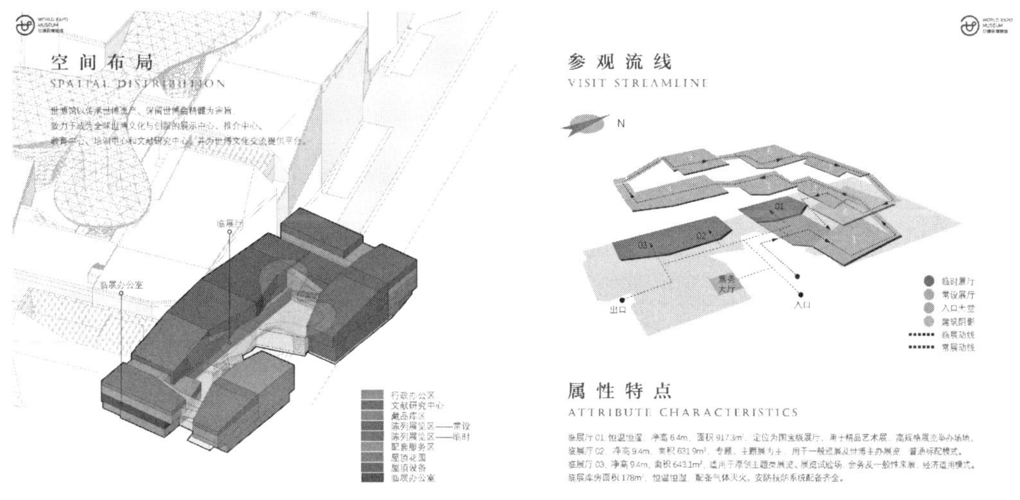

图 2　临展厅整体布局动线①

博物馆提供的相关服务也需要有详细的说明与圈定，比如世博馆为在临展厅举办展示推介活动的参展方提供以下服务：提供临展厅指定展示区域租赁；协助参展方接待参观者并统计相关参观信息；应参展方书面申请，安排相关媒体配合展示推介活动进行采访报道；应参展方书面申请，世博馆协助其策划、设计参展方的展示及推介活动。

内容和相关展示信息也要有一定的要求，除了必须符合 2015 年国务院第 78

① 配图源自上海世博会博物馆 2017 年招展手册《临展厅参展指南》，作者参与设计制作。

次常务会议通过的《博物馆条例》准则以外，以博物馆自身的展览陈列体系为基础，展示内容选材必须要有呼应的领域和渊源，以世博馆为例，展示展览需表达是能体现人类文明文化发展积极意义的要求。合作方在临展厅举办展示推介活动的内容应与世博馆临展展陈体系相关。双方或多方在洽谈过程中给予合作方供参考的展示内容，如函涉世博会历史相关的内容；或与国际展览局参展相关的内容；或介绍相关世博的国际文化交融的内容，设计、创意及艺术类等相关内容等。形式可以包括文字、图片、影视资料、模型、特殊装置等。同时，博物馆要与合作方厘清操作流程，特别是涉及时间及重要环节的前后顺序等(图 3)。

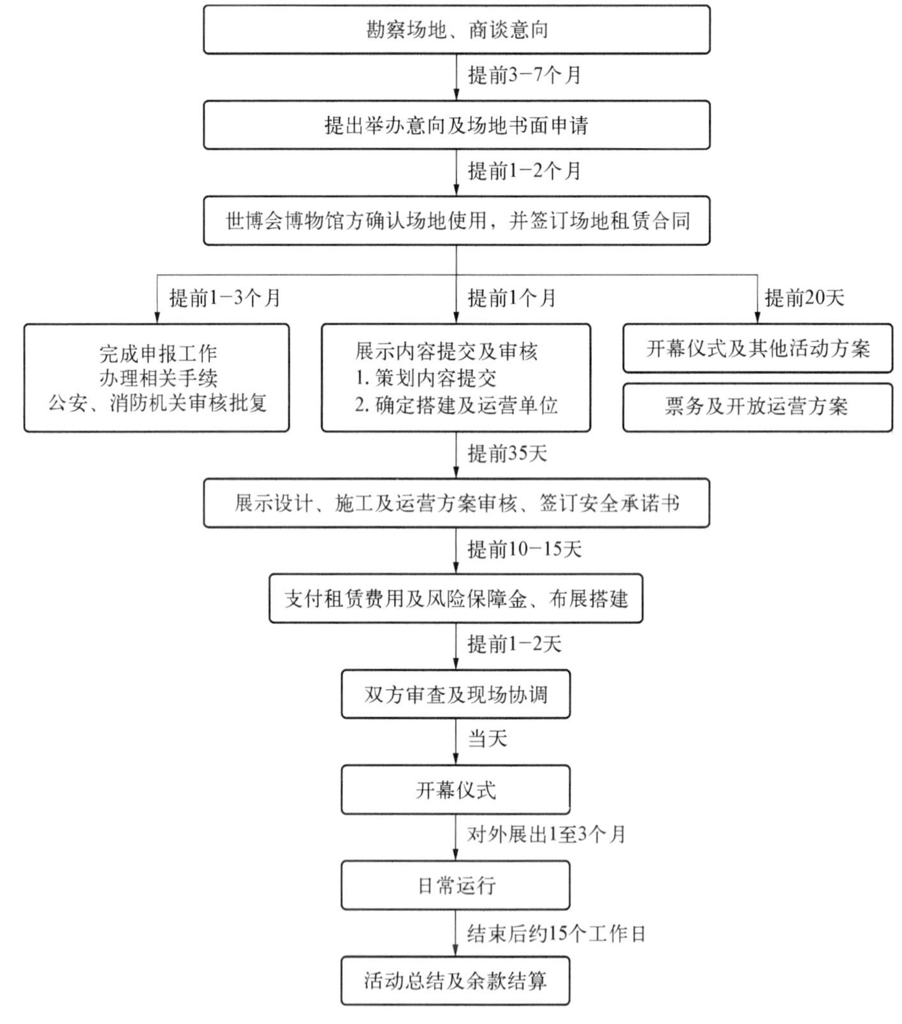

图 3 《世博会博物馆举办临时展览的操作流程表》①

① 表格源自 2018 年上海世博会博物馆临展厅管理办法与操作说明的相关附件，作者参与绘制。

值得注意的是，在合作的过程中必须提醒相关申请注意事项，如项目应有我国地市级以上的文旅部门作为主办单位，并能提供该部门作为主办单位的信函原件或法人委托书；如办展单位须提前至少 3 个月向博物馆主办者的主管部门向提出书面申请，申请应包括由参展方负责人签字或盖章的有效资料；又如外国展览及港澳地区、台湾同胞、海外侨胞所办的展览，在通过博物馆展览专家评审委员会评审之后，需向相关部门报批，经批准后，方可合作等。在满足如上条件后，双方意向性签订场地使用申请(图 4)。

世博会博物馆临展区域使用申请表

编号：

申请方			
负责人	姓名： 职务：		
联系人	姓名： 职务：		
	电话： 手机：		
	传真： 邮箱：		
	地址： 邮政编码：		
展览方案（展览名称、内容及形式等可另附纸）			
使用区域（请打钩√）	临展厅 01□02□03□ 办公室 □ VIP 室 □ 户外广场 □		
使用时间： 展示时间：	____年____月____日 至 ____年____月____日 （共 日） 年 月 日 至 年 月 日 （共 日）		
自带团队（请附相关资质证明文件）	单位名称： 策划： 搭建： 运维：	使用馆方推荐团队（请打钩√）	
附件说明	（如设计图纸等）		

备注：

使用面积：临展厅 01：1027 ㎡，临展厅 02：640 ㎡，临展厅 03：630 ㎡，办公室 60 ㎡，VIP 室 50 ㎡

申请（主办/参展）单位（盖章）： 上海世博会博物馆（盖章）：

负责人（签名）： 负责人（签名）：

申请日期： 年 月 日 批准日期： 年 月 日

图 4 《世博会博物馆举办临展区域使用申请表》①

① 表格源自 2018 年上海世博会博物馆临展厅管理办法与操作说明的相关附件，作者参与绘制。

在此过程中，博物馆管理者需要把一些展厅的未尽事宜做详细说明，在整个展期和活动期间，必须遵守博物馆临展厅管理制度，包括但不限于：不得擅自拆改、增减、损坏、污损原有建筑物和各项固定设备；布展、撤展时必须遵照临展厅及展馆物业安全、消防等相关规定条例进行；严禁携带易燃易爆和放射性危险品进馆，确有特殊需要的，必须事先向博物馆物业管理部及安保部提供详细资料，经批准后，方可放置在指定地点。展示开放期间，展览合作方必须安排至少一名工作人员在展区内值班，负责管理及维护展示现场，并配合临展厅做好观众参观接待等运营管理事宜。不举办展览的但需要在临展厅以外的配套区域举办展示推介活动的单位，根据相关国家规定参照展厅场地管理规定等文件执行等。

（六）专题博物馆引进展案例参考

以下是笔者在世博馆展陈管理部工作期间参与的两个各具特色的合作引进展，其中有涉及相关展览操作中出现的多种问题，在实践中如何避免或是解决。在操作展览的过程中又是如何让场地和服务质量提升，笔者仅限于实操工作，为同行提供一些工作方法和依据。

1.“重返恐龙世纪——超时空科技互动体验展”沉浸式体验地布展解困

2018年，在世博会博物馆开馆一周年之际，也是国务院机构改革方案中文化和旅游部合并之年，世博馆首次尝试引进由上海贸促会、华茂公司主办的“重返恐龙世纪”引进展，笔者将操作过程中一些难点和解决方案予以分享。

首先，关于展览搭建的消防安全问题，显然主办方对博物馆展览的安全意识有局限性。博物馆内举办展览有着很严格的要求，不论从展览策划内容合理性、还是到布展施工，最后中长期的运维方案，都需要以安全意识为第一。笔者协同主办方一起研究展览内容尺度，提供便于安全实施建议。其中，对于“幻影全息剧场”和“时光飞船”展项的消防安全环节提供重要的建设性意见，确保了消防安全环节在开展之前顺利通过。

其次，在引进展立项和申请程序沟通中，发现了展示运维多处隐患，由于主办方熟悉会展行业的操作守则，会展行业的操作时间一般不超过7天，然而，博物馆临展一般情况是不短于30天，原则上不超过90天，因此展览方案中的部分展品展示需要符合长期运营的要求，如参观过道狭小、部分搭建构件夹角尖锐，有多处特装的地基不平，展品未做物理固定，以及多媒体展项没有疲劳测试以及备用方案等多项问题。为此，双方根据符合长期运营的展示基础保障各项细节，馆方与施工方在对有可能危害观众安全的隐患进行了优化和调整。

最后，博物馆要协助展览主办方为运维做了多方面的应急预案，包括涉及门票定价与物价局的报备，暑期学生高峰时段参观人流限流预案，以及极端天气（8月至9月上海台风季节）安全观展应急预案等。在磨合和探索中，恐龙展帮助了世博馆在开馆的前期磨合了各服务团队，大大提高了各单位共同协作能力，同时，我们也在不断探索优化和改进的地方。

2.“天才相对论——爱因斯坦异想世界展”珍贵展品保护的难点与突破

由解放日报社、上海市教委、市科委、市文旅局、市新闻出版局及市总会指导，解放报业文化公司主办，世博馆协办的“天才相对论——爱因斯坦异想世界”首展亮相世博馆。展览由以色列耶路撒冷希伯来大学授权，爱因斯坦资料库策划，展出与爱因斯坦有关的展品共133件（套），其中“相对论手稿”和“广义相对论手稿”原件、诺贝尔奖章等均是首次走出以色列国境。

办展过程中，由于主办方是以媒体为主营，往期策办的展览也都是纪念类和图片式，对博物馆办展中相关文物保护和珍贵展品出入境的要求不甚了解，同时，对世界文物遗产的遗失、损坏及盗窃等不可逆的危害认知不足，对于以色列第一次出境的多件具有世界文化遗产性质的珍贵展品，仅让以色列团队单独押运，押运过程中对路线的安全，以及室内外的环境安全和各种防盗设施未作提前预案，有诸多安全隐患，整体保护展品安全的意识不够。

以展厅环境要求为例，从展示环境到临时存放环境中恒温恒湿的大环境和小环境的安全性检查及保护措施的缺失，笔者及时沟通并协助展品布展安全工作，首先是提供展品有关温湿度数据，其次要求施工单位为珍贵文物的展柜加装恒温恒湿设备，最后，帮助主办方增加了24小时“技防”与“人防”等布防建议，确保了爱因斯坦的“相对论”与“广义相对论”手稿真迹能如期展示在上海大众的面前。

三、文旅融合下专题博物馆引进展的相关思考

专题博物馆的引进展操作过程对博物馆管理方的能力水平都十分严苛。管理者不但要懂得法律法规的相关保护性和限制性条款，还要了解市场经济规律物价等方面非文博展览专业的知识，甚至对博物馆本身的发展规划也要有清晰的认识和理解。其中，每一步都要合法也要合规，才能使博物馆未来发展“走得稳妥，走得

坚实,走得长久”。

博物馆需要多元化地引进展充实广大观众的精神需求,但是在展览的操作实践过程中的每一个细节必须引起重视,展览举办结束后,经管理团队的多次复盘后,需要对博物馆团队整体管理提出更为具体的要求和改进的方向。在文旅融合的背景下,以上恐龙展、爱因斯坦展的实践与思考具有重要意义。这些展览不仅丰富了博物馆的文化内涵,还为游客提供了更丰富的旅游体验。世博馆通过展示恐龙和爱因斯坦等主题,游客可以更直观地了解自然历史和科学知识。然而,在引进展览的过程中,也需要思考如何更好地将文化和旅游相结合。比如,通过恐龙展,可以开发相关的文创产品,举办科普讲座等活动;而爱因斯坦展则可以与科技创新相结合,举办科技论坛等。此外,还需注意展览的策划和宣传,吸引更多游客参观。同时,要确保展览的质量和安全性,为游客提供优质的服务。文旅融合下的引进展览,为世博会博物馆带来了新的发展机遇,也为推动文化和旅游的融合发展提供了有益的探索。

专题博物馆的引进展可以更多元化,不论是场地服务,还是相关展览配套,引进展为博物馆发展带来新鲜活力。在文旅融合之后,我们的博物馆和观众之间联系将变得更紧密,博物馆也将为观众带来更具活力和多彩的展览内容。也希望更多的博物馆继续探索更多资金来源,如利用基金会筹措社会资源,利用馆校合作开发研学收入,利用博物属性开发文创产品等,让博物馆收入来源多元化,开拓来自企业和社会公众的公益投入,探索和完善独立法人主体的市场经营化运作等相关工作。

结　语

国际博协在第 26 届 ICOM 大会通过了“博物馆定义”,博物馆是为社会服务的非营利性常设机构,它研究、收藏、保护、阐释和展示物质与非物质遗产。它向公众开放,具有可及性和包容性,促进多样性和可持续性。博物馆以符合道德且专业的方式进行运营和交流,并在社会各界的参与下,为教育、欣赏、深思和知识共享提供多种体验。博物馆的使命和功能在日益不断地更新中,年轻的博物馆更具获得,能助推国家的文化建设发展,助力城市精神的提升,为服务好社会和提升国家精神文明建设添砖加瓦,让国家坚定文化自信,让世界对中国有新的文化解读。

盘龙城国家考古遗址公园赋能城市更新的问题与策略研究

许　诺[①]　南京大学　江苏南京　210096
程　鑫[②]　苏州大学　江苏苏州　215006

摘要：

在国内考古遗址博物馆中，盘龙城国家考古遗址公园在城市发展规划和考古遗址保护展示方面的理念与实践具有前瞻性与预见性。其作为城市最重要的旅游景点之一，将文化与旅游深度连接，通过“遗址＋公园”的方式提升文化消费和城市更新。同时为考古遗址做好注脚，采用营造技艺类非遗技艺复原展示木质建筑遗存，结合艺术化形式开发丰富的文化体验，创立多元立体的文化形态。此外，博物馆实施考古遗址景观工程，将考古遗址纳入城市绿化规划建设范围，打造现代化生态宜居城市。在考古先行的理念下，转化遗产价值、展示遗址现状，让古代城市遗址在保护中传播和可持续发展、助力美好生活，让城市与居民从遗址公园规划中受惠。

关键词：

遗址博物馆　考古遗址公园　古代城市遗址　城市更新　公众考古

Research on the Problems and Strategies of Enabling Urban Renewal of Panlongcheng Site Museum in the Perspective of National Archaeological Site Parks

XU Nuo　CHENG Xin

Abstract:

In terms of proactive planning for urban development and the protection and display of archaeological sites, the application and practice of the Panlongcheng National Archaeological Site Park is more forward-looking and prescient than that of other archaeological sites museums in China. The museum, as one of the most important tourist attractions in the city, connects culture and tourism in depth, and enhances cultural

① 许诺，南京大学历史学院硕士研究生。XU Nuo, Nanjing University.

② 程鑫，苏州大学艺术学院文化创意研究中心研究生。CHENG Xin, School of Art of Soochow University.

consumption through the method of "Ruins + Park". the museum connects culture and tourism in depth, and enhances cultural consumption through the method of "Site + Park". The museum provides a good footnote for the archaeological site, adopting the intangible cultural heritage techniques related to construction to restore and display the wooden architectural relics. It also combines artistic forms to develop rich cultural experiences and create a diversified and multi-dimensional cultural form. It also implements the landscape project of archaeological sites, incorporates archaeological sites in the scope of urban greening planning and construction to create a modern, ecologically livable city. Under the concept of archaeology first, the value of heritage is transformed; the current status of the sites is showcased; ancient urban sites are disseminated and sustainably developed under protection, which contributes to a better life and benefits the city and residents from site park planning.

Key words:
Site museum　Archaeological heritage parks　Ancient urban sites　Urban renewal　Public archaeology

近40年来，随着全球化和地域矛盾不断加深，城市更新逐渐引起了中国城市管理者和设计界的关切。尤其是20世纪末到21世纪初，中国的城市处于提质改造的存量与结构调整的增量并重阶段，发展速度突飞猛进。在这种背景下，城市更新与重建成为热门话题，如何合理利用和开发现存的遗产资源，改造老房子但保留城市发展的基因和文化积累，已成为城市居民美好生活的强烈需求，也是城市规划者需要思考并付诸实践的议题。

大型古代城市考古遗址保护既是近年来我国文化遗产保护的难点，也是城市规划领域的新课题。习近平总书记在城市工作部署中，强调了古代城市遗址对于现代文明的重要价值。总书记指出"城市建筑是人类劳动和创造的结晶，承载着人类社会文明进步的历史。城市特色风貌是城市外在形象和精神内质的有机统一，是自然地理环境、经济社会因素、居民生产生活方式等长期积淀形成的城市文化特征，决定着城市的品位"。[①] 前文化部部长蔡武指出"文化是城市的核心，没有文化的城市就不能称其为城市"。

事实上，考古遗址保护与城市化的矛盾并非我国特有的问题[②]。将大遗址作

---

① 中共中央文献编辑委员会编：《习近平著作选读》第一卷，人民出版社2023年版，第407—424页。

② 杜骞：《从罗马"古迹区"百年保护历程看遗址保护与城市发展的冲突及共生》，《国际城市规划》2019年第5期。

为公园利用是一个比较成功的方法，例如巴黎市区的环城公路①、开罗城市绿色空间②、德国克桑滕功能分区③。2012 年意大利文化遗产与活动部曾发布《考古遗址公园建设与活化利用指南》(Lineeguida per la costituzione e la valorizzazione dei parchi archeologici)。但是世界各国行政机构、文化形态存在差异，因此选取国内盘龙城国家考古遗址公园的优秀案例，剖析其中存在的问题以及解决方法，对我国当前遗址保护规划颇具参考价值。

总之，城市是人类文明走向高级阶段的重要标志④，城市更新是所有大城市发展到一定阶段的必然趋势，考古遗址公园其本质上是调和与平衡古代城市与现代城市在土地规划上的冲突，盘龙城遗址为居民提供绿化空间，为居民的美好生活服务的同时，留住了武汉这座城市的根。

一、城市考古遗址公园建设难题

遗址博物馆是国家考古遗址公园的核心，用于集中展示和表达遗址的历史信息⑤。国家文物局提出，考古遗址公园是大遗址保护的一种方式，旨在保护考古遗址本体及其环境，融合教育、科研、游览、休闲等功能的城市公共文化空间和遗址类文化景观。考古遗址公园的提出使考古遗址与普通意义上的公园之间存在相互契合的可能，同时也可以化解考古遗址保护与公园建设在特性和需求方面可能存在的矛盾。

(一) 原址保护与城市建设用地矛盾突出

大型考古遗址之所以难以保护，主要在于遗址用地的规划范围。考古遗址所涉及的土地潜在埋有尚未发掘的文物，一旦纳入文物保护体系的范围，则不具备直接的生产功能或居住功能，不仅涉及居住房址搬迁等人员安置的社会、财政问题，而且与快速城市化进程中建设用地的扩张形成了明显矛盾。

---

① 郑园园：《“城墙行动”在法国》，《人民日报》2002 年 9 月 13 日。

② 胡敏、陈双辰、高晓雪：《欧洲古城垣遗产的保护与利用——以爱尔兰城垣为例》，《中国名城》2016 年第 5 期。

③ Henderson W O., The Zollverein, *History*, Vol. 19, No. 73, 1934, 1 - 19.

④ 许宏：《再论城市(都邑)是文明时代到来的惟一标志——对早期文明探索中聚落研究方法的提倡》，《中国历史文物》2009 年第 4 期。

⑤ 单霁翔：《大型考古遗址公园的探索与实践》，《中国文物科学研究》2010 年第 1 期。

随着城市化进程的加快，人均资源渐趋紧缺、考古遗址保护和利用的矛盾以及考古遗址公园所涉及的责权利关系等，使考古遗址公园的范围划定成了一个难点和重点。考古遗址公园对考古遗址的保护要通过公园范围的划定来确定，正如中国建筑设计研究院历史所所长陈同滨在国家文物局召开的大遗址保护规划研讨会上所言“抓住了保护范围就抓住了解决问题的钥匙，范围划定是考古遗址公园最基本、最核心、最重要的技术工作”。考古遗址公园的范围过大，不但增加保护难度，也会制约城市基础建设发展；而范围过小，又直接威胁到考古遗址的安全，失去了建设考古遗址公园的意义①。因此如何把握考古遗址公园范围划分的度，让考古遗址公园的建设与城市建设良好结合，是考古遗址公园建设的主要难题和首要问题②。

因此，考古遗址公园的建设规划亟待提升到城市发展战略的高度。盘龙城考古遗址公园是把古代城市传统的文化意蕴和城市美学气质的提升结合起来，拓宽城市发展中休憩与文化于一体的新功能，以适应城市现代化转型的发展要求。

（二）考古与文献资料缺失的遗址展示困境

路易斯·孟福德说：“世界名都大邑之所以能成功地支配了各国的历史，是因为这些城市始终能够代表他们的民族和文化，并把绝大部分流传及后代。”史料不足是遗址展示中常见的问题之一，因为有些古代遗址的历史和文化背景的原真性已经逐渐模糊，一方面遗址本身并不完整，甚至仅有部分残存的遗迹；另一方面缺乏详细的资料和文献记载，这给遗址的展示和解说带来了不小的困难。

第一，从文化遗产保护的角度来看，展示的内容必须以遗址考古研究为依据，确保展示信息的真实性与完整性。然而，在实际操作中，对于“修旧如旧”的理解存在一定的不明确性，到底是最大限度地维持现存的历史信息，还是恢复其巅峰状态，或者通过新材料的做旧使之接近原作的“旧”。因此，事实上每一种“修旧如旧”都有所取舍，而取舍的标准往往取决于不同的修复理念。

第二，由于公众心目中的历史建筑形象与专家心目中的形象有所不同。考古遗址往往疏离人们的日常生活，需要特定的展示空间和方法来帮助人们了解遗址。博物馆展示空间的塑造和遗址的历史环境、文化氛围紧密相连。人们通过感受特

---

① 《大遗址保护与考古遗址公园建设——考古遗址公园专家座谈会发言摘要》，《中国文物报》2010年10月13日。

② 赵文斌：《国家考古遗址公园规划设计模式研究》，北京林业大学博士学位论文，2012年。

定的历史氛围来逐步认识遗址。普通民众主要通过直接观察获得一些感性信息，他们对相关信息的理解相对肤浅，不涉及深入的研究和分析。与专业人士相比，他们无法直接从现存泥墙的历史原型中获取信息，图像呈现是他们了解遗址文化信息最直观的手段。

例如，重庆大足千手观音石刻修复、山西大同城墙的大规模复建、杭州雷峰塔新建，违背了文物古迹保护原则中文化遗产的真实性、完整性。然而，从解决城市现实问题的角度看，无论是旅游带来的经济效益，还是环境整治带来的社会效益，这种对文物古迹的解读与展示是服务于公众的，所以受到公众的喜爱和欢迎①。

因此，在商代夯土遗址保护和盘龙城遗址展示设计中，需要综合考虑遗址的历史和文化价值、原真性保护以及观赏性和教育功能等多方面因素，采取恰当的展示手段，让游客更好地了解和感受遗址的历史和文化价值。同时，也需要重视专家的意见，以保证遗址的保护和展示工作能够符合文化遗产保护原则。

二、盘龙城国家考古遗址公园的创新实践

盘龙城遗址考古发掘、保护展示成果丰硕。1988 年，盘龙城遗址被公布为第三批全国重点文物保护单位，2001 年被评为“中国 20 世纪 100 项考古大发现”，2006 年被列入国家“十一五”重要大遗址保护规划项目。2013 年 8 月盘龙城遗址本体保护展示工程启动，同年 12 月，国家文物局批准盘龙城遗址公园立项。2017 年盘龙城遗址公园被公布为第三批国家考古遗址公园。2021 年盘龙城遗址入选“百年百大考古发现”。2024 年 2 月“盘龙城遗址创新性保护展示”入选“全国考古遗址保护展示十佳案例”。近日，盘龙城遗址博物院入选国际博物馆协会 2023 年度“世界最佳遗产项目”，向全球展示了文化遗产保护和利用的“中国实践”成果，在推动博物馆合理和可持续利用文化遗产工作中，作出了突出贡献。

（一）遗址生态保护拓宽公共绿化空间

遗址生态保护对于拓宽公共绿化空间，以及构建韧性生态宜居环境具有重要作用。一方面，遗址生态本身就是一个绿色空间，缓解城市基建的用地压力；另一方面，遗址生态的保护可以避免城市过度开发，减少对自然环境的破坏，从而维持

① 郑育林：《古迹遗址的文化形象再现——对古迹遗址展示利用形式的思考》，《考古与文物》2009 年第 2 期。

城市的生态平衡。在当今的城市公共空间设计中，公园扮演着重要的角色。盘龙城遗址公园的落地，除了运用传统园林景观设计的原则和方法，还充分尊重遗址的文脉，让文脉延续与生态可持续相融合。

在被正式发掘之前，盘龙古城遍布草木和农作物。目前，北面护城河用碎石铺就，在水的自然冲刷下，碎石缝隙中生长着天然草地，形成独特的湿地景观；还有改造现有耕地，种植向日葵等经济作物的农田景观。这种清新的绿色景观布局形成了盘龙城地块独有的景观特色①。

（二）增强复原数据缺失的遗址文化形象

作为连接群众休闲生活的世俗性公园，同时也承担着历史文化的呈现载体这一神圣性职能。保护好这些大型古代城市遗址，就是保护好了一座座古代信息资料库。增强遗址的文化形象，首先需要获得充分的展示信息。考古资料和历史文献资料是可以用于遗址博物馆展示方案制定的最直接和基础的信息来源。英国批评家拉斯金将历史概括为“言词之书”“行为之书”和“艺术之书”，并断言这三本书合成了“伟大的民族的自传”，而“艺术之书”是其中最值得信赖的史料②。在科学数据不足的情况下，文学艺术形式中的文化信息可以作为辅助资料来帮助制定展示方案，以此种形式进行的设计又可增强我们对人类其他历史和创造性成就的理解。

由于现有的考古研究不足以支撑像盘龙城先民日常服饰、相貌特征等细节的准确诠释。盘龙城博物馆内，用钢网铸成的雕塑体块转折明确，轮廓清晰，不仅生动体现了先民的日常生活，而且还对资料缺失的内容进行了“虚化”处理。以“虚实结合”的设计语言，在不误导公众的前提下，让公众既能感受到千年前生活景象所带来的历史厚重感，又能在体验与先民“对话”的过程中引起无限遐想。

遗址保护与展示设计不仅仅是物品表象上的视觉呈现，也承载着更多的社会文化责任。“设计事实上是社会学和伦理学的一种解读，城市设计不仅仅是形式的表达，更是内在精神的一种追求。城市美学作为一种表现形式实际上是一个文化问题，其核心是文化语境的表达。”

通过遗址的文化形象再设计来弥补史料不足的问题，利用图像学与符号学理论，用隐喻、象征的手法表达历史，在场域中还原原址的历史象限和艺术时刻，创造

---

① 孙力：《盘龙城遗址公园绿化特色分析及其发展对策》，《绿色科技》2018 年第 7 期。

② 曹意强、杨振宇著：《艺术史学史》，中国美术学院出版社 2021 年版，第 3 页。

贴近大众生活习俗的审美形式(图1)。设计师应思考如何运用好后现代主义的设计手法,注重历史传统文脉的意义,借用民族地区性的典型式样、线条、色彩等,把它们当作一种符号、语汇融入自己的设计,从而构成一种古今融合、手工与现代技术结合的新型美。例如,南京大报恩寺遗址复建后廊道柱础的空间设计。需要注意的是,文化形象的设计并不是为了回归过去,而是为了传承和重现这些文化遗址所包含的文化内容。因此,在设计的过程中,需要注重保护遗址的原真性和可逆性,避免对遗址的历史信息和文化价值造成损害。同时,也需要运用前沿技术,采集科学数据认真分析,应用新材料来展示历史建筑形制和风貌,通过沙盘、模型、场景复原、数字体验、文化景观、雕塑小品等方式,全面揭示遗址历史、科学、艺术等多方面价值。提高遗址的可识别性和观赏性,让游客更好地了解和感受遗址的历史和文化价值,充分考虑展览过程的行为设计,强调与场地的呼应和互动,形成整体的历史文化体验(图2)。

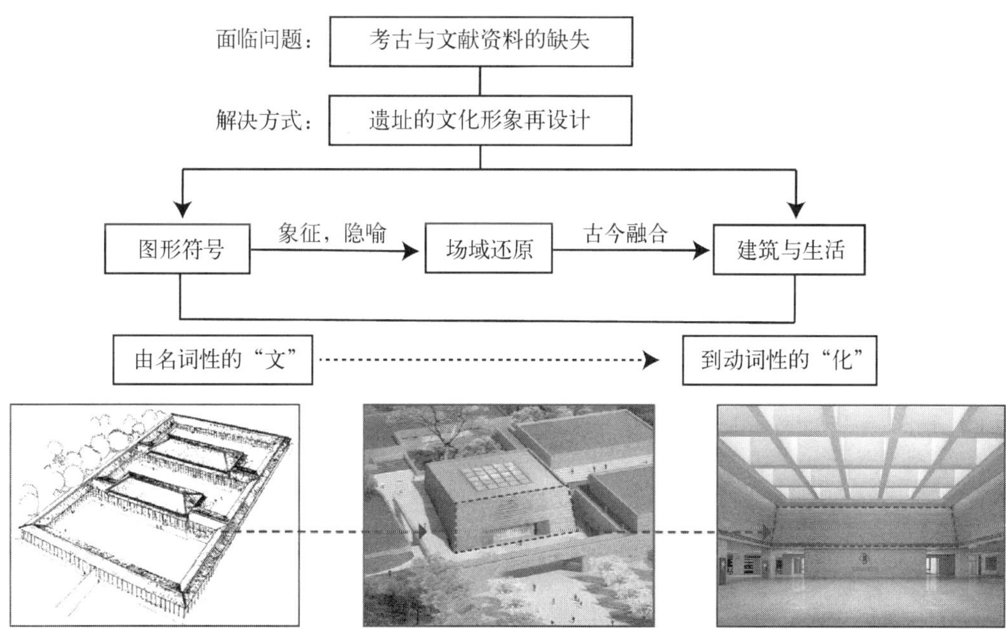

图1 增强复原数据缺失的遗址文化形象(作者自绘)

图2 文物元素在博物馆建筑设计的运用

盘龙城遗址博物馆位于公园西部，占地约 22 万平方米，建筑面积 1.63 万平方米，展览面积 3 800 平方米。博物馆建筑被设计成“半嵌入式”结构，将建筑主体融入公园环境中，游客可以站在博物馆屋顶远眺遗址核心区。

盘龙城遗址博物馆建筑四周方正的外墙与遗址城墙高度相似。建筑主体外墙仿商代夯土城墙，古朴而厚重，并运用了一些铜饰体块进行装饰设计，以区别于传统建筑，这充分呼应遗址环境，与公园自然风光融合。博物馆的外立面模仿了土墙的形制，将城墙、台基和代表商代的青铜器鼎的概念与自然坡度相结合，使建筑本身既是一个大地景观，又是一个观景平台。这样，建筑与场地核心区形成了轴向关系，成为历史景观整体的一部分，诠释了古代方正与围合的城址意境。

（三）文旅“热”催化考古学术成果诠释公众化

2023 年，国内旅游出游人数 8.26 亿人次，按可比口径同比增长 71.3%①。哈尔滨、淄博等全国各地文旅活动层出不穷。各地文旅局“放下身段”，投身于文旅宣传之中。文旅行业属于综合性业态，面对流量带来的高关注，若没有扎实的基础支撑，则不免面临“越热越砸招牌”的尴尬窘境。南开大学现代旅游业发展省部共建协同创新中心主任石培华表示“尽管旅游市场需求潜力较大，但未来仍将面临更加激烈的市场竞争”。这是由于当游客习惯于现有的活动形式后，便会对具有地方独特性文化体验产生更多期待。博物馆作为城市的重要旅游目的地之一，基于各地自身文化基因、深入文旅融合，以文化新业态赋能城市更新。

以博物馆为核心的考古遗址公园，已逐渐成为游客汲取城市文化的社会公益性主题公园②。位于湖北省武汉市的大型古代城市遗址，盘龙城遗址被誉为“武汉城市之根”③，是长江流域早期青铜文明的中心，考古学家对城址性质进行了推测，提出了“军事据点”④或“诸侯方国”⑤的假说。

遗产价值的展示与利用不仅是遗产保护的核心之一，还是展现城市古代文明的重要部分。盘龙城遗址博物馆本身是对古遗址的建构与重塑，为现代人提供了理解武汉盘龙城的媒介⑥。基本陈列第一展厅“浪淘千古”围绕盘龙城遗址的发

---

① 李远：《国庆文旅热折射文化消费新气象》，《北京观察》2023 年第 10 期。
② 王新民：《主题公园高效益的奇迹和价值导向》，《旅游学刊》1994 年第 6 期。
③ 涂文学在“大江论坛”上的公益性讲座《盘龙城为何是武汉城市之根?》，2023 年 7 月 14 日。
④ 张昌平：《关于盘龙城的性质》，《江汉考古》2020 年第 6 期。
⑤ 陈朝云：《商代聚落体系及其社会功能研究》，郑州大学博士学位论文，2004 年。
⑥ 许诺：《浅论公众考古破解博物馆的“成长期烦恼”正当时》，《文物鉴定与鉴赏》2021 年第 24 期。

现、发掘、保护、利用等内容展开。展厅通过交互设计生动地向观众展示了商代盘龙城在城垣设计上的军事防御意图,同时也将近现代盘龙城考古发掘的故事向观众娓娓道来。观众可以通过展品、图像、视频等多种媒介了解盘龙城遗址的内涵,以及其在考古和保护工作中的成果和展望,从不同角度展示了盘龙城遗址的独特魅力和文化价值。

三、考古遗址公园可持续设计的战略建构

遗址展示的本质是将其承载的历史文化信息向社会公众传达,包括遗址可持续发展、城市美学更新、居民美好生活。国家考古遗址公园在景观与生态环境整治、居民社会调控与土地利用规划方面都扮演着重要角色。

(一)"有边界"的精神家园

考古遗址公园的保护区是有边界的。对于遗址的核心区域,地面扰动控制在表土 20 厘米以内,所有工程施工、种植前的土地平整、土壤改良和树坑准备工作均应由人工完成,不允许大型、重型设备进入。

但是考古遗址所传递的文化是没有边界的。将博物馆的文化资源与城市生活相结合,使博物馆与周边环境形成互动,打造集文化、休闲、娱乐于一体的城市空间,使人们在享受城市生活的同时,感受到历史的魅力和价值,增强市民的文化认同感和归属感。总之,考古遗址公园是城市文化发展的一个重要方向,对于推动城市文化事业的繁荣和发展具有积极意义。根据遗址的性质和核心价值,专家经过专业研讨后决定将遗址现场作为一项系统工程展示,提前确定展示的主题和目的,以协调后续的展示规划和设计。在国家考古遗址公园建设中,还需要坚持以下原则。

一是坚持保护为主的原则,最大限度地保护考古遗址的真实性和完整性①,这是后期考古工作继续展开的前提。其次,要在考古遗址保护和深入研究的基础上,科学阐释考古遗址的价值,突出遗址特色,注重合理的功能布局和适宜的景观设计,营造既符合遗址和环境保护要求,又能充分展示其价值的文化氛围。

二是坚持形式服从文脉内容,不能混淆或割裂保护城墙原有遗址与建筑保护

---

① 钟晨、薛玉峰:《考古遗址公园建设中"真实性"保护展示途径探讨——以隋唐洛阳城定鼎门遗址公园规划为例》,《中国园林》2022 年第 3 期。

设施之间的主次关系。在建筑设计中，各类设施应尽量弱化多余的装饰或与历史主题无关的形式，满足合理、适宜的功能要求，不宜夸张。在防护设施建设中，应考虑场地自身的后续防护要求和设施的后续运行维护成本，在保证场地自身安全的前提下，避免盲目建设。同时，防护设施建设应坚持功能导向，限制建筑设计师的过度个性化表达，建筑风格应与场地及周边环境相协调。

综上所述，考古遗址公园是文化遗产保护与城市建设有机融合的典范，需要注重环境整治、园区养护管理和遗址保护与城市绿化相结合等。在此基础上，盘龙城国家考古遗址公园应充分发掘历史文化积淀，赋予园林绿地以文化内涵和作为“武汉之根”的人文精神，彰显园林绿地潜在的文化元素与精神境界，以实现历史文化与城市建设的和谐共生，为社会和谐发展做出积极贡献。

（二）韧性健康安全的“文化绿洲”

考古遗址公园兼具考古遗址保护和公园生态景观建设和维护的双重属性，考古遗址公园不仅要突出遗址保护与科研、文化等方面的功能，而且要承担城市绿地的角色，为公众提供用于娱乐和休憩的绿地。把遗址的保护纳入城乡建设的规划之中，这可以有效地激发政府和公众对遗址保护的高度热情。苏秉琦先生在 1992 年指出“考古原应回归它的创造者——人民，这是它的从业者的天职”。

一是打造韧性安全的大环境。就国家考古遗址公园而言，环境改善项目主要包括景观改善和绿化、道路改造和重建、垃圾清理、基础设施改造、拆除和重建不符合要求的建筑物等。国家考古遗址公园的环境修复首先要考虑考古遗址内容的有效呈现和公园环境的有机协调，必须兼顾考古遗址陈列布展的需要，避免影响景观、扰乱布展、淡化展览主题。同时，应强调历史环境的重要性，重点应放在恢复历史环境上，包括历史地层和地貌以及与历史气候相关的植物物种，以保证遗址的文化价值和历史原真性。在遗址周边进行道路调整和改建时，应根据规划要求，逐步予以调整，确保展示流线和布局相协调。

二是改造城市考古遗址的微环境。遗址的保护不应局限于具有重大意义的地段，但在各个遗址处全都大规模兴建博物馆、展览馆也不现实。在已回填的遗址周围打造城市口袋绿地，使历史文化 IP 成为城市文化形象的一隅，改善城乡人居环境。例如，打造非连续性的古城墙遗址保护口袋绿地，与城市建设相辅相成、相得益彰，从而体现城墙是城市文明守护者的重要性。通过清理城墙相关违章搭建物、完整展示城墙本体、疏通城墙游览路径的方法，提高了游客的可视性和历史原真性，并使之串联城墙。

三是创造和合共生的新环境。现代材质与历史遗迹的共融是一种重要的文化遗产保护和利用方式。在城市发展和历史遗迹保护之间存在矛盾的情况下，可以采用现代材质结合历史遗迹，使城市发展和历史遗迹保护相协调。例如，在盘龙城遗址中，修建了一座轻钢结构的人行天桥，使得城墙“豁口”实现了贯通，游客可以近距离触摸城墙背后的历史。

（三）敞开的“城市会客厅”

遗址博物馆应充分发挥其历史文化资源的优势，通过创新展示方式、提高公众参与度，将古代文明与现代城市生活相结合，提升城市美学品质。同时要注意考古遗址具有不同于其他城市景观的观赏性问题，其观赏性的本质在于真实历史文化信息的传递和交互。

会客厅是动态的，不断地接纳各种身份、年龄、目的的人前来，不断地产生碰撞，不断地产生效益，人们在里面可以享受到博物馆服务。国家考古遗址公园的建设是一个逐步实施遗址保护和公园规划的过程。其目的是有效保护考古遗址及其环境，控制疾病风险，减轻保护压力，为国家考古遗址公园长期向公众开放创造条件。

因此，遗址博物馆展示应注重文化策划，采用主题公众考古活动，课程活动主要集中于三个方面。一是盘龙城的军事防御体系探究，旨在通过探究盘龙城的军事防御体系，让公众了解盘龙城在商代时期的重要军事作用。如讲解盘龙城的军事防御体系，如城墙、城门、城楼等；再如通过模拟攀登城墙、射箭等活动，让公众亲身体验盘龙城的军事防御功能。二是盘龙城城墙文化与传承，旨在通过介绍盘龙城的文化特色和传承，让人们了解盘龙城的历史文化价值。如将城墙切开一个解剖面，介绍城墙断代的方法、城墙的结构和土层叠压关系等；再如在时间、空间的纵向和横向对比中探究商代文化、城墙文化等。三是体验城墙夯筑的传统制作工艺，如今仍在使用的一些传统工艺所包含的古代信息有助于了解大型考古遗址的文化信息，比如农村的土壤压实过程可以让公众清楚地了解古代建筑工程中大规模夯土地基的形成过程。

值得注意的是，公众考古不是简单地体验田野挖宝，而是让公众更多地了解文化遗产的价值，从而才能形成对遗址保护的广泛关注和支持。当公众对城墙保护有了更深入的了解和认识，他们会更积极主动地参与城墙的保护，甚至为城墙保护筹集资金等。这些自发行为也有助于使遗址保护走上良性循环的道路。

结　语

以遗址博物馆为中心的考古遗址公园赋能城市发展，在提高城市规划、建设、治理水平，实施城市美学更新行动，打造宜居、韧性、智慧城市中发挥更大作用。综上所述，博物馆应从以下几个方面发挥在城市更新中的赋能作用，全面提升城市文化内涵和生活品质，提升城市文化综合实力，激发城市内生动力。

(1) 博物馆作为城市的重要旅游目的地之一，应该深入文旅融合，将博物馆打造成文化地标，从而避免千城一面，以"遗址＋公园"赋能文化消费、城市更新。

(2) 博物馆为考古遗址做好注脚，采用营造技艺类非遗技艺复原展示木质建筑遗存，结合艺术化形式开发丰富的文化体验、创立多元立体的文化形态，提升遗址现场的文化体验。

(3) 开展遗址景观整治项目，聚焦遗产保护与生态环境相结合的提升策略，将考古遗址用地纳入城市绿化规划建设的考虑范畴，建设现代化生态宜居城市，让公众在日常生活中同文物对话、与时代同频，享受遗址博物馆带来的美好生活。

“明星”文物效应推动城市文化构建
——以广东省佛山市顺德区博物馆为例

彭有结[①] 顺德博物馆 广东佛山 528300

摘要：

文物不仅是被保护的遗产，更是参与城市文化构建的资源。如何打造、开发“明星”文物，让文物参与城市文化构建，发挥宣传效应，给博物馆、城市带来知名度、人气、流量，是一个需要探讨、实践的过程。广东省佛山市顺德区博物馆是一家国家二级综合性博物馆，以打造“市民博物馆”为目标，正在努力探索如何打造、开发“明星”文物宣传效应，让市民共享文物资源，参与城市文化的构建。通过互动体验、文化探寻、文创开发、合作研究等系列实践，结合当下市民欢迎的文化消费模式，文物宣传取得较好效果。本文将顺德区博物馆让“明星”文物效应推动城市文化构建的做法做简要阐述，各界联动，融合创新，期待更多的实践，共同推动文博事业发展。

关键词：

“明星”文物 宣传效应 城市文化

“Star” Cultural Relics Effect to Promote the Construction of Urban Culture: Take Shunde Museum in Foshan, Guangdong Province as an Example

PENG Youjie

Abstract:

Cultural relics are not only the protected heritage, but also resources for the construction of urban culture. How to create and develop “Star” cultural relics, involve them in urban cultural construction, exert propaganda effects, and bring fame, popularity, and traffic to museums and cities is a process that requires exploration and practice. Shunde Museum in Foshan, Guangdong Province is a national secondary comprehensive museum. With the goal of building a “Citizen Museum”, the museum is exploring how to create and develop the promotional effects of “star” cultural relics, allowing citizens to share cultural relics resources and participate in the construction of urban culture. Through a

① 彭有结，顺德博物馆副馆长、副研究馆员。PENG Youjie, Shunde Museum.

series of practices such as interactive experience, cultural exploration, cultural and creative product development, and collaborative research, combined with the popular cultural consumption patterns among citizens, the cultural relics promotion of the museum has achieved good results. This article will elaborate on how Shunde District Museum promotes the construction of urban culture through the "star" cultural relic effect. Through collaboration, integration and innovation, we look forward to more practice and to jointly promoting the development of cultural heritage.

Key words:
"Star" cultural relics　Propaganda effects　Urban culture

提起世界著名博物馆高知名度、高人气、高流量的“明星”文物，如法国卢浮宫的《蒙娜丽莎》、大英博物馆的罗塞塔石碑、埃及国家博物馆的图坦卡蒙金面具、北京故宫博物院的《清明上河图》等，件件如雷贯耳，是参观者到当地不能错过的文物，而且即使远隔千万里，亦心神往之。

广东省佛山市顺德区连续 12 年(2012—2023)荣获“全国百强区”之首，近年正围绕树立顺德高质量发展先行示范区的政务形象、高辨识度的网络形象、高品质的人文魅力城市形象，做强“世界美食之都”超级 IP，推动建立岭南水乡文旅高地、岭南广府文脉传承创新高地而努力。

顺德区博物馆虽然仅是一家国家二级综合性博物馆，没有一级文物，二级文物仅 87 件，馆藏与上述著名文物没有可比性。但是，顺德区博物馆以打造“市民博物馆”为目标，重点抓住馆藏及展览中有特色的文物，集中力量进行宣传，让市民共享文物资源，从而使文物在本地及周边地区火出圈子，成为“明星”文物，并引发连带效应，许多市民、游客都在自媒体中主动宣传。群众参与城市文化的构建，为博物馆、城市引流发挥了巨大作用，为推动人文魅力城市形象，推动建立岭南水乡文旅高地、岭南广府文脉传承创新高地作出了积极贡献。

一、以特色文物为基础，策划互动体验活动吸引市民积极参与

孩子是当代家庭的重心。博物馆的互动体验活动可以增进家庭之间沟通、互助，并且锻炼孩子的动手能力，有益于孩子自信的培养，因此受到市民的广泛欢迎。

顺德区博物馆顺应孩子们的偏好，以适合孩子们的文物为基础，利用“顺博工坊”品牌统领招募，在微信公众号等平台推出一系列互动体验活动。“顺博工坊”是顺德区博物馆的文化品牌之一，旨在结合顺德区博物馆的年度展览、岭南传统的民俗文化、非遗文化的保护与传承等，通过各类互动体验教育活动，加深市民对中华优秀传统文化的认识、理解、热爱与传承。“顺德工坊”几乎每星期都推出 1—2 场互动体验活动，一年推出活动超百场，曾获“广东省内博物馆优秀青少年教育十佳项目”荣誉。

顺德区博物馆馆藏有一件长达 7 米、外观独特的唐宋鳄鱼骨标本，虽然是一般文物，但是非常吸引孩子们。因此“顺博工坊”便以唐宋鳄鱼骨标本为核心，策划了各式各样的社教活动。例如“听顺德故事　造鳄鱼模型”活动，观众们先在讲解员的导赏下，参观鳄鱼骨标本所在的“顺德人　顺德事”历史陈列展厅，详细了解鳄鱼骨标本背后的历史故事，包括历史上珠江三角洲生态环境的变迁、人们开发珠江三角洲的艰辛等。然后在老师的指导下，制作鳄鱼模型。孩子们将一块块小木块，拼成一个个鳄鱼模型。在这过程中，了解鳄鱼的身体构造、生活习性，加深对保护环境的认识。再如“承古迎新——微缩考古鳄鱼玻璃球创作体验”是制作内嵌有关鳄鱼生态环境等小物件的玻璃球，让孩子们更加了解生态、了解自然。还有新奇的“啸”口（即大口）连连体验，即提取古鳄鱼骨标本元素，使大家从一块块零件的拼合中，体验将一个个憧憬汇集成笑口大开的喜悦。

这些互动体验活动一经推出，几乎场场爆满，报名都是抢手速。现在，顺德区博物馆的这件等级仅为一般文物的鳄鱼骨标本，已经成了展区中最受孩子们欢迎的“明星”文物。

可以预见，当一批批孩子长大，博物馆里留下了他们孩童时代的快乐，让他们认识到，这座城市以前的生态环境跟现在有很大的不同，于他们而言必是难忘的。等到他们为人父母，想必他们也会带着自己的孩子，再次走进博物馆，这为博物馆的持续发展，也打下良好的基础，也为这座城市文脉的传承播下种子。

类似的还有借助临时展览中的特色文物，顺势开展一系列的活动，添柴加火，使观众与博物馆、城市互赢。2023 年，顺德区博物馆引进广东省博物馆流动展览“小昆虫 · 大世界——精美昆虫标本展”，注重氛围营造的陈列设计成为该展亮点。观众一开始自发在新媒体平台分享展览中的蝴蝶标本，顺德区博物馆敏锐地捕捉到了展览潜在的热点，顺势开通新媒体账号，与观众一起宣传互动，借助不断扩大的影响力，更多游客慕名而来与之合影，“蓝色闪蝶”也成了展览中的“明星”展品。为了更加丰富观众的体验感，馆方进一步策划了一系列延伸主题社会教育活动，贯穿暑期的顺博工坊、顺博讲堂、顺博之夜以及暑期夏令营等品牌活动，共计 27 场次，参与活动观众达 4 328 人次，其中未成年观众 1 885 人次。博物馆在两个月展期内共接待观众 233 649 人次，其中本地观众 51 193 人次、外地观众 182 456 人次(含境外观众 10 532 人次)；参观该展观众达 212 278 人次，占入馆参观人次的 90.85%；为观众提供该展览免费讲解 58 场次，该展览也成为顺德区博物馆新馆开馆 10 年来参观人数最多的展览。

二、以馆藏文物为纽带，串联文化探寻活动以适应市民消费模式

随着人们消费模式的变迁，现代人喜欢打卡，喜欢用照片或者让他们有印象的物件来记录生活或他们感兴趣的内容。由此，顺德区博物馆推出了许多与馆藏文物相关的文化探寻式打卡活动。

“寻顺德宝藏　听顺德故事”活动以寻找馆藏东汉顶灯陶俑、唐宋鳄鱼骨标本等顺德宝藏文物为起点，再由讲解员带领观众游览“顺德人　顺德事”历史陈列展览，介绍顺德风俗文化，讲述顺德故事。导赏结束后，观众还可根据研学手册进行自由参观，深度认识、了解顺德人文风俗。宝藏文物中的东汉顶灯陶俑是顺德出土的二级文物。人俑面部五官刻画立体，深目高鼻，双耳各有一孔，下颌有胡须，身体画有汗毛，一副胡人的形象，与传统汉人形象区别较大。观众对于相貌异于平常所见之人的陶俑十分感兴趣，活动后还会意犹未尽地跑到这件宝藏文物前再细细端详。

“火眼金睛寻宝家”则为了增强观众的体验，在展厅各个区域内设置“寻宝”问答小游戏，问答与东汉顶灯陶俑、唐宋鳄鱼骨标本等文物知识有关，调动观众对文物的多角度认识；类似的活动还有“馆里寻章”“鳄”影迷踪、“祥年趣宝寻寻乐”等，都是对馆藏特色文物的有力宣传。

2024 年重磅推出的“顺博之宝”馆藏推广项目，形式让人耳目一新。运用线上线下相结合的手段，以“短视频 + 展览 + 活动”模式推广馆藏，围绕不同主题传播馆藏精品，丰富观众参观体验，推进文旅深度融合，发挥“博物馆 + ”的跨界创新，为观

众了解顺德城市文化和岭南广府文化添砖加瓦。项目挑选与顺德本地历史文化相关的馆藏文物定期推出线上线下短视频，线下限时同步展示，配套主题限定活动，利用新媒体传播效应吸引观众关注官网、公众号、新媒体等，引流观众到馆参观展览、参与“顺博之宝”研学系列活动助力宣传，同时根据不同馆藏情况，适当融入剧本游、顺博工坊等活动中，并配合“顺博之宝”馆藏视频发布推出限定印章，受到游客的热烈追捧。

顺德区博物馆文化探寻的打卡活动不仅开设在馆内，还拓展到了馆外的空间，将不可移动文物与可移动文物相结合，例如“行走顺德”是顺德区博物馆特别策划的系列文化探寻式教育活动，旨在让参与者通过认识历史古建、非物质文化遗产以及优美的水乡风貌，感受淳朴的民俗民风，了解顺德历史文化，关注城市文化的过去与未来，学习文物保护知识，思考文物的活化利用。这个活动采取招募形式，涉及面广，参与群体涉及各个年龄层，是顺德比较有影响力的文化探寻活动。

2023 年“行走顺德”文化探寻系列活动以“古韵今风”为主题，围绕顺德区鼓励社会力量参与岭南广府文脉传承的方向，结合区内老旧建筑活化建设的文旅空间展开，带着市民走进这些承载着各个时期历史风貌和文化记忆的建筑，通过“一条宣传视频、一次现场参观、一场互动活动”的方式，展示古老建筑在活化利用中焕发的新活力，展示顺德人文魅力城市形象。活动还结合了集章护照的新模式，即将顺德区内的博物馆、体验馆、展示馆、书屋、景点、美学馆、活化的老旧建筑单位等设置为集章点，市民们可前去打卡盖章，享受参与单位推出的优惠或新奇活动。顺德区博物馆将东汉顶灯陶俑、唐宋鳄鱼骨标本等特色文物定制为印章内容，完成馆内 4 个章还可到咨询台领取文创产品一份。馆藏文物又以新的方式成为市民朋友圈、微博、新媒体等社交平台的主角，以滚雪球的方式达到不可小觑的宣传效果。东汉顶灯陶俑也像唐宋鳄鱼骨标本一样，很快成为顺德区博物馆炙手可热的“明星”文物。

三、以馆藏文物为创意，让文物成为“显眼包”

顺德区博物馆提炼文物元素，开发文物创意产品，创新文物宣传方式，走出一条文物推动文化发展的新路径。

2022 年底，东汉顶灯陶俑变身“顶灯阿胡”，在顺德区博物馆“出道”。东汉顶灯陶俑因形象似胡人，故取名阿胡，并推出了一整套表情包，扫码关注顺德区博物馆微信公众号搜索即可获取。春节期间，限定版的阿胡还带着惊喜给市民“拜年”。顺德区博物馆不仅准备了“新春伴手礼”——特别定制的包含阿胡表情包的活动纪念笔记本，还为市民推出了两款以 Q 版顶灯阿胡为向导的线上小游戏。同时，顺应短视频潮流，推出关于阿胡的短视频，让文物形象不断活跃在各种媒介中。

2024 年，顺德区博物馆以特色馆藏广彩瓷器开发文创礼盒，采用器物口沿的锦地纹作为主画面边框，色彩鲜亮复古；提取器物上吉祥图案的花、蝴蝶、鹿(福禄寿)设计胸针，并将胸针嵌入图案中，吉祥喜庆，既尊贵又生动，成为重要活动的回赠佳礼，展现出博物馆、城市的品位和气质，让文物深入人心。

四、挖掘馆藏文物内涵，让文物研究有深度

合作研究是当前博物馆常见的一种研究形态，特别是中小博物馆，研究力量较弱，合作研究相当必要。

顺德区博物馆的馆藏中，不仅有上述庞大的唐宋鳄鱼骨标本，还有 1963 年出土的汉代鳄鱼头盖骨上部/上颌骨标本。从顺德当地有贝丘遗址存在和两次古鳄遗骸的出土可以判断，以往海岸线是经过顺德的，只不过随着历史变迁，现在海岸线已离开顺德了。对鳄鱼的研究，或许可以帮助人们了解环境的变迁过程。而且史书上很多关于广东地区有鳄鱼的记载，基本上都是因为其危害人畜，对当地百姓造成了侵扰，几乎“人人喊打”。唐朝著名文学家韩愈曾在潮州任刺史，著有《鳄鱼文》，证明了唐代岭南地区，鳄鱼随处可见。但是现在广东境内鳄鱼消失了，究竟什么原因？气候、环境或人为？那么鳄鱼的研究，或许可以提供线索。

对于顺德区博物馆藏的唐宋鳄鱼骨标本是哪个种属，以往有两种说法，一说是湾鳄，一说是马来鳄。后据中山大学专家鉴定，品种属于马来鳄。2019 年，合肥工业大学资源与环境工程学院来函，与顺德区博物馆合作对馆藏唐宋鳄鱼骨标本进行深入研究，顺德区博物馆鼎力配合。在此期间，合肥工业大学资源与环境工程学院的古生物学家刘俊教授团队对广东新会博物馆和顺德区博物馆中的古鳄鱼标本进行对比研究。2022 年，于《英国皇家学会会刊 B：生物科学》发表了相关成果，研究指出顺德区博物馆藏的唐宋鳄鱼骨标本为马来鳄新亚种，并命

名为中华韩愈鳄[1]。

这个与以往观点有很大不同的研究成果，给鳄鱼研究开辟了一个新的方向。而且，研究成果经国内各大网站、新媒体、弹幕视频、科研单位官网等报道形成宣传热潮，使顺德区博物馆文物再次成为焦点。

而东汉顶灯陶俑，我们仅知道其形象似胡人，与汉人形象有很大的区别，但对于为什么会刻画成胡人的形象，实在百思不得其解。如果真是胡人，那么其人种和来源问题难以确定，汉代的对外交流究竟到了什么程度？是否沿着海上丝绸之路来的？都需要证据。也有观点认为，顶灯陶俑并非胡人，而是汉代生活于两广地区的人群形象，这些观点都有待进一步考证。可以说，中小博物馆与其他单位合作，视野更宽，站位更高，这些都有助于文物的深入研究。通过对文物的深入研究，实际上也是对城市文化底蕴的探究，对文物和博物馆的一种宣传。

结　语

现在，许多中小博物馆共享文物资源，以更好地服务群众，增进对城市文化的了解。2023 年，顺德区博物馆在集群云服务平台上，公开了 5 760 件文物，文物公开率 100%，这些文物的公开为市民拼凑出了一个更全面的顺德。但是，这只是起点，有重点地、实实在在地通过各种方式宣传馆藏文物，以打造“明星”文物的路径收获更好的宣传效应，进而推动城市文化的构建。

文物事业不能脱离现实，尤其是中小博物馆，要将文物放在时代的语境中，放在社会文化的消费模式中，放在当代社会人们的行为模式中，挖掘文物的内涵，然后将相关文物组合起来进行宣传，文物才能真正活起来，博物馆才能真正活起来，城市文化内涵才得以真正展现，城市文化印象才能具象化，城市文化构建才能建之有物。

① 刘俊团队等：《中国青铜器时代与现存两类鳄鱼关联的过渡型鳄类及其由人类活动导致的灭绝》，《英国皇家学会会刊 B：生物科学》，2022 年 3 月 9 日。

“博物馆+”的“破圈”之路
——以上海市历史博物馆跨界合作模式为例

张悦华① 上海市历史博物馆(上海革命历史博物馆) 上海 20002

摘要:

近年来,中国博物馆事业发展发生了重大变化,呈现出良好的行业态势,众多博物馆积极探索与其他行业、机构进行跨行业、跨领域、跨国度深度合作。实施“博物馆+”跨界融合,对于推动博物馆资源整合与效能提升,实现创造性转化、创新性发展具有重要意义。2023年,上海市历史博物馆(上海革命历史博物馆)强势出发,积极响应文旅市场整体复苏的要求,努力探索“博物馆+”的文旅商“破圈”跨界模式,在商业展览、研学、咖啡嘉年华、文创市集、商场、地铁等不同领域进行尝试,打造特色文旅新业态和消费新场景,将经济与文化效益相结合,激发文旅创新活力。

关键词:

“博物馆+”跨界融合 博物馆发展 展研结合

Make Museum Known Outside of Fixed Circle: Taking the Cross Border Cooperation Model of Shanghai History Museum as an Example

ZHANG Yuehua

Abstract:

In recent years, the development of China's museum industry has undergone significant changes, presenting a good industry trend. Many museums actively explore deep cooperation with other industries and institutions across industries, fields, and countries. The implementation of "museum + " cross-border integration is of great significance for promoting the integration and efficiency improvement of museum resources, achieving creative transformation and innovative development. In 2023, the Shanghai History Museum & Shanghai Revolution Museum took a strong stance and actively responded to the requirements of the overall recovery of the cultural and tourism market, striving to explore the "museum + " cross-border model of cultural and tourism businesses, and

① 张悦华,上海市历史博物馆(上海革命历史博物馆)助理馆员,ZHANG Yuehua, Shanghai History Museum & Shanghai Revolution Museum.

attempting in different fields such as commercial exhibitions, research, coffee carnivals, cultural and creative markets, shopping malls, and subways, to create unique cultural and tourism new formats and consumption scenes, Integrating economic and cultural benefits to stimulate the vitality of cultural and tourism innovation.

Key words:
Museum+　Cross-border integration　Museum development　Integration of exhibition and research

时代的快速发展催生"博物馆+"的跨界融合发展模式,使城市博物馆成为中华优秀传统文化的展示空间和人民群众精神文化消费与体验的重要场所。上海市历史博物馆积极探索"博物馆+"的文旅商"破圈"跨界模式融合业态,在商业展览、咖啡文化、研学、商场、地铁、文创市集等不同领域进行尝试,以创新思维打破传统博物馆业务模式,提振信心,拉动消费,全面助力社会经济文化市场复苏。这样的"博物馆+"模式也将是博物馆未来长期的发展方向,进一步为博物馆生态群提供新的发展思路。

一、"博物馆+"理念产生的背景

近年来,随着人们生活质量日益提高,对文化需求不断提升,当代博物馆的职能和作用发生了巨大的变化。博物馆的定位不再局限于传统意义上的文物保护、收藏和研究,而是变得更加多元化和开放,博物馆被认为是"保护和传承人类文明的重要殿堂,是连接过去、现在、未来的桥梁"[①]。自2008年全国博物馆推进免费开放工作以来,我国的博物馆事业随着科学技术的日益发展不断取得新进展与新突破并逐渐以跨界融合的发展方式融入人们的日常文化生活。同时,相关主管部门对于博物馆跨界合作的应用实践也持续关注。经过第十二个五年规划,博物馆的发展重心由数量增长转向质量提升,并积极推动博物馆教育与国民教育、义务教育紧密结合。2016年,《关于推动文化文物单位文化创意产品开发的若干意见》明确提出要促进跨界融合发展文化创意产品。之后,"跨界"成为社会发展的高频热词,跨界融合在不同的领域广受推崇,是当前各行业发展的趋势。2021年5月,中央宣

① 新华社:《习近平向国际博物馆高级别论坛致贺信》,2016年11月10日,http://www.xinhuanet.com//politics/2016-11/10/c_1119886747.htm。

传部等九部门印发《关于推进博物馆改革发展的指导意见》，指出要实施“博物馆＋”战略，促进博物馆与教育、科技、旅游、商业、传媒、设计等跨界融合。“博物馆＋”这个新兴理念随着各项政策的落地实施，发展势头日益蓬勃。2022 年，国际博协将博物馆重新定义，博物馆具有可及性和包容性，更加突出了博物馆给观众带去的多种体验功能，为博物馆多角度拓展跨界融合模式提供了更多选择方向。“博物馆＋”中的“＋”标志着开放、融合、连接，“博物馆＋”势必将推动博物馆的基本功能拓展以及在广大观众中形成更广泛的信息共享与参与度。

二、“博物馆＋”的概念

关于“博物馆＋”这个概念的研究最早出现于西泠印社出版社出版的《“博物馆＋”与跨界融合：浙江省博物馆学会 2016 年学术讨论会论文集》，书中有多篇文章对“博物馆＋”这一概念及其应用进行探讨。其中周丽莉认为“博物馆＋”是用“互联网＋”的概念，“博物馆＋”的实现需要博物馆与当地政府、社会等各方面努力，以释放博物馆的收藏、研究和宣教功能，提升博物馆的效益。① 而曹辉和严建强则以饮食产品包含的历史教育信息为出发点，寻找与“博物馆＋”概念相契合之处，他们认为博物馆提供饮食产品能够消除博物馆参观者的疲劳，但博物馆在销售饮食产品时可以扩宽思路，寻找新的销售模式，与电子商务结合起来。② 韦立立和杨岭从现代科学发展思维角度提出为什么要“跨界”展览、需要什么样的“跨界”展览、如何进行“跨界”展览的话题，并从历史人文与自然科学不同的视角诠释人类文明，最后通过“跨界”展览形式得出博物馆可以通过创新展示理念、促进馆际合作、搭建跨界平台等手段进行展示。③

2017 年，由中国自然科学博物馆协会湿地博物馆专业委员会编纂的论文集《博物馆教育与跨界融合：湿地博物馆专业委员会 2017 年学术研讨会论文集》中就围绕“博物馆如何更好地发挥教育功能”“博物馆的可持续发展”“博物馆文创产

---

① 周丽莉：《“博物馆＋”理念初探》，引自浙江省博物馆学会、杭州博物馆编：《“博物馆＋”与跨界融合：浙江省博物馆学会 2016 年学术讨论会论文集》，西泠印社出版社 2017 年版，第 18—25 页。

② 曹辉、严建强：《“博物馆”合作产业内涵以及可行性分析——对地方饮食文化的探讨》，引自浙江省博物馆学会、杭州博物馆编：《“博物馆＋”与跨界融合：浙江省博物馆学会 2016 年学术讨论会论文集》，西泠印社出版社 2017 年版，第 2 页。

③ 韦立立、杨岭：《“跨界”合作：博物馆展示理念的创新》，引自浙江省博物馆学会、杭州博物馆编：《“博物馆＋”与跨界融合：浙江省博物馆学会 2016 年学术讨论会论文集》，西泠印社出版社 2017 年版，第 26—32 页。

品的开发”等议题展开探讨，也具体描述了湿地博物馆在跨界融合领域的实践探索。其中，王盛以宁海县海洋生物博物馆为例，阐述“博物馆＋”理念是借助博物馆这个平台，使经典传统文化与当代社会进行深度融合，将文化创意与博物馆结合，把服务业、旅游业与博物馆相结合，营造新型文化生态，博物馆跨界融合是一条自我造血之路，更能激发博物馆的潜能，使博物馆发展具有无限可能。[①]

综合以上观点，我们可以认为“博物馆＋”是以博物馆基本功能为基础，探索多渠道产业空间，在原始合作项目上纵深发展，是一种新发现和创新结合的业务需求。它的内涵主要是利用博物馆平台，通过移植、导入、运用外界的资源要素，推动博物馆经典传统文化与当代社会进行深度融合，创造形成以博物馆为主阵地、主平台的新的文化产业生态圈，以此达到优化博物馆的核心职能、提升博物馆的管理服务、提高博物馆的社会形象的发展目标。“博物馆＋”是一种将文化与经济有效结合的策略，旨在推动博物馆的可持续发展并促进经济增长，实现双方的共同发展与互利共赢。

三、“博物馆＋”的应用价值

随着社会发展，人们对于精神文化生活的需求日益提高，推动博物馆跨界融合是顺应信息化发展、科技进步和政策号召的客观需要，也是推动博物馆实现高质量发展的必由之路。“博物馆＋”应用不仅对于博物馆自身的发展具有提升促进作用，而且还有利于全社会的文化传播。

（一）提升博物馆的社会影响力

在现今信息技术高速发展的时代，博物馆自身的发展反映出人类文明的发展程度，在社会中扮演着越来越重要的角色。随着信息技术的不断应用，博物馆开始向数字化转型，成为一种新型的信息交流载体。博物馆通过与旅游、教育、设计、科技等跨界融合，资源与公众共享，盘活与利用博物馆的馆藏文物资源，可以提高社会对博物馆的重视程度，扩大博物馆在文化领域的影响力，完善和弥补博物馆行业结构较为欠缺的薄弱之处。博物馆充分借助外部力量，拥有更多的受众群体，延伸博物馆文化传播功能，以增强市场竞争力，同时也能为博物馆谋得更优质的发展资源。

---

① 王盛：《互联网时代背景下博物馆教育发展之路——以宁海县海洋博物馆为例》，引自中国自然科学博物馆协会湿地博物馆专业委员会编《博物馆教育与跨界融合：湿地博物馆专业委员会 2017 年学术研讨会论文集》，浙江工商大学出版社 2017 年版，第 25—32 页。

（二）满足公众多样化需求

当下，如何更好地吸引公众和提供符合公众多样化需求的社会服务，已成为诸多博物馆面临的难题。为了解决这一难题，博物馆可以借助“博物馆＋”这一新模式，实现多方合作共赢，它在一定程度上突破博物馆传统单一运营方式的束缚，丰富和充实服务内容。运用“博物馆＋”，可以有效地拓展博物馆的服务范围，以更亲民、平和的方式融入大众生活，提供多样性的服务，以满足公众日益增长的精神文化需求。

（三）提升文化软实力

当今，国家综合实力的竞争越来越体现为文化软实力的竞争，文化软实力集中体现一个国家基于文化而具有的凝聚力和生命力。“博物馆＋”模式强调创新性，它与传统文化的传承并不相悖，而是博物馆内涵和外延的进一步拓展。这种模式既可以继续保持博物馆在历史人文教育领域的影响力和发展优势，还可以让历史文化根植人们的心中，使公众从内心深处产生文化认同感，增强文化自信。

（四）带来广泛的社会价值

博物馆的建设是为了实现其使命，该使命指一个博物馆要承担的社会责任，即一个博物馆要建设或存在的理由和目标。① 发展博物馆事业是一项惠民的工程，旨在为人民提供更好的文化服务和教育资源，这意味着博物馆事业的发展不仅是一个文化建设问题，更是一个社会建设问题。博物馆事业的发展不单是为了展示历史文化遗产，更是为了彰显“以人为本”的人文关怀。借助“博物馆＋”模式，博物馆能够与不同的主体融合，产生不同程度和内容的社会价值，并延伸出经济价值和人文价值，深刻地影响着社会各个领域。例如，“博物馆＋旅游”将诗意和远方结合，注入文化底蕴，丰富旅程的意义，并推动地方经济发展；“博物馆＋帮扶”可以提升地方文化价值，振兴乡村经济。因此，“博物馆＋”的应用能够使博物馆更好地履行社会责任，实现其使命，为社会各个领域带来积极的影响。

四、“博物馆＋”应用成效

（一）新媒体矩阵布局初具规模

新媒体在当今社会的作用、重要性和优势不言而喻。“博物馆＋新媒体”的跨

① 陆建松：《论考古博物馆的建设问题》，《中国博物馆》2022年第5期。

界融合，是将文化的丰富性和媒介形式的多样性相结合，以创造多种大众喜闻乐见的跨界融合形式。[①] 这种融合模式不仅可以为身处传统文化机构范畴内的博物馆指明宣传方向，也能更好地引导观众和社会大众进入博物馆文化的世界。了解新媒体矩阵的发展现状，才能更加深入地掌握“博物馆+新媒体”的进度和融合情况。从横向视野看，博物馆新媒体矩阵的布局主要以“两微一抖”（微博、微信、抖音）为主，部分博物馆还在快手、哔哩哔哩、今日头条等平台上占有一席之地。

（二）文化创意产业蓬勃发展

哈佛商学院的迈克尔·波特教授认为，基于文化的优势是最根本的、最难以替代和模仿的、最持久的和最核心的竞争优势。[②] 文化创意产业被认为是“第四产业”，是一种更高层次的全新产业形态。尽管文化无法直接创造经济效益，但它却是核心竞争力得以延续的关键因素。博物馆与文创产业的融合，是一种让文物在新生代消费者之间焕发生机的极佳方式。而文创商店则是文物与消费者沟通的场所，类似于一个微型博物馆，橱窗和货柜上的产品融合了思想性、知识性、实用性、艺术性和时尚性，既具有深厚的文化内涵，同时还融入现代思维，符合时代发展的趋势。[③]

（三）研学实践成为常态

正如陶行知所言“行是知之始，知是行之成”，实践是获取认知的必需途径，而研学实践则是知行合一的重要手段。[④] 研学是指学生集体参加的有组织、有计划、有目的的校外参观体验实践活动。博物馆研学实践是顺应时代发展的必然举措，可以基于博物馆活动内容与非遗、旅游等产业跨界融合，以多种形式的组合搭配方式，丰富教育内容，提高学生的综合素质和文化素养。

就博物馆研学格局而言，研学实践已成为多数博物馆开展的一种常态化教育文化活动方式。博物馆研学课程类型多样，涵盖历史、民族、红色等多元题材，初步形成了多元一体的发展格局。该研学格局的形成，既是博物馆自身发展到一定阶段的客观要求，也离不开政府、教育部门、家长和学生的助力。政府多次强调发展

---

① 韩立新、杨新明、张秀丽著：《媒体跨界融合的理论、路径与策略》，科学出版社 2020 年版，第 139 页。

② 周瑜、刘春成著：《“文化创意+”产城融合发展》，知识产权出版社 2019 年版，第 74 页。

③ 范婷婷：《我国公立博物馆文创政策执行成效研究——以中国航海博物馆为例》，中共上海市委党校硕士论文，2021 年。

④ 李宗康：《博物馆研学实践现状与路径研究——基于江苏省博物馆的调查》，《中国博物馆》2022 年第 06 期。

博物馆研学实践的重要意义，并将博物馆研学活动组织和发展融入经济文化建设的整体规划之中。

五、上海市历史博物馆在“博物馆+”探索中的实践

2023年，上海市历史博物馆(以下简称“上历博”)积极探索“博物馆+”的文旅商“破圈”跨界模式融合业态，在商业展览、研学、咖啡嘉年华、文创市集、商场、地铁等不同领域进行尝试。以创新思维打破传统博物馆业务模式，提振信心，拉动消费，全面助力社会经济文化市场复苏。

(一) 博物馆+商业

2023年五一长假期间，“流金岁月——老字号文化联展”在上海徐汇日月光中心、龙湖天街、九六广场等多处巡展。此次尝试旨在打造特色文旅新业态和消费新场景，将经济与文化效益相结合，激发文旅创新活力。同年6月“顺昌路：一次重逢的机会”在上历博西楼优雅开幕，此次活动为馆方首次尝试与商业企业强强联合对“城市更新”这一课题进行的一次探索和对话，并最终以展览形式呈现在公众面前。同年9月，上历博首个商业展览“铭心——20世纪胸针艺术展”正式开幕，此次展览完全采用市场化运营模式，打通博物馆展览同艺术市场、市民生活间的互动联系，并以此为起点迎来上历博的商业化展览之旅。

(二) 博物馆+研学

研学作为当下素质教育的重要载体，受到家庭、学校、社会的高度关注。上历博借市场之手用高质量服务提升口碑，用品质化活动获得利润。馆方以基本陈列为依托，打造“博物馆亲子探案——泡泡侦探社”数字产品项目，为广大亲子家庭提供高起点、高标准、高效率的基于5G移动互联网的博物馆数字化创意亲子产品，全年服务3万人次。此外，馆方联手上海广播经典947、SMG纪实人文频道推出的“不一样的舞台”“镜头里的江海撷珍”等半日、一日营活动，为参与者带来了创新文化体验。2023年7月，依托“江海撷珍——长江口二号科学考古进行时”展览举办的13场“博物馆奇妙夜”活动尤为火爆，受到主流媒体广泛关注热议。中央电视台、上海电视台等对“博物馆奇妙夜”进行专访；劳动报新媒体平台对“博物馆奇妙夜”进行直播，上海新闻广播“阿拉HUI生活”节目围绕博物馆夜场开展专题节目；微信、微博、抖音、小红书等新媒体全网转载超55 000条。

（三）博物馆＋学校

上历博充分发挥博物馆的社会教育资源，与幼儿园、小学、初高中各阶段学校合作共建，构建全员、全过程、全方位的育人体系。一是与昌邑路小学、复兴初高中、华二附中等多所中小学校深化合作，立足课本因材施教，开展社会实践活动。二是与复兴实验初中开展每周的社团兴趣课程——“博物馆策展”。三是与华二初中联合申报了“以革命文物为主题的大思政课优质资源”的合作项目，共育时代新人。四是与上海旅游高等专科学校、上海戏剧学院、同济大学、上海工艺美术职业学院等高校围绕学术研究、展览合作、文创开发、文物修复、文化推广、人才培养、国际交流等领域开展高层次高水平合作。另外，“前‘兔’似锦　金兔呈祥 2023”“‘爱祖国，爱家乡’上海民俗文化”等展览，进入上海二十余家幼儿园巡展。“考古百年·崧泽寻根——上海崧泽遗址图片展”进入青浦区多家学校巡展。

（四）博物馆＋咖啡

2023 年 4 月，别具风情的“海派咖啡馆”，Mapoly（满坡栗）甄选店，亮相上历博，成为馆方的“城市客厅”和海派社交广场。5 月、10 月上历博在中庭举办了两场“广场咖啡嘉年华”，吸引二十余家知名展商，活动流量 6 万多人，一时成为社交媒体的热门词条，开拓了馆方的又一网红出圈模式。今后上历博计划在每年的春秋两季分别推出一届“广场咖啡嘉年华”，持续探索博物馆的“破圈”之路。

（五）博物馆＋交通枢纽

上历博积极探索将展览广度延伸至公共空间，2023 年 4 月“来历博　看上海”展览在徐家汇地铁站揭幕；6 月，“玩转步行街——上历博带你‘穿越’百年南京路”展览在南京东路地铁站发布。两展首次将上历博馆藏文物及精品临展带进地铁公共空间，让市民在交通枢纽中遇见上海，看到繁华，感受海派文化。

（六）博物馆＋旅游

2023 年 5 月 18 日国际博物馆日，作为首个向持证导游开放带团讲解试点的场馆，上历博分别与上海市旅游行业协会、锦江旅游控股有限公司、上海春秋旅行社有限公司、携程旅行社签订合作协议，有效弥补了场馆日常讲解力量的不足。截止至 2023 年年底，已有 55 名导游通过考核，持证上岗，共接待团队 29 批次，298 人。

（七）博物馆＋科技

继 2023 年 1 月上历博在上海文博系统中首次推出常设展的 AR 导览后，导览服务继续升级，在已有 AR 导览版本基础上，定制了英文版内容。并同步推出 AR 线上预约功能，实现场馆“两码合一”。此外，还优化升级了导览路线，观众可更高效直观地找到文物，体验自助式的深度游览。此后，馆方对英文版讲解进行了升级，用英文对博物馆基本陈列中 30 件重点文物的内容进行了深度解说，以 AR 增强现实的方式重现上海的地方文物、民情风俗、人文环境、城市变迁等。在涉及书法、碑文、传奇典故等独具中国传统文化特色的内容时，翻译与制作力求最大程度还原原文的美学价值。推出英文版 AR 导览服务，也体现出上历博以“海纳百川”的胸怀，面向国际游客提供更友好、更便捷的观展体验。

（八）博物馆＋庭院

2023 年 3 月，上历博积极响应上海市委、市政府关于深入践行人民城市理念的号召，拆除现有外围栏，庭院不再设限，将其附属空间对社会开放。馆方庭院自开放以来，深受市民游客喜爱，被称作“最美庭院”。游客在这里散步休息、约会、拍照打卡、阅读历史建筑等，达到了街区可漫步、建筑可阅读的效果。此次对社会开放庭院，是上历博深入践行“人民城市”理念的重要举措，希望由此增加市民游憩活动的绿色文娱共享空间。在市中心黄金地段把空间与市民共享，其实也隐喻着“海派文化”中开放包容的格局。随着上海城市更新的脚步，上历博将继续打造高品质的文化空间，让大家通过博物馆的资源与平台，感受上海这座城市的温度。

六、“博物馆＋”应用存在的主要问题及优化策略

（一）跨界机制待完善

合作是一种重要的社会发展方式，而跨界合作则需要有较为健全的利益保障机制。① 然而，于中国博物馆而言，跨界融合仍处于新的发展领域，尚未有一套完全成熟、有效的机制可供参考。尽管部分城市地区的“博物馆＋”应用初见成效，但在实际操作中，由于顶层设计与实际推进之间存在较大差距，使跨界融合的规划和实施方案难以真正实现。同时，地区的特色文化资源还未能充分转化为经济优势和支柱产业，这表明大部分博物馆在跨界融合方面仍有较大的发展空间。因此，需要进一步落实相关政策，完善跨界机制，以促进更好地跨界合作发展。

① 李健、任竞、张怡宁、柴宇航、易红：《我国公共图书馆跨界合作的现状与问题》，《国家图书馆学刊》2021 年第 3 期。

（二）传统理念的制约

在博物馆跨界融合的过程中，一些传统理念制约着博物馆跨界融合的效率和效果，主要表现在工作人员缺乏全局意识和缺乏创新意识两个方面。

首先是缺乏全局意识。许多博物馆工作人员由于年龄、教育背景和个人喜好等原因导致思想观念陈旧，不能紧跟时代发展的步伐。他们在进行业务工作时坚持使用固有经验沿袭传统经营模式，缺乏对博物馆发展规划的全面认识，并对商界、科技和媒体力量注入博物馆发展的接纳度较差，往往会产生一定的抵触心理。这种传统的观念不利于促进“博物馆＋”的深度融合，也不利于提升博物馆的整体服务水平，只会让博物馆始终在“舒适圈”发展。在选择合作对象时，他们亦倾向于具有相似属性的主体。改变传统观念并非一蹴而就，需要博物馆与更多行业、社会大众进行沟通交流，不断适应社会动态的发展。

其次是缺乏创新意识。目前，很多博物馆缺乏创新热情，对传统发展模式具有较强的依赖性，创新动力不足成了制约博物馆走上创新发展道路面临的关键问题。这一问题突出表现为博物馆活动内容雷同现象普遍存在，主要是因为博物馆跟风效仿所致，其背后的根本原因是缺乏创新意识，没有看到自身独特之处。抓创新就是抓发展，谋创新就是谋未来，创新力是博物馆增强竞争优势的核心要素。“博物馆＋”意味着博物馆需要创新与变革，博物馆只有增强自主创新意识，并提高创新能力，才能得到持续发展的条件和动力。

（三）技术利用不够充分

新技术既是推动“博物馆＋”融合发展的重要力量，也是必不可少的构成要素。目前一些博物馆由于资金、技术和观念等多种原因，没有跟上新技术发展的步伐，对新技术的利用还不够充分。具体体现在三个方面：一是在展示文物方面，博物馆没有充分利用文字、图片、音频、视频等载体形式对文物进行转化，难以实现文物的动态、多元化表达；二是缺乏科技手段营造沉浸式氛围感，难以给公众提供深入人心的体验；三是在媒体传播的应用上，博物馆的宣传矩阵布局不够完善，没有充分发挥新媒体技术在展览宣传上的应用，难以达到深度发掘文物内涵的目的。

（四）市场化程度有待加深

当前我国正处于经济建设上升期，然而博物馆市场化进程却存在明显的滞后现象。一些中小型博物馆尚未能顺应跨界市场的发展趋势，或无法有效地开发和利用自身资源，这主要是市场秩序体系的限制造成的。此外，市场建设与政策之间的不协调问题，也会导致同质化现象、侵权行为、监管不明确等问题的出现，从而阻碍博物馆与市场的有机融合。因此，博物馆需要解决博物馆与市场跨界融合过程中的难题，推动市场创新升级，完善市场秩序，以更好地加深博物馆的市场化程度，促进文化市场的健康发展。

（五）缺乏品牌创新度

部分博物馆在跨界融合活动方面取得了一定的成就，扩大了合作主体范围和跨界维度，但实际上，这些活动大多缺乏品牌创新，这是制约博物馆发展的重要因素。目前，博物馆活动主要局限于开展研学活动和研发文创产品，这种单一的活动形式已经不能满足公众需求，导致同质化问题愈发突出，逐渐失去对公众的吸引力，这也会对博物馆的市场竞争力造成影响。因此，博物馆应加强品牌创新，推出独特的个性化内容和创新的营销方式，以提升活力和动力，避免公众产生审美疲劳。

结　语

随着时代的发展，“博物馆＋”具有无限的可能性，这与国家政策的引导、科学技术的进步、思维的转变和人们精神生活需求日益提高密不可分，也为博物馆跨界融合提供了动力。跨界融合后的博物馆显示出蓬勃的生命力，与公共文化机构、媒体平台、学校和商业部门等主体进行融合。在此背景下，上历博也逐渐走上跨界之路，“博物馆＋”取得一定成效。本文以上历博为例，将其跨界融合项目及取得的成绩进行梳理，并针对存在的问题提出相应的优化策略，旨在促使博物馆跨界实现更大范围的融合，以期对实际应用提供参考。

总而言之，“博物馆＋”是未来博物馆发展的方向，能够为博物馆提供新的发展思路，未来博物馆仍需要不断把握数字化发展规律，充分发挥互联网优势，积极与各行各业跨界合作，丰富民族文化内涵，让文物“活”起来。

“Citywalk”研学活动设计与实践
——以“行走大武汉”城迹寻访为例

叶 黎① 武汉市文物考古研究所(武汉市文化遗产保护研究中心)
湖北武汉 430021

摘要:

随着文旅融合的深入推进,文博领域探索推动城市文化多元发展。本文以“行走大武汉”城迹寻访为例,基于武汉城市文化遗产,以“Citywalk”为探索形式,分析研学课程的目标、内容、实施、评价、亮点与成效等,对今后文化遗产类研学课程的开发,提出深耕地域文化遗产创造性转化、形成研学合作资源优势、创新“文旅+教育”新业态融合发展的展望。

关键词:

文化遗产 武汉 城迹寻访 研学课程

Design and Practice of “Citywalk” Study Activities: Taking “Walking in Wuhan” as an Example

YE Li

Abstract:

With the deepening integration of culture and tourism, the exploration in the field of culture and museums promotes the diverse development of urban culture. This paper takes the “Walking in Wuhan” city trail exploration and study as an example. Based on the urban cultural heritage of Wuhan and using “Citywalk” as a form of exploration, it analyzes the objectives, content, implementation, evaluation, highlights and effectiveness of the educational tour course. The paper proposes prospects for the development of future cultural heritage educational tours, including the creative transformation of regional cultural heritage, the formation of a driving force for the resource advantages of educational tour cooperation, and the exploration of new business integration and innovation in “cultural tourism + education”.

---

① 叶黎,武汉市文物考古研究所(武汉市文化遗产保护研究中心)副研究馆员。YE Li, Wuhan Cultural Relics and Archaeology Research Institute (Wuhan Cultural Heritage Protection Research Center).

Key words:
Cultural heritage　Wuhan　Search for city sites　Research courses

"Citywalk"，起源于英国伦敦的"London Walks"，中文译为"城市漫步"，即在解说员的带领下，按照规划好的路线行走在一座城市的大街小巷，深入了解当地的历史、风土人情和生活方式。随着时代发展，Citywalk 被更多人了解和接受，成为人们了解城市的一种很好的方式。用脚步去丈量城市，可以帮助我们重新理解城市的空间和格局。① 城迹寻访类研学活动尝试挖掘武汉城市文化遗产，推出"行走大武汉"城迹寻访课程，以整座城市为课堂，进行知识和文化的传递，讲好武汉的故事。快慢交替的城市场景激发多感官沉浸式的互动体验，搭建"人"和"城"的深层文化联结，使人们对城市产生新的理解和更深刻的认同感与归属感。

一、"行走大武汉"城迹寻访活动设计的背景

武汉丰富的历史文化资源构成了这座城市的底色与名片，也成了城迹寻访的代表性实践基地。"行走大武汉"城迹寻访成为探索历史文化资源"活"起来的创新路径。

（一）丰富的城市文化遗产资源

武汉是一座有着悠久历史的文化名城，长江、汉水在此交汇，留下了丰富的历史文化遗迹。3 500 年前，城市文明之光在这里冉冉升起；大禹治水疏江导汉、高山流水觅知音的故事在这里传唱；"昔人已乘黄鹤去，此地空余黄鹤楼"的悠悠诗句余音绕梁。这里曾是洋务运动、武汉工业发展的重地，是开埠后"万里茶道"的"东方茶港"，是辛亥革命武昌首义之地，是大革命时期中国革命的中心。三国文化、码头文化、桥梁文化等成为这座城市文化的载体。历史空间、历史事件、历史建筑、历史遗迹彰显出武汉厚重的历史。文化遗产是历史遗留下来的具有文化、历史、艺术或科学价值的文物。② 据统计，截至 2024 年 5 月 25 日，武汉市区范围内文物保护单位共 321 处，其中国保 33 处、省保 106 处、市保 182 处。它们不仅数量众多，而且类型丰富，涵盖了历史建筑、历史遗存等多个方面。这些文化遗产资源为开展

① 孟佩佩：《Citywalk 或将成为新"爆款"》，《中国青年报》2022 年 4 月 19 日。

② 罗安琪、刘佳静、郑建明：《2023 年国内外文化遗产数字化研究述评》，《图书馆论坛》2024 年 5 月。

Citywalk 研学实践活动提供了得天独厚的条件。

（二）Citywalk 的兴起

近几年来，随着 Citywalk 的兴起，城市行走活动越来越受欢迎。其社交属性、情绪价值和客观背景塑造了一种新模式。在经济高速发展的今天，“快餐式”“特种兵式”的“高效打卡”“闪游”等文化获取方式虽然很受青睐，但是很难深入体验、感受和触摸城市历史的脉络。公众更热衷于寻求一种沉浸漫行的方式去探寻城市里的文化，将漫步城市培养为一种生活方式。① 作为一场 Citywalk 的参与者，穿梭在城市角落，浸润于市井烟火，或古今融合或海纳百川或浪漫文艺，宏大的旅游叙事被消解，“小众化”和“本地化”的趋势逐渐抬头。② 行走在城市中，如同漫步在教科书里，可以体会到大武汉丰富的文化和历史元素，以城市为课堂，进行知识和文化的传递。Citywalk 兴起的背后，其实是今天我们如何品读城市、如何赓续文化传承、如何凝聚身份认同。

（三）各年龄段受众深度研学需求

教育作为博物馆的一项职能，其对象更为广泛。随着终身学习观念的深入，越来越多的公众愿意花更多的时间参与到博物馆活动中来。文化探寻、遗迹寻访、体验学习等活动已经由青少年学生群体，发展到各年龄段各行各业的人群。随着文化旅游的兴起，特别是疫情后的武汉晋升为全国热门旅游目的地，各行各业的人们慕名前往武汉。众多的历史文化遗迹成为他们行程的必到之地。要想更深入地了解武汉这座城市，光“打卡”是不够的。公众希望亲身融入武汉本地，通过 Citywalk 穿梭在街头巷尾，实现与一座城市的“深度对话”。

二、“行走大武汉”城迹寻访活动设计

从“Citywalk”研学活动进行探究，以“行走大武汉”城迹寻访为例，从课程的目标设计、内容设计、城迹寻访线路设计、亮点与创新、总结与反思等角度全方位分析其设计与实践思路。

（一）课程的目标设计

① 知识性目标：了解武汉历史文化名人传记、遗址遗迹、传说风物等；② 情感

① 朱润楠：《Citywalk 都市休闲新样态》，《人民政协报》2023 年 6 月 2 日。

② 高言：《Citywalk 爆火，品牌如何借势营销》，《国际品牌观察》2023 年第 17 期。

目标：培养参与者亲近武汉地域文化，激发文化自信；③ 能力目标：通过实践活动，培养整合规划、思辨交流、团结协作的能力。

（二）课程的内容设计

“行走大武汉”城迹寻访的内容以“行前破冰—线路行走—实践体验—集结打卡—评价反馈—成果展示”为一个周期完整流程。这些方面以课程目标为导向、以背景资料搜集为基础。课程的内容根据年龄分成三个层级，每个层级有不同任务要求，并设计不同的方案。

（三）城迹寻访线路设计

1. 主题与路线

“行走大武汉”城迹寻访立足武汉，根据现有的遗址遗迹、历史建筑、红色基地等文化资源，选择公众熟知的内容进行深度挖掘，根据历史发展脉络和地理位置，通过梳理整合，打造为多个主题寻访线路(表 1)。

表 1 “行走大武汉”主题线路

	名　称	研　学　线　路	主　题
1	“晴川历历”——寻访汉阳城	晴川阁⟶禹稷行宫⟶禹功矶⟶汉阳铁厂老码头⟶汉阳铁厂遗址(凝铁)⟶龟山祢衡墓⟶显正街⟶“汉阳树”⟶白求恩纪念馆⟶西大街	历史名城寻踪
2	“昙华林的旧时光”——寻访昙华林历史风貌街区	钱基博故居⟶文华学院旧址⟶翟雅阁⟶国民政府军事委员会政治部第三厅旧址⟶昙华林历史文化陈列馆⟶仁济医院旧址⟶花园山⟶翁守谦故居⟶刘公公馆⟶崇真堂⟶石瑛旧居⟶贺龙第二十军军部旧址⟶刘家麒将军故居	文化旧址寻踪
3	“万里茶道”——寻访汉口遗迹	汉口东正教堂⟶巴公房子旧址⟶俄国总会⟶丰砖茶厂遗址⟶新泰大楼⟶俄邦可西餐厅旧址⟶惠罗公司旧址⟶俄国领事馆旧址⟶李凡诺夫公馆旧址⟶粤汉码头“东方茶港”纪念碑	文化旧址寻踪
4	“红色 1927”——大革命遗迹寻访	武昌中央农民运动讲习所⟶毛泽东故居⟶中共五大会址纪念馆⟶武汉中央军事政治学校旧址⟶中央军委旧址⟶汉口中华全国总工会旧址⟶汉口中共中央领导人居住旧址⟶八七会议会址纪念馆⟶中共中央长江局旧址⟶武汉中共中央机关旧址⟶汉口中共中央宣传部旧址暨瞿秋白旧居陈列馆	红色精神传承

续　表

	名　称	研　学　线　路	主　题
5	“武昌·1911”——辛亥首义城迹寻访	起义门⟶首义碑林⟶楚望台军械库遗址⟶工程第八营旧址⟶三烈亭⟶总理孙中山先生纪念碑⟶首义人物群雕像⟶武昌起义军政府旧址⟶拜将台⟶彭刘杨三烈士雕塑⟶辛亥革命武昌起义军政府旧址⟶辛亥革命博物院	红色精神传承

(1)“晴川历历”——寻访汉阳城。此线路侧重于汉阳城的历史沿革与变迁，特别是大禹治水、东汉筑城、洋务运动等时期。此线路以汉阳地区的历史文化为核心，旨在通过全方位寻访汉阳这座历史名城，探寻其蕴藏的历史典故，记录武汉的历史沿革与变迁。

(2)“昙华林的旧时光”——寻访昙华林历史风貌街区。此线路侧重于昙华林历史风貌街区的近代历史建筑和人文历史。此线路以昙华林街区为核心，旨在通过寻访多处百年以上的近代历史建筑，将近代武汉的历史鲜活地呈现在大家面前。

(3)“万里茶道”——寻访汉口遗迹。此线路侧重于汉口作为中国近代茶叶贸易中心的历史地位，以及中俄万里茶道的辉煌历史。此线路以汉口遗迹为核心，旨在通过寻访多处与茶叶贸易相关的历史建筑和遗址，展现汉口在茶叶贸易中的重要地位，体会武汉这座城市的脉搏跳动。

(4)“红色1927”——大革命遗迹寻访。此线路侧重于1927年大革命时期的历史事件和革命遗迹，通过寻访多处相关旧址和纪念馆，展现武汉在大革命时期的重要地位。旨在通过寻访武汉三镇，聆听这座英雄城市的革命历史，触摸闪耀着前辈先烈革命精神的历史建筑，感受信仰的力量。

(5)“武昌·1911”——辛亥首义城迹寻访。此线路侧重于辛亥革命首义的历史事件和遗址遗迹，通过寻访多处与辛亥革命相关的历史建筑和遗址，展现武昌在辛亥革命中的重要地位。旨在通过瞻仰辛亥首义遗址遗迹，缅怀先烈，弘扬爱国主义精神，激励中华儿女为实现中华民族伟大复兴而共同奋斗。

2. 活动实施

(1) 准备阶段。① 针对不同主题的研学设定专业化线路，在数个寻访地点中把握受众群体的接纳度、历史脉络的串联性，以及拓展受众群体挖掘城市记忆点、塑造品牌和开展活动的形式。② 对行走线路提前踩点，选择最佳行走路径。邀请本地人文历史专家担任主题线路的研学导师，对行走的内容进行深入解读。③ 做好行走活动中的物料筹备，围绕行走主题制作知识手册，设计活动海报、主题 logo，打造具有特点的衍生纪念品。④ 通过微信公众平台预热，发布活动招募推文。提醒参与者在研学过程中的安全注意事项，组建安全员、场馆协调员、后勤保障人员等工作队伍。

(2) 实施阶段。① 出发点集合，行前破冰。发放资料，包括“寻访”文化衫、主题帆布袋、通关护照、主题徽章、胸贴、学习手册、纪念品等。② 线路行走。注重结合寻访主题特色和独特视角进行深度讲解，提供更具人文关怀和教育性的沉浸式体验。③ 实践体验。寻访行进过程中设置趣味问答、互动游戏、情景体验、现场写生、辩论比赛等，增加寻访活动的趣味性，锻炼参与者认知、言语、运动与合作等综合能力。④ 集结打卡。通过直播、无人机跟踪拍摄等形式，集结打卡，让参与者留下美好回忆。

3. 评价反馈

评价体系主要采用定性的方式，具体内容包括“个人/小组”评价、“实施/感想”效果、“预期/收获”对比这三大维度。评价主体组成人员是研学指导老师、参与者本人以及小组成员，即细分为教师评价、参与者自评和组内互评。

反馈阶段通过征文征稿展示，鼓励参与者在活动后撰写研学心得、学习小报等，吸收研学内容，深化学习效果。通过回访和调查问卷，征集家庭意见反馈，完善研学设计和实施阶段的不足。

(四) 亮点与创新

1. 整合历史文化资源，讲好武汉的故事

武汉拥有文物古迹、历史建筑、工业遗产、红色革命基地等丰富的历史文化资源。按照历史时空、地域范围等特点，整合现有的历史文化资源，运用创新的理念将其活化利用，围绕“行走大武汉”主题打造多个寻访线路。以博物馆课程嫁接传统文化、建筑遗产、非遗传承等，以跨学科思维演绎武汉故事。通过寻访文化遗迹，沉浸式观察、讲授、互动，让参与者近距离体悟城市精神。该活动对传承和延续城市文脉，充分展示武汉的文化自信，保护历史文化遗址遗迹，起到了积极的推动作用。

2. 活动受众面广，参与度与公益性突出

“行走大武汉”城迹寻访，不同于一般视角下的青少年研学活动，而是面向老中青幼全年龄段，主要吸纳在校大学生、江城游客、爱好人文历史的市民以及求知探源的青少年。随着活动的持续深入开展，越来越多的人加入寻访的队伍中。活动为公益服务，由工作人员精心设计、踩点、沟通，不设参与门槛和限制，仅需报名即可加入队伍，一起行走在大武汉的大街小巷，用脚步丈量城市发展的轨迹，用心灵去聆听历史的脉动。自2017年活动开展以来，先后有5 000余人参与，新闻媒体均对此进行深入报道，社会反响强烈。

3. 打破教育围墙，重视移动课堂能力培养

"行走大武汉"城迹寻访是一个独具特色的深入体验教育项目，它以整座城市为课堂，进行知识和文化的传递。特邀博物馆之友、武汉人文历史专家领走解读，寻访线路跨区域广，涉及近60个人文历史点位，跨越近百公里里程。博物馆传承和培育着城市的文化内涵，[①]充分响应"双减"政策，以博物馆课程嫁接生态资源、传统文化、建筑遗产、非遗传承等，推行素质教育，旨在培养参与者的综合实践能力。在寻访授课的过程中，以趣味问答、互动游戏、情景体验、辩论比赛等代替传统的单向教授方式，锻炼参与者的动手能力，培养合作与竞争意识，并将兴趣探索、自主学习、意志培养、高质量社交等能力融入其中。

4. 研学场景化的媒体互动与短视频传播

新媒体，如以场景化为明显特征的短视频，在丰富研学设计、塑造城市旅游形象、促进文化传播等方面都发挥着积极作用。"行走大武汉"城迹寻访的参与者灵活使用手机、平板、电话手表移动终端媒体，通过碎片化的信息传播，在微信群、小红书、抖音等平台分享研学实践成果，进一步实现研学创作整合与多元互动，以场景化短视频为创作灵感，带动话题讨论和跟随"打卡"，进一步丰富研学设计、宣传城市形象，促进文化传播。

（五）总结与反思

"行走大武汉"城迹寻访课程是文旅融合背景下城市传播的有益尝试，将武汉地区的文化资源进行创造性转化，彰显其文化价值。但是，在该项目实施中也有几点亟待解决的问题：

（1）师资配置。"行走大武汉"城迹寻访课程内容涉及历史学、考古学、文化遗产、博物馆学、教育学、新闻传播学等多个学科专业。研学导师既要具备全面的知

---

① 单霁翔：《博物馆的社会责任与城市文化》，《中原文物》2011年第1期。

识储备，又要兼顾风趣幽默、通俗易懂的表达方式。在师资配置方面，需组建研学人才培育团队、完善就业匹配机制，共同培育跨界人才。

(2) 线路遴选。武汉地区的历史遗址遗迹范围广、类型多，是文旅发展的聚集地，研学活动线路遴选要从实际出发，切实与当地的中小学教育、高校教育相衔接，进一步实现研学主题定位与知识点的耦合，以保证研学课程的效果。

(3) 实施展示。在"行走大武汉"城迹寻访课程具体实施中，未完善制作分年龄段的研学手册，以及研学线路规划地图等，实施环节的教具衔接不足，不利于长效发展。数字化产品利用不足，后期应推出一批研学的配套产品。同时，在研学成果的呈现方式上，还可以更加多元化，比如形成研学报告文件、研学画册、手作实物展示等。

(4) 评价反馈。在"行走大武汉"城迹寻访课程设计中，未把定量评价纳入评价体系，并借助相关量化分析工具，例如制作研学活动评价量化表，从知识与技能、过程与方法、情感态度价值观、研学效果、组内表现等方面进行量化评分，在后续分析和总结中增加实证层面。研学反馈渠道不明确，须建立有效的问题反馈机制，对研学主题、内容、线路、效果的一致性进行信息反馈。

三、Citywalk 研学发展展望

当"读万卷书"与"行万里路"相遇融合，研学应运而生。"行走大武汉"城迹寻访运用"研学 + 旅游"模式，让武汉市丰富的历史文化资源"活"起来。

(一) 深耕地域文化遗产创造性转化

"行走大武汉"城迹寻访研学以挖掘武汉故事为依托，以传承武汉精神为宗旨，研发设计研学线路，彰显地域文化特色，对传承中华优秀传统文化、反映武汉城市发展脉络有着重要意义。融入 Citywalk 新潮流沉浸式探寻城市魅力，行走在三镇街头巷尾，通过专家解读、实景重现、故事演绎、互动游戏和问答解惑等形式品读江城故事，在主题场景下领略文化遗产的魅力，强调知行合一，将地域文化进行创造性转化、创新性发展。

(二) 研学合作资源优势形成助推力

利用博物馆的丰富馆藏资源，与学校多学科课程相结合，不仅提高学生参与课堂的兴趣，而且与学校优势互补，提升服务效能。在"行走大武汉"城迹寻访研学实

施过程中，研学导师起着至关重要的作用。社教团队、高校教师、社会公众深度联合，让教师加入研学导师队伍中，共同开发设计研学线路、参与研学课程的实施，也将推动城市公共文化的高质量发展。

（三）“文旅＋教育”新业态融合创新

通过 Citywalk 的形式，不同的城市有机会打造独树一帜的品牌形象，“行走大武汉”城迹寻访类研学作为武汉地区“旅游＋文化＋教育”社会实践融合的创新尝试，在经过社会实践的检验，致力探索成熟的公益性研学路径。城迹寻访类研学也是文旅教融合发展的切入点，以研学旅行为抓手，将“快餐式”旅游变为有深度有内容的“体验式”旅游，能同时推动教育事业和文旅产业高质量发展。研学成为素质教育的新内容和新方式，是对当前教育形态的革新，“行走大武汉”城迹寻访类研学有助于进一步拓展武汉文旅产业发展空间，推动旅游业转型升级。

结　语

Citywalk 文化遗产类研学通过城迹寻访创新实践，以期让文化遗产“活”起来，以城为“媒”，万物互联，点亮城市漫步的路线。城市的空间在研学线路交织下立体延展，城市的文化底蕴因教育深入人心，是城市焕发新生的生动展现。以城迹寻访研学的方式拉近公众与城市博物馆、纪念馆等文化遗产载体的距离，“行走大武汉”研学是众多以城市文化遗产为研究对象的案例之一，能够有效整合文化资源，以研促教，推动文博领域高质量发展。以公共性、公益性守护城市文化发展初心，以文旅融合激发创新发展合力。

博物馆纪念印章收集打卡现象分析

王春萌[①] 长春博物馆 吉林长春 130022

摘要：

随着智能手机的普及和社交媒体的普遍使用，线上交流和分享逐渐成为人们生活的重要部分，人们习惯通过打卡来告诉他人自己体验过某种事物。随着博物馆热持续升温，博物馆也成了流行的打卡地点之一。2023 年，收集博物馆纪念印章成为流行的博物馆打卡方式。本文尝试将博物馆集章打卡活动划分为博物馆纪念印章、博物馆盖章活动、观众打卡行为三个方面，通过分析这三个方面，总结影响博物馆集章打卡活动的因素及 2023 年博物馆集章打卡活动火爆的原因，并尝试为博物馆优化集章打卡活动提供实践指导。

关键词：

博物馆　打卡　纪念印章收集

Analysis on the Phenomenon of Check-in Through the Collection of Museum Memorial Seals

WANG Chunmeng

Abstract:

With the popularization of smartphones and the widespread use of social media, online communication and sharing have gradually become an important part of people's lives, and people are accustomed to telling others that they have experienced something through check-in. As museums are becoming one of the most popular places to visit, they have also become popular check-in places. In 2023, collecting memorial seals in museums has become a new check-in trend. This paper tries to categorize the museum memorial seals check-in activity into three parts: museum memorial seal, museum stamping activity, and audience check-in behavior. By analyzing the three parts, it summarizes the important factors affecting the development of museum memorial seals check-in activity and the reasons for the popularity of such check-in activity in 2023 and tries to provide practical guidance for museums to optimize their memorial seals check-in activity.

① 王春萌，长春博物馆馆员。WANG Chunmeng, Changchun Museum.

Key words:
Museum　Check-in　Memorial seal collection

2023年，随着国内旅游市场全面复兴，衍生出许多旅游新方式。据第三方平台数据，“盖章式旅游”从2023年暑假时期逐渐兴起。特别是2023年9月以来，随着相关内容在社交媒体上走红，带动起了新的文化旅游风潮。不少青年游客在旅行过程中，将各个旅游景点的印章盖在专门用于收藏的旅行手账、明信片等载体上，打卡旅游景点形成专属于个人的旅游纪念品。中秋、国庆假期相关热门旅游关键词中，“盖章”位列榜单第二。各地博物馆也紧跟热潮，纷纷推出不同类型的纪念印章并设计相关盖章活动。

博物馆集章打卡活动可以划分为三个方面，即博物馆纪念印章、博物馆盖章活动和观众打卡。其中，博物馆纪念印章属于博物馆中一种特殊的文化创意产品，是博物馆文化创意产业的一部分。博物馆设计配套的盖章活动，则属于博物馆公共服务范围。博物馆文化创意产业和公共服务，均属于博物馆事业，影响博物馆发展。另外，由于休闲参观博物馆属于旅游行为，博物馆事业也受到旅游事业发展影响。而受社交媒体等影响逐渐习惯在旅游时打卡的观众，出于对旅游体验感、新鲜感的追求，受视觉文化、符号消费等影响，开始利用盖章活动进行打卡。本文尝试通过分析博物馆纪念印章、博物馆盖章活动和观众打卡三个方面，总结影响博物馆集章打卡活动发展的重要因素及2023年博物馆集章打卡活动火爆的原因，并尝试为博物馆设计优化集章打卡活动提供实践指导。

一、博物馆纪念印章

我国博物馆纪念印章最早来源于邮局使用的纪念邮戳和风景日戳。随着电子通信手段崛起、邮局淡出日常生活后，博物馆开始自行设计博物馆纪念印章。北京奥运会、世博会等盛事让纪念印章进入大众视野。博物馆文化创意产业的发展让博物馆逐渐积累了设计和开发经验，开发更多印章种类。

（一）邮政业务

我国博物馆纪念印章从旅游纪念印章中演变而来，可追溯至邮政日戳中的纪念邮戳和风景日戳。新中国首先使用风景日戳是在1967年，湖南省韶山冲邮局使用了“毛泽东旧居韶山八角形邮戳”，第一次把图案运用于邮戳之上，突破了普通邮政日戳的制式[①]。随后，各地邮局纷纷开始采用本地风景名胜图案制作风景日戳，其中也包括博物馆建筑图案。因此直到21世纪初，游客加盖带有博物馆建筑图案的风景日戳是获得博物馆相关纪念印章的主要途径。

随着科学技术的进步，邮局和它提供的服务逐渐从人们的日常生活中淡出，博物馆事业则逐渐发展，促使博物馆自行设计纪念印章。博物馆最开始推出的“馆章”，形式受风景日戳影响，通常为圆形，具有图案(博物馆代表建筑或馆徽)、馆名、日期等要素。

（二）博物馆文化创意产业

20世纪80年代起，博物馆开始探索发展文化产业。2008年，为贯彻落实党的十七大报告中提出的“推动社会主义文化大发展大繁荣”要求，《关于全国博物馆、纪念馆免费开放的通知》政策颁布实施，发展文化创意产业成为博物馆有效筹集资金、实现永续经营的重要手段。随后，故宫博物院等多家博物馆开始结合自身馆藏文物资源进行文创产品开发工作。

2015年3月，我国博物馆行业首个全国性法规文件《博物馆条例》颁布实施，从法律上确定了博物馆开发文创产品的可行性和必要性，博物馆文化创意产业迎来发展高峰期。清华大学文化经济研究院和天猫联合发布的《2019博物馆文创产品市场数据报告》显示：2019年我国文创市场整体规模比2017年增长了3倍；2019年实际购买过博物馆文创产品的消费者近900万人，比2017年增长4倍。

迅速发展的博物馆文化创意产业，使博物馆加快了对藏品资源进行系统梳理、分类整理和数字化的步伐，为之后设计博物馆纪念印章图案奠定了资源基础。博物馆积累了丰富的提取、应用馆藏文物创意元素的经验，这为开发纪念印章和设计印章本、明信片、纪念册等盖章载体奠定了基础。

（三）使纪念印章进入大众视野的重要事件

2008年8月8日，北京奥运会开幕，开幕当天提供了北京奥运会开幕纪念邮戳、31枚奥运竞赛场馆的风景日戳，吸引了来自全国各地的集邮爱好者。2010年，上海世博会延续了世博会推出纪念戳章的传统，游客购买世博特许纪念商品“世博护照”后，即可在参观过的场馆中加盖纪念戳章。很多游客为集章购买多本护照甚

① 易杨：《印章符号在湖北楚文化旅游视觉形象中的应用》，湖北工业大学硕士学位论文，2012年。

至数天门票。世博会结束后，盖满章的世博护照甚至被人放到网上贩卖，价格高昂。这两项全球性盛事使纪念印章逐渐进入了大众视野。

二、博物馆盖章活动

2003年，中共中央宣传部、文化部、国家文物局印发了《关于进一步加强博物馆宣传展示和社会服务工作的通知》，提出要坚持以人为本，强化服务意识，把社会和观众的需求作为博物馆工作的出发点和落脚点。在博物馆免费开放政策颁布实施后，博物馆参观人次井喷式增长，这促使博物馆需进一步提高公共服务质量，满足观众的精神文化需求。在这一背景下，少数博物馆开始推出馆章，并逐渐在社教活动和展览配套活动中加入盖章环节。随着文旅融合的逐渐深入，博物馆开始结合本地文旅需要推出盖章活动。

（一）博物馆内部盖章活动

为进一步发挥教育传播和社会服务功能，博物馆逐渐注意到了纪念邮戳和风景日戳的作用，开始在社教活动和展览配套活动中加入盖章活动。2006年5月，西湖博物馆推出“寻宝探珍”活动，学生从博物馆工作人员处获得一张“寻宝线索卡”，在参观博物馆并找齐卡上提示的6件“宝物”后，可以领取纪念品并加盖纪念戳①。2008年起，首都博物馆为配合以年节和生肖为主题的“博物馆里过大年”系列展览，每年从馆藏中选取符合当年属相的一件典型文物，将其设计改造为平面形象，制作成印章。并在展览手册中留出页面作为观众盖章空间②。

（二）文旅相关盖章活动

随着社会生产力发展和人民生活水平不断提高，新时代我国社会的主要矛盾已成为“人民日益增长的美好生活需要和不平衡不充分的发展之间的矛盾”。在旅游方面的体现为，文化要素逐渐成为重要的旅游吸引要素，人们已不满足在旅游时只是参观旅游景区景点，转而渴望体验更具有民族和地域特色的文化艺术活动。2018年4月8日，国家文化部和国家旅游局正式合并重组为“文化和旅游部”，标志着文旅融合步入新的发展阶段。

---

① 施佳：《西湖博物馆第二课堂特色活动浅议》，《杭州文博》2008年第1期。

② 穆红丽：《首都博物馆“博物馆里过大年”系列展的经验与创新琐谈》，《科学教育与博物馆》2015年第2期。

在文旅融合的时代大背景下，各地博物馆逐渐成为重要的地方文化中枢和旅游平台，承担着让外地游客高效了解地域历史、文化、人文特色，感受差异化旅游体验的重要责任。在博物馆盖章活动方面，博物馆逐渐跳出博物馆场域环境，采用本地名人名胜、语言文化等要素设计印章，引导观众前往本地其他旅游景点观光。另外，博物馆开始深度参与文旅活动，例如与博物馆联盟、本地其他旅游景点一起推出集章活动，在地方重要展会、活动时推出限时印章等。

三、观众打卡行为

（一）打卡的概念和常见形式

打卡原本指把考勤记录卡插入考勤机以记录上下班时间这一动作。在网络语境中，引申为将对某种体验的记录发布于社交媒体上。具体可分为两种语义：一是阅读、学习、运动等日常打卡，突出长期坚持意义，主要展示的内容为已坚持的天数、目前的完成情况等，发布目的在于让网友见证，并将被关注的压力转换为动力，进一步促进坚持；二是亲身体验网络上的流行事物，如奶茶、餐厅、艺术展、景点等，向网友宣告自己的体验。博物馆打卡便属于这类打卡。

随着移动互联网和社交媒体逐渐深入生活，人们开始热衷在旅游时通过社交媒体进行打卡。例如在微信朋友圈上发布风景照片，再配上地点定位。除了微信朋友圈外，常用的社交媒体还有抖音、小红书、微博等，形式也有文字、图片、短视频、地点定位等，并经常结合使用。

2016 年以来，博物馆热度持续升温，《我在故宫修文物》《国家宝藏》等纪录片和综艺节目，“美好中华——近二十年考古成果展”“大英博物馆 100 件藏品中的世界史”等展览，以丰富的文化内涵和创新的形式吸引了大批观众进入博物馆，博物馆也逐渐成了热门“打卡地”。

（二）观众利用博物馆集章活动进行打卡的动因分析

1. 对打卡过程中体验感和互动性的追求

随着拍照打卡的日渐流行，博物馆建筑、展览序厅、重要展品附近，总有观众拍照的身影。拍照留念从 20 世纪末开始成为旅游纪念的主要方式，但随着时间的推移，传统的拍照打卡行为已逐渐无法满足游客的求新感，他们开始寻求更具创新性和体验性的打卡形式。

集章打卡活动则更具体验感和互动性。观众需要根据印章的大小、款式准备盖章载体，在寻找纪念印章的过程中可以借助社交媒体上的“攻略”，或者与其他观众或博物馆工作人员交流。在盖章这一核心操作环节，参与者需要与印章直接互动，通过选择盖章位置、确定盖章角度、调整按压力气，从而创造出独一无二、只属于自己的盖章印记。

2. 展示文化品位和审美追求的需要

改革开放后，我国经济社会形态经历了深刻的变革。随着生产力的显著提升和市场机制的逐步引入，社会的经济重心逐渐从传统的生产导向转变为以消费为核心。这种转变不仅体现在经济结构的调整上，而且深刻影响了人们的生活方式和价值观念。

按照法国社会学家鲍德里亚的理论，人们在消费商品时已不仅仅是消费物品本身具有的使用价值，而是在消费物品所拥有的含义和象征，即物品的符号价值，并借由消费展示自身的身份地位、个人品位、时尚追求等。在这种背景下，消费行为成为一种自我表达和社会认同的方式。

通过打卡博物馆，观众们展示了自身对游览地点历史和文化的兴趣与求知欲，同时也表达了对精神生活的重视。博物馆盖章打卡活动与拍照打卡、文创产品打卡、文创雪糕打卡相比，更具有文化内涵。通过收集和展示博物馆纪念印章，观众们不仅能够记录自己的游览经历，更能够向他人展示自己的文化品位和审美追求。

3. 视觉文化影响下对打卡成果“出片”质量的要求

随着城市化进程的快速发展和科技水平的提高，流行报刊、影视网络飞速发展，形形色色的视觉图像充斥着日常生活中的各个角落，图像逐渐压倒了文字，成为文化的主导性因素。在打卡方面，最常见的形式也是图文结合，且以图片为主、文字为辅。

博物馆纪念印章色彩鲜艳，盖在纸张上对比突出、引人注目，给人以强烈的视觉快感。且印章成品本身就是一幅精心设计好的图像，浓缩了博物馆的建筑、重要藏品、历史文化和当前展览主题等，“出片”更为简单。

四、2023 年博物馆集章打卡活动爆火的原因分析

（一）国内旅游的恢复

在文旅深度融合的时代大背景下，博物馆与旅游业的关联度逐渐提升，旅游业对

博物馆事业发展的影响愈发深远。2023年，随着旅游业的强势复苏，博物馆全年共接待观众12.9亿人次，创历史新高，成为博物馆集章打卡活动爆火的根本原因。

（二）“博物馆热”的成功延续

央广网统计，2016年到2019年，全国博物馆参观人次从85 061万发展到112 225.16万，年平均增长率9.68%，博物馆热度持续升温。2020年各地博物馆迅速利用馆内数字资源推出“云展览”及线上直播活动等，有效满足了公众在疫情期间居家观展的需求，从而保持了观众对博物馆的热情与持续关注，为2023年国内旅游恢复时观众“回归”博物馆奠定了坚实基础。

（三）“博物馆护照”衍生“展会护照”，博物馆深度参与文旅活动

2019年，重庆中国三峡博物馆、南京博物院等70余家博物馆共同发行了全国博物馆参观护照。游客参观发行范围内的博物馆，就可在实体护照上盖章，盖章后可以点亮小程序中该馆的标识，并得到积分奖励，使博物馆纪念印章进入大众视野。

2022年9月，第九届中国博物馆及相关产品与技术博览会在郑州召开，共有437家博物馆、208家文博相关企业参展，主办方推出了“博博会护照”，同样吸引了大量博物馆爱好者参与，成为当年文博领域的大事件之一。这也促使各地文旅机构参考活动形式，在重要展会时纷纷推出盖章活动，博物馆也更加深度地参与地方文旅活动。另外，由于印章设计制作成本低、制作周期较短，各地中小博物馆也开始设计制作纪念印章。

（四）社交媒体的推动

人类天生具有模仿和跟随他人的倾向。人们在社交媒体上发布打卡成果，也在社交媒体上观察、学习、模仿其他人的打卡方式。人们通过抖音等平台用短视频记录寻找集章地点的全过程，小红书是以图片为主的平台，则在展示集章打卡成果方面具有优势。在2023年9月的中秋国庆假日期间，小红书上“盖章”话题浏览量达1.6亿，有效推动了“盖章式旅游”的火爆。

五、博物馆设计优化集章打卡活动的实践措施

（一）博物馆纪念印章设计

1. 深入研究现有资源

博物馆纪念印章的设计应当深入且细致地挖掘博物馆藏品、本地域文化或特

定考古文化类型的精髓，从而提取出最具代表性的元素，并采用科学的设计方法，将这些元素巧妙地融入印章设计中。在博物馆藏品方面，设计者可以重点关注历史和文化内涵丰富的藏品、镇馆之宝或形状独特、颜色鲜明、引人注目的藏品。在地域文化方面，设计者应深入了解本地历史变迁、民俗文化和自然景观，从中提取文化要素。在考古文化类型方面，设计者可以关注考古文化类型的器型、纹饰等元素。

2. 根据印章图案选择印章款式

纪念印章主流款式可分为盖章时需印泥和不需印泥两类，前者有橡皮章、亚克力章、木章、铜章等，可以配合彩虹印泥、渐变印泥等新式印泥盖出更丰富的颜色，其中木章容易受气候影响而变形开裂。不需印泥的印章有回墨章和光敏章，均为单色。回墨章尺寸规格固定，成本较高，但可更换颜色，更加防摔，配合铜印面可以达到永久使用的效果。光敏印章成本较低，不限规格尺寸，使用寿命更长，但需要较为频繁地注油。

此外，还有滚动印章和套色印章较为特殊。滚动印章一刷过去可出现一长条印迹，盖印速度快捷方便，可更换印油颜色。套色印章则将图案按不同颜色和形状“拆解”到数个印章上，需要使用者按顺序依次盖章后得到完整图案。设计博物馆纪念印章应在对市面上流行的印章类型和印泥有所了解后，结合图案性质、图案来源的藏品等选择印章款式。

3. 盖章载体设计应与印章设计紧密结合

盖章载体如博物馆护照、集章册、集章地图、明信片、手账本等的设计，应在风格、配色、尺寸等方面与馆内提供的纪念印章相协调，以确保在盖印后，整体图案呈现和谐统一的视觉效果。此外，为了满足观众的即时需求，博物馆可免费提供预留盖章空间的宣传册，或销售价格亲民的白卡纸。

（二）博物馆盖章活动设计

博物馆可以根据活动目标，结合自身的空间资源设计盖章活动，常见活动目标如下：

1. 深化观众对展览及展品的认知，发挥博物馆社会教育职能

博物馆可以将盖章活动与博物馆的社教活动相结合，通过设置问答环节，引导观众在展览中寻找关键信息作为答案，进而加深对展品的理解与记忆。另外，可以利用套色印章拆分图案的特质，增强观众对文物纹饰色彩的感知与辨识能力。

2. 引导观众前往特定目的地，吸引和维持观众流量

博物馆可以设计活动，引导观众前往博物馆内部的多个地点，或鼓励观众参观某个地理区域范围内的多个博物馆。针对前者，博物馆可以在建筑、展厅、文创商店、前台、特定展品附近等位置设置多个盖章点，观众在游览过程中，需抵达对应地点并完成这些盖章点的互动任务，最后盖印特殊印章作为奖励。

此外，博物馆可依托省或市博物馆联盟，或与多家博物馆建立合作机制，共同推出参观地图和参观护照。观众在访问联盟内的多个博物馆并完成盖章任务后，可获得相应的奖励，从而促进区域内的博物馆的资源共享与协同发展，并增强观众对地理区域内历史文化、民俗非遗等多方面的认识。

3. 将盖章活动作为营销手段，促进馆内文创产品销售

博物馆可在其文创商店或专门的文创销售区域内设置免费盖章点，吸引观众进入销售区域，增加潜在消费者的流量。当观众购买了特定的盖章载体，或单次购买金额达到预设额度时，博物馆可提供特殊印章的盖印作为赠品。

（三）观众打卡体验优化

1. 优化线下盖章体验

为进一步提升观众的参观体验，博物馆应充分利用微信公众号、微博、抖音等新媒体平台，通过发布文章、短视频等形式，预先向观众提供关于盖章地点、数量等关键信息，帮助观众提前规划行程。博物馆应设置适宜大小的盖章台，确保盖章台至少能够同时允许两名观众盖章。通过桌面贴纸、海报等方式，明确标注正确的盖章手法，为观众提供操作指导。在盖章点附近，应安排工作人员进行现场管理，一旦发现有观众将印章误盖于墙面等行为，应立即予以提醒。同时，工作人员应协助维护良好的排队秩序，保障每位观众都能有序、高效地完成盖章，并在每日闭馆后对印章进行检查，发现损坏或模糊立即更换。

2. 优化线上打卡体验

博物馆应充分挖掘与发挥社交媒体的传播优势，积极打造宣传展示的线上窗口，通过策划用户生成内容活动，如照片或视频创作比赛，鼓励观众分享他们盖章成果、集章路线及相应的感悟心得。除了实体印章之外，博物馆还可以借助微信公众号或小程序等线上平台推出虚拟电子印章。观众在完成电子观众调查问卷或参与其他线上教育活动后，可以获得虚拟电子印章，作为观众参与或贡献的纪念。

结　语

在视觉文化与注意力竞争的时代背景下，观众习惯持续寻求新颖的内容和刺激的体验，集章打卡活动作为一时的社会热点，新颖性和流行程度终将随时间流逝逐渐减弱。

面对这种趋势，博物馆应紧跟时代潮流，不断提升公众服务水平以满足观众日益增长的文化需求，更应坚守文化传承和文化引领的核心使命，在藏品研究、陈列展览等基础工作上不断深耕，弘扬民族与地方优秀文化，守护好、传承好、展示好中华文明优秀成果。

设计博物馆助力城市文化更新的价值与路径分析

管晓锐[①] 重庆中国三峡博物馆 重庆 400015
李 皓[②] 四川美术学院 重庆 401331
张习文[③] 四川美术学院 重庆 401331
谢亚平[④] 四川美术学院 重庆 401331

摘要：

国内已有5个城市跻身全球“设计之都”之列，并将设计博物馆建设运营作为城市文化建设的重要内容。结合设计博物馆具有的行业性和特色性特征，通过国家政策导向、行业发展趋势和相关案例分析，探究设计博物馆在博物馆建设布局、城市文化产业和城市创新发展中的独特价值，为城市博物馆发展规划提供理论思考与路径建议。

关键词：

博物馆 设计 城市发展

Analysis of the Value and Path of Design Museums in Helping Urban Cultural Renewal

GUAN Xiaorui LI Hao ZHANG Xiwen XIE Yaping

Abstract:

There have been five cities in China ranked among the global “Capitals of Design”. The construction and operation of design museums is regarded as an important part of urban cultural construction. Combined with the industrial and characteristic features of design museums, and through the analysis of national policy orientation, the trend of industry development and related cases, the writer attempts to explore the unique value of design museums in the layout of museum construction, urban cultural industry and urban innovation development, so as to provide theoretical thinking and path suggestions for

① 管晓锐，重庆中国三峡博物馆副研究馆员。GUAN Xiaorui, Chongqing China Three Gorges Museum.
② 李皓，四川美术学院讲师。LI Hao, Sichuan Fine Arts Institute.
③ 张习文，四川美术学院助理研究员。ZHANG Xiwen, Sichuan Fine Arts Institute.
④ 谢亚平，四川美术学院教授、博士生导师。XIE Yaping, Sichuan Fine Arts Institute.

the development planning of urban museums.

Key words:
Museum　Design　Urban development

随着国内深圳、上海、北京、武汉和重庆等5个城市先后跻身全球“设计之都”之列,设计博物馆成为设计之都建设的核心承载地,也成为城市战略规划中以文化更新提升差异化竞争力的重要路径。2004年,全球创意城市网络在联合国教科文组织倡导下,启动了从设计等7个领域考察城市创意能力的评选活动,“设计之都”即是向设计领域具有全球影响力的城市授予的荣誉称号。近年来,随着国家政策导向和行业发展规划,北京、上海、深圳已先后建成开放城市设计博物馆,武汉于2023年完成了设计博物馆设计方案评选工作,北京同年宣布启动筹建中国设计博物馆。在此背景下,结合相关案例,分析设计博物馆在博物馆建设布局、城市文化产业和创新发展中的独特价值,与城市文化建设需求不谋而合,将为城市博物馆发展规划提供理论思考与路径建议。

一、设计博物馆作为特色博物馆,是破解“千馆一面”困局的突破口

随着人民精神文化需求的不断增加,新时代对博物馆事业发展提出了更高要求,迫切需要“特色性”博物馆来打破“千馆一面”的行业困局。2021年中宣部、国家文物局等九部门印发的《关于推进博物馆改革发展的指导意见》将“特色鲜明”作为博物馆事业发展格局的五要素之一。虽然特色博物馆目前并没有标准的定义,但是结合行业法规文件表述可将它理解为,相对于传统历史类博物馆而言,在功能上有一项或多项突出特质,能彰显地域文化特征以及行业、专业或藏品类别特色的博物馆。由此可见,“特色性”是特色博物馆存续之本,具有主题鲜明、类型丰富、主体多元三大特征。①

伴随我国博物馆事业飞速发展,历史类博物馆占据半壁江山、博物馆类型单调的结构性弊端越发凸显,其展出内容往往大而全,千馆一面已成为困扰博物馆行业

① 崔波:《特色博物馆的建设发展及路径探讨》,《中国文物报》2022年9月20日。

发展难题。以2023年正式入选全球创意城市网络“设计之都”的重庆市为例，作为中国第五个、西部第一个跻身全球创意城市网络的城市，其博物馆建设在近年来总体保持良好势头，建设力度不断增强，然而，博物馆体系布局仍有待完善。在《重庆市文化和旅游发展“十四五”规划(2021—2025年)》中，提出“进一步完善以国家一级博物馆为龙头、等级博物馆为骨干、国有博物馆为主体、非国有博物馆为补充的重庆博物馆体系，不断丰富提升历史、革命、抗战、工业、自然‘五大博物馆群’的内涵品质”，要求“支持依托文物遗址、历史建筑、工业遗产、农业文化遗产、文化景观和非物质文化遗产等建设特色专题展馆”。然而，按照类型划分各类博物馆数量占比差距明显(图1)，排名前三的分别为革命纪念类博物馆、综合地志类博物馆和历史文化类博物馆，其总占比数已超过76%，而排名最末的艺术类和自然科技类博物馆占比均数不到5%。①

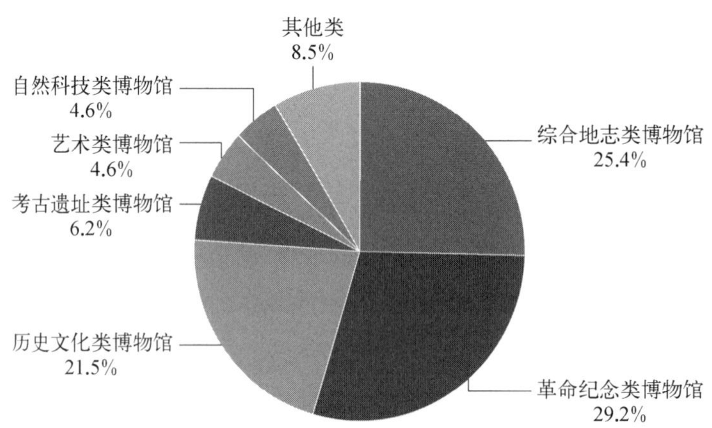

图1　重庆市各类博物馆数量占比图(据2022年统计)

作为新兴类型，设计博物馆符合博物馆“特色性”特征，能够填补博物馆领域空白，有助于优化博物馆建设规划体系布局。它不仅是博物馆今后发展的一个重要方向和热点，而且可以认为是破解“千馆一面”行业困局的一个突破口，在满足群众多元化需求、提高服务效能、提供文化服务均等性等方面具有无可比拟的优势。具体而言，在城市博物馆建设布局中，设计博物馆的价值主要体现在以下四点：一是有助于打破各馆相似度高、内容覆盖面大、特点不鲜明的局面，真正做到各美其美；二是有助于系统收集、研究和转化设计行业特色成果，以及行业发展演

① 重庆市文化和旅游发展委员会：《2023年重庆市博物馆事业发展报告出炉》，2024年5月18日，https://mp.weixin.qq.com/s/64-EKiWwnvEBMWM5wz45AQ.2024-05-18.

进过程中的相关物证、文献和影像资料，发挥资料中心和研究中心作用；三是有助于博物馆展示内容与展陈手段的设计创新，促使博物馆行业借鉴设计学、艺术学领域理论和实践案例，关注博物馆建筑、展陈空间、艺术展项与创意设计的紧密联系；四是满足公众多元化文化需求，形成特色鲜明的城市博物馆事业发展新格局。

二、设计博物馆作为行业博物馆，是城市文化产业的助推器

在设计引领产业升级的时代，设计博物馆为设计融入经济社会发展提供新动能，也进一步推动了城市文化产业的可持续发展。2024 年被认为是中国文化产业全面崛起的一年，国务院《政府工作报告》中首次提出“大力发展文化产业”。随着近年来文旅全面崛起，文化产业在带动相关消费扩大的同时也促进了经济复苏，数据显示，2023 年服务零售额比上年增长 20.0%，消费仍是经济增长的强劲动力，而在中国居民人均消费支出中，服务消费占比已经超过 40%，增速远远高于实物消费。可以预见，文化消费作为中国高端服务业的组成部分，也将成为内循环的核心引擎。

作为中国首个“设计之都”城市，深圳在 2008 年获此殊荣时便定位于“以设计推动制造型经济向创意服务型经济转变，赋予城市充满活力的想象力和创造力”，计划以“设计”为驱动带动环绕珠三角地区的制造业等产业升级。因此，位于深圳蛇口的设计博物馆“海上世界设计博物馆”在规划建设阶段，不仅被认为是“V&A（英国维多利亚及阿尔伯特博物馆）第一座海外设计博物馆”，而且作为具有“区域性城市升级”意义的项目，也被纳入深圳“海上世界”房地产项目来整合打造，其周边有综合商业体、公寓和酒店等规划。

作为行业类博物馆，设计博物馆通过发挥收藏保护和展示传播功能，集中体现出所在城市文化创意产业的发展历程和价值意义。深圳海上世界设计博物馆对外开放的第一个展览“设计的价值”试图向观众解释“什么是设计”这一基本概念。2024 年 5 月 23 日，被誉为“中国文化产业第一展”的文博会在深圳开幕，吸引一大批国内前沿文化科技、文化装备制造、人工智能企业参加。16 年来，深圳文化创意产业保持了平均 15%以上的增速，文化创意产业增长值占全市 GDP 比重由 4%稳步增长至 8%左右，文化企业的设计创新能力升级，2023 年数据显示，深圳市规模

以上文化企业 3 369 家，营收规模首破万亿大关，占全省的 49.0%、全国的 8.5%，其中，超过 25%的规模以上文化企业具备国家高新技术企业资质。[①] 由此可见，以深圳为案例折射出国内城市“设计 + 产业”的产业升级新趋势——设计的价值已不仅限于博物馆里展览的概念普及，而是一跃成为推动社会不断前进的新质生产力，将设计与科技等新兴产业相结合，催生出更大的商业品牌价值，持续助力城市经济社会发展。

三、设计博物馆作为高质量博物馆，是城市创新发展的内驱动力

设计博物馆的高质量发展是地方经济社会发展水平和城市创新发展力的重要标志。对照公众需求，目前博物馆发展存在规模数量提升速度与人民群众对美好生活需要不匹配，建设发展与服务经济社会能力不匹配等问题。兴建设计博物馆既是对公共文化服务需求的回应，也是博物馆高质量发展的必然道路。结合博物馆行业动态来看，高质量发展是今后一段时间博物馆工作的关键词，党的十八大以来我国博物馆取得历史性成就，基本解决了博物馆“有没有”的问题，当下要更多关注“好不好”的问题。因此，充分激发出“博物馆”与“城市”的“耦合增益效应”，[②]是规划高质量地设计博物馆建设路径的认知前提。作为高质量博物馆，设计博物馆的规划定位应尤其注重发挥出博物馆实现社会效益与经济效益的杠杆放大作用，使设计博物馆成为“知识传递—文化涵养—精神富足”的城市公共文化服务空间(图 2)，通过“激发自身活力—融入百姓生活—带动城市更新”，拓展设计博物馆的显性功能、价值边界和溢出效应，使“博物馆化”后的城市成为一个“文化浸润与滋养”的空间，使城市或地域增值，并以优越的文化软环境提升整个城市的竞争力。

作为博物馆事业中非常重要、潜力巨大的一支力量，设计博物馆加速了博物馆与社会多层面的融合，有利于激发博物馆的创新活力，承担更多文化角色，赋能城市创新发展。结合国内 5 个设计之都建设和该城市兴建设计博物馆情况(表 1)进行分析可以发现，“设计之都”规划发展目标均与城市发展战略相关，尤其以促进城

---

① 中央广播电视总台大湾区之声：《勇立潮头大湾区：深圳文化产业领潮向“新”》，https://mp.weixin.qq.com/s/hH0YZDbeqCT83q89nvFrPA.2024-05-23.

② 张颖岚：《“博物馆之城”的发展思路与实践路径》，《中国文物报》2022 年 10 月 11 日。

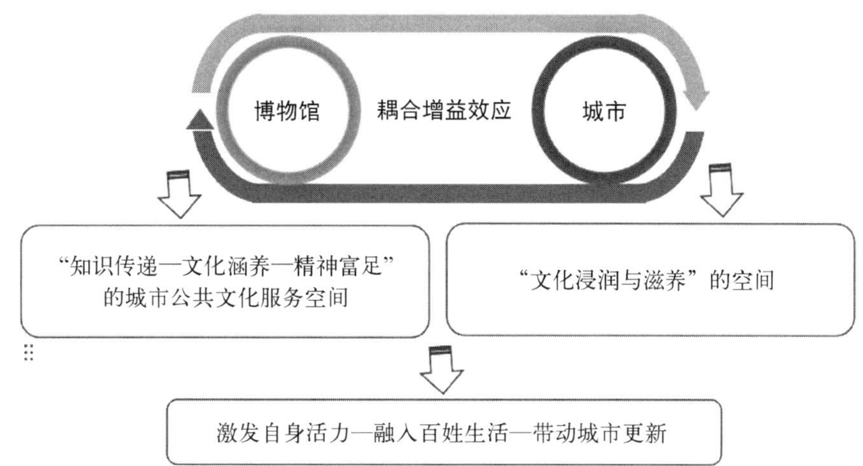

图 2　博物馆与城市关系示意图

表 1　中国“设计之都”设计博物馆建设情况列表

城市	设计之都目标定位	设计博物馆		
		名　称	建成时间	区位特点
深圳	“创意、梦想、就现在”以设计推动制造型经济向创意服务型经济转变，赋予城市充满活力的想象力和创造力	海上世界设计博物馆	2017 年	坐落于海上世界城市综合体核心商业区域
上海	凭借数字创意产业突出“设计产业繁荣”“品牌卓越”“生态活跃”“氛围浓郁”的目标定位	中国工业设计博物馆	2009 年	在上海国际工业设计中心特色产业园区内
北京	通过“科技创新”与“文化创新”双轮驱动战略形成特色	北京艺术设计博物馆	1998 年	
		中国设计博物馆	未来 3—5 年完成（2023 年 9 月由北京国际设计周组委会宣布启动筹建）	通州区张家湾设计小镇北京国际设计周永久会址
武汉	以“老城新生”为主题成为传统工业城市的成功样本	武汉设计博物馆	已完成建筑方案设计评选	位于四美塘铁路遗址公园内，原建筑为中铁重工车间
重庆	“树立西部智科设计地标，展示新型工业城市形态”（拟）	重庆设计博物馆（暂定）	待建	

市创新发展为重要内容，再结合数字科技、产业升级、城市更新、工业制造、低碳环保等形成各自特色。以武汉设计博物馆为例，武汉作为联合国教科文组织创意城市网络的设计之都，自2019年起每年举办“武汉国际创意设计大赛”。2023年第五届大赛活动聚焦武汉设计博物馆设计方案全球征集，并最终评选出获奖方案。[①]该博物馆选址于武汉西北侧长江和东南侧四美塘之间的四美塘铁路遗址公园内，原建筑为中铁重工车间，属改扩建项目。结合获奖方案可见，武汉设计博物馆定位于武汉工业历史发展的沉淀与见证，老旧的工业遗址不仅是城市文化纽带的延续，也是城市文化发展空间的重要承载体，将成为武汉的城市交流生态绿岛、设计共享舞台，乘风破浪，诠释设计之都的活力。获得一等奖的方案以“生态绿岛、共享舞台、乘风破浪、设计航母”的形态拟合浪潮形象，契合基地江水塘泥和工业遗产的区域特征，通过唤醒城市历史记忆，激活周边现状景观，塑造与公众共享的开放舞台与场地。在博物馆空间功能规划上，除了常规的展示功能区，还在二层设有大型多功能厅、休息厅、户外露台和连廊。该屋顶露台与周边台地景观隔水相望，形成对公众开放的共享舞台空间，激活博物馆周边城市空间，与环境和人群形成丰富互动，让博物馆成为城市中的舞台。

四、设计博物馆的路径分析

党的十八大以来，党和国家对博物馆工作高度重视，当下社会掀起“博物馆热”持续升温，在此背景下，推进设计博物馆规划建设，不仅要深入挖掘博物馆“城市创造力”“历史记忆”元素，推动创意设计成果的创新性发展，还要进一步拓展活化设计博物馆的“城市空间”作用，彰显博物馆的“城市魅力”影响，激发博物馆的“城市动力”潜能，使之成为公众感受城市活力的平台、获得汇聚设计行业资源的支点、提升城市文化软实力和竞争力的来源。

（一）做好政策引导和体系布局

设计博物馆建设是博物馆事业改革创新的着力点。政府相关职能部门要提供政策支持和引导，把设计博物馆纳入全市“博物馆群”体系布局中，还应将其纳入城市基础设施建设、教育、科技、文化、旅游等全市相关专项规划，发挥它们在文化强

① 武汉设计之都：《“大设计”连接世界，“大武汉”焕新篇章——第七届武汉设计双年展暨2023武汉设计日11月1日开幕》，2023年10月20日，https://mp.weixin.qq.com/s/zFbVGW5xfbHmIqEabQEK0w。

市建设中的作用，同时，其选址规划建设要考虑人口密度、交通便利，具有一定基础设施，提高服务效能。

（二）加强与重大战略结合对接

要加强设计博物馆建设与区域战略、重大文化工程的整合，纳入经济社会发展总体规划。例如，新时代推动西部大开发、长江经济带绿色发展、乡村振兴等重大战略，以及长江国家文化公园建设等重大文化工程。

（三）突出时代价值与行业前瞻性

要聚焦国内外博物馆理论与实践的新成果、新收获，调研国内外设计之都和设计博物馆建设的新思路、新案例，汲取创意设计、城市有机更新、经济社会发展的新思路、新要求，并融入区域经济学、城市规划、艺术学、传播学、教育学等相关学科的新理论、新探索，跟踪信息技术（如大数据、区块链、人工智能、虚拟现实等）的新趋势、新发展，立足重庆已有条件和资源优势，高起点谋划办馆宗旨定位，明确社会使命和发展目标，充分发挥其当代价值。

（四）坚持以人为本，与民生需求相结合

民生需求是社会设计关注的焦点，以人为本的原则应成为设计博物馆规划建设的核心导向。设计博物馆向社会公众提供的陈列展览、讲解、教育、文创等公共服务，要紧密围绕人民日益增长的美好生活需要，不断提升公共服务效能，通过举办展览等各种活动，提高公众对创意设计的认知度和参与度，与博物馆形成良好互系。

（五）打造具有差异化竞争力的设计展览品牌

设计行业展览活动普遍存在"一奖、一赛、一展、一会、一节"模式化运营问题，亟须吸收城市历史文化滋养，对接重大战略和文化工程，整合本土设计活动品牌形成联动，才能提炼出具有城市差异化竞争力的设计展览品牌，塑造具有辨识度的设计博物馆整体形象。

（六）构建开放互鉴的设计交流合作平台

艺术设计在跨文化交流中具有独特优势，是国际人文交流和融合的重要途径。借助"设计之都"全球创意城市网络，以"求同存异"观念，通过设计博物馆平台，加强与国内外设计机构和博物馆交流合作，为城市与世界交流互鉴搭建合作平台。

结　语

从历史类博物馆建设运营的惯性思维，到设计博物馆特色性和行业性的特质凸显：一方面，以特色博物馆理念，持续推动我国博物馆事业发展进入崭新格局，另一方面，以设计行业博物馆的高质量发展，不断赋能新时代城市文化更新。只有将城市特色文化内涵、设计博物馆自身建设和“设计之都”等城市战略规划有机结合，才能推动博物馆最大化地发挥社会价值，走上高质量的发展之路。

文旅融合背景下泉州城市博物馆的空间拓展

陈　园① 福建中国闽台缘博物馆　福建泉州　362008

摘要：

泉州在古城和世遗点的保护过程中融入博物馆功能，利用小空间充分展示城市发展历史过程的"小切面"，拓宽了大型专题城市博物馆的展示空间。一是将城市展示空间重点布局在城市主要的区域、街道和节点，展示泉州的传统技艺、城市记忆、人文风情等。二是在泉州各世遗点打造专题展览，用博物馆展览特有语言，帮助观众理解遗产点，全面了解宋元时期泉州的历史。泉州通过"小而美"的空间展示，形成以点带面的城市历史文化空间，在文旅深度融合背景下，丰富了泉州博物馆体系，促进了馆城融合，为城市留住历史文化根脉做出了重要贡献，也为城市文化遗产的活化利用与可持续发展做出了宝贵实践。

关键词：

文旅融合　城市博物馆　城市空间　泉州

Practice of Expanding Urban Museum Space in Quanzhou Under the Integration of Cultural and Tourism

CHEN Yuan

Abstract:

In the process of preserving ancient cities and World Heritage sites, Quanzhou has integrated museum functions and utilized small spaces to fully showcase the historical and cultural heritage of urban development, thereby expanding the display space of large-scale thematic city museums. Firstly, urban display spaces are mainly located in key areas, streets and nodes, showcasing traditional skills, urban memories and humanistic customs. Secondly, special exhibitions are created at each World Heritage Site, helping the audience understand the heritage sites and the history of Quanzhou in the Song and Yuan Dynasties. Through the display of small spaces in a "small but beautiful" and meticulous way, Quanzhou has formed urban historical and cultural spaces. Against the backdrop of deep integration of culture and tourism, it has enriched the museum system, promoted the integration of museums and the city, contributed to retaining the historical

① 陈园，福建中国闽台缘博物馆助理馆员。CHEN Yuan, China Museum for Fujian-Taiwan Kinship.

and cultural roots, and provided valuable practices for the activation and sustainable development of urban cultural heritage.

Key words:
Integration of culture and tourism　City Museum　Urban space　Quanzhou

随着人们对旅游需求的升级、文化和旅游产业新业态的出现以及国家对文化旅游的大力推动，文化与旅游日益深度融合。与观赏单纯的自然风光不同，文化旅游更加侧重游客对旅游城市文化遗产的理解和体验，强调以文塑旅。文化遗产资源丰富的城市成为热门旅游目的地，但游客对城市文化产品供给和文化服务也随之提出了更高的要求。早在1999年，国际古迹遗址理事会通过的《国际文化旅游宪章》就指出，文化遗产展示是文化遗产保护与管理的重要举措；解读与诠释在文化遗产旅游中的核心作用；文化遗产展示与文化旅游具有重要关联。如何更好地阐释和展示城市文化遗产成为地方吸引游客、增强城市形象辨识度、发展文化旅游、促进文旅深度融合的关键一环。

博物馆凭借强大的展示功能、丰富的文化遗产资源以及当下“博物馆热”自带的人流量优势，成为有效阐释和展示文化遗产的重要路径。其中城市博物馆[①]收藏、展示城市历史和记忆，讲述城市故事，诠释城市精神，传承城市文脉。城市博物馆对城市历史文化的展示，不仅增进了游客对旅游目的地的认知，同时还可以与在地的其他旅游资源发生关联，从而提供强大的旅游协调效应[②]。

一、阐释与展示：城市博物馆助力文旅融合

泉州作为世界遗产城市和首批全国历史文化名城，文化遗产资源丰富，具有发展文旅产业得天独厚的优势。泉州有“泉州：宋元中国的世界海洋商贸中心”申遗项目的22个遗产点；有中山路（国家级）、西街（省级）、城南（省级）等历史文化街区；有大量的铺境宫庙和各色庙宇，数量超过千座；有各级文保单位945处，国保数量居全省第一，全国设区市前列。泉州还有数目众多的非物质文化遗产，

① 本文讨论的城市博物馆泛指所有阐释和展示在地城市文化且备案在册的各类国有和非国有博物馆。

② 苏永华、王美云：《试论文旅融合背景下博物馆发展对城市旅游竞争力的影响》，《科学教育与博物馆》2023年第5期。

包括世界级非遗 6 项、国家级非遗 36 项、省级非遗 128 项、市级非遗 262 项、县级非遗 628 项[①]。这些物质和非物质文化遗产共同体现了泉州以海洋文化、海丝文化、闽南文化为主要特征的城市文化内涵，见证了泉州悠久的城市发展历程。

泉州市区[②]以其拥有最集中、数量众多的文化遗产资源，集聚了多座博物馆，分别是泉州博物馆、泉州海外交通史博物馆、中国闽台缘博物馆、泉州华侨历史博物馆、泉州非物质文化遗产馆。这些城市博物馆聚集了大量实物藏品，其阐释内容或综合展示了泉州城市的发展史，或从专题角度展示泉州历史文化的某个面向（表 1）。泉州博物馆群通过提升展陈水平、推动活化利用、深化博物馆对外交流等方式，发挥城市“文化中枢”作用，加强对城市历史文化的阐释和展示，较好地向观众诠释了泉州的城市文化。据统计，2023 年以来，全市[③] 18 个博物馆累计举办各类临时展览 126 场次，开展社教研学活动 553 场次，累计接待游客近 200 万人次[④]，为推动地方文旅发展贡献了博物馆力量。

表 1　泉州城市博物馆展示内容及其基本陈列

博物馆名称	主要展示内容	基本陈列
泉州博物馆	泉州历史沿革及发展	“在水一方——泉州历史文化”
泉州市南建筑博物馆	闽南传统建筑文化	“闽南传统建筑展览馆”
泉州海外交通史博物馆	泉州海外交通、海上丝绸之路发展史，泉州世界遗产文化，泉州宗教文化	“泉州：宋元中国的世界海洋商贸中心”“泉州湾古船陈列馆”“泉州宗教石刻馆”“中国舟船世界”“阿拉伯-波斯人在泉州陈列馆”
中国闽台缘博物馆	包括泉州在内的福建各地与台湾历史渊源	“闽台缘”“乡土闽台”
泉州华侨历史博物馆	泉州籍华侨华人移民海外、异域创业、回报家乡的完整历史	“出国史馆”“泉州人在南洋”“故土情深——泉籍华侨华人奉献史”
泉州非物质文化遗产馆	泉州传统美术、民俗、传统技艺等非物质文化遗产项目	“物华之美　民间瑰宝”“民俗之风　浓情闽南”“泉腔之韵　晋唐遗响”“天工之巧　匠心营造”

① 谈婧媛、宋昕倩、郑雯：《何以泉州：用传统文化带火旅游，打造世遗保护利用典范城市》，2023 年 12 月 28 日，https://www.thepaper.cn/newsDetail_forward_25811092。

② 本文探讨的泉州城市博物馆空间拓展实践范围为泉州市区。

③ 包括区、县级市和县。

④ 杨雪寒：《泉州多措并举助推“博物馆热”赋能文旅经济发展》，《中国旅游报》2023 年 12 月 6 日。

二、丰富与拓展：城市空间的博物馆化

上述馆舍型城市博物馆对城市历史文化的展示存在局限性。一是展品的孤立性。出于更好地保护和管理考虑，可移动物质文化遗产被博物馆集中收藏和管理，导致部分文化遗产脱离其原有语境，造成遗产的意义孤立，影响观众的参观体验。泉州还有大量不可移动的且分散在城市中的文化遗产，难以通过博物馆向公众完全介绍和展示。既不利于遗产的保护，也造成了资源的浪费。二是展览的集中式。城市博物馆在有限的展示空间内，展示的是经过浓缩、精简的、最具代表性的城市文化，勾勒的是城市历史文化的大轮廓，部分历史事件、地点和人物被舍弃，难以展示城市文化的小切面和细肌理。

为弥补馆舍型城市博物馆在文化遗产展示上的缺陷，泉州将部分城市空间博物馆化，为空间注入博物馆阐释与展示功能，将展览融入历史街区、历史遗址里，利用小空间充分展示城市发展历史过程的“小切面”，细致展示城市肌理，为参观者提供最靠近城市文化遗产和遗产原有情境的展示，拓宽了大型专题城市博物馆的展示空间，补充完善了城市博物馆阐释体系和内容，提升海丝文化、闽南文化能见度和辨识度。泉州博物馆化的空间展示内容一般分为两类：一类是其自身就是历史遗产，蕴含城市历史节点的故事或事件，如名人故居、历史遗迹等，将讲述的故事与空间高度关联，使单个历史事件也能得到系统、详细的阐释；另一类是人为设计的具有叙事性的空间，可以自主选择城市文化相关的展示主题，内容和形式更加丰富和多样性。部分空间两种展示内容兼有。

（一）必要性

德·昆西认为，罗马博物馆不仅仅是由那些可以移动的艺术品组成的，还“至少有许多的场所、地点、群山、菜市场、古道、一起的城镇的位置、地理联系、这些东西相互之间的内在联系、各种记忆、当地的传统、依然流行着的习俗或是在其国度自身之内可以形成的诸神比较等”①。城市理论学家刘易斯·芒福德在《城市发展史——起源、演变和前景》中与阿尔多·罗西在《城市建筑学》中都认为由于历史性

① ［美］大卫·卡里尔著，丁宁译：《博物馆怀疑论：公共美术馆中的艺术展览史》，江苏美术出版社 2009 年版，第 60—61 页。

城市历史悠久、遗存丰富，本身就是一座博物馆。

城市的自然特征与城市格局，城市中涉及的遗址、建筑遗产、文物与人文景观等历史场景，城市的非物质文化遗产与生活风情，这三大部分构成城市文化遗产的主要内容①。城市博物馆之外的城市文化遗产同样都有其可参观性，并且能提供聚集在博物馆空间内所不能拥有的实地性以及不同文化遗产之间空间上的关联性，因而具有阐释、展示的必要。如果不对博物馆之外的城市文化遗产进行阐释和展示，那么它们只能是一种空洞的城市空间，观众并不能直接感受到这类遗产传达的文化信息，在游览后不能形成有效认知和理解。尤其是泉州的古城区，聚集了众多城市文化遗产，需要相应的文化空间对不同的文化遗产进行展示。

（二）可能性

一是保存了大量的文化遗产，提供了展示的内容和空间。在2020年的申遗过程中，泉州对文化遗产保护和修复投入了大量工作，许多珍贵的文化遗产得以保存下来，同时积累了文化遗产保护利用的经验。在后续推进城乡历史文化遗产保护时，泉州提出了"多维推进，全域保护"的思路，按照点、线、面思路，统筹实施县域、镇、村历史文化保护，形成全域保护格局。泉州组织对全市各类历史文化遗产资源要素进行多轮排查梳理，摸排全市历史建筑1 648处，全部完成挂牌，完成1 458处历史建筑测绘建档，占总量88.5%。聚焦历史建筑单体，先后修缮保护了近200处历史建筑、传统建筑。目前，泉州共摸排征迁建筑6 547处，发现建成50年以上的建筑770处，通过原址保护、迁建、回收构件利用三种方式实施保护。

二是古城保护理念新颖，在保留历史风貌和改善人居环境之间找到了平衡。修复的历史街区具有较高的可参观性，能有效吸引游客。作为泉州重要历史保护区，古城发展与保护工作秉承"见人见物见生活，留人留形留乡愁"的古城活态保护理念，采用微更新、微扰动的方式，在做好名城保护规划、"城市双修"总体规划和市政、交通、消防、绿地、防灾等专项规划的基础上，采用微更新、微扰动的方式，按照"一轴三片"（即中山路历史文化街区，西街、后城、城南三个片区）的发展格局，分期分八片，利用古城内古代排水肌理，"先地下、后地上"实施古城街巷综合提升，先后开展金鱼巷微改造、中山中路综合保护提升、古城街巷综合提升、泉州历史文化名城保护中山南路及中山南路（涂门街—义全街）周边片区提升工程等项目，加强古

① 孔岑蔚：《博物馆城市——基于文化遗产展示的城市研究新视角》，中央美术学院博士学位论文，2020年。

城业态管控和引导，系统对古城街巷、文化地标、文创园区、旅游设施等提升改造，构建“吃住行游购娱”全产业链，多方面保护提升古城，为游客提供了良好的参观环境和休闲空间。

三是古城保护规划过程中，注重遗产地的空间联系，针对性收储房产和区域性空间改造。古城保护单位从“公共空间改造、慢行交通组织、整体风貌控制、功能活力复兴、传统文化挖掘、工业遗产再利用、遗产地展示指引”7 个角度对 13 处世界遗产地所在城市进行分析对比，从中得到了对泉州古城的改造启示。在强化遗产的可持续利用、完善遗产展示的系统性、强化遗产空间识别性等方面做了联动规划。比如，针对大量文保单位、历史建筑类遗产，采取收储租赁、以修代租等方式实施古城私有房产资源整合，完成金鱼巷 5 间店铺、西街宋宅、台魁巷 7 号和旧馆驿 25 号等多处房产物业保护性收储和盘活；通过梳理价值遗存载体，串联 4 条历史文化主题展示线路；分区域分类分批开展背街小巷整治工作，开展分类设计，明确历史文化主题、旅游观光服务主题、文化艺术主题、闽南多元文化等街巷主题定位和设计重点，盘整空间资源。

（三）具体实践

一是将展示空间重点布局在西街、中山路两条主要历史风貌街道，辐射古城关键节点、区域。将收储、盘活古城内的点位空间、古大厝，如名人故居、番仔楼等资源，以点带面式打造了多个各具特色的常设和不定期开放的历史文化空间，展示泉州的传统技艺、地方城市记忆、人文历史和风情等。空间分为两种：一是历史遗迹类，主要展示其自身的历史事件和故事，有小山丛竹、李五故居、苏廷玉故居、陈光纯故居、李贽故居、锡兰侨民旧居 、泉山门、粘氏故居等；二是历史街区中的文化空间类，主要策划城市文化相关的展览，有西街 101 文化空间、西街游客服务中心二楼中山驿馆（中山路游客服中心）、古城文化会客厅（花巷 89 号）、安溪馆（中山路 23 号）、永春馆（中山路 108—110 号）、德化馆（中山路 151 号）、中山中路 62—64 号等。

泉州城北的小山丛竹是泉州文脉的重要发源地之一，因朱熹在此筑亭题字、遍植丛竹而得名。唐代为纪念“闽文之祖”欧阳詹，在此建有祀詹祠堂。南宋以来，古代官员和文人墨客途经泉州必到此朝拜朱熹，近代弘一大师曾在此讲经题字。小山丛竹书院亦是泉州古代四大书院之一。小山丛竹的修复和改建以原先的历史文脉作为基础，其中在晚晴室与不二祠分别打造弘一法师和欧阳詹主题展陈空间。

园区晚晴室布设了弘一法师的生平故事，介绍了他的艺术造诣，再现弘一法师曾经驻锡的寝室，通过图、文、实景三种方式，讲述了弘一法师的一生。不二祠作为开闽第一进士欧阳詹的祖祠，介绍了欧阳詹的诗词作品和对泉州尚学之风的重要影响。

泉州古城西街游客服务中心位于西街最繁华的地带——开元寺地标建筑东西二塔之东塔的正对面。它不间断地以西街为主题做展览(表 2)，从开始的科普性展览到城市肌理的细化，为游客展示了西街的文化细节。

表 2　泉州古城西街游客服务中心近年展览

展览名称	展览内容
一隅乡音	展览将结合闽南语发展历史、闽南五色话、闽南语叠词、闽南语歌曲等方面，通过多样有趣的形式，展示源远流长的闽南语文化。
西街好奇庙	展览集合了西街以及附近街巷的 6 座民间宫庙的文图，展示庙宇如何给古城人带来精神寄托。
是塔，是塔，就是塔！	展览通过溯源东西塔历史，以解构两塔建筑结构为亮点，展示其细部特色和相关故事，以解读东西双塔开启“阅读”世遗泉州之旅。
洋楼里的西街	展览由西街奉圣巷赖氏洋楼古厝出发，既有西街上的洋楼建筑，又解剖其建筑历史、建筑风格、华侨故事等。还通过文字、照片、物件、建筑等方面，以小见大，展现泉州华侨历史文化，让更多人了解泉州华侨文化。
“与塔・定心”	通过溯源西街定心塔历史，解构塔的建筑结构，展示其细部特色和相关历史故事，向游客讲述一座塔如何成为古城人的精神信仰。展览通过古塔延伸开，串联起一口古井、一条古街以及古城里的人家。

二是在泉州市区各世遗点如文庙、天后宫、清净寺等，有条件的情况下，因地建设小型展示空间，打造专题展览，用博物馆展览语言结合出土文物，让观众在参观遗产点时，更加全面、深刻了解泉州世界遗产主题(表 3)。结合泉州海外交通史博物馆“泉州：宋元中国的世界海洋商贸中心”“中国舟船世界”两个世遗主题展览，形成既有整体也有部分、既有集中展示也有情境体验的世界文化遗产展示体系。

表 3　已建成的泉州城区世遗点展示馆及展览

名　　称	地　　点
泉州南外宗正司遗址陈列	鲤城区古榕巷福建省梨园戏剧团旧剧场
泉州市舶司遗址陈列	

续 表

名　　称	地　　点
泉州天后宫妈祖文化专题馆	泉州市天后宫内
泉州清净寺展示馆	泉州清净寺内
泉州府文庙《泉州教育史话》专题展示馆	府文庙明伦堂
伊斯兰教圣墓展示馆	灵山圣墓景区内

三、融合与塑造：城市文化空间对文旅发展的影响

在城市理论视野下，城市博物馆可以定义为以城市文化遗产作为研究与保护的对象以及展示的基础，以城市空间为载体，达到展示和教育目的的场所。在这一定义下，泉州为展示城市历史文化创建的各类城市文化空间虽然不是经官方程序注册的博物馆，也未完全符合国际博物馆组织对博物馆的定义，但融入了博物馆部分功能，一定程度上可看作是一种非正式的城市博物馆。这些城市文化空间拓宽了大型专题城市博物馆的展示空间，补充完善了城市博物馆阐释体系和内容，对当地的文旅资源和公共服务产生了积极影响。

（一）丰富了城市旅游空间

泉州人均拥有博物馆数量和在地各博物馆展示体量相对于北京、上海、苏州、广州等博物馆建设水平较高的城市来说还有很大差距。大量散布在城市中的文化展示空间有效弥补了因博物馆发展水平滞后造成文化产品供给不足的问题。同时，由于这些空间与古城历史街区高度融合，成为游客重要的打卡点，极大地丰富了城市区域的旅游空间，提高了旅游文化内涵，助推了文化旅游产业的发展。由于文化空间数量较大且多散落在古城街巷中，为了让公众能及时了解到博物馆、各文化空间的位置和服务信息以及展览和活动资讯等，除相关公众号、新闻网站及时发布信息之外，泉州还推出了“刺桐博物馆之城”小程序，为公众观展和参加活动提供便利。

（二）完善了社会公共服务

城市文化空间与博物馆一样，具有社会服务的职能。一是为公众提供了优质的文化产品，营造了浓厚的城市文化氛围。这些空间采用博物馆式的展陈方式，大

多有较高质量的形式和内容设计，部分空间也开展社教活动和开发文创产品，为公众提供了较好的文化体验。二是提供了非线性、开放的教育场地。相对于馆舍型博物馆，各处的城市文化空间为公众提供了更有情境、体验感的历史文化教育、爱国主义教育的场所。三是成为旅游公共服务的重要补充，提高了旅游服务水平。泉州的城市文化空间大多配备了咨询、安保、讲解人员，提供了休憩和盥洗等基础设施，在多个公共服务领域发挥职能。

（三）塑造了城市文化形象

这些城市文化空间和城市博物馆都代表着城市文化的可视化符号，成为展示城市形象的重要窗口，一定程度上定义了泉州的城市形象。泉州在申遗过程中，对自身的文化特征和城市历史形象形成了相对清晰的认识和定位。因而在后续的历史遗产保护和联动规划时有较强的整体性和客观性。同时，充分发掘能彰显城市属性的叙事文本，包括历史事件、历史人物、民风民俗等。再通过城市空间展示，将城市变成了一种可参观的阅读对象，直接构建起公众对城市文化的内容识别和感知，形成对城市博物馆整体叙事的有效补充。部分空间还打造了自己的文化品牌，如“刺桐记忆”和“刺桐文脉”，围绕品牌内涵和定位，持续推出系列展览和活动，加强了公众对泉州文化的认同感。城市文化空间和城市博物馆共同形塑了泉州以海丝文化、闽南文化、侨乡文化、闽台文化为特征的历史名城形象，提升了海丝文化、闽南文化能见度和辨识度。

结　语

泉州通过小空间的展示，以“小而美”的展览，形成以点带面的城市历史文化空间，在文旅深度融合背景下，丰富了泉州博物馆体系，促进了博物馆与城市的有机融合，为城市留住历史文化根脉作出了重要贡献。泉州在充分发掘文化遗产作为叙事脚本、利用城市文化空间呈现城市形象，引入优质社会策展力量加强城市文化空间策展的尝试，为城市文化遗产的活化利用与可持续发展作出了宝贵实践。

建设“深圳古遗址博物馆”助力城市文化溯源和更新

段　萍①　深圳市中英街历史博物馆　广东深圳　518000

摘要：

深圳因为历史文献记载和出土文物鲜有人知晓，一直被认为是“文化沙漠”，6 000 多年的悠久历史被大众忽略。在深圳东部旅游胜地大梅沙遗址公园建设“深圳古遗址博物馆”，不仅能为游客提供舒适的文化休闲场所，还可通过大小梅沙和咸头岭等古遗址和文物的发掘向世人系统展示深圳的文化底蕴，为市民和游客了解史前文明、探索深圳历史文化起源、追溯古人遗迹提供便利。并且可以真实和完整地保护文物资源和传承文化基因，促进公共文化需求和旅游业的发展，助力深圳文化溯源和更新，助力深圳创建中国特色社会主义先行示范区，助力深圳乃至粤港澳大湾区在中国式现代化高质量发展的新时代走在前行、勇当尖兵。

关键词：

古遗址博物馆　文化遗存　文化溯源　文化更新　文旅融合

The Construction of “Shenzhen Ancient Heritage Sites Museum” and Tracing the Source and Renewal of Urban Culture

DUAN ping

Abstract:

Shenzhen has long been known as a “cultural desert” because of its historical records and unearthed cultural relics, and its long history of more than 6,000 years has been ignored by the public. The establishment of Shenzhen Ancient Ruins Museum in eastern Shenzhen can not only provide tourists with comfortable cultural leisure places, but can also show the world the culture of Shenzhen through the ancient sites and cultural relics and excavated cultural relics, making it convenient for citizens. It hope that the museum can really and completely protect cultural relics resources and inherit cultural genes, promote the development of public cultural demand and tourism, help Shenzhen culture back and update, help create first demonstration area of socialism with Chinese

---

① 段萍，深圳市中英街历史博物馆研究部主任、副研究馆员。DUANPING, Shenzhen ZhongYing Street History Museum.

characteristics in Shenzhen, help Shenzhen and even a large bay area of Guangdong in a new era of Chinese modern quality development, yong when vanguard.

Key words:
Ancient site museum　Cultural remains　Cultural traceability　Cultural renewal　Cultural and tourism integration

党的十八大以来，在增强文化自信自强、建设文化强国、建设中国式现代化和奋力实现中华民族伟大复兴中国梦的宏大背景下，党和国家将文博工作摆在治国理政的突出位置，习近平总书记对文博工作作出了一系列重要指示和论述："城市历史文化遗存是前人智慧的积淀，是城市内涵、品质、特色的重要标志。"加强文物资源保护和利用工作，"让文物活起来"，功在当代，利在千秋。深圳市不仅拥有世界瞩目的现代文明，还拥有丰厚的古代文化遗存，结合深圳市和盐田区文物资源实际情况，在盐田区大梅沙建立"深圳古遗址博物馆"意义重大。

一、深圳古代文物遗存

1980 年 8 月至 11 月，广东省博物馆文物工作队和深圳市文化局共同调查了蛇口工业区、南头、西乡公社、深圳市区、附城、福田、横冈、坪山公社、沙头角、盐田、葵涌、大鹏公社范围内的基建工地。发现了新石器时代中晚期的遗址七处，西周至春秋时期遗址三处。发掘了小梅沙、南头赤湾村、蛇口鹤地山三处遗址①，清理了多座战国至清代墓葬，收集了数百件出土文物。其中新石器时代文物遗存是深圳地区最具影响的考古发现。

新石器时代是考古学上的一个文化分期，指石器时代的最后一个阶段，开始于距今 1 万年前。它的文化特点是广泛使用经磨制加工的石器，并能制陶和纺织，人类已开始定居生活。新石器时代在我国辽阔的土地上已有大量文化遗址发现，达 7 000 余处，属于新石器时代的文化遗址主要有裴李岗文化遗址、河姆渡文化遗址、仰韶文化遗址、马家窑文化遗址、大汶口文化遗址、良渚文化遗址、龙山文化遗址等。

1956 年在深圳南头、西乡、松岗、沙头角、盐田一带曾发现十三处属于新石器

① 莫稚：《深圳考古重要发现》，《文物》1982 年第 7 期。

时代晚期几何印纹软陶的文化遗址与广东其他地区和香港发现的新石器时代晚期遗址所出的遗物基本相同，距今四五千年左右，约相当于中原地区的夏商时期或稍早。盐田区小梅沙海湾新石器时代中期遗址与广东南海西樵山新石器时代初期遗址所出的细石器十分相似①，具有一定的原始性，属于广东新石器时代中期的文化遗存。

深圳市大梅沙遗址是迄今为止广东省内发掘面积最大的沙丘遗址。遗址有新石器时代和青铜时代两个时代的遗存，但两者没有地层叠压关系而是分别存在于两个发掘区②。Ⅰ区新石器时代遗存虽然遗物不多，但仍能粗略地看出其文化特征。夹砂陶占绝大多数，夹砂为粗石英砂粒，烧制火候很低陶片易碎，颜色斑驳，手制加慢轮修整，口沿绳纹为主。碗豆类器素面，贝划纹和贝印纹较多，以圆底器为主等。陶器的总体特征都与深圳咸头岭遗址相同③。该遗址中复原的一件侈口尖圆底小罐和一件器座与咸头岭所出的形态完全一样，长条形石锛和梯形石锛与咸头岭的亦大致相同。以新石器时代珠江三角洲区域文化的分期为参照，可以推测大梅沙区新石器时代遗存与咸头岭遗址年代相当属新石器时代中期，距今约 6 000 年。Ⅱ区青铜时代遗址是以夔纹作为陶器主要纹饰的一种文化遗存。经与石峡遗址上文化层和深圳叠石山遗址比较，大梅沙遗址年代已与石峡遗址上文化层接近，且早于叠石山遗址，约为春秋晚期或战国早期。其主要意义是在沙丘遗址中发现了形制较清楚的青铜时代墓葬群，出土了一批青铜器和陶器，对研究广东青铜时代的年代系列、沙丘遗址的性质面貌以及夔纹陶的发展无疑都提供了宝贵的材料④。

大梅沙村遗址在 2000 年深圳市第二次文物普查时发现，又称黄竹园遗址，因区别于 1980 年发现的大梅沙遗址（Ⅰ区和Ⅱ区）而称“大梅沙村遗址”。面积接近 2 万平方米。2001 年深圳市博物馆、市文物管办和盐田区文管办等联合组成考古队，进行抢救性发掘。发掘面积共 1 262 平方米。第一层表土层，出土夹砂绳纹陶片、夔纹陶片。第二层春秋时期文化层，出土物有方格纹陶片、夔格凸块纹陶片、夔纹陶片和石锛等。第三层商时期文化层，出土物有菱格凸点纹陶片、叶脉纹陶片、夹砂绳纹陶片和陶器座及石锛、环等。此次发掘的遗址中，发现商时期灰坑 1 座、

① 莫稚：《深圳考古重要发现》，《文物》1982 年第 7 期。
② 叶杨：《广东深圳大梅沙遗址发掘报告》，《文物》1993 年第 11 期。
③ 深圳博物馆、中山大学人类学系：《深圳市大鹏咸头岭沙丘遗址发掘简报》，《文物》1990 年第 11 期。
④ 叶杨：《广东深圳大梅沙遗址发掘报告》，《文物》1993 年第 11 期。

墓葬11座，春秋时期墓葬5座。

咸头岭遗址位于深圳市东南部大鹏街道办事处咸头岭村，面积近30 000平方米。该遗址是1981年考古普查中发现的，深圳市博物馆于1985年、1989年、1997年和2004年分别在遗址的东南部、中部和北部进行过四次发掘。2006年2月至4月，深圳市文物考古鉴定所和深圳市博物馆又在遗址西北部进行了第五次发掘。前后五次发掘的总面积近2 300平方米。2006年在咸头岭遗址发掘的文化遗存主要包括新石器时代和商时期两个阶段。新石器时代的重要遗迹主要有灶、立石、建筑基址，以及大面积的红烧土面等。出土陶器以夹砂陶为主，主要器类包括釜、碗、支脚和器座；泥质陶多为白陶和彩陶，还有少量的磨光黑陶，器类有罐、杯、盘、豆、钵等。石器则有锛、拍、砧、石饼、砺石等。商时期的陶器也以夹砂陶为主，器类主要是折沿或盘口釜等，多饰粗绳纹，少量饰菱格纹；泥质陶多呈灰色和灰黑色，也有浅黄色和白色的，器类主要包括罐、钵、圜底大口尊和纺轮等，器外表饰有雷纹、菱格纹、曲折纹、重圈纹和方格纹等。石器种类有锛、镞、砺石等。①

根据咸头岭遗址、大小梅沙遗址出土的遗物可以得出深圳地区在新石器时代就有人居住，距今6 000多年前。商周时期其文化内涵与广东、福建一带的印纹硬陶文化有密切关系。东晋以后，直至明清，这里居住的人口越来越多，经济、文化越来越发达，受内地文化的影响也越来越大。明清墓中出土的江西景德镇瓷器和福建德化窑瓷器，证明当时深圳地区贸易业已十分发达。②

二、建设“深圳古遗址博物馆”的意义

改革开放40余年，深圳市经济飞速发展，成为物质极大丰富的国际大都市，深圳市博物馆事业亦取得长足发展。随着深圳在新时代新征程中的奋进步伐，建设“深圳古遗址博物馆”具有十分重要的意义。一是凸显深圳在考古探源事业上的重要贡献。文物考古工作揭示中华文明起源和发展脉络、彰显文化自信的重要作用愈加凸显。小梅沙出土的彩陶盘是深圳地区第一件史前时期文物，当时轰动了国内考古界。大梅沙遗址是迄今为止广东省内发掘面积最大的沙丘遗址，其主要意义是遗址分区存在新石器时代和青铜时代两个时代的遗存，发现了形制较清楚的

---

① 深圳市文物考古鉴定所、深圳博物馆：《广东深圳市咸头岭新石器时代遗址》，《考古》2007年第7期。

② 莫稚：《深圳考古重要发现》，《文物》1982年第7期。

青铜时代墓葬群，出土了一批青铜器，出土陶器比较单纯，对研究广东青铜时代的年代系列、沙丘遗址的性质面貌以及夔纹陶的发展，都提供了十分宝贵的材料。大梅沙村遗址的发掘，提示该遗址主要内涵为商代和春秋时期的文化遗存。咸头岭遗址新石器时代遗存是目前珠江三角洲地区新石器时代中期文化最具代表性的遗址，是珠江三角洲地区有准确测年的新石器时代最早遗物，为岭南史学考古及探索珠江三角洲地区古文化之源提供了重要线索①。深圳发展的40余年，也是深圳考古事业发展的40余年，通过建设“深圳古遗址博物馆”，将突显深圳在考古领域的积极耕耘和重要贡献。二是突显深圳深厚的文化底蕴。深圳一直被认为是文化沙漠，主要原因就是翔实清晰的历史文献记载和真实的出土文物鲜有人知晓，6 000多年的悠久历史被人忽略了。大小梅沙和咸头岭等遗址的发掘，不仅仅是为了获得惊世文物，而是通过理清这些遗址和文物背后的深圳文化起源、文明发展脉络，最大限度地解读深圳历史文化，弥补文献记载的缺失，还原因岁月流逝而流失的历史细节。深圳发展的40余年，也是深圳文化追根溯源的40余年，通过建设“深圳古遗址博物馆”，为研究当地的历史文化提供实物支撑，可以向世人系统地展示深圳的深厚文化底蕴，为市民和游客了解史前文明、探索深圳历史文化起源、追溯古人遗迹提供便利。三是突显深圳文博融入高质量发展大局的新时代担当。博物馆是保护和传承人类文明的重要场所，其发展质量和水平直接反映国家的综合实力，也是衡量一个国家和地区文化底蕴、居民生活质量及社会文明进步的重要标志。2024年1月16日，深圳市召开文化遗产保护传承座谈会，认真学习贯彻习近平文化思想，要求按照保护第一、传承优先的理念，构建文化遗产“大保护”格局，推动文物古迹、古老建筑等文化遗产的系统性保护，赓续弘扬城市文脉，推动中华优秀传统文化创造性转化、创新性发展，勇当新时代新文化的先锋，打造展示中华民族现代文明的重要窗口。深圳发展的40余年，也是深圳博物馆事业发展的40余年，建设“深圳古遗址博物馆”，将有利于真实性和完整性地保护文物资源和传承文化基因，促进公共文化需求和旅游业的发展，助力深圳创建中国特色社会主义先行示范区，助力深圳乃至粤港澳大湾区在中国式现代化高质量发展的新时代走在前行、勇当尖兵。

---

① 深圳市文物考古鉴定所、深圳博物馆：《广东深圳市咸头岭新石器时代遗址》，《考古》2007年第7期。

三、建设“深圳古遗址博物馆”的初步设想

遗址博物馆是指为保护遗址或展示发掘成果而在遗址上修建的博物馆，原址上设立博物馆是遗址博物馆的一贯做法，可以最大限度地保护遗址的真实性和完整性。1990 年，国际古迹遗址理事会颁布了《考古遗产保护与管理宪章》，认为向民众展示考古遗产是促进了解现代社会起源和发展的至关重要的方法，需要政府当局、学术、研究人员、公私企业以及一般民众的合作。“深圳古遗址博物馆”的建设立足文物和现实资源，专业化、高品质进行规划。

一是选址盐田区大梅沙。当前，深圳市正在大力推动建设全球海洋中心城市，盐田区亦正在推动建设全球海洋中心城市核心区，符合市区两级经济社会发展重点方向。大梅沙是深圳东部文旅重镇，大小梅沙、东部华侨城，甚至大鹏新区、香港等著名景区和地区连线成片，具有强劲的文旅融合发展综合区位优势。大小梅沙遗址、大梅沙村遗址等新石器时代及青铜时代古遗址出土文物丰富，具备有力的文物实物支撑，而且是距离海洋最近的遗址，博物馆建成后将是距离海洋最近的遗址博物馆。2023 年 12 月 27 日上午，深圳市市长覃伟中宣布地铁 8 号线二期开通运行，大梅沙地铁站无缝连接美丽的大梅沙沙滩和正在建设中的大梅沙古遗址公园，古老的文化遗存与现代的都市文明在此交融，为古遗址增添现代活力，为现代都市凸显文化厚度，形成了具有独特的文化场景。

二是列入市级投资建设重大场馆。目前，深圳新十大文化设施建设如火如荼，而盐田区作为深圳市原有特区的四个行政区之一，尚无一处市级重点场馆，列入市级投资建设的市级重大场馆，在市局专业指导和统筹协调下，可采取市投市建或市投区建等模式，建成后由盐田区负责管理和运营，以此弥补深圳市重点场馆和博物馆行业发展失衡以及文物资源保护利用不充分的问题。

三是建立文物资源库。深圳新石器时代及商周时期的遗址发掘、保护及出土文物保管等历程长达 40 多年，各阶段参与工作的专业队伍不同，特别是各阶段出土文物实行分散保管，导致文物底数、保存状况、利用价值不清，应在市级层面统筹建立深圳新石器时代及青铜时代出土文物资源库，为进一步推动保护、研究和活化利用工作提供基础保障。

四是把握好建馆原则。依据文化遗产保护原则：① 真实性保护原则。遗址博

物馆在建设过程中，应对考古遗址出土文物及遗址本体原址保护，不迁移且将其原有面貌真实完整地保留下来。② 完整性保护原则。树立“保护第一”的建设理念，加强遗址本体完整性保护，发挥遗址的永久价值，有序合理地开发利用。③ 可持续性保护原则。结合遗址保护和公众文化实际需求，动态调整保护与展示方式。五是高质量统筹推进可行性研究、设计和建设。① 组织专业团队。博物馆建设是一项专业性、政策性很强的工程，应适时组建涉及研究、规划、设计、建设、法制等人员组成的专业团队。② 推进可行性研究。利用专业团队协同推进项目建设可行性研究，为进一步开展设计和建设落地提供可靠保障。③ 打造精品场馆建筑。专业化分区管理，将考古遗址保护与展示范围合理划分为核心区、建设区与保护区，其中核心区指考古遗址重要发掘、出土地区，建设区指整个考古遗址周边地区，保护区指考古遗址可以回填的边缘地区。建设地标式精品场馆建筑，突显深圳新石器时代及青铜时代古遗址的特色和文化内涵，突显传统与现代的结合，使建筑外观艺术景观化。④ 策划精品陈列展览。统筹全市新石器时代出土文物藏品，协调粤港澳地区同类型出土文物藏品，结合考古遗址展示，策划举办高水平的“深圳新石器时代及青铜时代出土文物精品陈列”和“粤港澳大湾区新石器时代及青铜时代出土文物精品陈列”。⑤ 突显文旅融合发展。丰富文旅功能和产品，设计剧场、阅读、餐饮等多功能品牌休闲文化空间，设置模拟考古、文物保护、文物修复、新石器时代及青铜时代探秘等互动体验项目，开发新石器时代及青铜时代古遗址和博物馆联名精品主题酒店等。通过上述举措，力争将深圳新石器时代及青铜时代古遗址博物馆打造成为深圳乃至粤港澳地区新的热门文旅景点和网红打卡点，助力深圳文化溯源和文化更新，为深圳和粤港澳大湾区经济社会和文化事业繁荣发展注入新活力。

结　语

改革开放40余年，深圳成为物质极大丰富的国际大都市，博物馆事业取得长足发展。深圳发展的40余年，也是深圳考古事业发展的40余年，通过建设“深圳古遗址博物馆”，将凸显深圳在考古领域的积极耕耘和重要贡献，凸显深圳具有的深厚文化底蕴。深圳发展的40余年，也是深圳文化追根溯源的40余年，通过建设“深圳古遗址博物馆”，为文化传承和研究当地的历史文化提供实物支撑，将向世人系统地展示深圳史前文化遗存的深厚文化底蕴,为市民和游客了解史前文明、探索深圳历史文化起源、追溯古人遗迹提供便利。深圳发展的 40 余年,更是深圳博物馆事业发展的 40 余年,建设“深圳古遗址博物馆”,将有利于真实性和完整性地保护文物资源和传承文化基因,促进公共文化需求和旅游业的发展,助力深圳创建中国特色社会主义先行示范区,助力深圳乃至粤港澳大湾区在中国式现代化高质量发展的新时代走在前行、勇当尖兵。

阳江海丝名城建设中“南海Ⅰ号”博物馆发展规划的探索

田国敏[①]　广东海上丝绸之路博物馆　广东阳江　529500

摘要：

历史上，阳江曾是汉代、两晋、南北朝高凉郡治和隋时冼夫人治所。唐宋以来，阳江成为海上丝绸之路南海的重要中转站和补给港。“南海Ⅰ号”博物馆在带动阳江文化旅游上，发挥着重要作用。近年来，阳江市正打造“海丝名城”，本文主要探索“南海Ⅰ号”博物馆如何发展规划，助力阳江海丝名城建设。

关键词：

阳江　南海Ⅰ号　丝绸之路

Thoughts on the Integrated Development of Nanhai No.1 Museum in the Construction of Yangjiang Maritime Silk Road City

TIAN Guomin

Abstract:

Historically, Yangjiang was the county seat of Han Dynasty, Western Jin and Eastern Jin Dynasties and ancient Gao Liang of the Northern and Southern Dynasties as well as the shogunate of Madam Xian during the Sui Dynasty. Since the Tang and Song Dynasties, Yangjiang has become an important transit point and supply port of the Maritime Silk Road in the South China Sea. Nanhai No. 1 museum plays an important role in driving Yangjiang cultural tourism. In recent years, Yangjiang has been building the “Maritime Silk Road city”. This paper mainly discusses how to develop the Nanhai I museum to help Yangjiang build a Maritime Silk Road city.

Key words:

Yangjiang　Nanhai I　Silk Road

“南海Ⅰ号”是宋代远洋贸易商船，沉没于阳江海域，经2017年整体打捞后，进驻南海Ⅰ号博物馆“水晶宫”。“南海Ⅰ号”博物馆是一座展示宋代海上丝绸之路历

① 田国敏，广东海上丝绸之路博物馆馆员。TIAN Guomin, Maritime Silk Road Museum of Guangdong.

史的水下考古专题博物馆，是粤西地区唯一的国家一级博物馆兼国家5A级旅游景区。

一、“南海Ⅰ号”的文化价值、历史和现实意义

“南海Ⅰ号”作为考古遗址，其历史价值是世人公认的，但它的文化价值仍需要结合当下，作新的阐释，服务现代社会。馆长冯兆发将“南海Ⅰ号”定义为文化自信自强的推进器、东西方文明互鉴、文化交融的使者及万众瞩目惊世“起浮”的“福船”，它展现了先民开放、包容、多元的性格和可信可爱可敬的中国形象，更是中华民族向海而生、绵延千年、历久弥新的精神图腾。馆长把“南海Ⅰ号”提高到政治、文化层面来阐释它，这较历史价值来说，更贴近当下社会人们的心理需求和大国复兴的时代需求。

“南海Ⅰ号”的历史意义在于它见证了宋代海上丝绸之路，所载船货反映了12世纪中晚期，南宋中国来样加工的生产模式。各窑口协同生产的外销瓷，经内河、海港、远洋海船联动运输至东南亚诸国，再经三佛齐、佛罗安转运去大食国。“南海Ⅰ号”和从东南亚运载香料返回宋地的泉州湾宋代海船共同反映了互通有无、双向循环的海洋商贸模式。

“南海Ⅰ号”的现实意义则是它展现了海洋商贸模式对当今经济、社会和国际关系发展有着借鉴作用，并为当今国内国际双循环相互促进的新发展格局、建设21世纪海上丝绸之路提供了历史依据、经验和智慧。南宋先民一心向海、联通世界的努力是当今我们开拓21世纪海上丝绸之路的文化自信和动力源泉。

“南海Ⅰ号”见证了历史上的海上丝绸之路，展现了国家倡议的“和平合作、开放包容、互学互鉴、互利共赢”的丝绸之路精神。“南海Ⅰ号”——昔日的贸易商船，今天的文化方舟，其“整体打捞”等保护发掘方式为世界水下文化遗产保护提供了中国方案。“南海Ⅰ号”的对外文化交流为海丝沿线国家和地区的民心相通提供了桥梁纽带，如“南海Ⅰ号”出水文物曾在沙特阿拉伯、德国、意大利、日本等国巡回展出；又如阳江市和印度尼西亚井里汶缔结友好城市，马六甲博物馆和“南海Ⅰ号”博物馆互借展览。“南海Ⅰ号”的社会教育活动为提升中华民族文化自信提供了力量源泉。

二、阳江海上丝绸之路文化名城建设中“南海Ⅰ号”博物馆的发展规划

“南海Ⅰ号”博物馆在阳江海上丝绸之路文化名城建设中，一直发挥着桥头堡作用。在文旅商融合、数字经济时代背景下，“南海Ⅰ号”博物馆怎样作为才能继续引领城市文化建设，是值得探讨的问题。

(一)“南海Ⅰ号”沉船等是阳江重要的宋代文化资源，用宋代文化点亮现代阳江，打造传统与现代交相辉映的新阳江

宋代文化是阳江重要的历史文化资源，有着“南海Ⅰ号”南宋沉船、阳江学宫、北山石塔、太傅张世杰墓、缸瓮埇宋代窑址等一批丰厚的宋代文化遗产，蕴含着丰富的人文历史价值。宋代文化在阳江文化发展史上占据着十分重要的地位。一是张世杰坚定的爱国主义精神，构成了阳江文化的精神内核，对阳江优秀历史文化的演进和阳江精神的形成产生了深远的影响。二是重商主义，宋代是商品经济高度发达的时代，重视海外贸易和手工业、商业。当代阳江的发展同样离不开工商业，阳江人重视工商，在海工装备、绿色储能、五金制品、食品加工、冷链物流等多个行业领域正努力打造商业品牌。

深入挖掘、整理阳江南宋文化，推进南宋文化遗产的创造性转化、创新性发展，大力弘扬面对困难和挫折不屈不挠的精神，为推动阳江综合实力实现新跃升提供强大的精神动力。

(二)用“南海Ⅰ号”船载文物，以古带今述说当今阳江风物，助力阳江城市建设

阳江是珠三角与粤西地区的交通走廊，也是古代海上丝绸之路主航线上重要的中转补给港。作为海上丝绸之路重要节点城市，海上丝绸之路文化是阳江的重要文化特征，应深入挖掘“南海Ⅰ号”古沉船的历史文化价值和阳江海上丝绸之路物产资源的结合点。

“南海Ⅰ号”是宋代使用风帆动力的远洋商船，船帆借用风力航行，可以横跨万里；阳江大力发展海工装备和海上风电，两者在借用风能上具有结合点，可以将古代风帆动力木船的利用，延伸到阳江海上风力发电上，演绎古人和今人对清洁能源的持续探索和利用，擦亮阳江“绿能之都”名片。

“南海Ⅰ号”出土了酿酒用的“玉液春”“酒墱”等四系酱釉瓮罐、“糟姜”木货牌、腌制鸭蛋和果品蜜饯，这些都是反映宋代海船酿造、腌制食物的文物。今时，阳江盛产砂仁、益智、仁面果等果品蜜饯和海鸭蛋，阳江三宝之一豆豉是豆类在大瓮罐中发酵出的食品，厨邦、海天味业等一批调味品企业落户阳江。如此看，宋代“南海Ⅰ号”文物和当今阳江的食品业就有了关联性，可以书写古人和今人对于食品、调味品加工的传奇，擦亮阳江“中国调味品之都”的名片。

“南海Ⅰ号”出土了宋代精美的剔犀漆器。而阳江三宝之一便是阳江漆器，并建有阳江漆艺院，诗人田汉为阳江漆器赋诗：静女心如发，名师手有神，阳江珠漆好，留得岭南春。这样看，宋代“南海Ⅰ号”文物和当今阳江漆艺便有了关系，将二者对比宣传，传承漆艺等非物质文化遗产，擦亮阳江“广东省漆艺之乡”的城市名片。

“南海Ⅰ号”装载了宋代铁刀、铁锅等百余吨的金属类文物，阳江的冶金铸造业可以追溯到辖区的东汉阳春石菉冶铜、南汉铁屎迳铅钱铸造。如今阳江拥有众多五金刀剪企业，并涌现出“十八子”等一批知名刀剪品牌，此外广东广青金属科技有限公司、广东甬金金属科技有限公司等大型不锈钢生产企业也进驻阳江。借古船铁器外贸讲今日的阳江钢铁、五金刀剪工业发展，擦亮阳江“中国刀剪之都”的名片，推介阳江规模上企业。

“南海Ⅰ号”最大宗的船货是瓷器。传说“先有阳江石湾，后有佛山石湾”，至今阳江有石湾路，宋代石湾窑窑址在城市建筑下。南宋时，南恩州已形成众多瓷窑，除上述石湾窑，阳东区大八镇、阳春岗美瓦窑岭、陵环岭有瓷窑 20 余座。这些瓷窑分布在阳江城北郊即漠阳江下游河畔，因这一带有丰富瓷土。同时窑址靠近漠阳江主航道和石觉头、北津等港口，方便海运外销。南宋中期以后，阳江瓷得到快速发展，产品通过南海丝路大量外销。据历史记载，隆兴年间（1163—1164），阳江瓷每年出口交纳给市舶司的税收达 2 万贯以上，当时阳江陶瓷的庞大生产规模可见一斑。目前阳江普查发现宋代窑址有那洋村窑址、瓦窑头窑址、缸瓮埇窑址、蛤山窑址等。从“南海Ⅰ号”瓷器带出宋代阳江陶瓷外销也是海丝名城宣传的亮点之一。

综上，在做好文物保护的前提下，文化和旅游融合发展是“南海Ⅰ号”博物馆的主要目标。以“南海Ⅰ号”文化搭台，助力阳江全域各类经济、社会、文化发展亦是南海Ⅰ号博物馆的目标之一，“南海Ⅰ号”博物馆将在基本陈列中，以“大通史、小专题”的形式，打造“海上敦煌在阳江”板块，向社会公众推介阳江，宣传阳江。

（三）海陵岛海上丝绸之路文化博览园，仿古船灯光秀和博物馆小剧场，开放夜间博物馆，营造节日、活动和网红打卡地

阳江海丝名城的建设离不开“南海Ⅰ号”博物馆，“南海Ⅰ号”博物馆的发展需要以馆的外围建设来带动博物馆。笔者走访三星堆博物馆、金沙遗址博物馆发现，以园林外景和博物馆建筑相结合的场馆给人的体验是最佳的。目前“南海Ⅰ号”博物馆和大角湾景区联合打造海陵岛大角湾海上丝路旅游区，是国家5A级景区，但景区内园林、山体、海湾建设较弱，以景区建设、全域旅游反哺“南海Ⅰ号”博物馆是大势所趋，阳江市人民政府将在海陵岛打造海上丝绸之路文化博览园，整合岛内所有旅游资源，向社会公众宣传海上丝绸之路文化。一个地方的特色是吸引游客前来参观的主要因素，海上丝绸之路文化便是海陵岛区别于诸多海岛游的特色所在。

未来，“南海Ⅰ号”博物馆南面沙滩水围堰、1∶1“南海Ⅰ号”仿古船打造灯光秀和博物馆小剧场，演绎千年海上丝绸之路上的故事；博物馆旁的广东省水下文化遗产保护中心将营造沉浸式体验厅，用数字技术呈现“南海Ⅰ号”出港、远航、遭遇风暴、沉睡海底、苏醒和新生的故事，介绍“南海Ⅰ号”呈现的南宋制瓷、冶金、造船等工艺史，讲述俞伟超与中国水下考古的历史。游客从广东省水下文化遗产保护中心北面车站，乘坐小火车翻过“南海Ⅰ号”博物馆北面的山坡，前往天麓山海，观赏无海景；将海陵山峦和全息投影技术结合，尝试开发人文山体灯光秀。

配合南面沙滩水池和“南海Ⅰ号”仿古船灯光秀景观，博物馆小剧场可以讲述宏大的海上丝绸之路的故事，如陆上丝绸之路因金宋对峙受阻，南宋阿拉伯商人乘坐“南海Ⅰ号”，前往东南亚诸国贩卖货物；也可以从小切口，从古典小说中获取灵感，演绎南宋海商故事：转运汉巧遇洞庭红，波斯胡指破鼍龙壳。在剧情影响下，观众更想亲身感受“南海Ⅰ号”，所以博物馆夜间向社会公众开放，将更具吸引力。

营造节日活动和网红打卡地是博物馆常用营销手段。“南海Ⅰ号”博物馆可以举办航海节、南宋文化节、“南海Ⅰ号”打捞纪念日等主题的节日活动，汇聚游客，开展社会教育活动。在网红打卡地上，“南海Ⅰ号”博物馆筑起了《船语》雕塑，船语场景由船体、船员、海浪雕塑和风帆阵场景以及明月浮雕等部件构成。在明月的柔光里，船员勇立潮头，昂首挺胸，目光坚定，向海而生，一往无前，手持量天尺利用天上的星斗为船只指引前进的方向。场景与博物馆空间建筑相契合，整体气势恢宏，深刻、生动讲述海丝文化故事，反映“南海Ⅰ号”所蕴含的船语精神：横跨万里的梦

想、潜龙在渊的信念、从头再来的勇气、穿越时光的惊艳、走向复兴的辉煌。通过船语主题场景，展现“南海Ⅰ号”作为中国水下考古发祥地的中国特色、中国风格、中国气派。让“南海Ⅰ号”成为海上丝绸之路的精神图腾，给人们带来启迪和力量。

（四）开发新的文化产业模式，“南海Ⅰ号”文物数据的开发和经营

“南海Ⅰ号”博物馆推出的数字藏品，是数字经济的一种；数字经济的应用场景远不止于此，以“南海Ⅰ号”出水文物元素提取、数据确权、以数字交易所为中介，授权广大企业文物纹样等数据的使用，开发和经营“南海Ⅰ号”文物纹样的产品。博物馆获取授权费用是一条新的文化产业发展模式，文物元素的授权、文创产品开发和售卖将是一种新质生产力，是文化滋养经济实体，经济营收反哺文化机构的闭环模式。

结　　语

阳江利用“南海Ⅰ号”文化资源，打造“海丝名城”，整合阳江文化，凸显城市特色，为打破“千城一面”的困局，提出了自己的城市发展方案。“南海Ⅰ号”博物馆是阳江海丝名城建设的排头兵，将深挖宋代文化，以“南海Ⅰ号”宣传带出阳江海丝风物配合文旅商融合发展，融入数字经济、助力景区建设，为阳江海丝名城建设贡献力量。

文旅融合背景下博物馆如何融入全域旅游建设

吴东珩① 浦东新区文物保护管理所 上海 200136

摘要：

文旅融合大背景下，博物馆成为全域旅游的重要服务窗口，吸引游客近悦远来。如何使博物馆更好地融入全域旅游的建设中，是摆在文博工作者面前全新的挑战和机遇。通过对全域旅游概念的挖掘梳理，结合博物馆自身特性和发展趋势，以期在文旅融合的大背景下，找到博物馆工作存在的不足，尝试提出发展的策略建议，使博物馆这一重要的文化载体焕发新的生机和活力。

关键词：

文旅融合　博物馆　全域旅游

How Museums Integrate into the Building of All-for-one Tourism Under the Background of Cultural and Tourism Integration

WU Dongheng

Abstract:

In the context of cultural and tourism integration, museums have also become an important service window for all-for-one tourism, attracting tourists to come from afar. How to better integrate museums into the construction of all-for-one tourism is a new challenge and opportunity for cultural and museum workers. Through the exploration and sorting of the concept of all-for-one tourism, combined with the characteristics and development trends of museums themselves, the aim is to identify the shortcomings of museums in the context of cultural and tourism integration, and attempt to propose development strategies and suggestions, so as to revitalize museums as an important cultural carrier.

Key words:

Integration of culture and tourism　Museum　All-for-one tourism

---

① 吴东珩，浦东新区文物保护管理所副研究馆员。WU Dongheng, Pudong New Area Cultural Relics Protection and Management Institute.

2018 年 3 月，国务院办公厅发布《关于促进全域旅游发展的指导意见》，明确要求推动文化旅游融合发展，推动科学利用博物馆等文化场所开展文化、文物旅游，推动旅游与科技、教育、文化、卫生、体育融合发展。同年 10 月，中共中央办公厅、国务院办公厅印发的《关于加强文物保护利用改革的若干意见》，要求“促进文物旅游融合发展，推介文物领域研学旅行、体验旅游、休闲旅游项目和精品旅游线路”。① 由此，文化旅游迎来了重要的发展节点。文旅融合背景下全域旅游的发展方向给博物馆事业的未来带来了全新的挑战和机遇。

当下的博物馆如何成为文旅融合背景下全域旅游的重要阵地，任重道远。博物馆作为文化旅游的目的地，通过自身不断地完善和提升，在全域旅游的框架中必将成为不可或缺的独特角色和重要载体。

一、全域旅游理论的提出

早在 2016 年全国旅游工作会议的《从景点旅游走向全域旅游，努力开创我国“十三五”旅游发展新局面》工作报告中就指出：“全域旅游是指一定区域内，以旅游业为优势产业，以旅游业带动促进经济社会发展的一种新的区域发展理念和模式。”

所谓全域旅游，是在文旅融合大背景下产生的，是指在一定区域内，以旅游业为优势产业，通过对区域内经济社会资源尤其是旅游资源、相关产业、生态环境、公共服务、体制机制、政策法规、文明素质等进行全方位、系统化地优化提升，实现区域资源有机整合、产业融合发展、社会共建共享，以旅游业带动和促进经济社会协调发展的一种新的区域协调发展理念和模式。②

全域旅游强调把整个区域作为旅游区进行打造，把全域作为旅游发展的载体和平台，使旅游成为常态化生活方式；从全要素、全行业、全过程、全方位、全时空等角度推进旅游产业发展，实现旅游景观全域优化、旅游服务全域配套、旅游治理全域覆盖、旅游产业全域联动和旅游成果全民共享。它是国家倡导的旅游发展新理

---

① 中共中央办公厅、国务院办公厅：《关于加强文物保护利用改革的若干意见》，《中华人民共和国国务院公报》2018 年第 30 期。

② 伍策、楠雪：《上海公布首批 16 个全域旅游特色示范区名单》，2020 年 5 月 13 日，http://travel.china.com.cn/txt/2020-05/13/content_76038248.html。

念，目的是实现全域资源、全业融合、全景打造、全民参与，改变城市生产、生活与文旅休闲空间互相隔离、脱节的现状。①

更通俗点讲，全域旅游概念提倡的是无景点旅游，万物皆可游，从当地文化民俗切入，深入当地居民生活的模式。全域旅游的受众不仅仅是游客，也服务于本地居民，这正好应和了加快实施和推进文旅融合“宜融则融、能融尽融”的总体思路，形成“处处是景、时时见景”的全域旅游风貌。

全域旅游要做的是全景空间，可以是一座没有围墙的博物馆，或是一处不设门票的景区。从产业融合的角度来说，整合各行各业，调动全民参与，形成充满生机活力的文旅融合新业态。

二、博物馆是全域旅游的重要组成部分

博物馆讲述着城市的过去，展示着城市的现在，勾勒着城市的未来，是了解城市历史文化的最佳场所。不仅如此，博物馆在一个城市中往往都是标志性的公共文化建筑，越来越多的游客选择博物馆作为游览一个城市的首选场所，由此带动或促进了所在地经济的发展。②

根据《2023 年上海市博物馆年度报告》，2023 年上海全市博物馆接待观众总量为 3 099.1 万人次，其中本地观众 1 483.4 万，占观众总量的 47.9%，由此说明，超过半数的观众是非本地居民，显然，旅游者占了很大比重。

那么博物馆作为历史文化展示的重要窗口，是全域旅游推广发展中不可或缺的重要组成部分，是浓缩了区域历史文化、民风民俗的展现载体和平台，成为全域旅游中“学”的基地，“闲”的所在，是寓教于乐的经典承载。

（一）文旅融合发展的可行性

博物馆作为全域旅游的重要组成部分，前提是文旅融合发展具有极为适度的可行性，其表现在博物馆的高资产通用性和旅游业的无边界性上。

第一，博物馆对旅游业的资产通用性较高，意味着博物馆的资源与服务不经改变或稍加改变即可服务于旅游业的发展，这正是博物馆与旅游业深入融合的基础之所在。

---

① 冯学钢、吴丹丹、梁茹：《城市规划和微更新与上海全域旅游发展》，《科学发展》2022 年第 166 期。

② 钱兆悦：《文旅融合下的博物馆公众服务：新理念、新方法》，《东南文化》2018 年第 3 期。

近年来,博物馆不再是一个单纯静态的陈列场所,而是从体验的终端性、差异性、知识性、参与性和补偿性几个特质出发,策划相应的商品或服务,给浏览者感性的力量、愉悦的记忆。①

越来越多的展览、配套活动相互联动,产生一加一大于二的集聚效应,展览本身就是重要的旅游吸引物,无论从了解当地的历史文化还是满足游客的多元化需求,展览和相关配套活动都可以直接服务于旅游业。配合节庆活动、讲座、体验活动等系列社教形式,也是文旅融合的高通用性。

另外,不少文博场馆建筑本身也是旅游的热点,上海有名的一尺花园依托一些文保建筑,提供游客休憩、赏玩的文化空间,是文旅融合的经典模板。

第二,旅游业是典型的无边界产业,其产业资源、产业要素、产业运营围绕不断变化的需求进行动态组合,从而为博物馆与旅游业的融合发展提供了更多的现实可能性。②

全域旅游正是建立在旅游业边界不断延伸的基础之上。围绕受众动态变化的需求,文旅行业灵活动态调整服务宣传内容,满足当前急迫的市场需求,从而既拓展了旅游业的外延,也丰富了文博行业的延展性和多元性。

上海博物馆东馆一经落地浦东新区,就推出了“星耀中国——三星堆文物展”,预约名额供不应求,成为浦东乃至上海旅行必游打卡点。闵行博物馆推出的“海昏侯墓葬展”同样成为上海当下热门的文化地标。两者都是迎合如今的文化热点,通过对近几年重大考古发掘的珍贵文物作为展览展陈的亮点,符合大众对精神文化的迫切需求,是文博旅游热火朝天的缩影。

(二)文旅融合发展的模式

从融合视角来看,基于文旅融合的可行性,在博物馆和旅游业的深度融合过程中,往往不是孤立的,而是多路径共同推进。可分为三种融合模式。③

一是延伸型。打破原有的业务和运营边界,使得彼此边界交叉,从而实现功能互补,增强各自的竞争力。由于博物馆的资产高通用性,延伸型模式在文旅融合中较为常见,因为相对便捷,投入少,见效快。

具有明显文化属性 IP 的博物馆在文创领域往往颇具优势,把博物馆的展线最

① 杨颖、王琴:《以融合视角看博物馆旅游的发展创新》,《经济研究导刊》2019 年第 14 期。

② 刘阳:《博物馆与旅游业融合发展:机理、动力与路径》,《博物馆管理》2019 年第 1 期。

③ 刘阳、祖双喜:《天津地区博物馆与旅游业融合发展模式研究》,《中国博物馆》2021 年第 2 期。

后一站留给文创商店，不仅促进消费进入文博领域，也是给游客加深浏览记忆的方式，“文创商店是博物馆的最后一个展厅”。

另一种延伸型则是博物馆走入旅游业，比如在浦东国际机场 T2 航站楼 90 号登机口附近候机厅举办和上海本土历史文化相关的临展，包括“东风西渐——上海市历史博物馆馆藏欧洲瓷器展”“瓶海扬帆——上海中国航海博物馆藏瓶中船”、上海汽车博物馆“悦行之路”、上海玻璃博物馆“天才玻璃梦想家巡展”等，每年吸引观众百万人次，给游客带去更为便捷灵活的参观体验。

二是重组型。在解构博物馆和旅游业原有价值链的基础上，通过对各要素的重新组合形成新的价值链，进而构建出新的博物馆旅游产品。

这适用于文化品牌效应的打造和建设。比如由浦东新区区委宣传部(区文体旅游局)创设的“红色巴士”品牌，推出全域旅游打卡旅游线路，涵盖多个文博场馆，浦东开发陈列馆作为该线路的起点，也是浦东改革开放的起点，途经上海吴昌硕纪念馆、震旦博物馆、交通银行博物馆、上海观复博物馆等，贯穿整个滨江沿线。

三是渗透型。博物馆与旅游业相互向对方进行全面渗透融合，使得二者的价值链完全融为一体，进而创造出新的博物馆旅游业态。

川沙古镇就是这样一个典型的旅游开发综合体。毗邻浦东国际机场、迪士尼度假区，通过多年培育，根据《川沙历史文化名镇保护规划》和《川沙历史文化风貌保护区风貌保护设计导则》，统一规划、分步骤、分阶段地有序推进，如今川沙古镇这个“浦东历史文化之根”已经成为大众休闲、娱乐、文化体验的好去处，形成了全域旅游环线。

徐汇区衡山路复兴路历史文化风貌区内共有历史风貌道路 31 条、优秀历史建筑 232 处、保留历史建筑和一般历史建筑约 5 000 处，是上海海派文化的发源地和承载区之一。其中，宋庆龄故居推出宋庆龄的“朋友圈”线上互动游戏，把徐汇区众多优秀历史建筑、文化场馆串联起来，形成一条建筑可阅读的旅游线路，通过“互联网 + 旅游”引爆红色旅游热。

通过文博场馆，形成贯穿全域的文旅新空间新场景，精细化治理全域旅游生态环境和公共服务设施环境，实现全域旅游更高质量的发展。

文旅融合的可行性及已有发展模式都有效印证了全域旅游中博物馆的重要存在。通过博物馆在全域旅游中的全程参与，提升旅游的历史积淀和文化代入，更好地促使全域旅游的完整性和时空性，更立体、多维呈现区域旅游资源和特色，对博物馆本身也具有反哺作用，形成双赢的文旅新业态。

三、如何更好地促使博物馆融入全域旅游的建设中

文旅融合的大背景下，博物馆被赋予更多的外延和驱动力，如何加强文博场馆深层次融入全域旅游的建设中，为游客提供全方位、多层次、个性化的旅游体验，可从以下几点着手完善推进。

（一）服务融合：提升博物馆旅游服务水平，提供高质量公共服务

以需求为导向，推动博物馆公共服务体系的建立和发展，不仅有利于增强博物馆本身的造血功能，也是文旅融合的集中体现，现在不少博物馆同样也是星级旅游景区，对标星级旅游景点来提升自身的公共服务水平，形成文旅的双赢局面。

改变原有的文博场馆参观服务观念，推出更多的创新服务项目也是题中要义。比如浦东近年来定期推出的建筑可阅读活动，广受好评。陆家嘴线路涵盖上海市文物保护单位吴昌硕纪念馆、浦东新区不可移动文保点浦东开发陈列馆等，建筑本身就是故事，融合了浦东历史的沧桑巨变，抚今思昔的游览体验更能感同身受。并结合文旅在地性特征，开发了川沙古镇线、高桥古镇线、新场古镇线、南汇古城墙线路等。

另一方面，从细节入手，改变原有的标识体系，拓展博物馆本身或馆藏文物的故事性和亮点，也是提炼服务高效性的方式。徐汇区徐汇源景区的标识体系媲美发达国家的旅游地标，通过图文形式的立牌，让旅行者清晰定位周边资源，完成区域内无景点旅游方式的打卡和参观。

（二）营销融合：完善文化营销理念，注重新媒体的宣传利用

注重对博物馆官方平台的维护和更新，是有利于教育宣传的。有数据表明，长期固定更新官方公众号或者微博平台，更容易增加粉丝量，也能更好维护已有的固定受众，即便一张博物馆的近照或者一件馆藏文物的图文介绍，也有吸纳新受众的作用。

贯彻以需求为导向，以人为本的指导思想，通过对旅游者的分众分析，利用新媒体平台，能更好地诠释全域旅游服务的多层次和全面化。不同年龄层、职业等因素对区域旅游充满不同的需求，合理、精细化地分众引导，提供不同的宣传和推广方式，从而提升营销水平，更有利于博物馆增强服务意识、吸收潜在受众的需求。

当前我国博物馆观众中绝大多数是非经常性观众。[①] 通过细化分众，探索不同的营销策略，推出各具特色的营销形式，赢得更多“反复前来”的“经常性观众”，有效提升观众的参与度和体验感。通过营销融合，让受众对博物馆形成长期关注和深度参与。

比如，上海博物馆、上海观复博物馆、龙华烈士纪念馆的微信公众号在2023年访问量位列全市前三，这些场馆均结合相关展览或特色社教活动，推出符合各年龄段的宣传推文，吸引不同年龄层的观众加深记忆，以达到反复前往的效果。

（三）资源融合：打破传统的文博资源观，形成文旅资源互惠共享

博物馆的资源顾名思义是其藏品本身。传统的文博资源观常常将文物藏品束之高阁沉睡在库房，或在展柜中定期展览展示。如今，越来越多元化的资源融合被看见，依托博物馆而存在的藏品、展览、配套活动、文创IP等资源，都构成旅游吸引物，不断拓展其内涵与外延，发掘其巨大而深远的市场潜力。

反之，深度文旅融合的背景下，博物馆的资源也不仅仅局限在藏品文物。“过程、空间、人”[②]都是博物馆展示的重要内容，无形和有形的文化遗产都丰富着博物馆的展示资源。

博物馆资源的形式多样性和博物馆资源本身的延展性对文旅资源相互转化与融合起到至关重要的作用。

上海观复博物馆今年国际博物馆日期间推出了“‘喵’趣横生——观复猫钻进古画游雅集”的展览。通过将观复猫这一IP融入中国古代书画作品中的二创方式，形成受众更为喜闻乐见的表达方式。博物馆资源的活化和衍生也是丰富文旅形式融合的趋势所在。

（四）功能融合：拓展博物馆服务功能，推进文旅行业的渗透互动

收藏、研究、展示是博物馆的基本功能，在文旅融合的新背景下，博物馆也应在功能融合上下功夫。在休闲娱乐、交通、餐饮、购物等方面做出新的尝试，以此满足游客多样化需求。

一些博物馆开设的文创商店，成为博物馆的最后一个展厅，参观者在看完展览本身，还能驻足文创商店带走与展览联动的文创商品，反过来也对文博展览起到了

---

① 周婧景、林咏能、郑晶等：《略论博物馆的“经常性观众”——基于三家博物馆的实证研究》，《自然科学博物馆研究》2021年第1期。

② 龚良：《藏品范畴与博物馆多样性的实现》，《文博学刊》2018年第1期。

加深印象的作用。同样展馆内的咖啡馆、餐厅等推出的与展览相关的饮食，也有异曲同工之妙。

比如一大会址纪念馆的文创产品与上海一些老字号合作，推出大白兔奶糖的一大会址特别版礼盒；上海博物馆与凯悦酒店集团合作打造的第一家文创咖啡体验店——"博观悦取"，从馆藏文物中获取灵感，将青花瓷、缂丝花鸟、顾绣花卉虫鱼等元素融入饮食，推出"大克鼎"栗子蛋糕、"青铜球"乐口福、"青花瓷"抹茶慕斯等；中国航海博物馆主打的中海博三色雪糕，其造型选取了中海博建筑及福船造型，也颇受参观者喜爱。

功能的融合和延展，有效提升了文旅的融合度，反之，文旅的不断融合，也催生了博物馆必须把自己的功能外围逐步拓展。随着人们对知性和审美效应的注重，能挖掘出更为广阔的文化多样性和旅游驱动力，形成文旅融合发展的良性循环。

（五）技术融合：赋能数字技术运用发展，加强文旅市场的兼容性

信息化时代背景下，大数据分析、数字化运用越来越多地走进文旅行业。通过信息分析、数字化渗透，排摸出博物馆融入文旅市场的更多可能性和发展性。

比如，通过2003至2017年海外社交网站Panoramio上的照片数据分析，上海虽有"夜上海"美誉，但其实夜色下的景点数量乏善可陈。博物馆，尤其是位于浦江两岸夜景相对丰沛的文博场馆，正在通过延长博物馆开放时间等方式，在夜间留住参观者。

震旦博物馆每周五晚上对外开放，并定期举办"白领之夜"活动，成功地吸引周边白领参与。而位于徐汇滨江休闲区的艺术馆集群也在国际博物馆日等节庆期间参与"博物馆之夜"活动，在特定时间延长开放时间，吸引更多有夜间旅游需求的受众参与其中。

博物馆正是利用大数据分析比对的方式，寻找博物馆融合全域旅游的突破口和切入点，挖掘自身优势，凸显自身亮点。

结　语

融合需要淡化边界，主动向外对接，坚持融合创新。在不断向外拓展和内外流动的文化持续中，我们所见证的是城市徐徐展开的丰富面貌，不断自我更新，充满生命力地持久发展，促成新时代文旅融合高质量发展。

越来越多的博物馆已经成为城市文化新地标，自然也就是全域旅游的重要组

成部分。在文旅融合时代,博物馆应当从传统意义上的专业研究和公共文化服务机构,逐步向地方历史文化、建筑、藏品和人文精神为一体的文化景观转变,成为与社会公众持续互动演进的特色空间,这是博物馆增强自身文化超级链接能力、有机融入文化旅游的重要任务。

可以说,文旅融合是博物馆综合发展的最好时机,通过博物馆在全域旅游中的角色与定位,进一步打造博物馆文旅品牌,提高跨界能力,构建"博物馆+"连接新模式,与社会各领域深入开展交流与合作。

文旅融合背景下的全域旅游就是将地域比作大盘子,用无形的线将盘内的散落珍珠,也就是打卡点串联起来,给大众打造一幅接地气、亲人文的优美画卷,吸引八方来客,而博物馆正是这些大大小小的珍珠镶嵌在全域旅游的大盘子里,熠熠生辉。

城市文化更新的助推器与文旅融合的新引擎——以柳州紫荆花文化创意廊为例

张　静[①]　柳州市博物馆　广西柳州　545001

摘要：

随着全球化的推进，城市文化更新与文旅融合成为城市发展的关键。柳州紫荆花文化创意廊凭借其独特的紫荆花主题，深入挖掘地域文化，融合传统与现代创意，打造出独具特色的创意产品，不仅提升了城市审美，也增强了市民对柳州文化的认同感。该文化创意廊积极推动文旅融合，为游客提供丰富文化体验，包括深入了解柳州的历史文化、感受当地风土人情，并鼓励游客参与创意活动，增强旅游的互动性和趣味性。此举不仅推动了当地旅游业的发展，也为城市经济的可持续发展增添了新动力。同时，通过举办各类文化活动和创意展览，文化创意廊促进了文化交流和互动，提升了柳州在国内外的知名度与影响力，成为城市文化更新的重要推手和文旅融合的新动力，助力经济社会的可持续发展。

关键词：

城市文化更新　文旅融合　紫荆花文化创意廊

The Booster of Urban Cultural Renewal and the New Engine of Cultural and Tourism Integration: Taking Liuzhou Bauhinia Cultural and Creative Corridor as an Example

ZHANG Jing

Abstract:

With the progress of globalization, urban cultural renewal and cultural tourism integration have become pivotal to urban development. The Liuzhou Bauhinia Flower Cultural Creativity Corridor, with its distinctive Bauhinia theme, has deeply explored regional culture and integrated traditional elements with modern creativity, creating unique creative products that enhance the city's aesthetic appeal and strengthen citizens' sense of identity towards Liuzhou's culture. The Corridor actively promotes cultural tourism integration, providing visitors with a rich cultural experience that includes a

① 张静，柳州市博物馆陈列群工部副主任、馆员。ZHANG Jing, Liuzhou Museum.

profound understanding of Liuzhou's historical culture, a feel of the local customs, and encouraging participation in creative activities to enhance the interactivity and fun of tourism. This initiative not only boosts the development of local tourism but also injects new vitality into the city's sustainable economic growth. Furthermore, by hosting various cultural events and creative exhibitions, the Corridor fosters cultural exchanges and interactions, elevating Liuzhou's reputation and influence both domestically and internationally. It has become a significant driver of urban cultural renewal and a new force for cultural tourism integration, contributing to the sustainable development of the economy and society.

Key words:
Urban cultural renewal　Cultural and tourism integration　Bauhinia Cultural and Creative Corridor

随着城市化进程的加快，城市文化更新已成为提升城市品质、增强城市竞争力的重要途径。而文旅融合作为新时代文化产业发展的重要方向，为城市文化更新注入了新的活力。笔者以柳州紫荆花文化创意廊作为研究案例，探讨其如何成为城市文化更新的助推器和文旅融合的新引擎，通过这一新型文化空间实现，期待与其他城市文旅景区相互探讨文化产业发展经验。

柳州，作为广西壮族自治区的重要城市，拥有丰富的历史文化遗产和独特的民族风情。近年来，国家致力于积极推动城市文化更新和文旅融合，这一政策背景为紫荆花文化创意廊的打造提供了有力的支撑。柳州博物馆积极探索实践，精心打造柳州紫荆花文化创意廊，为城市文化更新和文旅融合提供了新的思路和方法，成为柳州城市文化更新、文旅融合发展的一个重要里程碑。紫荆花作为柳州市的市花，具有很高的知名度和美誉度。打造紫荆花文化创意廊，不仅是对城市文化的传承和弘扬，也是推动文旅融合、促进文化产业发展的重要举措。通过文化创意廊的建设，可以将紫荆花的文化内涵融入城市景观和旅游产品，提升城市的文化品位和旅游吸引力。

一、理 论 指 导

柳州城市文化更新旨在通过挖掘和传承历史文化、改善城市环境、提升城市品质，打造宜居宜业宜游的城市形象。文旅融合则是通过整合文化资源和旅游资源，推动文化产业和旅游产业的深度融合，实现文化和旅游的共赢发展。其理论指导主要来源于以下两个关键方面。

（一）城市文化更新的理论指导

（1）文化资本与城市再生。根据文化资本理论，城市中的文化遗产、特色文化和创意产业是城市发展的重要资本。柳州紫荆花文化创意廊作为柳州文化的重要载体，通过挖掘和展示紫荆花文化，可以转化为文化资本，促进城市文化的再生和更新。

（2）城市文化多样性与包容性。在城市更新的过程中，保持和增强城市的文化多样性和包容性是关键。柳州紫荆花文化创意廊的建设体现出对本土文化的尊重，同时融入现代元素，形成古今交融、中西合璧的文化景观。

（3）公众参与、社区参与。城市文化更新不仅是政府推动的过程，也需要公众的广泛参与。柳州紫荆花文化创意廊的打造应鼓励社区参与，让市民成为城市文化更新的参与者和受益者。①

（二）文旅融合的理论指导

（1）产业融合理论。文化产业与旅游产业的融合是文旅融合的核心。柳州紫荆花文化创意廊作为一个综合性的文化创意产业项目，可以与旅游业深度融合，通过文化展示、文创产品开发、文化体验等方式，吸引游客，推动文旅产业发展。

（2）创意产业与旅游创新。创意产业是文旅融合的重要驱动力。柳州紫荆花文化创意廊的建设应注重创意元素的融入，通过创意设计、创意产品等方式，提升旅游体验，推动旅游产业的创新。

（3）旅游品牌与文化 IP。旅游品牌和文化 IP 是文旅融合的重要表现形式。柳州紫荆花文化创意廊的建设应着力打造具有柳州特色的旅游品牌和文化 IP，通过品牌建设和 IP 推广，提升柳州文旅产业的知名度和影响力。②

二、建设背景、设计理念与功能布局

柳州紫荆花文化创意廊以其独特的设计理念和丰富的功能布局，成功地实现了城市文化的更新与提升。它不仅是一个展示和传播柳州文化的重要平台，更是

① 宋洋洋：《文旅融合视角下旅游对城市更新的作用》，《旅游学刊》2024 年第 3 期。

② 张婷婷：《推进文旅融合，助力城市更新建设旅游新街区》，《沈阳文旅》2024 年第 2 期。

一个推动城市旅游和文化产业发展的重要引擎。在未来的发展中，创意廊将继续发挥其在城市文化更新中的积极作用，为柳州的文化事业和旅游产业的繁荣发展做出更大的贡献。

（一）深入解析建设背景

柳州，这座美丽的西南城市，因其独特的山水景观和深厚的文化底蕴而备受瞩目。近年来，随着城市经济的快速发展和旅游业的不断繁荣，市委、市政府提出了“文化兴市”的发展战略，旨在通过挖掘和传承本土文化，增强城市的文化软实力和竞争力。紫荆花作为柳州的市花，是自然之美的象征，不仅形成的景观让人赏心悦目，其背后更承载着这座城市历史与文化传播的重任。然而，在现代化和城市化的进程中，城市文化的传承与创新面临着前所未有的挑战。为了回应这一挑战，柳州市政府提出建设紫荆花文化创意廊，并交由柳州博物馆运行管理的决策，旨在通过文化创意产业的力量，将紫荆花的文化内涵与城市发展相结合，实现城市文化的更新与提升。为了进一步提升紫荆花的文化价值，推动文化与旅游的融合发展，打造出一个兼具艺术性和文化内涵的文化旅游新地标。此外，随着国内旅游市场的不断扩大和消费升级，观众对于文化体验的需求也日益增强。紫荆花文化创意廊的建设，正是为了满足这一市场需求，为观众提供一个深入了解和体验柳州文化的平台。通过这一项目，柳州市不仅能够吸引更多的观众前来参观和旅游，还能进一步提升城市的知名度和影响力。

（二）文物资源视域下的设计理念剖析

柳州博物馆在紫荆花文化创意廊项目中，对丰富的馆藏文物资源进行深入挖掘和创新展现，秉承对紫荆花文化的尊重与传承，尊崇“以花为媒，传承文化，创新未来”的设计理念，深刻体现了对文物资源的珍视与活化利用。

“以花为媒”的设计理念，巧妙地将紫荆花元素与博物馆的文物资源相结合，这些文物不仅是历史的见证，更是文化的载体。在紫荆花文化创意廊的展区设计中，博物馆将这些文物资源进行了巧妙的转化。例如，通过仿制古代柳州地区的陶瓷、织锦等文物，结合紫荆花的元素，创作出一系列具有地方特色的文创产品，如紫荆花陶瓷茶具、紫荆花织锦挂画等。这些既蕴含文物信息，又将体现与绚丽多姿的紫荆花相关的文创、艺术品和历史记载展现于此，将紫荆花作为连接古今、沟通文化的桥梁，不仅丰富了展区的文化内涵，也为观众提供了一个独特的视角来理解和领略柳州的历史与文化，让观众在欣赏文创的同时，能够感受到紫荆花文化的魅力。

"传承文化"则体现在紫荆花文化创意廊的展区内容不仅仅是简单的文物展示,更是对柳州文化的深度挖掘和传承。博物馆拥有大量珍贵的文物资源,但传统展示方式往往让这些文物显得沉闷且难以吸引现代观众的注意力。在紫荆花文化创意廊的运营中,博物馆尝试了一种全新的方法,即将文物资源活化并与紫荆花文化进行有机融合。例如,博物馆可以选取与紫荆花文化相关的历史文物,如古代文人墨客赞美紫荆花的诗词书画,或者与紫荆花有着密切关系的古代生活用品等。通过对这些文物进行精心的策划和展示,让观众在欣赏文物的同时,也能够感受到紫荆花文化的深厚底蕴和独特魅力。这不仅是对文物资源的有效保护,也是对柳州文化的传承与弘扬。在展示紫荆花的美丽形态和文化内涵的同时,还设置了沉浸式空间、毛线画设计展示空间等互动体验项目,让观众能够亲身感受到紫荆花的绚丽多姿。

"创新未来"是设计理念中的一大亮点。在利用文物资源的同时,博物馆注重引入现代科技和创意元素,利用数字技术,对文物进行三维扫描和虚拟现实展示,让观众身临其境地欣赏到文物的每一个细节,仿佛置身于古代柳州的繁华景象之中。这种沉浸式的体验方式,让观众对文物有了更加直观、深入的了解。打造了一个集文化展示、科技互动、教育普及于一体的创意廊。通过投影技术、三维全息等现代科技手段,将文物资源以全新的方式呈现给观众,让观众在互动体验中感受到科技与文化的完美融合。这不仅提升了观众的参观体验,也为文物资源的活化利用开辟了新的途径。①

(三)文物资源视域下的功能布局解读

紫荆花文化创意廊的功能布局充分考虑了文物资源的展示与利用,主要划分为以下四个展区。

(1)紫荆花主题展区。该展区以紫荆花为核心,展示与紫荆花相关的文创、艺术品和历史记载。例如将柳砚这一在唐代柳州历史中具有代表性的文物,结合紫荆花元素后进行重新演绎,打造出多种形制的柳砚文化创意作品,并通过精心策划的展览和丰富的展示形式,让观众能够全面、深入地了解柳砚的历史文化内涵和紫荆花的美丽形态。同时,结合现代科技手段,如投影灯及影射原理等,将紫荆花的美丽影像投射在墙面和地面上,营造出梦幻般的视觉效果,增强观众的观展体验。

---

① 刘涛、王小雨:《新型公共文化空间视域下宋都古城文旅融合与城市更新互促发展对策研究》,《上海城市管理》2022 年第 5 期。

(2) 历史文化展区。该展区主要展示柳州的历史沿革、传统文化和名胜古迹等文物资源。通过时间轴、装置艺术、三维全息技术等多种形式，将柳州重要历史节点上相关的重要信息呈现给观众，并将对应的馆藏文物与紫荆花元素相结合，创作出一批陶瓷、首饰、绘画等文化创意作品，例如利用馆藏的明代大彬紫砂壶为原型，将紫荆花以工笔画描绘于壶身，完成的紫荆柳韵壶，让观众在欣赏文物的同时，可以直观地感受到柳州文化的独特魅力和深厚底蕴。

(3) 民族文化展区。该展区集中展示柳州 14 个世居民族的文物资源，包括服装、头饰、项饰、织物、日常用具等，并将这些具有浓郁民族特色的文物进行转化创作出文化创意作品进行展示，向观众传达柳州多民族和谐共建共荣的态度。同时，结合紫荆花元素开发民族文创产品。例如比较受欢迎的一款，是以馆藏广西少数民族代表性文物铜鼓为原形创作的锡制茶叶馆，不仅有着铜类似的金属触感，更能让观众直观地了解到广西少数民族代表纹饰，在欣赏文物的同时，也能购买到心仪的文创产品，将柳州的文化带回家。

(4) 互动体验区。该区域是整个项目的延伸和亮点。通过引入现代科技手段，如投影技术、三维全息等，打造了一个充满奇幻与惊喜的互动体验空间。观众可以在这里与文物资源进行深度互动，通过参与各种互动体验项目，感受科技与文化的完美融合。这种互动体验不仅增强了观众的参与感和满意度，也进一步提升了项目的吸引力和影响力。

(四) 城市文化更新中的具体实践与意义

柳州紫荆花文化创意廊在城市文化更新中发挥着举足轻重的作用。

首先，它作为城市主题宣传的重要载体，通过展示紫荆花的美丽和柳州的文化特色，有效地提升了城市的知名度和美誉度。这一举措吸引了更多观众前来参观和旅游，进一步推动了城市旅游业的发展。

其次，创意廊在历史文化展示和民族文创产品开发方面也取得了显著成果。通过深入挖掘和整理柳州的历史文化资源，文化创意廊成功地将这些宝贵的文化遗产以多种形式呈现给观众，让更多的人了解和认识到柳州文化的独特价值。同时，通过开发具有民族特色的文创产品，文化创意廊也为传承和弘扬柳州文化提供了有力支持。

最后，文化创意廊在运用现代科技手段提升观众文化体验方面也取得了显著成效。通过投影技术、三维全息等先进技术的应用，文化创意廊为观众打造了一个现代科技与传统文化相结合的互动体验空间，不仅让观众在欣赏美景的同时享受到了前所未有的文化体验，也进一步推动了城市文化的创新与发展。

三、实施路径

紫荆花文化创意廊作为柳州市文化更新的一大亮点，其对紫荆花文化的深入挖掘和精彩展示，无疑为柳州市的城市文化注入了新的活力，进一步提升了市民对城市文化的认同感和自豪感。同时，这一文化创意廊的建成也促进了相关文化产业的发展，为城市经济带来了新的增长点。

首先，紫荆花文化创意廊通过对紫荆花文化的深入挖掘，将这一富有地域特色的文化元素展现得淋漓尽致。创意廊不仅展示了紫荆花的生长过程、形态特点，还深入挖掘了其在柳州历史文化中的地位和作用。例如，创意廊内设置了紫荆花文创展示廊，通过图文、影像等形式，生动地展现了与人民生活各方面紧密联系的紫荆花文创，以及紫荆花文化在城市发展过程中的独特贡献。这样的展示方式，让市民更加深入地了解了紫荆花文化的内涵和价值，从而增强了他们对城市文化的认同感和自豪感。

其次，紫荆花文化创意廊的建成也为柳州市的文化产业发展带来了新的机遇。创意廊作为一个集文化展示、交流、体验于一体的平台，吸引了大量的观众和市民前来参观。这不仅带动了周边地区的旅游和餐饮业发展，还促进了相关文化产业的繁荣。例如，一些文化企业和艺术家纷纷在创意廊内开设工作室或举办展览，联合推出了一系列以紫荆花为主题的文化创意产品。这些产品不仅丰富了市民的精神文化生活，也为城市经济注入了新的活力。

最后，紫荆花文化创意廊的建成还促进了柳州市与其他地区的文化交流与合作。文化创意廊作为一个开放性的文化空间，吸引了来自全国各地的文化工作者和观众前来参观和交流。另外，紫荆花文化创意廊也经常带着展品到各地去参加旅游品牌推荐。这种跨地区的文化交流不仅有助于推动柳州城市文化的创新和发展，也提升了柳州在全国乃至国际上的知名度和影响力。通过与其他地区的文化合作与交流，柳州市可以更好地借鉴和吸收其他地区的先进文化理念和发展经验，进一步推动城市文化的更新和进步。

四、紫荆花文化创意廊作为文旅融合的新引擎

紫荆花文化创意廊作为文化与旅游结合的典型代表，通过整合丰富的文化旅游资源，为观众提供了深度的文化体验，同时推动了文化旅游产业的创新发展，为柳州市的文化旅游产业发展注入了新的活力。下面，将通过实例具体分析紫荆花文化创意廊在文旅融合方面的积极作用。

（一）文化资源整合与呈现

紫荆花文化创意廊充分整合了柳州市本地的文化资源，包括历史、民俗、艺术等多个方面，向观众介绍紫荆花的历史渊源、文化内涵以及在柳州市的象征意义。此外，文化创意廊还举办了与紫荆花相关的文化讲座、艺术展览等活动，让观众在欣赏美景的同时，深入了解紫荆花的文化内涵。

（二）旅游体验丰富与提升

紫荆花文化创意廊为观众提供了丰富多样的文化体验。观众可以在创意廊内参加手工制作紫荆花工艺品的活动，亲身体验紫荆花的魅力，将文化与游览紧密结合，让观众在观展的过程中感受文化的熏陶。

（三）产业创新发展与推动

紫荆花文化创意廊的设立，不仅丰富了观众的文化体验，也促进了文化旅游产业的创新发展。一方面，文化创意廊通过整合文化资源，打造了一系列具有地方特色的文化旅游产品，满足了观众的多样化需求；另一方面，文化创意廊还积极与旅游企业合作，共同开发新的文化旅游线路和项目，推动了柳州市文化旅游产业的升级和发展。

（四）区域文化旅游品牌塑造

紫荆花文化创意廊的成功运营，为柳州市塑造了一个独特的文化旅游品牌。紫荆花作为柳州市的市花，已经成为城市的象征之一。通过文化创意廊的推广和宣传，紫荆花文化得到了更广泛的传播和认知，进一步提升了柳州市的文化软实力和旅游吸引力。越来越多的观众因为紫荆花文化创意廊而来到柳州，探索这座城市的文化魅力。

（五）社会效益与经济效益双赢

紫荆花文化创意廊的文旅融合实践不仅带来了显著的社会效益，也实现了经

济效益的提升。在社会效益方面，文化创意廊的设立促进了文化传承和弘扬，增强了市民和观众对本地文化的认同感和自豪感；同时，文化创意廊也成了文化交流的平台，促进了不同文化之间的交流与融合。在经济效益方面，文化创意廊通过吸引观众、推动旅游消费等方式，为柳州市的经济发展注入了新的动力；同时，文化创意廊也带动了相关产业的发展，形成了产业链条的良性循环。[①]

五、成功经验与未来努力方向

（一）成功经验

（1）深挖本土文化元素。柳州紫荆花文化创意廊以紫荆花为文化符号，结合柳州的历史、文化和民族特色，打造了一系列具有地域特色的文创产品。这种深入挖掘本土文化元素的做法，既增强了文化的辨识度，又能够唤起市民和观众 对城市的情感认同。通过开馆以来不懈地努力，2023 年紫荆花文化创意廊入选广西十大文化新空间，并且名列前茅。

（2）注重创意设计与实用性的结合。创意廊所展示的文创产品不仅设计精美，而且注重实用性。这种将美学价值与实际需求相结合的设计理念，使得产品更具市场竞争力，也更容易得到消费者的青睐。

构建多元化的文化展示与交流平台：除了静态的展览，创意廊还定期举办各类文化活动、讲座和研讨会，为市民和观众 提供了丰富的文化体验和学习机会。这种多元化的文化展示与交流平台，不仅提升了城市的文化氛围，也促进了文化的传播与交流。

（二）未来努力方向

（1）加强品牌宣传与推广。尽管柳州紫荆花文化创意廊在部分地区有着一定的知名度，但在全国范围内的品牌影响力仍有待提升。制定有效的品牌宣传与推广策略，增加外地观众对文化创意廊的认知度，从而更好地发挥其作为文旅融合节点的潜力。

（2）整合与周边旅游资源。柳州作为一个旅游城市，拥有众多的自然和人文景观。提高创意廊与周边旅游资源整合程度，形成有效的旅游线路和联动效应。

① 林杨、骆玉梅、郭旭东：《文旅融合视角下的博物馆高质量发展研究以红山文化博物馆为例》，《赤峰学院学报（哲学社会科学版）》2024 年第 1 期。

充分实现创意廊在文旅融合中的作用发挥。

结　语

柳州紫荆花文化创意廊作为城市文化的新地标，深刻彰显了柳州悠久的历史文脉与丰富的文化底蕴，不仅为城市文化更新提供了强大的助推力，更为文旅融合发展注入了新的活力。通过创意廊这一平台的搭建，柳州既实现了传统文化的活化展示，也促进了文化产业与旅游产业的深度融合，为城市的文化更新注入了新的活力。深入分析其运作机制与实践成效，我们不难发现，紫荆花文化创意廊的成功经验在于其精准的文化定位、丰富的活动策划以及开放的合作模式。这些要素共同作用于提升城市文化软实力，增强了游客的文化体验感和参与感，为柳州市的文化旅游产业发展注入了强劲动力。展望未来，随着紫荆花文化创意廊的持续发展与完善，其作为文旅融合典范的作用将日益凸显。我们期待紫荆花文化创意廊能继续探索更多元的文化表达方式和创新合作模式，进一步拓宽文化旅游产业的边界，为柳州市乃至更广泛区域的文化旅游融合发展贡献更多智慧与力量。

文旅融合下的中小博物馆策展研究——以马鞍山市博物馆“李白与皖南主题文化展”为例

韦　叶[①]　马鞍山市博物馆　安徽马鞍山　243000

摘要：

陈列展览是博物馆工作的重要环节，基本陈列和临时展览是相辅相成的两个有机的组成部分。原创临时展览的举办，有利于博物馆扩大自身传播力，满足公众文化需求。而中小型博物馆在设计展览时通常会受到人员、经费、藏品和渠道的制约，遇到展览延伸力不足的困难，应向公众分享文化资源，提升社会公共服务能力，拉近博物馆与公众之间的距离，突破以往的固定展览模式，以灵活机动的形式发挥其教育功能，吸引更多公众走进博物馆。马鞍山市博物馆在策划设计“诗心归处——李白与皖南主题文化展”时采取“联创联办、互通有无”的策展模式，融文化、文物、文创、景点于一体的策展思路，为博物馆在“文旅融合”中发挥价值，为实践“文物活化利用”提供借鉴。

关键词：

博物馆　临时展览　文旅融合

Curatorial Research on Small and Medium-sized Museums Under the Integration of Culture and Tourism: Taking the Ma’anshan Museum’s Li Bai at the Southern Anhui Thematic Cultural Exhibition as an Example

WEI Ye

Abstract:

Exhibition is an important part of museum work, and basic and temporary exhibitions are complementary organic components. Holding original temporary exhibitions is beneficial for museums to expand their dissemination and meet the cultural needs of the public. However, small and medium-sized museums are often constrained by personnel, funding, collections, and channels when designing exhibitions. The difficulty of insufficient exhibition extension lies in how to effectively share cultural resources with the public,

① 韦叶，马鞍山市博物馆助理馆员。WEI Ye, Ma’anshan Museum.

enhance social public service capabilities, narrow the distance between museums and the public, break through traditional fixed exhibition models, and flexibly utilize their educational functions to attract more public to enter museums. The Ma'anshan Museum adopted a curatorial model of "joint creation, joint organization, and exchange of resources" when planning and designing the "Li Bai at the Southern Anhui Thematic Cultural Exhibition", integrating culture, cultural relics, cultural creativity, and scenic spots. This provides a reference for the museum to play its value in the integration of culture and tourism and practice the revitalization and utilization of cultural relics.

Key words:
Museums Temporary Exhibition Integration of culture and tourism

自2018年国家文化部和国家旅游局合并为"文化和旅游部"以来,文旅融合的趋势日益显著,为博物馆等公共文化服务机构带来了前所未有的发展机遇。中小型博物馆作为地方文化集中展示的重要场所,其在地方文化旅游发展中的作用日益凸显。面对这一新的发展机遇,中小型博物馆如何有效地实现文旅融合,使游客能够充分领略博物馆的魅力,并彰显出其地方的历史文化特色,成为中小型博物馆必须深入研究和探索的课题。

一、马鞍山市博物馆在文旅融合下的探索

近年来,随着文旅融合发展趋势的不断加强,人们对于旅游的需求和期待也在悄然改变。过去,游客们可能更偏重欣赏自然山水风光和城市景象,追求的是视觉上的享受和感官上的刺激。而随着时代的发展和人们文化素养的提升,越来越多的游客开始注重品味一个城市的历史文化底蕴,寻求更深层次的旅游体验。

在这一背景下,博物馆在旅游领域的作用和地位也更加凸显。地方博物馆逐渐成了游客们的必备打卡点,博物馆作为历史文化的载体,将城市的历史、文化、艺术等方面的信息传递给游客,使游客可以深入了解一个城市的发展历程、文化特色和精神风貌,感受到这座城市独特的魅力。

通过不断丰富展览内容和形式,博物馆能够吸引更多游客前来参观,并加深他们对文化历史的理解和感知。所以博物馆策划展览创新能力的提升尤为重要。

马鞍山市博物馆作为国有中小型博物馆,依托本地文化旅游融合发展的良好契机,从临时展览、社教活动、文创开发等多个方面开展了许多创新尝试和探索。

聚焦于文物本身的历史价值和文化内涵，更在展陈设计方案中融入了文旅融合的理念，充分展示了博物馆在推动文旅融合实践中的积极作用。

以下以马鞍山市博物馆“诗心归处——李白与皖南主题文化展”为例，阐述马鞍山市博物馆在实际工作中做出的一些尝试。

二、举办李白主题展的优势及问题

（一）地域优势

马鞍山，作为诗仙李白的终老之地，有着深厚的文化底蕴和丰富的历史背景。自李白25岁第一次来到当涂开始，他便与这片土地结下了不解之缘。在随后的岁月里，他先后7次来到当涂，留下了许多脍炙人口的诗篇和珍贵的足迹。这种频繁的来往，不仅加深了他对马鞍山的情感，也使他与这片土地产生了深厚的联系。

李白在皖南的足迹遍布山川河流，他的诗篇中充满了对这片土地的赞美和眷恋。在他的笔下，皖南山川秀丽，景色如画，他用心去感受这里的山水之美，用诗歌去表达他的热爱和敬仰。在他的诗篇中，皖南的民俗风情、历史传说都得以生动展现，使得后人能够从中领略到盛唐时期皖南的繁荣景象。

2022年12月，在长三角区域博物馆策展研讨会上，马鞍山市博物馆首次提出“李白和马鞍山”的策展主题，并进一步讨论确定为“李白在皖南”，与主题有交集的铜陵市博物馆、宣城市博物馆、池州市博物馆以及芜湖市博物馆也纷纷表态，愿意加入这一展览的筹备工作中来，共同为壮大这一展览主题贡献力量。这些博物馆的加入不仅丰富了展览内容，也扩大了展览的影响力和覆盖面。

至此，“李白在皖南”这一展览主题已经基本确立。这一展览将成为展示李白与皖南地区深厚历史渊源和文化底蕴的重要平台，也将为观众带来一场难忘的视觉盛宴和文化体验。

（二）所面临的问题

在确定展览主题之后，各馆开始深入挖掘和整理自身的藏品资源，寻找与李白在皖南游踪相关的文物和史料。在这个过程中，就会面临着中小型博物馆最普遍的问题——展品不足。

面对实物匮乏的困境，历史人物展览确实难以丰满表达，特别是在以李白为主线的展览中，这一挑战尤为突出。李白唯一传世的书法真迹《上阳台帖》和北宋梁楷的《太白行吟图》分别收藏于北京故宫博物院和台北故宫博物院，这使得这两件珍贵文物只能以复制品的形式呈现给观众，这无疑削弱了展览的实物展示力度。

此外，皖南地区唐代展品的稀缺性也是一大难题。在马鞍山、宣城、铜陵、芜湖、池州五馆文物的遴选中，发现关于唐代的展品器型同质化现象严重、精品匮乏，同期具有代表性的皖南物产存世极少。这限制了展览在展示唐代皖南地区独特文化面貌上的深度和广度。

基于此，在选择展品时确立了两个准则：一是选择具有典型唐代器物特征的藏品，以凸显唐代文化的独特魅力；二是选择具有鲜明地域特征的展品（不限于文物），以展现皖南地区的独特风情。同时，借助地方力量补入展品，例如从当涂县博物馆借展现代名家所书李白诗作书法作品 16 件（复制件）；从马鞍山市李白研究所选调 10 件李白瓷塑，生动补入李白诗意与天真，为观众提供了更多了解李白及其诗意的机会。为了提升展览的饱满度，还从随州市久洲艺术博物馆借展了 30 件金银器、玉器。这些展品的加入，不仅增加了展览的观赏性，也成功托举了展品的构成，丰富了该展览中大唐时代背景的构建。

三、举办展览中的创新之处

（一）展览结构

在展览结构上，以李白诗歌为主线，以“寻踪”的方式，从“物→人”“景→情”四个维度，提出一种开放性的展陈结构。

在经过不断地修改调整之后，最终展览分为“孤帆一片日边来”“桃花潭水深千尺”“我亦曾到秦人家”“吾将此地巢云松”四个部分，讲述出李白盘桓皖南十余年，最终鲸落采石矶、情归大青山的缘由。让每一位观众都能借由展览对李白的认知，能从历史到现实、从模糊到明晰、从感知到认同，从而得出自己的答案。

“寄情山水”单元将李白的游踪与皖南的秀美山水相结合，通过李白游踪图的描绘，生动的视频和大幅精美的图片将李白笔下的天门山、九华山、桃花潭、谢朓楼、敬亭山等名胜一一呈现在观众眼前，仿佛穿越时空，让人们亲身感受到了诗人笔下的壮丽景象和深厚情感。

“文房四宝”单元则是对皖南文化精髓的集中展示。宣笔刚柔得中，徽墨丰肌腻理，宣纸光洁如玉，歙砚黑泽似漆，其中的宣笔与徽墨，被列入国家级

“非遗”项目代表。文房四宝不仅具有极高的实用价值,更是中华文化的重要载体。它们的历史积淀与活态文化,让人们深刻感受到皖南文化的博大精深和独特魅力。

“茶馨酒醇”单元展示了唐代皖南茶酒文化的辉煌,宣州老春酒因李白《哭宣城善酿纪叟》中的诗句“纪叟黄泉里,还应酿老春” 而闻名天下。而今,纪氏古法酿造技术入列安徽省非物质文化遗产名录,而位于敬亭山下、诗仙湖畔的宣酒文化园也已成了中国最大的小窖酿造白酒产业基地。

“铜井炎炉”单元记录了皖南丰富的矿产资源:铜、铁、银、铅、绿青等。唐代,采铜冶铜空前发达,朝廷更是派驻“铜官”在皖南设置了炼铜场。李白笔下的“铜井炎炉歊九天”“炉火照天地,红星乱紫烟”生动描绘了当时冶铜的壮观景象,让人们仿佛置身于那个辉煌的时代。这一单元的展示不仅丰富了展览的内容,也为人们提供了一个了解古代工业生产方式的窗口。

(二)展览形式

由于观众审美与文化消费观念的变化,传统的展览陈列方式已经难以满足观众不断增长的需求。所以在展厅的场景塑造上,通过青竹、屏风、案几和酒具等元素的巧妙结合,营造出一种“茶馨酒醇”的诗意氛围,让人仿佛能够闻到茶香、感受到酒意,进一步沉浸在李白的世界中;通过枯枝山水与李白坐像来诠释“独坐敬亭山”的孤寂与深邃,让人们深刻体会到诗人独处时的内心世界;以李白举杯邀月像、圆形竹影灯与铜镜展示其“抽刀断水水更流,举杯消愁愁更愁”的心系家国场景,等等。

在细节处理上,也颇有意趣。例如,利用桃枝与竹蜻蜓置于文案之上,巧妙地展现了诗人汪伦与李白之间纯粹而美好的友情,让观众在欣赏美景的同时,也能感受到诗人间的深厚情谊。

这些视觉元素的完美融合,不仅丰富了展览的内容,让观众在欣赏美景的同时,也能深入了解李白的诗歌和人生。更重要的是,它们触动了观众的心灵深处,引发了对李白诗歌的无限遐想,让人们更加深入地理解和感受这位伟大诗人的魅力。

同时,这样的展览设计也深化了文旅主题,为观众提供了一次难忘的文化体验。它不仅让人们欣赏到了皖南山水的缱绻之美,更让人们感受到了中华文化的博大精深。此外,这样的展览也为展览外的诗仙寻踪之旅活动做了预热和引申,吸引更多人去亲自探寻李白留下的足迹，体验诗中的意境，从而进一步推动文旅融合，促进地方文化产业的发展。

四、展览的文旅互动设计

文创产品，是文化与创意的完美结合，是文化历史内涵通过具象化形式转化而成的实物。这不仅是对城市文化的一种独特诠释，更是将抽象的文化底蕴转化为人们可以亲身体验、触摸和感知的实物。通过开发文创产品，不仅可以更好地展示文化的特色，还能够提高观众的参与性和互动性。

（一）《李白和他的朋友圈》戏画组图

根据展览主题，邀请本地画家创作了《李白和他的朋友圈》戏画组图，巧妙地将李白及其友人间的交往故事以戏画的形式呈现，通过诙谐幽默的画法，使得这些历史人物的形象更加鲜活、接地气。观众在欣赏这些画作时，仿佛能够穿越时空，亲身感受到古代文人墨客之间的交往与互动，增强了展览的趣味性和互动性。

将这些画作做成艺术展示墙放置在展厅的最后，无疑为展览增添了一抹亮色。这面墙不仅成为观众拍照打卡的热门地点，更成为展览的一大亮点。观众在欣赏完整个展览后，可以在这里驻足欣赏画作，与李白及其友人“合影”，留下难忘的回忆。

同时，根据创意人物形象开发了印章、贴纸、本子等一系列文创产品，更是将展览的创意延伸到了日常生活中。这些文创产品不仅具有独特的设计感，更融入了展览的主题元素，使得观众在购买和使用这些产品时，能够时刻感受到展览的氛围和文化的魅力。

特别是观众可以在盖章处购买文创本子并盖上创意印章，这种体验让观众能够亲身参与到文创产品的制作过程中，增加了观众对展览的参与感和归属感，让观众能够轻松地将展览带回家。

（二）游学之旅

结合展览中《李白皖南游踪图》，与各联展单位共同推出数条精品旅游线路，线路中融合了天门山、采石矶、桃花潭、敬亭山、秋浦、金牛洞冶铜遗址、李白墓园等景区，开启“太白之旅”。线路中不仅融合了皖南的自然风光与人文景观，更通过唐装出游、诗歌吟诵、古琴展演、舞剑品茗等互动环节，让游客在亲身体验中感受传统文化的魅力。带领游客走出展厅，走进李白诗篇中的最美皖南，让他们在领略自然之美中感悟文化之美，陶冶心灵之美。

展览期间，马鞍山市博物馆与南京市博物总馆联手推出的“太白之旅：南京—马鞍山研学游”马鞍山站活动取得了圆满成功。此次研学游活动不仅丰富了孩子们的假期生活，更让他们在实地探访中深刻感受到李白诗歌的魅力，增长了历史文化知识。

研学团一行先后赴采石矶、太白楼、天门山、李白文化园等李白曾经游历并留下不朽诗篇的地方进行实地探访。在导游和老师的带领下，孩子们通过观看文物展览、听取讲解，了解了李白的生平和创作背景。同时，实景教学的方式让孩子们身临其境地感受了诗歌中所描绘的自然风光和人文景观，加深了他们对诗歌的理解和感悟。

此外，演讲和太白之旅桌游等互动游戏环节也为孩子们提供了展示自我、锻炼能力的平台。孩子们通过角色扮演、情景再现等方式，生动演绎了李白诗歌中的故事情节，增强了他们对诗歌内容的记忆和理解。桌游环节则让孩子们在轻松愉快的氛围中巩固了所学知识，提高了学习兴趣。

（三）文化交流

李白，作为大唐由盛及衰的重要见证者、唐代最伟大的诗人之一，其诗歌与人生经历不仅是文学研究的宝贵财富，更是世人汲取智慧与力量的源泉。他在皖南地区的创作与游历，不仅为我们留下了众多脍炙人口的诗篇，更为这片土地增添了丰富的文化底蕴。

配合展览，推出了“诗心归处——李白在皖南”“马鞍山地区的李白风物”等系列讲座，讲座内容围绕李白的生平事迹、诗歌创作、皖南游历及其在当代社会的意义与价值展开。从不同的角度和层面，对李白的诗歌进行深入解读和剖析，揭示其深刻的思想内涵和艺术魅力。同时，讲座还结合皖南地区的自然风光和人文景观，探讨李白诗歌与当地文化的内在联系，展示其独特的文化价值。以深入挖掘李白在皖南的诗歌与经历的研究、借鉴和教化意义，同时活化本地的文旅资源。

结　语

博物馆，作为历史与文化的瑰宝，一直以来都是我们了解过去、学习现在、展望未来的重要场所。在文旅融合新时代下，马鞍山市博物馆作为中小型博物馆，面临着人员短缺、资金紧张等挑战。未来工作中仍需深入挖掘本地资源、创新办展理念以及适应观众的新趋势和新需求，实现文旅融合发展的目标，把丰富的文旅资源转化为具有市场竞争力的文旅文创产业。

文旅融合赋能城市文化更新
——以郑州博物馆为例

闫　贝①　郑州博物馆　河南郑州　450000

摘要：

推动文化和旅游融合发展，是党中央、国务院立足全局、着眼长远作出的重大决策部署，是文化和旅游业产业转型升级、提质增效的重要途径。城市博物馆作为保护和传承城市文化记忆的重要载体，是为城市居民提供公共服务和文化旅游的重要窗口。本文通过介绍郑州博物馆等城市博物馆在文旅融合背景下的典型举措，探讨城市博物馆在城市形象、城市文化、城市发展等方面扮演的角色和承担的责任，从而为郑州博物馆在文旅融合这一大背景下如何找准自身定位、明确发展方向、更好地服务于城市文化建设提供思路与建议。

关键词：

城市博物馆　城市文化　新质生产力

Empowering Urban Cultural Renewal with Culture and Tourism Integration：Taking Zhengzhou Museum as an Example

YAN Bei

Abstract：

Promoting the integrated development of culture and tourism is a major decision and deployment made by the CPC Central Committee and the State Council based on the overall situation and the long term perspective, and it is important to the transformation and upgrading of the culture and tourism industry as well as the enhancement of quality and efficiency. As an important carrier for the protection and inheritance of the city's cultural memory, urban museums are important window to provide public services and cultural tourism to city residents. By introducing the typical initiatives taken by Zhengzhou Museum and other city museums in the context of culture and tourism integration, this paper discusses the roles and responsibilities of city museums in terms of city image, city culture, city development, etc., so as to provide Zhengzhou Museum with ideas and suggestions on how to find their own positioning, clarify the development direction, and better serve the city's cultural construction in this major context of culture

①　闫贝，郑州博物馆助理馆员。YAN Bei，Zhengzhou Museum.

and tourism integration.

Key words:
City museum　Urban culture　New quality productivity

城市博物馆植根于城市，传承历史文脉，守护城市的根和魂。在新时期"宜融则融、能融尽融"的文化和旅游融合日益深化的大背景下，城市博物馆应找准自身定位，打造为公共文化服务的前沿阵地和旅游发展的重要载体，充分发挥其在城市形象构建、城市文化传播、城市幸福指数中不可替代的作用①。郑州居"天地之中"，启华夏"文明之源"，在悠久的历史进程中，见证了王朝兴衰往替，留存了灿烂文化遗产。作为城市博物馆，郑州博物馆收藏了郑州宝贵的文化记忆和精神财富，是华夏文明孕育、发展、繁荣的重要见证，在文旅文创融合大背景下，郑州博物馆在保存城市历史记忆、助力城市文化更新等方面有着不可替代的作用。

一、郑州博物馆在城市文化中的角色

（一）郑州博物馆是了解古都历史文化的窗口

读懂一座城市的前世今生，去参观这个城市的博物馆是最好的方式之一。城市博物馆作为城市发展的历史见证者，保存着城市重要的历史文化遗产。郑州博物馆是河南省内成立最早的地市级博物馆，也是一座集中展示历史文化名城风采的城市博物馆。郑州博物馆的基本陈列"创世王都"立足于文明肇始及夏商周三代考古遗址及出土实物，实证了郑州在华夏文明发祥、中国城市发展滥觞中不可或缺的历史地位；"天地之中"陈列描绘了一幅多元文化汇聚成裘、政治、军事、科技、文化等方面激荡交融的宏伟画卷；"百年史话"陈列以铁路开通、商贸发展为契机，回溯郑州近现代百年间的变迁与腾飞；专题陈列"汉砖意韵"展示了郑州地区汉代画像砖的艺术魅力、"土火造艺"阐扬了华夏陶瓷文化的底蕴风采、"豫声豫调"表现了河南戏曲文化的历史积淀、"郑地名人"再现了郑地先贤豪杰的精神引领，这些内容都为公众带来了丰富的情感体验与共鸣。此外，"天地之中"的嵩山，形成了独特的嵩山文化圈，造就了中原文化，影响深远，郑州博物馆 2024 年新春特展"天地之中，

① 袁梦茹：《用特色鲜明的地方历史设计城市博物馆》，《文物鉴定与鉴赏》2022 年第 7 期。

龙行龘龘”，通过精品拓片及嵩山山水画，对嵩山、嵩山文化进行了生动诠释和表达，进一步阐释解读了中华文明的起源发展。郑州博物馆在以基本陈列、专题展览、临时展览组成的文化传播矩阵中①，全方位多层次解读、讲述和记录郑州延绵不断、繁荣兴盛的历史文化。

（二）郑州博物馆是城市文化的地标式表达

“城市形象是城市物质水平、文化品质和市民素质的综合体现。”②一座城市必然承载着生活在这片土地上的人们诸多记忆与情感，这些集体记忆构建起人们对城市的价值认知与情感认同，并在传承过程中反复凝练与固化，成为城市独特与个性的文化表达，城市形象的温情与感动便来源于此。城市博物馆是城市形象建设与传播的重要载体，是城市名片，具有鲜明的文化标识。

“一个好的当代博物馆建筑应当体现地域、文化与时代的和谐统一。”③郑州博物馆外观秉承“中华之中，华夏之冠”的设计理念，取自黄帝制冕，建筑外观以上古时期黄帝发明冕冠为设计原型，建筑主体弧度优美，饱满圆润，整体彰显了黄帝文化与中原文明厚重的历史文化底蕴。

在文旅融合背景下，景点打卡留念成为年轻人分享体验与感受，追寻时尚与潮流的生活方式，不可否认的是，博物馆里不论是见证历史的文物、柔和温暖的灯光，还是宁静祥和的气氛、宏伟壮观的外观等，这些外在的五官感受将参观者与外界的躁郁隔离，置身于浓厚的历史气息之中。始于颜值、终于内涵，郑州博物馆所承载着的城市文化、地域特色，吸引了众多年轻人打卡纪念。

（三）郑州博物馆是省会文化发展的当代担当

1949 年以后，郑州作为河南省会，有着天然的政治、经济、交通等优势，中部地区崛起、黄河流域生态保护和高质量发展等国家战略的叠加，以及电子信息、生物医药、新能源、食品加工制造等形成集群效应的各类产业、“米”字形高铁网、空港型国家物流枢纽等显著的区位交通优势，都为郑州文化的发展提供了充足的保障和支持。

厚德载物，文化为魂，文以化旅。从史前时期到新旧石器时代的各类文化遗

---

① 郭春媛：《郑州博物馆展览体系化建构的实践探索》，《艺术博物馆》2023 年第 6 期。

② 单霁翔著：《从“功能城市”走向“文化城市”》，天津大学出版社 2007 年版。

③ 李瑞、徐秀丽：《博物馆如何发挥作为文化中枢的作用，听听嘉宾怎么说》，《中国文物报》2019 年 5 月 21 日。

址、从夏商周国家早期形态到宋元明清文化繁荣与延续，郑州一直是重要文化主地标区域，重量的文化遗存星罗棋布，全国重点文物保护单位83处89项。作为省会博物馆，郑州博物馆立足馆藏资源，不断挖掘阐释文物背后蕴含的核心价值，致力于黄河文化、中原文化、夏商文化等研究，向观众讲好文物背后的故事，创新开发、引进多个重磅展览，积极推动郑州博物馆文物工作融入社会、融入生态、融入民生。

二、文旅融合背景下郑州博物馆的发展

城市博物馆是城市文旅IP打造的重要一环。博物馆是保护和传承文化遗产的重要载体，当今社会发展过程中，人们越来越倾向于内容丰富、形式多彩的深度文化体验，“文博热”“考古热”“研学热”等现象此起彼伏，依托于深厚的城市文化底蕴，作为文旅融合发展的新型平台，城市博物馆在这一发展环境下前景广阔，大有可为。

文旅业态下，郑州文旅产业呈现着“新旧组合拳”的态势：少林寺、黄帝故里等传统文旅景点持续火热，芝麻街、二砂文创园、“只有河南・戏剧幻城”等现代文旅项目后劲十足，这都为今后郑州文旅注入了“老带新，新更新”的发展活力。以近两年春节期间郑州市文化广电和旅游局统计数据为例：2023年春节期间，全市共接待游客715万人次，同比增长12.95%。2024年春节期间，全市共接待游客1 388.7万人次，较2023年同期增长69.9%，较2019年同期增长172.5%。通过分析《河南省政府工作报告》《郑州市政府工作报告》等官方工作报告以及河南省统计局、郑州市文旅局、郑州市文物局等各项数据信息，可以看出，近几年郑州文旅市场显现积极信号，总体趋势回暖向好。展望未来，在“行走河南・读懂中国”的省级文化战略指导下，在中原文化崛起的时代正道上，郑州博物馆将继续记录着古老商都充满活力的历史，也将在传承与创新中谱写属于郑州文旅融合的崭新篇章。

2023年中秋，为响应郑州市“夜经济”的号召，郑州博物馆以“彩云追月、桂花飘香、携手郑博贺中秋”为主题，首次推出了中秋夜游活动，2 000个入场名额一经放出便被秒抢而空，吸引了众多市民在博物馆感受到浓厚的节日氛围。在主题造型背景打卡、集章活动、“杜甫对诗”、3D打印“青铜咖啡”、汉服变装，以及猜灯谜、投壶、剪纸等形式多样、内容丰富的各类活动中，观众们不仅能与历史进行对话，也在博物馆中感受着现代社交的新场景、科技加持的新体验，古今碰撞、行业交融，郑

州博物馆以此次中秋夜游活动为契机，进一步打响了博物馆拥抱博物馆热、国潮热的潮流范儿，不断吸引更多的游客进行打卡留念，日渐成为郑州市推动文化和旅游融合的重要组成单元。

三、文旅背景融合下郑州博物馆的实际挑战与对策

（一）挖掘城市文化资源，应对虹吸效应挑战

一部河南史，半部中国史，河南文化底蕴深厚，历史上多个朝代曾在此建都立业，中国八大古都里河南占据了半壁江山，洛阳、安阳、开封、郑州都曾在历史洪流中担任古代王朝的都城，见证历史、承载文化，孕育了中华民族灿烂辉煌的历史和文明。相较于开封、洛阳、安阳的古都历史，郑州的古都文化悠远简朴，在新旧石器等史前时期、夏商周时期等中原文明的起源诞生阶段曾经扮演着重要的角色，从文明发生发展的时间轴线考量，郑州这片土地上孕育的文明跟人们现实生活的距离感更强，较容易出现情感与价值上的间隙。结合近几年洛阳、开封等周边古都城市的文旅举措，再加上河南省博物院的影响力，郑州博物馆任重道远。

在此背景下，郑州博物馆应找准自身定位，明确服务对象，作为一个城市博物馆，其首要的作用在于传播城市文化、服务城市居民，为本地受众带来休闲栖息场所和精神食粮供给。南京市博物馆，背靠古建筑群，又深植于十朝都会文化底蕴，在解读南京城市历史发展进程、传播南京古都文化中发挥了重要作用，博物馆发挥场馆优势，让古建筑和文物发生了巧妙碰撞，秦淮风光、古建遗韵，在南京市民的日常小憩娱乐、拍摄取景下给人带来穿越之感。深圳博物馆，作为深圳市第一家文博机构，伴随着改革开放的春风，与特区共成长齐发展，将深圳的历史变迁、民俗文化与改革开放进程全面展示出来，是当地市民学习参观、展示深圳城市文化和中国改革开放的重要窗口。同属城市博物馆的一员，诸如南京市博物馆、深圳博物馆等，与郑州博物馆相比，亦是有着类似的文化发展困境，又或有着相仿的城市发展机遇，他们的这些做法都为郑州博物馆未来的发展提供了借鉴与参考。

城市博物馆讲述城市故事，这是其他类型博物馆无法轻易代替的，郑州博物馆应秉持差异化发展策略，明确自身的独特性和不可取代性，坚持宣传和打造“文物展 + 文化展”的传播路径，让豫剧、中医等植根于中原滋养、发展壮大的文化传播出去，进一步挖掘城市文化资源，丰富文化展传播内容及体系，将资源故事化、故事 IP

化，定期举办特色活动，增加体验性项目，比如本地非遗项目或者手工体验课程，开展方言教学班，让城市居民经常来、反复来，寻求城市居民的文化归属与认同，让城市博物馆成为城市文化传承的集中地，连接城市历史与当下，形成不可替代的传播矩阵。

（二）加强协同合作，发挥行业影响力

博物馆是城市文化体系中的重要组成部分，而城市博物馆一方面要注重与城市的其他文化单元打通融合，另一方面也承担着本市域博物馆资源整合与协同创新的重任。从行业内部来看，郑州博物馆是郑州市博物馆学会的发起单位、河南省博物馆学会的副会长单位，应践行“共通、共建、共享”的发展原则，通过加强文物保护、文创开发利用、智慧化博物馆建设等领域的合作，推动郑州市内博物馆的文化资源整合和博物馆间的交流，提高郑州馆藏文物资源的利用效率，发挥郑州博物馆在行业内部的引领作用，传递郑州声音。譬如在学术研究方面，郑州博物馆可以联动市内其他博物馆，对区域性文化资源进行调查与梳理，加大夏商文化、黄河文化、郑州城市发展史等方面研究力度，进行资源有机整合，共享研究成果，以陈列展览、教育课程、学术活动等方式落地实施，推动更多普惠民众的展览与活动。

从行业外部来看，郑州博物馆应积极创新协同发展模式，拓宽合作平台与渠道，聚焦于社区、学校、景区、企事业单位等多个维度合作，打通城市博物馆与社会各个单元的沟通环节，使博物馆真正走入民众生活、学习、工作等方方面面，让博物馆最大程度融入城市文化体系建设。在服务群体上注重年轻消费者“精神”消费这一转变，提供更加个性化、更具体验感的项目活动。《河南省“十四五”文化旅游融合发展规划》指出：“实现全体人民共同富裕，迫切需要促进人民精神生活共同富裕……让文化和旅游发展成果更加公平合理惠及全体人民。”根据调查研究可知，近几年文化消费支出日益增长，90后、00后成为消费主力群体，年轻人的消费喜好正在从单一的物质消费逐渐过渡到复合型文化消费，洛邑古城汉服打卡、“只有河南·戏剧幻城”、开封王婆说媒等爆火的文旅新标杆，折射出了文化消费的深化与转型。

在此背景下，郑州博物馆应打破传统思维模式，找到与新消费群体的沟通方式，开发符合年轻人审美趣味、具有长期生命力的文化产品和文化服务。城市文化的“意”需要用特定的“境”来承载，故可以在场景营造上下足功夫。一是在陈列方面，郑州博物馆基本陈列“百年史话”展厅通过火车模型等场景，让曾经发生在这片土地的铁路开通、省会迁正等重大事件与现在连接，引起观众的回忆与遐想；在佛造像艺术展厅可以加入晕轮、火苗、音乐等效果，增加内心的安静，培育修养。二是在跨界合作方面，郑州博物馆可以依托城市文化底蕴，将反映城市发展变迁的展览放在地铁站、高铁站等人流量大且集散效应强的交通场景，让更多人感受和传播城市文化和城市精神；将多样化主题展放进商场、街道等人们购物休闲的场所，让大家近距离感受传统文化的魅力；将情景剧演出、剧本杀等沉浸式互动项目放进博物馆，让观众通过有形、有感的方式，“沉浸式”理解文化的价值与内涵。

（三）以新质生产力引领，激活行业创新力

新质生产力的提出背景来自对当前生产力发展的趋势总结，2024 年习近平总书记在中共中央政治局第十一次集体学习时强调：“新质生产力是创新起主导作用，摆脱传统经济增长方式、生产力发展路径，具有高科技、高效能、高质量特征，符合新发展理念的先进生产力质态。”从文博文旅角度来看，以新质生产力引领、激活文博行业创新力需要新技术的滋养，但纯粹的技术之新并不能完全引领文博这一传统行业，因为文物与文物中历史的价值才是文博行业作为文旅模块最重要的一环。

受技术浪潮的冲击，文旅产业涌现了许多如 VR/AR 技术场景，如 AI 导览、无人驾驶等人工智能场景，以及线上场景等新业态。在数字技术的应用与发展方面，郑州博物馆也紧跟时代发展潮流，坚持以新质生产力引领，推动着博物馆智慧化的建设，然而中华优秀传统文化引领下的文博行业在经历技术革新的同时，需要始终将“物与物”“人与物”“时代与物”等范畴厘清。郑州博物馆如何在回应时代需求的前提下，做好传统文化与现代科技、博物馆行业与其他领域的平衡与融合，这需要既放眼当下，又着眼未来。

物与物，一方面指的是博物馆中所展示的文物与现代技术事物的有机结合，另一方面指的是文物之间彼此的联系。如杭州某一民俗博物馆，在保存非物质文化的基础上，充分发掘“物”。其“物开一刃为刀，两面开刃为剑，双刀相交为剪”的陈设理念在一定程度上充分发掘、整合了文物间的内在联系，也在无形中提升了展览的审美境界。人与物，指的是加深展览者与所展文物间的关系，如郑州某一非国有博物馆，其物与物的内在联系是“陶瓷”，但在简介上则使用了年轻群体流行的话语体系，从衣、食、住、行、劳、酒、茶、娱 8 个方面，让观众一览古人的“人间烟火”。时代与物，则要求文博行业从文物中充分发掘出与当前社会价值观念相符的一面，并能“寓教于物”。比如一些文物中体现出古人勤俭节约的生活态度或不拘一格的奇思妙想，都应在介绍中有所体现，又如一些展览在主题设置上应体现出时代特色，要敢于与潮流话题“碰瓷”，但也要做到在“碰瓷”的浪潮褪去后留下文物的精神价值。

从宏观而言，技术的发展与生产力的进步无疑在潜移默化中影响着文旅文博的发展，能在一定程度上推进传统文博行业的发展，从而影响一座城市的旅游格局以及文旅风貌。但从文博行业的根部来说，守正即创新，如若一味推崇技术，从而建立“科技为主，文化为辅”的产业话语，在一定程度上不符合当前新质生产力的根本逻辑。郑州博物馆作为城市博物馆的一员，应始终明白，从文化产业的角度上，激活的行业创新力应该是理念的创新力，博物馆高质量发展的首要任务，最重要的是“因地制宜”。只有认真思考人与文物、文化与技术的关系，郑州博物馆才能真正做到郑州市文博行业的整合引领与转型升级。

结　语

城市博物馆保留城市文化根脉，传承中国传统文化。正如习近平总书记强调：“在新的起点上推动文化繁荣，建设文化强国，建设中华民族现代文明，是我们在新时代新的文化使命。”在郑州这样一个历史悠久、文化底蕴深厚的城市文化内核下，郑州博物馆在推动文化和旅游融合发展、服务城市文化建设中扮演着至关重要的角色，有着责无旁贷的文化担当与使命。

在“文旅+博物馆”热潮的背景下，郑州博物馆将发挥其城市博物馆的身份特色，为游客提供深刻的文化映射与丰富的价值满足，找准自身发展方向，拓宽公众服务半径，坚持以城市文化内涵为根基，以服务城市居民为方向，以古都历史文化的传承为目标，将文旅元素渗透至城市生活的每一个细微之处，通过深度和广度的双重拓展，创造出一种全方位、沉浸式的文旅消费场景，持续推进“文化+”“旅游+”新型业态融合培育发展，把文旅强市建设作为满足人们美好生活向往的重要支撑，让每一位市民都能在这座城市中找到属于自己的情感共鸣和心灵归宿。

城市博物馆赋能文旅融合发展
——以常州博物馆为例

代培培[①]　常州博物馆　江苏常州　213022

摘要：

城市博物馆是宣传城市历史、弘扬城市精神、传播城市文化的重要窗口。在文旅融合的背景下，城市博物馆需要利用“博物馆热”这一文化现象，更好地承担起社会教育、文化传播的职责，做好文化阐释工作，为公众提供高质量文化服务，助力所在城市文化旅游的发展。本文以常州博物馆为例，分析其近年来在陈列展览、教育活动、文创研发、新媒体运营等方面助力常州文化旅游发展的实践，探讨城市博物馆文化旅游发展路径，以期展现城市博物馆的文化活力，促进城市文化旅游发展。

关键词：

城市博物馆　文化旅游　文化服务

City Museums Energize the Development of Culture and Tourism Integration: Taking Changzhou Museum as an Example

DAI Peipei

Abstract:

City museums are important windows for publicizing city history, promoting city spirit and disseminating city culture. In the context of the integration of culture and tourism, city museums are supposed to take advantage of the cultural phenomenon of “museum fever” to better shoulder the responsibility of social education and cultural dissemination, improve cultural interpretation, provide high-quality cultural services to the public, and help the development of cultural tourism in different cities. Taking Changzhou Museum as an example, this paper summarizes and analyzes its efforts in promoting the development of cultural tourism in Changzhou in recent years in terms of exhibition, educational activities, cultural creation, and new media operation. It also discusses the path of cultural tourism development in city museums, hoping to demonstrate the cultural vitality of city museums and promote urban cultural tourism.

① 代培培，常州博物馆馆员。DAI Peipei, Changzhou Museum.

Key words:
City museum　Cultural tourism　Cultural services

城市博物馆记录、展示并传播着所在城市的历史文化，是人们“了解一个城市历史的重要之选”①，同时也是弘扬城市精神、传播城市文化的重要窗口。博物馆文化对于城市文化建设与发展也有着重要作用。在文旅融合的背景下，近年来博物馆参观人数持续增长，根据国家文物局发布最新数据，“2023 年全国备案博物馆达到 6 833 家，接待观众 12.9 亿人次，成为新时代人民美好生活不可或缺的重要组成部分。”②2024 年春节期间，全国博物馆共接待观众 7 358.01 万人次，同比增长 98.6%。③ 根据《国内历史文化旅游热潮解读报告》，2023 年“国家一级、二级、三级博物馆作为历史文化传承的重要场所，其客流热度实现 70%以上的同比增长”。④“博物馆热”“博物馆旅游”成为热门话题，“博物馆热的背后，是公众对民族文化、传统文化的认知度和认同度在提高，精神文化需求和文化消费意愿在提升”⑤。基于此，城市博物馆需要紧抓“博物馆热”这一文化现象，打造博物馆文化品牌，完善文化展示方式，提高研究阐释和展示传播水平，“让文物活起来”，助力所在城市的文化旅游发展。

常州是一个拥有 3 200 多年历史的江南文化古城，而常州博物馆(以下简称常博)是一所集历史、艺术、自然为一体的综合性地方博物馆，近年来立足常州本土文化，充分挖掘馆藏文物价值，在陈列展览、教育活动、文创研发、新媒体运营等方面做好助力常州文化旅游发展工作，为公众提供高质量服务。

一、立足区域文化和馆藏精品，策划高质量展览

“陈列展览是博物馆为公众服务的主要内容，可以说是博物馆的主要文化产

---

① 沈辰著：《众妙之门：六谈当代博物馆》，文物出版社 2019 年版，第 2 页。

② 赵军慧、李翔、李瑞：《博物启智　文以化成——国际博物馆日各地活动精彩纷呈》，《中国文物报》2024 年 5 月 21 日。

③ 李瑞：《春节期间全国博物馆接待观众总量达 7 358 万人次》，2024 年 2 月 18 日，http://www.ncha.gov.cn/art/2024/2/18/art_722_187163.html。

④ 肖维波：《〈国内历史文化游热潮解读报告〉发布　打卡博物馆成新风尚》，2024 年 5 月 21 日，https://mp.weixin.qq.com/s/gg_renREmIKSFoPEEuRvvg。

⑤ 刘婵：《“博物馆热”让历史照亮未来》，《河南日报》2019 年 2 月 20 日。

品”[①]，也是博物馆重要的文化旅游资源。常博除了展示常州地方历史文化的“龙腾中吴——常州古代历史文化陈列”，展示赖以生存的自然环境和江苏地区自然风貌的“神奇的自然 美丽的家园——自然资源陈列”，以及“谢稚柳艺术陈列”“刘国钧先生捐献红木家具陈列”四个常设展览外，近年来，每年精心策划推出十多个临时展览，不断满足公众对博物馆文化的需求。

（一）举办不同主题的临时展览，提升博物馆文化旅游品质

常博近年来推出的临时展览，主要包括人文历史、自然科普、艺术等类别，在展览内容和形式上也考虑到不同类别观众的需求。常博立足藏品基础，深度挖掘馆藏文物资源，讲好文物背后的故事，让当地观众和外地观众更深入地了解常州地方历史和自然资源，用藏品更好地联系公众生活，近年来陆续推出“龙城风华——常州市考古工作汇报展”“记录伟大历史——常州革命史料展”“南宋芳茂——周塘桥南宋墓出土文物特展”“三星眩耀——金坛三星村遗址特展”“毗陵·宋——文物中的宋代常州”“书斋觅趣——江南文人的风雅生活”等特展，这些展览或向观众展示了常州近年来部分代表性的考古成果，向公众科普地域文明探源知识；或通过馆藏文物让公众了解常州的历史文化和古代常州的生活风俗；或通过红色文物讲述砥砺人心的常州故事，有助于常州本地观众增强对本地文化的自豪感。

常博还充分发挥江苏省唯一一家少儿自然博物馆这一优势，利用馆藏自然标本，做好自然科普工作，从2009年起在暑期陆续推出了有针对性的“回眸亿万年——常州博物馆古生物化石展”“虫虫世界——常州博物馆藏精品昆虫展”“腾飞之龙——从龙到鸟的演化之旅”“聪明的植物”“古海精灵——三叶虫化石及古海洋演化史”等科普特展。这些自然科普展深受青少年观众的喜爱，他们在参观中学习自然科普知识，了解本地和其他地方的自然环境。除此之外也引进优秀外展，如“华美多姿——日本岐埠县现代陶艺美术馆藏德国梅森瓷展”“流金岁月——世界文化遗产地鼓浪屿文物特展”，让公众近距离欣赏不同地域不同文化的藏品，了解地域文化特色。

常博不断从形式和内容方面提升临时展览品质，探索文旅深度融合路径，打造博物馆文化旅游特色品牌，挖掘博物馆旅游资源的文化内涵，用高品质的展览推动博物馆文化融入当地旅游产业，“三星眩耀——金坛三星村遗址特展”就是2023年

① 段勇著：《当代中国博物馆》，江苏凤凰文艺出版社2022年版，第91页。

常州中吴文化艺术节的重点展览。

（二）丰富释展手段，满足不同观众群体需求

公众到博物馆参观，通过展览的展品，了解背后的故事，了解展览传递的思想，从而有了全新的参观体验和收获。沈辰认为释展是“策展中对展览主题思想做出深入浅出的诠释”①，博物馆需要做好展览的释展工作，将展览的思想传递给公众，让公众看得懂展览，理解展览，享受展览。常博除了常规的展览说明牌、辅助说明、互动体验项目外，还积极策划资深讲解员特展导览直播和配套展览的社教活动，如“化石激活计划”系列教育活动、科普夏令营等，推出AR眼镜智慧导览服务、特展人专场导览活动，播放策展人讲述幕后故事的视频，通过一系列措施做好释展工作，加大对展品的阐释力度，拉近博物馆与公众的距离，“将博物馆转化为人们理解历史与环境的媒介”②，让公众获得更好的参观体验，提升博物馆文化旅游品质。

总之，常博充分做好博物馆的主要“文化产品”即陈列展览工作，考虑不同观众群体的需求，精心策划符合公众文化需求的陈列展览，同时做好释展工作，便于公众理解和欣赏展览，更好地为公众提供高质量文化服务，助力常州文化旅游事业的发展。

二、围绕展览、馆藏文物开展系列教育活动，拓宽博物馆教育空间

博物馆新定义强调博物馆“为教育、欣赏、深思和知识共享提供多种体验”，教育是博物馆重要的职能，教育活动是“博物馆文化供给的主要方式”③，是博物馆重要的文化传播形式，也是公众获取博物馆另类参观体验的方式之一。常博围绕展览、馆藏文物资源、常州地方文化已形成“人文历史”“自然科普”“馆校合作”“社区联动”“非遗传习”等多个主题社教活动品牌，推出了“拾忆·长安”“衣饰·大明”“化石激活计划”“探秘三星村”等丰富多彩的教育活动，考虑到不同年龄、不同教育程度公众的文化需求，让公众在带有博物馆特色的文化活动中获得知识和乐趣，其

① 沈辰著：《众妙之门：六谈当代博物馆》，文物出版社2019年版，第87页。

② 严建强：《从秘藏到共享：致力于构建平等关系的博物馆》，《中国博物馆》2020年第2期。

③ 国家文物局：《“博物馆里过大年”成为新年俗——国家文物局博物馆与社会文物司相关负责人接受采访》，2019年2月26日，http://www.ncha.gov.cn/art/2019/2/26/art_722_153767.html。

中“‘龙·鸟’时光机系列教育活动”荣获2022年全国文博社教十佳案例。

2023年暑期常博依托市文化广电和旅游局主办的2023“美好如常”文旅惠民行动，精心打造“常博奇妙夜”活动，在7月14日—8月26日期间，每周五、周六实行夜间延时开放，推出各类展览、讲座及体验活动共26场，为公众奉上丰富多彩的文化盛宴，暑期常博（本馆）共接待观众31.81万人次，与2022年同比观众量增长14.9%，其中夜间延时开放14天接待观众10.77万人次，同比增长40.71%。[①]“礼裳中华”传统服饰礼仪展演、“国宝营业中”情境式历史文化展演、“远古解码器”展厅流动课堂、“小小化石修复师”体验活动、“典籍里的龙城”等形式多样、内容丰富的文化活动，丰富了公众的文化夜生活，给公众带来视觉和听觉的新体验，让公众深度感受博物馆文化内涵，感受常州的文化魅力。

2024年“518国际博物馆日”期间，围绕“博物馆致力于教育和研究”这一主题，常州市各文博场馆共推出5大系列50项活动，常博为公众奉上4大类22项形式多样、各具特色的精彩活动。常博“518国际博物馆日”系列活动突出“跨界”与“出圈”，走出博物馆，走进校园，走进公园、商场等公共场所，促进跨界融合与交流，与更多的公众共享博物馆文化，拓宽博物馆教育的空间，促进文旅融合新发展。常博致力于推动博物馆教育活动的多元化发展，合理规划研学路线，完善博物馆教育和旅游元素的新融合，促进自身成为外地游客来常旅游的热门目的地之一。

三、新媒体平台促进博物馆文化和常州城市文化旅游的传播

随着新媒体的发展，越来越多的博物馆开通新媒体账号，利用新媒体平台传播博物馆文化。根据《2024年抖音博物馆生态数据报告》，“过去一年抖音博物馆打卡数同比增长34%”，“为博物馆奔赴一座城”，博物馆成文旅打卡新地标（新闻）。博物馆需抓紧“博物馆热”“博物馆游”，促进文化传播和文化旅游宣传。

常博目前已开通的新媒体平台主要有微信公众号、抖音号、官方微博、微信视频号等，连续荣获2022、2023年度江苏文旅自媒体联盟年会颁发的文博场馆类“十佳影响力新媒体账号”荣誉，截至2024年5月底，常博抖音号共发布视频442条，

① 常州博物馆：《常博奇妙夜伴你度过整个夏天》，2023年9月5日，http://www.czmuseum.com/newsListfz/detail?id=751461466816647168&cid=115&tname=cbdt&isDetial=true。

官方微博账号共发布微博4044条，微博视频播放量26.1万次。每个新媒体平台都有独特性，常博利用平台的独特性，为不同受众群体提供相应的文化服务，将假期开放公告和展览、教育活动等信息发布在多个新媒体平台，方便平台用户及时了解常博相关信息。以抖音平台为例，很多人被抖音上的博物馆和文物短视频吸引，进而去“打卡”博物馆。常博针对抖音短视频短小精悍有趣的特点，原创系列文物和标本的科普小视频“神奇动物在哪里”“馆藏精美金银器”等，增加与公众互动，拉近博物馆与公众的距离，让博物馆更贴近公众生活。在2021年策划“奋斗百年路，启航新征程”短视频大赛，在2023年策划“在常州博物馆记录美好生活——抖音短视频征集”活动，让公众在参观过程中，记录下认为精彩的观展瞬间。

常博还利用微信视频号、官方微博账号直播或发布特展导览、讲座视频，尤其是制作介绍馆藏精品文物的12集宣传视频《常博文物说》，让公众足不出户也能了解常博的藏品，了解文物背后的文化内涵，并荣获2023年度中华文物新媒体传播精品推介入围项目。常博官方微博除了发布日常公告、展览、教育活动集锦图文视频外，注重传统二十四节气和常州地方文化的宣传，发布节气海报并配以文字说明，七夕向公众介绍常州七夕文化，冬至前夜发布胡葱笃豆腐的海报，深受本地粉丝的喜爱。在中国旅游日期间，常博官方微博带“中国旅游日”“微博城市品牌节”话题发布视频或海报，宣传城市旅游。在文化和自然遗产日期间，参与中国文博和微博文博发起的“文化遗产知识大赛”活动，将文化和遗产日主题、常博馆藏文物知识、常州市非物质文化遗产名录项目制作成答题海报，以网络接龙答题赢文创礼品的形式鼓励网友参与互动，起到良好的科普宣传效果。总之，常博利用各新媒体平台的优势，积极做好博物馆文化和城市文化宣传工作，为公众提供高质量、高层次的文化服务。

四、研发博物馆文创，促进城市旅游新特色

博物馆文创也是博物馆重要的文化产品之一，带有博物馆文化元素，突出地方城市博物馆特色的文创深受参观者的喜爱。常博立足本馆实际，满足不同观众需求，借鉴优秀经验，不断提高文创开发水平，更新经营模式，为公众提供更高水平的文化服务。常博于2007年成立博物馆商店，从初期简单的销售商品，到现在全新升级改造，提供融“餐饮、购物、休闲”为一体的多功能服务。

常博重视博物馆文创商品的研发工作，曾于2017年5月举办"文荟杯"常州博物馆文化创意产品设计大赛，吸引公众参与博物馆文创开发，后期与专业设计公司合作，打造常博馆藏文物系列文创。常博文创商店始终立足馆藏特色资源，考虑不同的观众群体的喜好，研发不同种类的文创商品，注重深受青少年喜欢的自然文创商品的研发。为增强观众观展体验度，常博上新打卡机，方便观众在观展之余盖章留念。为配合宣传常博特展，还相继研发了特展文创周边，如"南宋芳茂""三星村""古海精灵"系列周边文创。

常博"龙腾中吴"系列文创雪糕和限定咖啡深受观众的喜爱。根据官网统计数据，2023年"常博奇妙夜"活动期间，"文创产品如国宝漆奁系列、运河龙城系列、宋韵风华系列，文创雪糕、明信片、书签等都成为明星商品，深受观众喜爱，暑期销售额达57.16万元，同比增长86.99%"①。

除了重视博物馆特色文创商品的研发外，常博还完善文创销售体系，利用馆藏自然标本资源优势，与贝林自然世界合作经营，引进贝林自然纪念品商店。常博从单一的线下商店销售更新为线上线下经营模式，不断完善文创销售体系，"常州博物馆文创店"也于近期正式上线电商平台。常博推出带有博物馆文化和地方特色的文创商品，既可以让公众"把博物馆带回家"，又增加了公众高质量文化旅游的新体验。

结　语

常博近年来在陈列展览、教育活动、文创研发、新媒体运营等方面不断提高博物馆文化产品品质，为公众带来全新的文化旅游体验，助力常州城市文化旅游发展。但也要注意博物馆文化旅游同质化、释展流于表面、学术成果转化未能很好传播、过度追求"热度"娱乐化等问题，需要明确自身定位，多角度多元化挖掘馆藏文物和自然标本的文化内涵，利用AI等新技术，提高展览和教育活动的互动性，增强公众参观体验，打造常博文化品牌，完善博物馆文化展示与传播媒介，使博物馆文化更贴近公众实际生活，促进常州城市文化和旅游的高质量发展。

---

① 常州博物馆：《常博奇妙夜伴你度过整个夏天》，2023年9月5日，http://www.czmuseum.com/newsListfz/detail?id=751461466816647168&cid=115&tname=cbdt&isDetial=true。

三、 新技术应用与城市博物馆发展

III. Application of New Technologies and Development of City Museums

博物馆线上线下融合展示的问题及对策①

郭春媛② 邵 帅③ 赵 桐④ 郑州博物馆 河南郑州 451199

摘要：

博物馆正处于数字化转型的关键时期，线上线下融合展示已成为文化传播的新常态。利用5G、云计算和AI等现代技术来丰富博物馆展示形式，增强观众的参与感和体验感，不仅能扩大博物馆的服务范围，还能深化文化遗产的教育传播效果。然而，当前融合展示面临模式单一、内容碎片化、传播局限和技术配合不当等问题。为解决这些问题，博物馆应构建融合展示思维的策展体系，创新体验和互动模式，建立跨平台的推广传播矩阵，以提升服务质量，优化观众体验，实现可持续发展。

关键词：

融合展示 数字化技术 观众体验 跨界传播

Problems and Countermeasures of Online and Offline Integrated Exhibition in Museums

GUO Chunyuan SHAO Shuai ZHAO Tong

Abstract:

Museums are facing a critical period of digital transformation, and online and offline integrated display has become the new normal of cultural communication. Using modern technologies such as 5G, cloud computing and AI to enrich museum display forms and enhance the audience's sense of participation and experience can not only expand the museum's servicc rangc, but also deepen the educational communication effect of cultural heritage. However, the current integrated display faces problems such as single model, scattered content, communication limitations and improper technical coordination. To solve these problems, museums should build a curatorial system that integrates display thinking, innovate experience and interactive models, and establish a cross-platform promotion and communication matrix to improve service quality, optimize audience

① 本文属于2022年度中国博物馆协会科研课题资助计划一般项目“博物馆线上展示模式与方法研究”（项目编号：TCMA－2022－1.6－YB－6）的研究成果。

② 郭春媛，郑州博物馆副馆长、副研究馆员。GUO Chunyuan, Zhengzhou Museum.

③ 邵帅，郑州博物馆信息资料部主任、馆员。SHAO Shuai, Zhengzhou Museum.

④ 赵桐，郑州博物馆社教专员、助理馆员。ZHAO Tong, Zhengzhou Museum.

experience, and achieve sustainable development.

Key words:
Integrated display　digital technology　audience experience　cross-border propagation

博物馆作为文化资源富集的公共文化机构，具有传承形式多元、内容丰富、表达方式新颖的特点。随着数字技术的飞速发展，博物馆已经不再局限于传统的物理空间展示，现场化和在线化交互传播成为新常态，这极大地拓展了博物馆文化传播的边界。线上线下的融合展示进一步打破了时空的限制，为博物馆的展示提供了无限的可能。本文旨在分析探讨博物馆如何在展览策划、观众交互和影响力传播等方面做好线上线下融合展示，实现可持续发展。

一、博物馆线上线下展示融合发展的意义

线下展示作为最传统、成熟的博物馆展示方法，通过实物体验、现场教育、直接社交互动等方式连接文化与观众，搭建起一座独特的沟通桥梁，有着不可比拟的优势。但作为立足于现实的展示方式，展厅空间、展示时间及运营成本等因素都会对博物馆展示内容和承载能力产生限制，从而影响传播效果的扩大和更广泛观众需求的满足。

随着互联网信息和数字技术的发展，线上展示一步步成为大众乐于接受的展示方式，其便利可及、不受地理空间环境限制，内容形式多样、拓展性强的优势显而易见，但缺乏实物互动、依赖设备和技术支持的劣势也难以避免。作为虚拟的展示方式，线上展示虽然省去了线下策展必然存在的大量物资耗材，可是为了保证线上资源信息的准确与观众优质的参观体验，也存在较高的更新与维护成本。

由此可见，博物馆的线上展览与线下展览之间存在着互补和支持的关系，单一的线上或线下展示模式都不能完全满足博物馆策展和观众日益增长的观展需求。这两种展览形式各有其独特的优点和局限性，它们可以通过相互结合搭配来达到更好的展示效果。

现今数字化的发展极大推进了线上线下融合展示的可能性，如何做好线上线下融合展示，为广大观众提供更加丰富的展示内容已经成为博物馆亟待解决的问题。能够利用好融合展示模式，实现广泛的内容联通与优势互补，升级受众体验、

形成传播合力，将让博物馆不再受限于实体空间，以更加创新、灵活的方式，把丰富多彩的文化呈现在更多的观众面前。

二、博物馆线上线下融合展示的优势

（一）技术创新形式丰富，受众广泛

随着数字时代的发展，5G、云计算、大数据、媒体交互、人工智能等技术不断更新，这些技术的应用在提高博物馆传播效果的同时，还为策划人员提供了多样的展示选择。例如，结合了 AR 技术的线上艺术展览“UNFOLD”能够让观众通过手机 APP 将虚拟作品安置到自身所在空间中，实现了虚拟展厅随身携带的效果，打破了实际场地对于承载观众的限制。在传统的展厅复刻式线上展览之后，依托线下场景构建的在线真人讲解、元宇宙漫游、小程序互动、云端知识学习、数字剧本游戏等正在成为博物馆数字文旅消费新业态。这些立足于新技术的模式，逐渐将展示的边界与形式打破、融合，由实体向虚拟空间不断延伸，极大地丰富了展示形式，使博物馆展示项目的数字化、智能化特征更加突出，以超越以往的展览体验为展示项目吸引了更广泛的观众群体。

（二）展示内容延伸互通，内涵丰富

线上线下融合展示不仅在于提供观赏性的展示内容，其更重要的功能是可以实现文化传播和教育内容上的有效延伸。通过线上技术提供丰富的展览体验和多元化的展览内容，与线下展示形成有机整体，让博物馆得以更好地发挥讲述地域文明、传承历史文脉、教育传播的公众服务职能。

在项目中设计融合展示部分，能够配合线下展示的内容对相关教育和文化资源进行数字化处理，升级网络教育资源，形成知识网络，帮助观众进一步深挖展览内涵，为他们提供答疑解惑、学习研究的机会。如浙江省博物馆“丽人行——中国古代女性图像云展览”，打破了时空限制和“馆藏”格局，围绕展览主题汇聚国内 32 家博物馆 1 000 余件数字藏品资源，整合 1 000 余项学术研究成果、链接 100 余个相关展览，为观众进行深入探索研究提供支持。

（三）传播模式跨界融合，传播迅捷

线上展示形式能够打破线下展示传播模式单一的限制，为博物馆资源进行跨界文化传播打下基础。线上线下融合展示项目建设过程中涉及的多元场景构建、多渠道资源整合、文化教育资源的数字化等技术功能可以顺畅地衔接跨界渠道，让线下展示有条件实现线上平台的快速传播。例如河南博物院结合线下热门文创“考古盲盒”热度推出的线上小程序“一起考古吧”，为用户提供考古工具的在线体验机会，并将部分数字化文物资源提供给观众在线挖掘和收藏。该小程序 7 天内就吸引 3 000 万粉丝前来“在线考古”，成为博物馆文化传播的成功“出圈”案例。

（四）优化观众参观体验，服务提质

博物馆做好线上线下展示的结合，有效打破了观众参观的时空限制，丰富参观体验，吸引更广泛的观众群体参与其中，从而为优化博物馆服务效率和质量带来独特契机。利用互联网和数字化技术，博物馆能够实现更符合观众需求的个性化和交互式服务，通过线上线下的资源互补，形式配合，让观众的参观更顺畅自由、个性灵活，进而升级参观体验、提升观众满意度。

此外，博物馆还能通过线上展示平台的构建引导观众转变以往的被动接受模式，开展良性互动，更有效地收集分析观众数据，利用便捷的处理工具提高服务效率和质量，进一步优化观众服务。

三、当前线上线下融合展示存在的问题

（一）结合模式单一

对线下展览的实景复刻是当下虚拟展览的最常见方式，例如郑州博物馆“繁星盈天——中国百年百大考古发现展”、郑州商都遗址博物院“巍巍亳都　王都典范——郑州商代都城文明展”、湖北省博物馆“天籁——湖北出土的早期乐器”等。此类线上展示虽然能够映射真实空间，对临时展览进行“永久”性保存，实现了扩大服务受众的功能，但简单的实景复刻没有发挥线上展示的交互性、内容扩展性和活动可及性优势，未能突出吸引观众的特性，形成线上线下融合展示的合力。

（二）内容碎片化

对于展示内容的整合，各文博场馆间存在很大差距。一些博物馆，特别是中小型馆受制于展示资源质量和展示观念，线上展示模式相对单一，线上展示项目能够整合的各类资源也比较有限，在平台中对于数字文物、线上展览和教育传播的展示与结合并不紧密，往往难以发掘文物、展览和教育活动间的紧密关联并形成直观的资源网络，在相关联的内容与知识间缺乏连接、挖掘和拓展，导致展示内容相对碎

片化,无法满足观众观展中的求知欲和探索欲。

(三)传播广度不足

一些博物馆,特别是中小型博物馆的传播理念还落后于线上展示的技术进步,部分线上展示项目形式还只停留在复刻和做好线上展示技术的阶段,在设计实施时忽视互联网传播规则,对受众的吸引力小,从而丧失了线下观众的传播流量。项目上线运行后的传播渠道单一,一方面与线下展示在内容上联系不紧密,对受众的吸引力小,从而丧失了线下观众的传播流量;另一方面上线后的传播渠道单一,欠缺营销策划,项目往往知者甚少,观者寥寥,线上线下展览联动、相互引流成效不明显。欠缺营销策划的展示项目,往往知者甚少,观者寥寥,线上线下展览联动、相互引流成效不明显,更无法形成跨界传播格局。

(四)技术展示配合脱节,影响观众体验

在技术融合的领域内,我们可以观察到数字化技术与多元展示需求的结合过程中存在一定的脱节现象。这种现象表现在某些高度依赖数字资源的沉浸式体验中尤为明显。当技术配合出现不匹配的情况时,可能会带来一系列的问题,例如展示内容变得单调乏味、互动性不足、缺乏人与展品之间的有效互动以及展品之间的联动性和互通性较差等。这些问题的存在可能会严重影响线上体验的整体质量,从而对观众的整体感受产生负面效应。

我们还必须考虑到设备兼容性和网络传输稳定性等实际因素,这些因素在很大程度上决定了观众在进行线上虚拟参观时的实际体验。设备适配问题可能导致部分观众无法顺畅地体验线上展示,而网络传输的稳定性则直接影响到画面质量和交互流畅度,这两方面的问题都可能使观众的线上参观体验大打折扣。

四、博物馆线上线下融合展示的对策

(一)构建具有融合展示思维的策展体系

传统线下展览是权威话语体系下严谨学术的语言在有限实体空间的传播,而线上线下融合展示则能够打破时空边界,采用大众化叙事方式,在无限网络空间与多方对话,在话题制造中逐步释放话语权,引起广泛的主体参与。博物馆策展人员有必要在厘清线上线下展示的关系、明确展示目标与定位、找准内容形式互补性的基础上,提升跨平台思考的能力,将融合展示思维纳入策展体系构建中。例如,在线下展的陈展形式、知识内容、文化传播、教育文创、互动推广等多个环节构建预设适配融合展示的“锚点”，让数字技术在不同的观展阶段持续发力，实现线上线下融合推进，延伸展览的生命周期。在制作线上展时，对线下展览内容深入发掘、重新整合，对原有展出内容框架进行突破，迭代固有展示方式，充分汇聚多方的数字资源，给观众营造新颖的内容体验，引导观众思考与理解。将线上线下的展示内容和形式进行有机整合，以确保观众无论是在实体空间还是虚拟空间中都能获得连贯和丰富的体验。

（二）打造有机结合的体验和互动模式

线上线下有机结合的体验和互动模式包括形式、内容以及体验反馈几个方面。在形式方面，博物馆利用 AR、VR、全息投影等新科技提升展览的可及性和互动性。同时，通过云计算和 5G 技术等数字化手段，输出更多精品数字传播内容，为更大范围的观众带来便捷、沉浸和个性化的展览体验。

在内容上，线上线下融合展示模式重塑了博物馆馆藏、研究、教育等核心功能，不仅能够提供观赏性体验，还可以通过线上技术提供丰富多元的教育内容，构建多元场景，整合多渠道资源，与线下展示形成有机整体。这提示策展人员原有侧重观众“观展中”的线上展示内容已经不足发挥融合展示的优势，融合展示应当将内容服务延伸至观众在“观展前”的“预习、准备”和“观展后”的“回顾、交流”诉求，配合线下展示的内容对相关教育和文化资源进行数字化处理，可持续地升级线上教育资源，形成知识网络，帮助观众深入了解展览内容，满足观众的各类文化需求。

在体验反馈方面，融合展示模式鼓励公众参与和使用相关服务，不仅能丰富观众和展览间的互动，还能加强观众与博物馆的联系，借此机会博物馆能够在观众反馈、参与度、文化传播效果等多个维度建立评价反馈体系，利用便捷的数据处理工具更有效地收集和分析观众数据，提高服务效率和质量，不断调整更新展示模式，进一步优化观众服务、提升博物馆服务能力。

（三）建设跨平台推广传播矩阵

线上展示不仅需要挖掘资源打磨内容、提升展览质量，还要做好传播推广，准确捕捉和回应观众诉求。项目策划时有意识地融入营销传播思维，考虑如何密切线上线下联系、发挥并结合各自优势，用心设计互动传播环节，形成“有分有合”的多维度立体化推广效果。

“分”即分化，项目设计与运营人员要摸清不同平台规律，在不同平台创作传播内容时，要尊重平台个性，符合用户喜好，将同一核心的传播内容在不同平台进行差异化传播。如在微博、视频号创作讲述类和泛知识类中长度视频，在抖音创作快节奏、概念化输出的短视频，在微信公众号向观众提供较多的参观服务和科普类内容，在官网、人民号等平台向观众提供更多的专业性内容。利用好不同的社交平台构建新媒体矩阵，形成传播联动机制，帮助观众在想要获取信息时能精准找到目标账号，也让粉丝了解自己所关注的账号风格，对后续推出的内容有一定的心理预期。

“合”是融合，在与外部机构的合作中要尽力推进深度融合，达到“1 + 1＞2”的效果，从技术合作到形式合作，逐步推进到共同创作。在现有与传统媒体、平台联合发展的基础上推动深度合作、创新合作，同时重视自媒体在新媒体传播中日渐增强的影响力，积极与平台头部账号达成合作，吸引更多粉丝、广大网友注意力与好感，在巩固线下观众的同时扩大有黏性的互联网粉丝群体，进一步促进人们对博物馆传播内容的关注，促进“二次传播”形成。

结　语

综上所述，博物馆作为重要的文化资源载体，在数字技术的推动下正经历着从传统物理空间展示向线上线下融合展示的转型。这种融合不仅拓宽了博物馆的文化传播边界，而且通过技术创新、内容延伸、传播模式的跨界融合以及优化观众体验等方面展现出巨大的潜力和优势。然而，当前融合展示仍面临诸如结合模式单一、内容碎片化、传播广度不足和技术展示配合脱节等问题。为了解决这些问题，博物馆需要构建具有融合展示思维的策展体系，打造有机结合的体验和互动模式，并建设跨平台推广传播矩阵。通过这些措施，博物馆能够更好地利用数字技术，创造更加丰富、互动和个性化的参观体验，同时增强自身的公众服务职能，实现可持续发展。

知识图谱在博物馆的应用
——“重庆博物馆馆藏白鹤梁题刻旧拓知识图谱”案例分析

梁冠男[①] 张 晨[②] 重庆中国三峡博物馆 重庆 400060

摘要：

随着信息技术的高速发展，利用高科技手段传播文物知识，复原与之相关的文物历史，逐渐成为博物馆的最新推广方式。“重庆博物馆馆藏白鹤梁题刻旧拓知识图谱”项目，着眼于馆藏的白鹤梁题刻旧拓文物，对白鹤梁题刻旧拓数字资源进行了深入的挖掘和分析。通过多维度的知识关联与拓展，构建知识链接图谱，不仅增强了题刻本身的知识性、故事性和趣味性，而且还运用PC网站、微信小程序、多媒体大屏幕展示终端等多种数字化方式，为大众提供了更直观、生动地了解和认识题刻的途径。本文从项目的背景、主体内容和可视化展示三个方面，重点介绍了该知识图谱的构建和可视化展示成果，这不仅使得文物资源真正“活起来”，还为传统文化的保护、传承与弘扬提供了有力支持。

关键词：

知识图谱 白鹤梁 可视化

The Application of Knowledge Graph in Museums：The Chongqing Museum's Collection of Baiheliang Inscription Old Extension Knowledge Map Case Study

LIANG Guannan ZHANG Chen

Abstract：

With the rapid development of information technology, the use of advanced technology to disseminate knowledge about cultural relics and restore their historical context has gradually become the latest promotional method for museums. The deep integration of cultural relics and technology is helpful to spread the stories behind the relics. “The Chongqing Museum's Collection of Old Extension Knowledge Atlas of Baiheliang

① 梁冠男，重庆中国三峡博物馆研究馆员。LIANG Guannan, the China Three Gorges Museum in Chongqing.

② 张晨，重庆中国三峡博物馆馆员。ZHANG Chen, the China Three Gorges Museum in Chongqing.

Inscriptions" project focuses on the collection of old extension cultural relics of Baiheliang Inscriptions, in order to conduct in-depth exploration and analysis of their digital resources. By linking and expanding knowledge from multiple dimensions such as inscriptions, characters, rubbings, literature, and historical materials, a knowledge linkage graph has been constructed. This integrated method not only enhances the knowledge dissemination, storytelling, and playfulness of inscriptions, but also utilizes various digital methods such as PC websites, WeChat mini programs, and multimedia large screen display terminals to provide the public with an intuitive and vivid way of learning and understanding inscriptions. From three aspects: project background, main content, and visualization display, this article illustrates the construction and visualization results of the knowledge graph. The trend of connecting digital technology with cultural relics not only reanimates cultural relics resources 'to be alive', but also provides strong support for the protection, promotion, and inheritance of traditional culture.

Key words:
Knowledge graph　Baiheliang　Visualization

博物馆与人们的精神生活密切相关，他通过展示其收藏的实物资料，让人们了解人类文明，认识人类社会的过去和现在。随着信息技术在博物馆的应用，人们走进博物馆，不仅可以观看传统的博物馆文物展览，而且还可以通过手机、扫描展厅里的二维码、文物数字展厅等方式，了解文物背后的故事。如何满足人们探索的渴望，让公众获取更多的文物相关信息，实现文物知识的聚合与传播，俨然成为当今博物馆的新课题。在新的时代语境之下，计算机科学相关领域研究的不断深入，知识图谱开始应用于博物馆领域，改变了传统的知识获取模式，将知识工程“自上而下”方式转变为挖掘数据、抽取知识的“自下而上”方式。① 相比于博物馆传统的文物展示，知识图谱能够实现丰富的知识表达，海量的信息资源，精准地分析挖掘，有助于博物馆文化更广泛地传播，提升公众获取文物知识的体验感。

本文试以“重庆博物馆馆藏白鹤梁题刻旧拓知识图谱”项目为例，分析知识图谱在该项目上的应用。通过整合馆内、外以及互联网上的相关研究资料和成果，我们对白鹤梁题刻旧拓数字资源进行了深入的挖掘和分析，对题刻、人物、拓片、文献、史料等多维度的知识关联与拓展，构建了知识链接图谱，形成了一个综合性、立

① 田玲、张谨川、张晋豪等：《知识图谱综述——表示、构建、推理与知识超图理论》，《计算机应用》2021 年第 8 期。

体化的知识网络，实现了对文物资源的科学管理、传播和利用。

一、项目背景

“重庆博物馆馆藏白鹤梁题刻旧拓知识图谱”项目旨在以白鹤梁题刻旧拓为基础，构建一个全面、立体的三峡水文化知识网络。通过数字化技术，实现了对文物资源的有效管理、传播和利用，使得公众能够更加深入地了解和认识白鹤梁的历史和文化价值。

白鹤梁位于重庆市涪陵区，在长江与乌江交汇处，长约 1 600 米，宽约 10～16 米，居于江中，离岸数十米。每逢枯水时节，江中石梁渐渐显露出水面，被古人将此看作祥瑞。[①] 每当此时，士绅官员、文人雅士和老百姓，往往纷至沓来，在石梁上游玩、聚会甚至举行祭祀等，免不得吟诗作赋，题铭纪事，留下众多珍贵的题刻文字。白鹤梁上现存有从唐代至今的碑文题刻共 165 段，其中直接与水文有关的题刻 108 段，记录了自唐代以来 1 200 余年间 72 个年份的历史枯水位情况[②]。这 72 个年份的枯水位记录，是已知起始早、延续时间最长的古代水文题刻，因此被誉为“世界第一古代水文站”。白鹤梁的古代水文资料，为今天考察长江水文提供了重要依据。

白鹤梁上的石鱼雕刻，是古人记录江水枯水位的标志。早在唐代，古人就设定用石鱼标注水位。经过测定，“石鱼”鱼眼的高程与涪陵地区平均枯水位非常接近，将 72 个年份的枯水水位排列起来，就得到了 1 000 多年来长江上游枯水水位表。这些数据对于利用长江的自然资源，对于农业、航运、水电开发，对于城市建设以及历史研究，都具有十分宝贵的价值。

白鹤梁题刻中涉及的历史人物，有姓名可考的计 300 多位，著名者如黄庭坚、朱熹、庞公孙、朱昂、王士祯等。历代诗文题刻，从书法看，篆、隶、行、草皆备，颜、柳、黄、苏并呈。从雕刻技法看，浅浮雕、深浮雕、线雕、图案、花边皆有，风格各异，精彩纷呈，具有极高的艺术价值，故有“水下石铭”之美誉。黄庭坚所写“元符庚辰涪翁来”，其字体苍劲有力，体势挺拔，纵横舒展。黄庭坚在评价自己的书法时曾说过：“元祐间书，笔意痴钝，用笔多不到。晚入峡，见常年荡桨，乃悟笔法。”白鹤梁上的这 7 个大字便是他入峡后的作品。

① 陈华蕾：《关于白鹤梁水下博物馆的讲解探究》，《文物鉴定与鉴赏》2023 年第 13 期。
② 刘兴亮：《略论白鹤梁题刻的文学内涵与价值》，《重庆交通大学学报(社会科学版)》2018 年第 1 期。

自三峡工程建成后，长江涪陵河段为库区水位变动区，为了保护白鹤梁题刻这一珍贵的水下文化遗产，文物保护工作者与科学家，提出了“无压容器”的保护方案，在原址上修建“水下博物馆”，实现了“原址、原样、原环境”保护文物①。

2003 年 2 月 13 日，白鹤梁水下博物馆工程开工，主要由水下保护体、交通及参观廊道、地面陈列馆 3 部分组成。设计、技术人员与施工人员共同努力，克服了水中施工的种种困难，历时 6 年，于 2009 年 5 月建成白鹤梁水下博物馆。这是世界上唯一的水下博物馆，她同白鹤梁题刻一同构成一个新的历史人文景观，向世人展示“水下碑林”的风采和中国人保护文化遗产的勇气与能力。

二、项目主体内容

“重庆博物馆馆藏白鹤梁题刻旧拓知识图谱”项目主要由以下 3 个部分构成：第一，对白鹤梁题刻旧拓的基础史料、拓片元数据以及相关的专著和论文进行整理与收集，以确保数据的完整性和准确性。第二，进行知识图谱的实体识别和关系推理，并构建相应的知识图谱，以揭示这些资料之间的内在联系。第三，构建一个知识图谱资源库支撑管理系统，以便于对知识图谱进行存储、查询和管理。

（一）白鹤梁题刻旧拓典型特征与表达形式研究

白鹤梁题刻文化历史悠久、内涵丰富。“重庆博物馆馆藏白鹤梁题刻旧拓知识图谱”项目，通过充分收集、整理相关资源，如题刻、人物、故事、水文、文保资料、典籍、拓片工艺、期刊及学术论文等，按人物、拓片、题刻、史料、研究论著等类别进行分类，并建立知识图谱数据资源库。该知识图谱总结了白鹤梁题刻文化遗产的表现与特征以及表达形式，形成了可用于知识图谱构建的内容文本，为图谱技术应用、交汇互动以及多元立体数据网络的形成提供了资源依据。

（1）收集白鹤梁题刻旧拓资料。我们从白鹤梁题刻旧拓基础史料、白鹤梁题刻拓片元数据、白鹤梁题刻相关专著、白鹤梁题刻相关论文，四个方面进行全面数据收集整理，并制作高清图版。资料数字加工有两种方式，一是使用工程扫描仪扫描，二是采用专业的相机拍摄。在扫描过程中，我们确保了彩色扫描、分辨率以及合适的存储格式。而在拍摄环节，我们则根据纸张质地和底色厚薄程度等因素，调

① 刘兴亮、朱利：《白鹤梁题刻与峡江古史研究》，《三峡论坛（三峡文学·理论版）》2017 年第 4 期。

整了最佳的扫描明暗度和对比度，以保证扫描图像与原件的完美吻合。为便于后续的数据处理和分析，我们整理了重庆博物馆“馆藏白鹤梁题刻旧拓知识图谱”基础数据清单(表 1)，详细记录了各项数据的种类、内容及数量等信息。

表 1 “重庆博物馆馆藏白鹤梁题刻旧拓知识图谱”基础数据清单

<table>
<tr><th>资料种类</th><th colspan="2">内容</th><th>类型</th><th>数量(张)</th></tr>
<tr><td rowspan="10">白鹤梁题刻旧拓基础史料</td><td rowspan="4">文字史料</td><td>白鹤梁题刻历史文献全编</td><td rowspan="10">Word 文档/电子照片</td><td rowspan="10">274</td></tr>
<tr><td>白鹤梁题刻人名索引</td></tr>
<tr><td>白鹤梁题刻题名人史料录文</td></tr>
<tr><td>三峡题刻录文</td></tr>
<tr><td rowspan="2">图像史料</td><td>白鹤梁老照片</td></tr>
<tr><td>白鹤梁题刻老照片</td></tr>
<tr><td rowspan="4">展览文本</td><td>壮丽三峡——白鹤梁展览文本</td></tr>
<tr><td>白鹤梁水下博物馆展览文本</td></tr>
<tr><td>三峡文物保护成果展石刻文本</td></tr>
<tr><td>长江文明展石刻文本</td></tr>
<tr><td rowspan="12">白鹤梁题刻拓片元数据</td><td rowspan="8">白鹤梁拓片库</td><td>三峡馆 2000 年拓本</td><td rowspan="12">电子照片</td><td rowspan="12">5 094</td></tr>
<tr><td>北大拓本</td></tr>
<tr><td>贵博拓本</td></tr>
<tr><td>三峡馆 70 年代拓本</td></tr>
<tr><td>三峡馆晚清民国拓本</td></tr>
<tr><td>台湾傅斯年图书馆藏拓本</td></tr>
<tr><td>国家图书馆拓本</td></tr>
<tr><td>重庆图书馆拓本</td></tr>
<tr><td rowspan="4">三峡题刻拓本</td><td>巴东摩崖题刻群</td></tr>
<tr><td>迎春石题刻</td></tr>
<tr><td>莲花石题刻</td></tr>
<tr><td>龙床石题刻</td></tr>
</table>

续 表

<table>
<tr><th>资料种类</th><th colspan="2">内　　容</th><th>类　型</th><th>数量(张)</th></tr>
<tr><td rowspan="13">白鹤梁题刻拓片元数据</td><td rowspan="7">三峡题刻拓本</td><td>龙脊石题刻</td><td rowspan="13">电子照片</td><td rowspan="13">5 094</td></tr>
<tr><td>彭水题刻</td></tr>
<tr><td>庆元题刻</td></tr>
<tr><td>秭归摩崖题刻</td></tr>
<tr><td>三峡其他题刻</td></tr>
<tr><td>三游洞题刻</td></tr>
<tr><td>宜昌碑石</td></tr>
<tr><td rowspan="6">全国代表性题刻拓本</td><td>广东题刻群</td></tr>
<tr><td>广西桂海碑林</td></tr>
<tr><td>湖南浯溪题刻群</td></tr>
<tr><td>山东泰安石刻群</td></tr>
<tr><td>四川广元千佛崖题刻群</td></tr>
<tr><td>浙江题刻群</td></tr>
<tr><td rowspan="2">白鹤梁题刻相关专著</td><td>古代</td><td>清代刻本</td><td>PDF/DJVU格式</td><td>7</td></tr>
<tr><td>当代</td><td>专题论著/关联工具书</td><td>PDF/DJVU/JPG 格式</td><td>7 836</td></tr>
<tr><td rowspan="2">白鹤梁题刻相关论文</td><td colspan="2">公开发表论文</td><td>PDF 文件</td><td>168</td></tr>
<tr><td colspan="2">内部资料</td><td>电子照片</td><td>865</td></tr>
</table>

(2) 研究白鹤梁题刻旧拓基础资料。我们以各地所存白鹤梁题刻旧拓为基础,结合历次水文调查所得拓片资料,对白鹤梁拓本存佚及题刻保存状况,所附着物质文化遗产信息做出综合性研究和深层次把握。我们对题刻中所见人物、故事以及水文信息进行了分类整理,对所有关键性旧拓进行了数字化处理。同时,我们还搜集了拓本中的人物资料以及其他史料信息,形成了人物网络知识系统,包括了题刻人名、生卒、官职、友朋关系、仕宦履历、家族迁徙、科举情况以及政治、文化依

附关系等方面的内容。在此基础上，我们利用其他传世史料、出土材料、非遗流传信息等资源，构建了电子化、多元化、立体化的解析网络，以反映白鹤梁题刻所表达的重庆地方历史。

（二）白鹤梁题刻旧拓知识图谱构建

以建立白鹤梁题刻旧拓知识图谱为目标，我们汇聚了人物、拓片、题刻、史料和研究论著等多维度数据资源。利用自然语言处理、数据挖掘和深度学习等技术，进行深入的数据分析挖掘工作。在知识图谱构建过程中，涵盖了知识建模、数据组织与处理规范制定、知识抽取以及基于 Neo4j 的知识图谱构建等关键步骤。

(1) 知识建模。知识建模以白鹤梁题刻旧拓相关的题刻、拓片、文保资料、史料古籍、学术论文文献等数据资源为依托。基于白鹤梁题刻人物、历史事件的知识体系以及其他题刻数据的知识体系（图 1），分析挖掘多模态文物数据中隐含的实体及其内在的逻辑关系，确定类、属性及实例，构建白鹤梁题刻本体，实现白鹤梁题刻文物数据的知识建模。

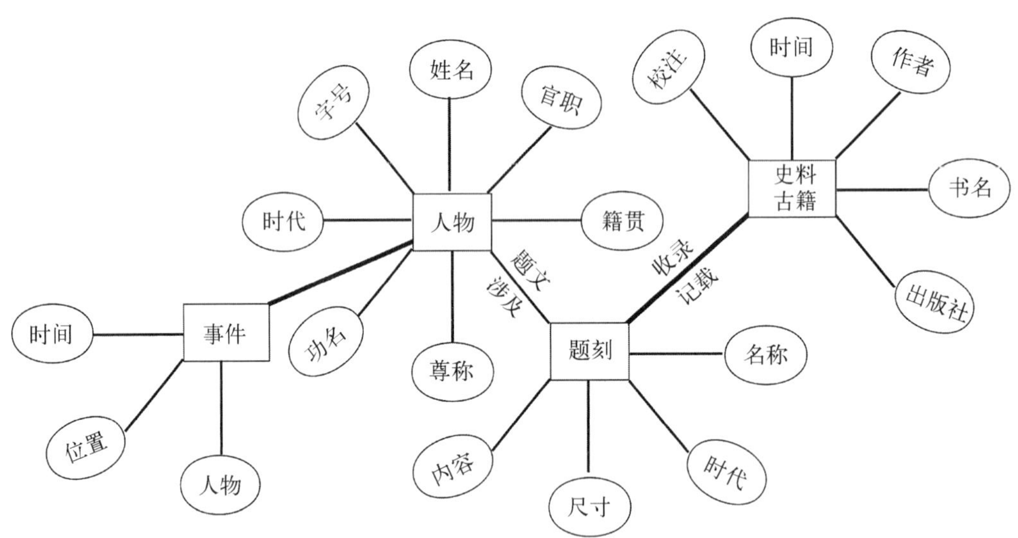

图 1　白鹤梁题刻知识建模

(2) 数据组织与处理规范。在构建白鹤梁题刻知识图谱的过程中，我们进行了大量的历史文化数据收集与整理工作。经过对题刻拓片文字内容的深入分析，我们发现文博数据具有显著的历史性和行业特色且结构复杂，并针对结构化、非结构化和半结构化这三种类型的数据，进行了详尽的数据解析。在规范的关系型数据存储的基础上，我们实施了实体抽取、属性抽取和关系抽取等技术手段，并进行了知识融合与消歧操作。这一系列工作的最终目标是构建图数据库。

（3）知识抽取。知识抽取的核心内容包括实体提取与关系提取。本项目所涉数据主要源于非结构化的文本数据，需要运用自然语言处理技术以提炼出结构化信息。针对白鹤梁文博数据，我们采用了命名实体识别模型 BERT－BiLSTM－CRF 进行实体抽取，对分割好的各个部分的数据进行处理，主要抽取人名和地名，并采用 BIO 标注。为了从数据中提取出各个人物的相关属性，我们运用了正则表达式、jieba 分词等技术进行属性抽取。这些属性包括字号、籍贯、官职、功名、题刻名、书名等。关系抽取是从文本中挖掘两个或多个实体之间语义关系的重要任务。在完成实体抽取之后，我们通过抽取实体之间的关联关系，将一系列分散的命名实体相互联系起来，构建出一个图状的知识结构。考虑到白鹤梁文博数据属性特征和关系的复杂性，我们采用监督学习和弱监督学习的关系抽取方法，确保关系抽取的结果尽可能准确，提高抽取到的关系与实体的匹配程度，从而减轻标注工作的负担，并提高工作效率。

（4）基于 Neo4j 的知识图谱构建。知识图谱数据应用的基础在于关联数据的有效表达与存储，本项目采用三元组数据模型进行表示，并以文本文件形式存储。然而，在直接查看三元组时，实体数据之间的关联性并不直观。为解决此问题，本项目选用图数据库 Neo4j，其能便捷地呈现关联数据，且操作相对友好。

基于 Neo4j，本项目构建的部分知识图谱成果，以周敦颐为例，围绕周敦颐这一人物，与之直接相关的著作包括《喜同费君长官游》《和费君乐游山之什》及《游赤水县龙多山书仙台观壁》。其中，人物职位为“长官”，这一职位作为实体，与其他实体存在关联，从而构建了以“周敦颐”为核心的知识图谱（图 2）。

（三）构建知识图谱资源库支撑管理系统

知识图谱资源库支撑管理系统主要由八个子系统构成，包括拓片著录子系统、拓片图片子系统、人物子系统、题刻子系统、文献著录子系统、知识图谱管理子系统、综合查询子系统以及史料子系统。这些子系统从多个维度，如拓片著录、图片、人物、题刻、文献论著、史料等，对资源库进行维护和管理。知识图谱资源库支撑管理系统的整体功能结构（图 3）。

拓片著录子系统致力于对白鹤梁题刻旧拓片数字资源进行精细化处理，以提供研究白鹤梁题刻旧拓的学术资源和查询依据，主要功能包括拓片著录信息采集、著录信息管理和著录信息查询。

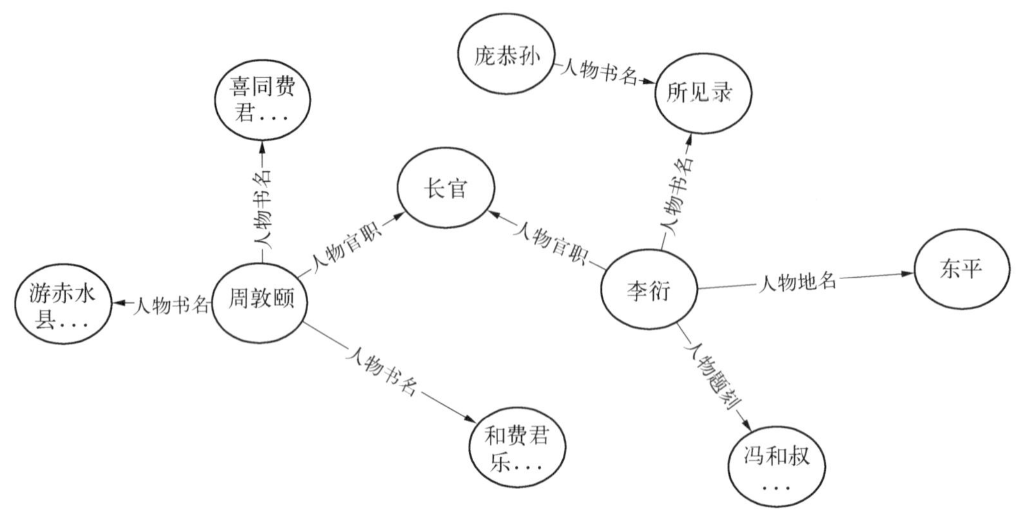

图 2　以“周敦颐”为中心的知识图谱

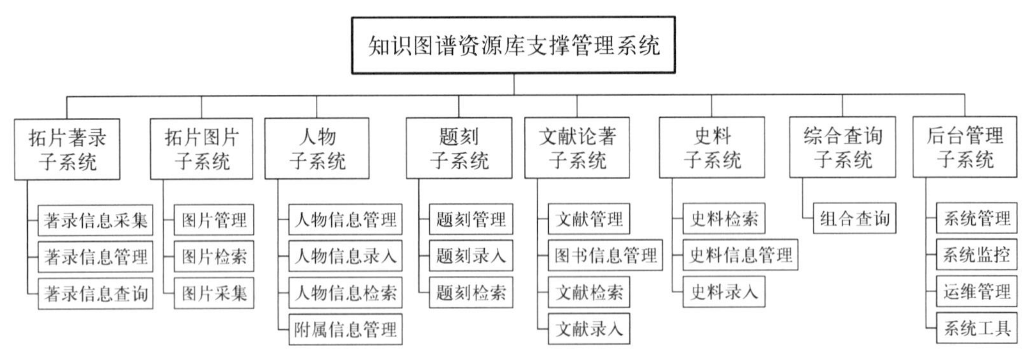

图 3　知识图谱资源库支撑管理系统整体功能结构图

拓片图片子系统，是采集、管理、检索拓片的管理子系统，记录了拓片像素、文件格式和文件大小和采集设备信息。数据格式包括 JPEG、TIF、EPS、PSD、3D 模型、全景、VR 等。该子系统主要功能包括图片采集、图片管理、图片检索等。

人物子系统的主要功能在于统筹管理人物的个人信息、年表及作品等数据。系统功能包括人物信息录入、人物信息查询、人物信息管理以及附属信息管理等。

题刻子系统的主要任务是管理题刻数据，涵盖题刻信息的录入、存储、管理与查询检索等功能。题刻数据主要包括题刻位置、剖面图、照片以及文字描述等内容。

文献论著子系统，主要用于管理白鹤梁题刻旧拓相关文献与书籍。其主要功能包括文献数据的自动采集加工和管理，图书数据录入加工和管理，以及文献数据的查询和浏览。

史料子系统则是针对白鹤梁题刻的研究史料进行管理。其主要功能包括史料著录信息的管理、史料内容的整理、史料的查询以及史料的浏览。

综合查询子系统的主要功能为查询与浏览白鹤梁题刻旧拓知识图谱的相关内容。用户可根据拓片图片、拓片著录、题刻、史料、人物等资源类型，进行灵活组合查询。系统支持分类查询、条件组合查询以及模糊查询，为用户提供便捷的知识获取途径。

后台管理系统主要承担对系统用户、角色等属性进行管理，以及查询系统相关信息的职责。该系统的核心功能包括系统管理、系统监控、运维管理以及系统工具。

三、知识图谱可视化展示

博物馆文化传播任务艰巨，却具有深远的意义。通过充分利用各类渠道，为社会全体提供丰富的文化养分，是我们致力于实现的目标。“馆藏白鹤梁题刻旧拓知识图谱”的可视化展示涵盖了PC端网站、微信小程序以及多媒体大屏幕展示终端三种线上线下形式，旨在更全面、更深入地推动博物馆文化传播，使公众能够从多维度感知文物，多元化解读文物背后的信息。

（1）白鹤梁题刻旧拓传播展示平台PC网站。白鹤梁题刻旧拓传播展示平台PC网站主要可分为前端展示与后台管理系统两大模块。前端展示部分涵盖题刻、拓片、人物、文献、史料及知识图谱等内容展示；后端管理系统则包括题刻、拓片、人物、文献、史料的发布，以及组织管理、系统配置、日志管理等各项功能。整个网站的设计风格古朴、清爽、简约。

（2）白鹤梁知识图谱微信小程序。白鹤梁知识图谱微信小程序具备智能定位、在线导览、互动分享、内容推送等功能。智能定位通过调用第三方应用，精准定位至白鹤梁水下博物馆，使用户能够了解当前位置与博物馆的距离。在线导览则允许用户选择欲参观的展品，进行在线浏览。互动分享功能基于用户对展览的兴趣和感受，借助移动端平台制作多媒体文件（如图片、视频），经后台管理系统审核通过后，可实现分享及他人评价互动。内容推送功能主要面向系统管理员，可通过系统配置进行各项设置，便于在后台录入并发布推送内容。

（3）多媒体大屏展示终端—白鹤梁沉浸式动态数字长卷。多媒体大屏展示终端包括硬件子系统和软件子系统两部分。硬件子系统是由 7 块 55 寸超窄边液晶显示屏和一套红外线触摸一体机组成。软件子系统是以白鹤梁题刻旧拓为切入点，建立以白鹤梁为中心、涵盖三峡水文石刻的三峡水文化综合性知识图谱——白鹤梁沉浸式动态数字长卷。

白鹤梁沉浸式动态数字长卷是依托于白鹤梁题刻旧拓知识图谱，以中国古代传统绘画中的“青山绿水”技法为设计蓝本，加之以白鹤梁的古今地理风貌为参考基础设计场景地形，借助触控屏这一互动媒介，通过实时分层渲染的三维引擎技术，将白鹤梁北岩山体、听鹤楼等建筑以及白鹤嬉戏等元素的 3D 模型得以栩栩如生地呈现，最终呈现出一幅沉浸式数字动态长卷，完美结合了艺术与科技的力量。这幅长卷不仅生动演绎了白鹤梁的美丽传说与真实历史故事，更将白鹤梁千年以来的文化瑰宝展现得淋漓尽致，为观众带来一场前所未有的视觉盛宴。

白鹤梁沉浸式动态数字长卷，有“白鹤绕梁”“吟诵千古”“石墨镌华”“石鱼兆丰”“片羽吉光”五个主题交互入口，每个入口至少有三级知识脉络。观众可以点击每一个层级的知识点，显示知识点介绍，也可以高亮显示整条知识脉络(图 4)。

图 4　白鹤梁沉浸式动态数字长卷五个主题交互入口

其中，“白鹤绕梁”是围绕白鹤梁的得名的传说展开，知识脉络有尔朱真人、听鹤楼、竹笛渔歌等传说故事。“吟诵千古”是以白鹤梁诗词题刻为切入点，展示了刘忠顺等唱和诗、清代王士祯题石鱼诗、宋代赵汝廪诗等知识体系，链接与之相关的历史人物，勾勒出涪州文学发展的脉络。“石墨镌华”是以白鹤梁上题刻的书法为切入点，如宋代黄庭坚题刻、清代姚觐元题刻、民国民生公司题刻等，链接与之相关的书法大家和公司，以及篆、隶、楷、行、草等书法艺术。“石鱼兆丰”是以白鹤梁上的石鱼和水文题刻为切入点，展现了绍兴年间水文题刻、熙宁七年水文题刻、石鱼等知识脉络，链接了相关水文资料、石鱼出水兆丰年的民俗以及高浮雕雕刻艺术等。“片羽吉光”是以拓片为切入点，展现了重庆中国三峡博物馆和北京大学图书馆旧藏拓本等，链接了峡江题刻及相关文献知识。

结　语

知识图谱作为人工智能的重要基石之一，近年来受到了学术界的广泛关注。博物馆则是我国精神文明建设的重要领域，如何融合前沿科技、推动文化创新，成为当前面临的重要关键问题。鉴于博物馆数据资源分布广泛，知识结构复杂，知识图谱在梳理并构建系统性文化方面具有重要重用价值。本项目针对馆藏白鹤梁题刻旧拓文物，对白鹤梁题刻旧拓基础史料、拓片元数据、相关专著进行了全面数据的收集整理，从人物、字号、官职、功名、时代、地名、题刻、庙号、书名等多个维度构建白鹤梁题刻旧拓知识图谱，并采用图数据库 Neo4j 进行知识图谱的存储与表达，最后通过白鹤梁题刻旧拓传播展示平台 PC 网站、白鹤梁知识图谱微信小程序、多媒体大屏展示终端—白鹤梁沉浸式动态数字长卷对知识图谱进行可视化展示。该项目的实践，实现了对文物资源的科学管理、传播和利用。这不仅使得文物资源真正“活起来”，还为传统文化的保护、传承与弘扬提供了有力支持。

空间与尺度
——数字展览引领城市博物馆发展新思考

章　璐[①]　吴中博物馆(苏州吴文化博物馆)　江苏苏州　215168

摘要:

数字信息技术的不断发展,使得城市文化遗产保护的手段得以提升,让城乡区域建筑遗迹的保存情况得以改善,同时也为博物馆展览提供了一些新的展示思路与方法。苏州地区拥有丰富的历史文化资源,吴中博物馆以此为出发点,在对"吴县"文化遗产进行数字信息采集的基础上,建立了属于本地区的不可移动文物数据库,结合数字技术,成功举办了"世间乐土——吴县文物数字展"。本文着眼于数字化技术对博物馆展览形式的突破与创新,进而思考在数字化技术浪潮下,博物馆展览在新技术运用、文旅资源整合背景下的社会角色,进一步助力城市博物馆发展。

关键词:

文化遗产保护　数字技术　展览　保护与利用

Space and Scale: New Thoughts on Digital Exhibitions Leading the Development of City Museum

ZHANG Lu

Abstract:

The continuous development of digital information technology has improved the means of protecting urban cultural heritage, improved the preservation of architectural relics in urban and rural areas, and provided new display ideas and methods for museum exhibitions. The Suzhou area has rich historical and cultural resources. Taking this as a starting point, the Wuzhong Museum has established an immovable cultural relic database belonging to the local area based on the digital information collection of the cultural heritage of "Wuxian". Combining digital technology, it has successfully held the special exhibition "World Paradise — Wuxian Cultural Relics Digital Exhibition". The article focuses on the breakthrough and innovation of digital technology in the form of museum exhibitions, and then reflects on the social role of museum exhibitions in the context of new technology applications and integration of cultural and tourism resources under the

① 章璐,吴中博物馆(苏州吴文化博物馆)馆员。ZHANG Lu, Wuzhong Museum.

wave of digital technology, further promoting the development of city museum.

Key words:
Cultural heritage protection　Digital technology　Exhibition　Protection and utilization

随着经济的发展及人民文化需求的不断增长,博物馆日益成为大众日常生活中不可或缺的一部分。作为"城市会客厅"①的博物馆,收藏、研究、教育和展示是其工作的主要内容。藏品是博物馆全部活动的物质基础,对于藏品的科学性收集、整理与研究是博物馆业务工作的基础。只有对藏品进行科学、深入的研究工作,才能全面揭示藏品的历史、艺术及科学价值,从而更合理地对藏品进行保护和利用。

时代的发展伴随着观念的革新,现如今"藏品"的概念已远远超出传统的文物,不同形态的"藏品"纷纷涌入博物馆。新的藏品配合丰富多样的展陈形式,构成了主题多元、形式新颖的展览。"今天的博物馆正从事着一项鼓励人们去思考和体验的全新事业,它的目标不是排他性地集聚藏品,而是认真地把收藏当作一种手段而非目的,但也绝非达成目的的唯一手段。目的就是营造真实的体验。"②

吴中博物馆的馆藏文物承继自吴县文管会的收藏,"吴地"与"江南"是其藏品的特色,苏州范围内的许多重要考古成果汇集于此。"吴县"作为吴中博物馆展览研究的"母题",是讲好本土故事的关键。梳理"吴县"历史文化脉络,对研究苏州城乡历史、传承江南文脉具有重要意义。历史上的吴县县域内,不可移动文物分布范围广阔,包含 4 个国家级历史文化名镇,17 座历史文化名村、传统村落和几百处各级文物保护单位。吴中博物馆着眼于苏州文化遗产保护的宏观格局,以数字技术为手段,打破古建筑展示的空间壁垒,用独特的叙事体系构建新的"尺度",打造了不同于传统博物馆实物"藏品"概念的"数字藏品",在此基础上最终形成了独特新颖的"世间乐土——吴县文物数字展"(以下简称"数字展"),为城市博物馆展览的发展提供了一种全新的可能。

---

① 城市会客厅是指城市中为市民提供休闲、娱乐、学习、交流等服务的公共空间。它是城市中的一个重要组成部分,也是城市文化的重要载体。

② ［英］希尔德・S. 海因著,曹岳森译:《转型期博物馆的哲学观察》,译林出版社 2019 版,第 9—10 页。

一、数字技术在城市博物馆展览中的应用

（一）展览数据采集中的数字技术运用

吴县的建制始于秦代，包括今苏州全境及上海西部。今天所说的“吴县”，大体是指太湖东岸，由漕湖、阳澄湖、澄湖所包含的这片区域。从五代吴越国时期开始，这片区域就由治所同设在姑苏城内的吴县、长洲县、元和县（清代增设）管辖。民国初年，这一区域合并为新的“吴县”。1949 年，划出吴县的城区建苏州市，当时的格局是吴县环抱着苏州市区；1995 年 6 月撤销吴县，设吴县市（县级）；2000 年 12 月撤吴县市，改设苏州市吴中区和相城区。至此，“吴县”这个名称正式退出历史舞台。

历史上的吴县地处苏州府腹地，这里河网纵横、物产丰饶，经济与文化也得以繁荣兴盛。人口相对集中的聚居模式，让以“堂”为主的宅院成为吴县民居的主要形式。发达的交通网络，使得实用的道路、桥梁、驳岸、码头等设施成为较为普遍的公共建筑。面对“吴县”这一宏大的叙事对象，如何能够让观众尽可能全面地认识吴县？如何能够展示出吴县的厅堂古迹、乡镇村庄？如何能够打破空间的限制，让小至厅堂中的梁架木雕、大至太湖与洞庭两山皆可成为展览的叙事对象？如何通过场景、空间的转换、实现专业性与趣味性兼备的展览场景构建，提升观众的参观体验？数字技术为回答这些问题提供了可能。

随着数字技术的发展，无人机航拍结合倾斜摄影测量等技术已经逐渐成为大遗址保护、古城保护的主要技术手段。不断革新的技术，不但克服了地域广阔、地形结构复杂等问题，还能够纠正由实地测绘所得的基础数据中存在的一些误差。用于文化遗产保护与数字化的常用技术包括电子全站仪（Electronic Total Station）测绘、三维激光扫描、相机摄影技术、全景数据采集、无人机摄影测量等。目前以倾斜摄影测量技术为代表的各种数字技术已经为更广阔层面上的大遗址、古城保护和修缮工作提供了丰富、精确的数据支撑。此外，三维模型能够实现面向用户的数字化展示，对实现文物资源共享具有极其重要的意义[1]。目前，在许多城

---

① 王万忠、王光生：《倾斜摄影测量技术在大遗址保护中的应用》，《人文天下》2021 年第 8 期。

市保护、大遗址保护项目中都能见到数字技术的身影。采用数字手段，将不同尺度的对象的相关信息记录、保存，通过展览的方式将其呈现，使我们能够变换观察尺度，洞悉不同对象之间的关系。

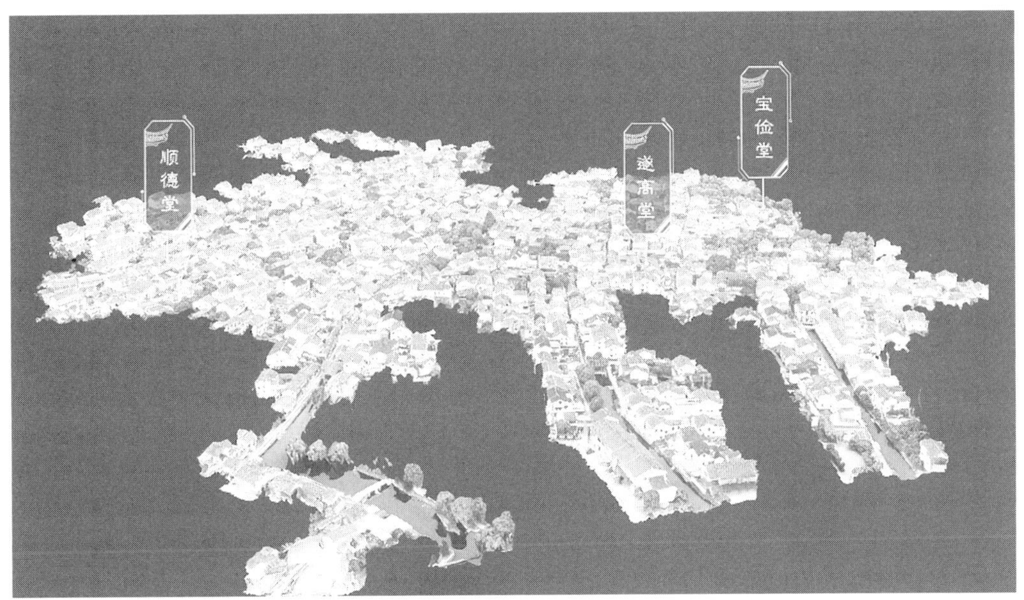

图1　基于无人机摄影测量的陆巷古村数字重建模型

“数字展”中借鉴了这些数字技术手段，针对广大吴县地区村镇依地势形成、由单体建筑组成的建筑群组数量众多、中小型居住建筑密集分布等特点，对周边建筑遗迹、文化遗产进行全方位的数字化信息采集(图1)。在记录方式上，不仅运用了传统的三维扫描、数字建模技术，还大量运用无人机航拍、全景相机拍摄技术，进行基于“计算机视觉”算法的建模，并将生成的模型用于三维打印以及其他模型的制作。针对范围较广阔的古村镇采用无人机倾斜摄影测量、点云数据生成与多边形模型构建的流程进行整体三维模型重建，这种方法不但效率更高，生成的数据也更加真实、客观。针对单体古建筑及建筑群则采用了全景数据采集进行三维模型的重建。随着智能手机的普及，大量前沿光学技术早已被运用到日常电子设备中。我们尝试用 iPhone、iPad 这类常见设备进行文物的扫描、记录，如 ipad Pro 2020 自置的雷达传感器、AR 工具，配合专业软件(如 3D Scanner)，就能对如埠头、桥梁等体量较小的不可移动文物进行扫描并生成点云数据模型(图2)。

图2 桥梁点云数据模型扫描页面

（二）关于构建“不可移动文物数据库”的尝试

藏品是博物馆工作的基础，建立文物藏品数据库是建立现代公共文化服务体系所必需的重要内容。文物藏品数据库也将为现代化博物馆展览话语体系的构建提供强大的平台支持。

构建关于“藏品”信息的数据库，源于博物馆对“藏品”定义的新认识。今天的博物馆藏品，早已在既有的、以可移动文物为对象的藏品体系基础上，实现了突破性发展。通过数字化技术对不可移动文物进行扫描、记录与诠释，使得这些坐标、数据、影像成为“数字藏品”，极大丰富了藏品信息的内涵。藏品信息的数字化在世界范围内的应用可以追溯到1990年，包含运用相应的技术对不同文物藏品的数据进行记录，通过文物藏品数据库整合可实现对文化遗产和藏品的客观、完整的系统化存档，将实现真实有效的永久保存与展示利用。①

① 秦惟跃：《浅谈地区文物藏品数据库在智慧博物馆建设中的必要性》，《中国民族博览》2021年第1期。

在数字建模等技术的支持下，数字藏品信息更加客观、全面地展现了不可移动文物的原貌。构建关于不可移动文物的藏品信息数据库，收集、整理、开发和使用基于藏品信息的文化资源，优化和整合行业系统的内部资源，并与其他行业联动配合，是博物馆前沿化发展的潮流。同时，数字藏品的展示也可以随着展示技术的变化，不断为观众与藏品构建新的连接。

吴中博物馆作为一座地方博物馆，非常重视本地区文物藏品数据库的建设与整合，在 2020 年开馆之初就完成了对本馆馆藏珍贵文物的三维扫描与 3D 模型制作。在实现对本馆可移动文物资源数据库完善的基础上，吴中博物馆继续尝试对本区域内的以建筑古迹、文化遗产为代表的不可移动文物进行相关信息的采集和数据库建设，立足博物馆自身发展，不仅能为本馆的相关展览、宣传及教育活动提供内容与素材，还能助力构建区域文物信息的数字化。

对地方博物馆而言，不可移动文物数据库的构建是在城市整体文化遗产资源整合视角下的一种全新的尝试。这不仅符合城市博物馆关于追溯、保留城市历史与城市记忆的初衷，更为其技术的革新、成果的可视化提供了全新的展示媒介。在“数字展”中，正是“不可移动文物数据库”为展览搭建平台，打造了数字展览的全新视角，实现了从可移动遗产到不可移动遗产的博物馆化拓展。①

（三）“数字展”中基于数字技术的展示示例

博物馆展览是以“物”即藏品为核心进行的阐释。本次展览称为“数字展”，即因本次展览是以大规模的不可移动文物田野调查和数字化记录为基础展开的，通过全景摄影、三维重建、无人机航拍等技术手段，记录并呈现十余座历史名镇名村、数十座历史建筑的全貌；进而借助 3D 打印、多媒体互动等形式，使这些数字化的文物数据真正成为“藏品”，参与展览叙事。“数字展”尝试全面展现吴地的文化面貌与社会生态，展现吴地居民的日常生活风景。我们将“藏品”的空间视角引申为广阔的吴地，将不同的村落、社区、古桥与河流记录并再现，为观众在有限的展厅空间内，营造全新的展览体验。“实物的超越和体验的提升引出了博物馆必须解决大的问题……那就是由衷的体验比在文化意义上加了权重的实物和意义更真实，且更易接近。”②

对不可移动文物数据的准确记录和全新解读是实现数字化解读的主要途径。

① 严建强、毛若寒：《博物馆化的拓展：原因、进程与后果》，《东南文化》2020 年第 2 期。

② ［英］希尔德・S. 海因著，曹岳森译：《转型期博物馆的哲学观察》，译林出版社 2019 年版，第 9—10 页。

数字化的文物信息突破了时空与尺寸的限制，使观众可以在有限的展陈空间中将不同大小、尺度的建筑一览无余，这些基于文物的数字化信息制作而成的模型在展陈环境中具有极大的可塑性，让本属于不同地点、不同时代的文化遗产可以同时展示，让观众能以“上帝视角”重新审视这些建筑本身，一定程度上增强了观众的体验感与相关知识的获取诉求。

为此，我们主要采用了以下方式：

首先，展览中的不可移动文物模型采用了光敏树脂为原材料的3D打印、激光雕刻组合模型、聚苯乙烯泡沫雕刻等方式，构建出不同尺度的展示对象。观众既能“俯察品类之盛”，又可“仰观宇宙之大”，不断变化的空间尺度丰富了观众的观展体验。在宏观与细微之中，观众从不同的观感中得以构建自己的理解及意义，既满足观众对积极参与的需求，又能传播馆方的使命，推广展览核心理念，体现出参与式博物馆的特点。[①]

其次，“数字展”在运用模型阐释不可移动文物的基础上，通过讲述知识性的故事，使实物模型被联系到故事当中。一个又一个的故事，让每一件模型串联贯通，共同构成了展览内容叙事的主线。讲述好展览故事离不开一个架构完整的展陈大纲。展陈大纲，即展览的主题框架。本次“数字展”在展览的大纲结构的组织方面同样采取了较为新颖的视角。本展览的序章部分(序章：何为吴县)，将首先对“吴县”的定义、范围、沿革逐一简述。之后的四个章节，依照尺度自小到大、由点及面的逻辑，分别介绍吴县文物的建筑细部(第一章：自得——我的房间)、建筑单体与建筑群组(第二章：自适——我的庭院)、村落与城镇(第三章：自如——我的社区)，以及整个吴县的全貌(第四章：自在——我的吴县)，大纲脉络清晰，叙事结构深入浅出，以小见大。另外单独设置一组展台向观众介绍进行文物数字化的技术手段和过程，供观众了解文物数据采集的全过程。

最后，数字交互展项的设计也尤为精彩。“七十二桥今何在”这一交互展项以动画手法处理后的角直古镇平面为蓝本，观众通过观察随机河岸边随机走动的人流和河道中往来运输货物的船只，选择在各个道路节点要放置的桥梁类型。角直古镇水道交错复杂，作为一个明清时期人口密集的商业重镇，角直古镇的道路与桥梁设置颇具巧思。并非每个河道交叉口都修建桥梁，也不是每条河道都安排了沿

① ［美］妮娜·西蒙著，喻翔译：《参与式博物馆——迈入博物馆2.0时代》，浙江大学出版社2018年版，第2—3页。

街道路，各个沿河豁口的埠头也大小不一。这些看似不合理的规划，其实是为了有效地分流和疏散人群，将不同需求的人与舟船导向不同方向，从而避免交通拥堵。那么怎样才是最合理的布置方法呢？观众可以尝试自己把不同的桥摆到合适的位置上，看看是否会发生“交通拥堵”（图 3）。

图 3　数字交互展项“七十二桥今何在”页面

在展览中，以模型贯穿叙事体系，以相关的多媒体视频为辅助展项，打造“物”与“影像”的双重信息来源。对应的多媒体展项可以展现出该建筑实际所处的地理位置、环境，该建筑的整体风貌与保存现状，以及三维数据采集与模型制作的过程。观众不仅能看到模型本身，还能看到三维建模的操作页面，这在传统展览中并不多见。

（四）“数字展”促进城市文旅资源融合

“数字展”开幕后，吴中博物馆围绕展览进行了一系列宣传及教育活动。以“市民考古”为主题的系列考察活动，由专业领域的专家、学者和热心市民组成关于吴县文化遗产的考察团，深入实地，结合展览内容走访广阔吴地内的传统民居、古镇、古村落，活动走访考察了甪直古镇、木渎春秋古城、宝带桥、天池山等古迹。“市民考古”活动的成功举办进一步拓展了文旅资源融合的媒介与形式。

二、数字技术对文旅资源及城市博物馆发展新思考

（一）数字技术引领博物馆社会角色多元化

博物馆扮演好其社会角色主要依靠建立藏品与观众的联结、交流。数字技术对于藏品内涵和展览形式的拓展，丰富了博物馆的社会角色，为公众提供了新的信息媒介和平台。新时代给予了博物馆新的使命，在更加强调既有社会角色基础上，如何让观众更好地了解博物馆所承载的文化遗产，如何让文化遗产实现其多样化的社会功能，是新时代博物馆人需要思考的议题。随着社会的快速发展，观众对于“讲好文化遗产故事”提出了更高的要求。

“数字展”聚焦吴地文化，将吴地文化遗产信息纳入藏品体系，通过引进新技术、新手段，再现、解析、阐释文化遗产，实现了新技术与文化遗产的深度融合。在展览的概念、选题、形式等方面推陈出新，以博物馆特有的学科话语体系，生动再现了城市历史发展脉络与城市文化记忆，为城市文旅规划发展提供了新的视角。在文旅资源融合发展的浪潮中，吴中博物馆深入关注人群与文化，为全社会打造了开放共享的现代博物馆知识数据库，真正实现了博物馆的跨专业融合、不同文化机构之间的共享融合和博物馆与公众的知识融合。

（二）数字技术为强化博物馆社会功能提供助力

社会发展让越来越多的博物馆正在将关注点由传统的征集、保护、研究、传播和展示职能，转向教育、欣赏等社会功能的发挥，公众也开始更加关注博物馆所能提供的社会教育和文化体验的功能。博物馆文化是城市文化的重要组成部分。博物馆不仅具有文物收藏、保护管理、科学研究、陈列展示等方面功能，而且具有引领城市文化、弘扬城市精神、搭建城市多元文化交流平台等方面的特殊作用。数字技术将助力博物馆通过文化的传承、培育、积淀和创新，实现对城市文化的塑造。①

新形势下广大地方博物馆要想实现新发展，就必须调整策略，发挥新时代赋予地方博物馆的使命，讲好地方特色文化故事，成为文旅事业发展的桥梁。吴中博物馆在寻求多方合作的可能中深入强化博物馆展示、教育的社会功能，极大提升了观

① 单霁翔：《博物馆的社会责任与城市文化》，《中原文物》2011 年第 1 期。

众走进吴中博物馆观展、参与教育活动的体验感。配合“数字展”举办的相关宣传教育活动以“溯源江南文脉，感受江南文化”为目的，吸引了大批观众“走出馆舍，走进吴地”。活动通过专家学者对地方文化、古建遗迹、风土人情的讲述，让吴地的江南历史文化记忆被更多人所了解。通过对展览内容的发掘与转化，“数字展”的各项宣教活动成为吸引观众持续关注的亮点活动，产生了广泛的社会影响。

博物馆不仅要做好服务于“物”的传统工作，更要注重发挥服务于“人”的社会功能，实现由“知识的神庙”向“交流的论坛”的转变，由“知识权威”向“公共知识生产者”的转变①。究其根本，数字技术发展的核心驱动是要让“人”能从中获得便利，不论是获取更全面的知识还是更愉悦的参观体验。在数字化技术飞速发展、博物馆学体系日益完善的今天，以吴中博物馆为代表的地方博物馆正为打造具有社会化、现代化特点的新时代博物馆而不断努力。

结　语

城市博物馆建设不仅是城市博物馆发展的重要内容，更是全社会应当给予广泛关注的重要课题。在各项技术急剧发展的今天，作为传统文化根脉的文化遗产，其历史、艺术、科学价值的重要性不言而喻。吴中博物馆扎根乡土，对本区域内的以建筑古迹、文化遗产为代表的不可移动文物进行数字化信息采集并形成数据库。在深入发掘数据库内容的基础上，利用数字技术形成数字展览。“世间乐土——吴县文物数字展”通过对吴地不可移动文物及区域文化的深入阐释，引发社会公众对城市文化遗产保护的持续关注。数字技术与城市文化遗产保护、城市博物馆展览的多元化拓展，使得文化资源被有效利用起来。数字技术引领了博物馆社会角色的多元化发展，为强化博物馆展示、教育的社会功能提供助力，协助文旅资源实现了可持续发展，让当下的文化遗产真正成为未来的遗产。

---

① 魏薇：《对现代博物馆定义的考察：构成、挑战与回应》，《洛阳考古》2019年第1期。

新技术应用推动城市博物馆多元发展——以江汉关博物馆为例

王有珍① 江汉关博物馆 湖北武汉 430021

摘要：

城市博物馆作为城市文化的重要组成部分，是展示城市历史、文化、艺术的重要场所。随着科技的快速发展，新技术在城市博物馆中的应用越来越广泛。江汉关博物馆在展览、社教、藏品、管理等方面积极采用新技术，推动了自身多元发展。新技术应用给博物馆发展带来新机遇的同时，也带来了一定的挑战。城市博物馆需要加强新技术应用的顶层设计、注重观众需求、开展跨界合作、加大人才培养和资金投入、完善数据安全和隐私保护，以更好地满足社会的期待和需求。

关键词：

江汉关博物馆 新技术应用 多元发展

Application of New Technology Promotes the Diversified Development of City Museums: Taking the Hankow Customs House Museum as an Example

WANG Youzhen

Abstract:

As an important component of urban culture, urban museums are significant venues for showcasing a city's history, culture, and art. With the rapid development of technology, the application of new technologies in urban museums has become increasingly widespread, providing new opportunities and posing challenges to museums' diversified development. Hankow Customs House Museum, as a vital part of urban museums, has actively adopted new technologies, promoting the museum's diversified development in areas such as exhibitions, social education, collections, and management. While the application of new technologies brings new opportunities for museum development, it also poses certain challenges. To better address these challenges, urban museums need to strengthen top-level design for the application of new technologies, focus on audience needs, conduct cross-border cooperation, increase talent cultivation and financial

① 王有珍，江汉关博物馆馆员。WANG Youzhen, Hankow Customs House Museum.

investment, and improve data security and privacy protection. Through the application of new technologies, urban museums can promote diversified development, provide audiences with better and convenient service experiences, and meet social expectations and needs.

Key words:
Hankow Customs House Museum　New technology application　Diversified development

城市博物馆作为城市文化的重要组成部分,是展示城市历史、文化、艺术的重要场所。随着科技的快速发展,新技术在城市博物馆中的应用越来越广泛,为博物馆的多元发展提供了新的机遇和挑战。

一、新技术应用对城市博物馆多元发展的影响

新技术应用于城市博物馆,已经在很多方面有效地提升了博物馆工作,对城市博物馆的多元发展产生了深远的影响。这些技术不仅让博物馆的展陈方式更加多样化,增强了观众的参与感和体验度,也使博物馆在教育、藏品和管理等方面实现了多元化发展。

(一)创新了城市博物馆的展陈方式

新技术为博物馆提供了一种全新的展示方式。通过增强现实(AR)和虚拟现实(VR)技术,参观者可以沉浸在虚拟的环境中,亲身体验历史事件或艺术创作过程。例如,博物馆可以打破时空界限,创建虚拟展厅,让参观者在任何时间、任何地点都能游览。此外,AR 技术可以将虚拟信息叠加到现实世界中,为参观者提供更加丰富的信息。观众可以通过手机或特殊眼镜感受历史场景、了解文物背后的故事。全息投影技术为博物馆带来了全新的视觉体验,使文物以更加真实、立体的方式呈现给观众,增强了展览的吸引力和感染力。

(二)增强了城市博物馆的教育功能

作为重要的教育机构,城市博物馆正通过新技术加强其教育功能。例如,通过触摸屏、感应装置等互动设备,观众可以更加直接地参与到展览中,与展品进行互动,增强了参观的趣味性和互动性;通过在线教育平台,博物馆可以将教育资源普及到更广泛的群体;博物馆还可以利用新技术开发互动游戏、在线问答等互动环节,吸引更多年轻观众的参与,提高博物馆的吸引力和影响力。

（三）提升了城市博物馆的藏品保护管理水平

新技术的应用为博物馆的数字化管理和保护提供了有力支持。通过建立文物数据库、信息管理系统等数字化平台，不仅方便了博物馆的日常管理，还为文物的保护和研究提供了有力支持。人工智能技术还可以用于文物的预防性保护，通过对环境因素如温度和湿度的实时监控，确保文物得到适当的保存。3D打印技术为博物馆提供了一种保存和复制文物的新方法。对于那些无法公开展示或易碎的文物，博物馆可以使用3D打印技术进行复制，以便在安全的环境中研究和展示。很多文物由于其本身的珍贵性、脆弱性，不可能让所有的人都有机会近距离观赏或触摸，这在一定程度影响了人们的参观体验，但是通过数字技术、图像虚拟技术、增强现实技术的结合，可以让那些珍贵文物的数字模型或复制品，全景式呈现给观众，互动式交由观众操控，让观众可以切身感受高仿真文物，也是对观众提高参观体验的很好的呈现方式，正在成为许多博物馆引入的新技术。

（四）扩大了社交媒体与网络营销

社交媒体和网络营销已经成为博物馆推广和宣传的重要渠道。博物馆可以通过微博、微信、抖音等社交媒体平台发布展览信息、文物介绍等内容，吸引更多观众的关注和参与。此外，博物馆还可以利用网络营销手段开展线上活动、直播互动等，提高观众的参与度和粘性，扩大博物馆的影响力和知名度。

（五）加强了城市博物馆的服务质量

新技术的应用还可以提升博物馆的服务质量。例如，通过智能导览系统，观众可以更加便捷地了解展览内容和布局；通过智能预约系统，观众可以更加灵活地安排参观时间；人工智能技术可以通过语音识别和图像识别等技术实现博物馆的智能化管理。同时，人工智能技术还可以用于博物馆的导览服务，为观众提供更加便捷和个性化的导览体验。新技术不仅能够很好地帮助博物馆实现改进工作、提升服务的变化，甚至有些新技术的创新发展，还在改变着博物馆办馆思路、服务理念、认知态度。过去的博物馆仅仅把观众当成学习者，而把自己当成是藏品权威信息发布者，现在博物馆也更加重视参观者的经验，认识到观众既是参观者、学习者，也是研究者、信息发布者。更加重视通过新技术应用来加强与观众的平等互动交流。

综上所述，新技术应用为城市博物馆的多元发展提供了重要支持。未来随着技术的不断进步和创新，博物馆的展览方式、服务质量和观众体验将会得到更大的提升。

二、江汉关博物馆对新技术的应用举例

随着科技的飞速发展，新技术在各个领域中的应用日益广泛。江汉关博物馆作为武汉城市文化的重要载体，也积极拥抱新技术。结合场馆实际，适时合理运用新技术赋能博物馆，让博物馆成为公众喜爱的场所，推动博物馆高质量发展。

（一）新技术在展览展示中的应用

陈列展览是博物馆最基础、最核心的文化产品，是博物馆履行文化传承、价值观培育与公共文化服务使命的重要平台，更是集中展现博物馆收藏、研究、管理、服务等业务能力的重要窗口。近年来，江汉关博物馆在展陈形式、文物利用等方面不断推陈出新，适时运用数字技术，创新线上展览，让馆藏文物、历史“活”起来。

1. 基本陈列中新技术的应用

江汉关博物馆历经五年筹建，于 2015 年底正式对外开放，由海关大楼蝶变新生为展示武汉城市现代化历程的专题性博物馆。建馆之初，筹建者们就高屋建瓴、深谋远虑，着眼于通过现代化手段来展示陈展内容，立足于借助新科技方法来管理博物馆、服务社会大众。

江汉关博物馆基本陈列除运用照片、图版、表格、油画、场景复原等传统表现手法外，科技手段的运用是其中一个不得不说的亮点。三番景幻影成像、电子翻书、触摸屏、语音导览、微信导览等多种新技术展示手段在展览中的合理运用，让江汉关博物馆当时走在全市博物馆数字技术成果运用与推广的前列。例如，在表现武汉的发展成就时，设计人员通过城区地图模型与视频技术结合互动、大屏幕投影技术，立体展现新时期泱泱大武汉发展的辉煌成就、城市的巨变，其恢宏的气势，令人印象深刻。《江汉关的一天》是借助三番景幻影成像技术制作的一个重要展示场景影片，通过江汉关报关、码头验货、水上缉私三个动态变幻的实景造型和幻影光学成像技术结合，用形象而生动的展示语言，介绍了江汉关的主要业务职能。《五国租界示意图》集成了聚音罩、电子地图、多媒体等展示手段，清楚、形象地讲述了汉口五国租界的地理分布、发展演变的屈辱历史。虚拟展览以基本陈列为基础，融入复原场景、大楼景观，借助高清全景相机，经后期编辑处理，采用专业播放软件，构建逼真三维展示场景。观众足不出户，便能领略百年江汉关大楼之韵味、品析展览

之精妙。

2. 特色临展中新技术的应用

江汉关博物馆自2015年开馆以来，共举办特色临展80余场。在特色临展中，江汉关博物馆合理运用新技术，如2024年国际博物馆日推出的“长江里的鱼”艺术作品展，江汉关博物馆将静态的艺术作品立体化、动态化呈现，展厅中扫描二维码可以获取相关作品的动态影像，并伴有童音传递科普。一些颇受观众欢迎的特色临展，江汉关博物馆专门打造了虚拟展厅，如“江城印象”“流金岁月”“豪素生春”等，让展览永不落幕。

用数字技术展现文化遗产，让“没有围墙”的博物馆成为可能。我们对馆藏资源进行最大限度整合，打通“云策展”“云观展”“云分享”“云传播”等各个展览环节，以满足和丰富市民的文化需求。

3. 特色专题展中新技术的应用

2023年10月1日，在武汉市文化和旅游局指导下，在武汉市各兄弟馆的支持下，由江汉关博物馆主办的“博物馆之恋——武汉市‘博物馆之城’数字化展”特别推出。这也是武汉市首个以全新数字化的形式展示武汉市博物馆发展概况的展览，在新技术应用上，集影音、图文、互动于一体，通过声、光、电结合的方式，让参观者有“身临其境”的感受。如采用拍摄剪辑最新手法和电影艺术表现，运用AR、H5、三维模型、裸眼3D等技术手段，增强沉浸式体验感。“遇见博物馆”单元将百余座博物馆串联呈现在三维空间里，观众通过交互式触摸屏可自主选择想要了解的内容，还可通过手机扫描二维码获取更多场馆信息，如相关场馆最新展览资讯，畅游虚拟展厅等。“爱上博物馆”单元精选武汉市各馆珍贵文物，呈现于动态典雅的《江汉揽胜图》为背景的数字魔屏之上。观众指尖轻触，文物可360°旋转伸缩，珍贵文物得以多角度欣赏。观众还可扫描二维码获取文物图文详情，尽情领略文物魅力，了解文物背后的故事。“相约博物馆”单元观众可以通过交互式触摸屏自主选择博物馆游览线路，还可以通过手机扫描二维码的方式带走自主选择的游览小攻略，提升观众获得感。

展览通过有效整合资源，可一站式逛遍全城博物馆；通过创新表达方式，用故事打开视界；通过唱响数字科技，为文旅融合赋能。在方兴未艾的数字化大潮中，我们尝试运用新技术手段，带给观众穿越时空、身临其境的全新体验，让观众与文物面对面，让文化游更加有深度！

（二）新技术在公共服务中的应用

江汉关博物馆拓展传统博物馆的创造性转化，持续开展线上活动，取得了良好的社会效果。“品历史文化　凝城市精神”“云”挑战竞答活动火爆网络。《江汉关故事》系列短片受到广泛关注和好评，多次被“学习强国”学习平台转载，在传播历史文化知识的同时，深化市民对武汉历史文化名城和经济社会发展的时代认同。

（三）新技术在文物保护中的应用

江汉关塔钟不仅是武汉人的记忆，更是国家一级文物。为了减少因长期运转造成的大钟机件磨损，实现对塔钟文物的保护，江汉关博物馆在筹建之时就采用了电子塔钟系统，利用 GPS 进行定位授时，2022 年更换上国产的北斗卫星导航系统，将大国重器成功运用到了文保工作中，让塔钟既保证精准走时，又保护塔钟机芯不受损伤，确保了文物的观赏性与功能性。

江汉关博物馆积极采用新技术加强文物预防性保护工作。配备馆藏文物环境专用调控设备，引入无线传感实时监控系统、监测站网络系统，建立江汉关博物馆环境监测平台，实现了展厅文物的全天候温湿度监控及重点文物调湿控制。加强展览日常维护，文保人员及时维护环境监测平台，定时检查展品状态，做好温湿度、紫外线、虫菌监测预防工作。

（四）新技术在博物馆管理中的应用

江汉关博物馆还是武汉市第一家引入智能客流管理系统的博物馆。这是一套符合博物馆观展流程、与展馆空间布置相协调，并能对游客信息和观展秩序进行高效管理的智能系统。该系统通过观众刷身份证识别、出入口闸机计数方法，实现出入馆客流量统计、在馆人数统计、客流量信息发布，满足了相关国家标准及行业标准的要求，实现了观众客流量的科学有效管理，这一系统也实现了与微信公共平台和网站的系统对接，用户可实时在线查询博物馆在馆人流信息。这套系统的推广运用，为博物馆可持续发展积累了宝贵的大数据资源，同时也确保了博物馆建筑及文物安全，为入馆观众提供了高品质的参观体验。

三、新技术应用给城市博物馆带来的挑战

城市博物馆积极采用新技术，推动了博物馆在展览、社教、藏品、管理等方面的多元发展。然而，新技术应用也给博物馆带来了一定的挑战。江汉关博物馆在新

技术应用中也遇到了一些挑战，如设备的更新和后期维护、复合型人才的短缺、技术的更迭、创新与融合等方面的问题，这些挑战也可以说是当前博物馆运用新技术过程中的共同挑战。

（一）技术更新换代的挑战

新技术的更新换代速度极快，博物馆需要不断跟进新技术的发展，更新自身的技术设备和软件系统。技术设备的更新也可能导致原有展品的展示方式发生改变，需要博物馆重新设计展示方案。

（二）观众需求多样化及体验与认知的挑战

新技术的应用使得观众的需求日益多样化。一些年轻的观众可能更加喜欢使用新技术来参观博物馆，希望获得更加个性化、沉浸式的观展体验。而一些老年观众可能对这种改变感到不适。此外，新技术也可能影响观众对博物馆文化和历史的认知，因为过于依赖技术可能会削弱观众对展品背后故事的理解和感受。如何满足不同群体观众的多样化需求，提高观众的满意度；如何平衡技术引入与观众体验，成为博物馆必须思考的问题。

（三）文化遗产保护与传承的挑战

虚拟现实和增强现实技术的应用使得文化遗产的展示和传承方式发生了巨大的变化。然而，这些技术也可能对文化遗产造成一定的破坏和损失。如何在保护文化遗产的前提下，利用新技术进行展示和传承，成为博物馆必须面对的重要问题。

（四）技术融合与创新的挑战

新技术应用在城市博物馆中需要与其他技术、设备、服务等进行融合与创新。然而，由于各种技术之间的兼容性和互通性问题，技术融合与创新往往面临诸多困难。因此，如何克服这些困难，实现技术融合与创新，是城市博物馆在应用新技术时需要解决的重要问题。

（五）资金与人力资源的挑战

新技术的应用也需要博物馆投入大量的资金和人力资源。如引入先进的数字设备、开发互动体验项目、技术的更新换代、设备的后期维护等，对于一些资金紧张、人力资源有限的博物馆来说是一个巨大的挑战。

（六）数据安全与隐私保护的挑战

大数据和人工智能技术的应用使得博物馆能够收集和分析大量的观众数据。

然而,这些数据的安全性和隐私保护问题也日益凸显。如何确保数据的安全性和隐私性,防止数据泄露和滥用,成为博物馆必须面对的重要问题。

四、如何应对新技术带来的挑战

面对新技术带来的挑战,博物馆应积极应对。

(一) 加强新技术应用的顶层设计,积极拥抱新技术

博物馆对新技术的引入,不能再停留于过去那种被动应付式引入技术,过去的几年里,某些博物馆已经感受到了发展中的技术之痛,如:一些设备用不了几年就需要更新换代,一经换代原来的就全部做了无用功;一些新技术虽然成功引入,但高额的维护费让博物馆难以为继;分次引进的技术设备相互不兼容,相互之间的技术壁垒,造成了信息孤岛。究其原因,除了我们对技术的不了解、不熟悉之外,更重要的原因在于缺乏对技术发展的整体规划和谋划。① 博物馆的管理者和策展人员要做好技术发展的整体规划和谋划,重视新技术的方案论证和可行性评估,还需要了解新技术的特点和优势,积极探索新技术在博物馆中的应用场景和方式,关注技术的发展趋势,不断更新技术和设备,保持技术的先进性和创新性。

(二) 注重观众需求,提高服务质量

在引入新技术时,博物馆应该充分考虑观众的体验和需求,确保技术能够为观众带来更好的参观体验。同时,博物馆也应该保持对展品的直接展示和交流,使观众能够更深入地了解展品的文化和历史背景。

(三) 加强文化遗产保护与传承

博物馆需要在保护文化遗产的前提下,利用新技术进行展示和传承。同时,还需要加强对文化遗产的研究和挖掘,挖掘文化遗产的深层价值,为观众呈现更加丰富、真实的历史文化内容。

(四) 开展跨界合作,实现资源共享

城市博物馆需要开展跨界合作,实现资源共享。博物馆可以与高校、企业、政府等机构开展合作,共同推进新技术的研发和应用。同时,博物馆还需要关注跨界

---

① 王勇强:《新技术应用对博物馆的改变与影响》,《中国博物馆》2018 年第 2 期。

合作的机会和资源整合能力，通过合作实现优势互补和资源共享，提高自身的影响力和竞争力。

（五）加大人才培养和资金投入，提高技术水平和创新能力

为了更好地应用新技术，博物馆需要加强人才培养。通过培训和学习，提高工作人员对新技术的认知和应用能力，培养一支具备创新思维和技术能力的专业团队。同时，博物馆需要加大投入力度，引进先进的技术设备和软件系统，建立完善的技术更新和维护机制，确保技术设备的正常运行和安全性，不断提高自身的技术水平。

（六）完善数据安全和隐私保护

博物馆需要建立完善的数据安全和隐私保护机制，确保观众数据的安全性和隐私性。同时，还需要加强对数据的管理和使用，防止数据泄露和滥用。

结　语

新技术的应用正在推动城市博物馆实现多元化发展。通过数字化、在线化和互动化的方式，新技术不仅拓宽了博物馆的服务范围，提高了参观体验，还加强了其教育功能。未来，随着技术的不断进步和创新应用，我们有理由相信城市博物馆将在传承历史文化、促进社会教育等方面发挥更大的作用。与此同时，我们也应意识到新技术带来的挑战和问题，如技术更迭、设备维护、观众需求多样化、数据安全与隐私保护等。因此，在未来的发展中，城市博物馆需要加强新技术应用的顶层设计、注重观众需求、开展跨界合作、加大人才培养和资金投入、完善数据安全和隐私保护。通过新技术的应用，推动城市博物馆的多元发展，为观众提供更加优质和便捷的服务体验，满足社会的期待和需求。

新质生产力视角下的我国博物馆智慧服务建设

张　淼[①]　郑州博物馆　河南郑州

摘要：

随着科学技术的飞速发展，数字化时代已经全面到来，新质生产力逐渐成为推动经济增长、社会进步的关键因素。习近平总书记多次强调，要运用先进技术加强文物保护和研究。智慧博物馆是近年来在数字博物馆的基础上发展而来的新概念，它不仅仅是传统博物馆与数字技术的简单结合，更是博物馆基础业务与科学技术深度融合的产物，代表着博物馆行业未来的发展方向。具体到城市博物馆而言，通过建设智慧博物馆平台，打造高质量的博物馆智慧服务，公众能够深度参与到博物馆的展览与活动中，博物馆也将以更加生动的方式展示城市优秀历史文化遗产。

关键词：

博物馆　新质生产力　智慧博物馆　智慧服务

The Construction of Smart Service of Museums in China Under the Perspective of New Quality Productivity

ZHANG Miao

Abstract:

With the rapid development of science and technology, the era of digitalization has fully arrived, and the new quality productivity has gradually become a key factor in promoting economic growth and social progress. General secretary Xi Jinping has repeatedly emphasized the need to use advanced technology to strengthen cultural relics protection and research. Smart museum is a new concept developed on the basis of digital museum in recent years, which is not only a simple combination of traditional museums and digital technology, but also a product of the deep integration of the basic business of museums and science and technology, representing the future development direction of the museum industry. Specifically for urban museums, through the construction of smart museum platform and the creation of high-quality museum smart services, the public can deeply participate in the museum's exhibitions and activities, the museum will also be a

① 张淼，郑州博物馆助理馆员。ZHANG Miao, Zhengzhou Museum.

more vivid way to exhibit and display the city's outstanding historical and cultural heritage.

Kcy words:
Museum　New quality productivity　Smart museum　Smart service

新质生产力是指在科技进步和制度创新的推动下，以知识、技术、信息等为核心生产要素，以提高生产效率、降低生产成本、提升产品质量为目标的一种新型生产力。习近平总书记强调，新质生产力的显著特点是创新。科技创新是文物事业高质量发展的核心动力，在数字化的时代浪潮中，我们迎来了智慧博物馆这一创新的文化展示平台。智慧博物馆集 5G、AI、VR、AR、物联网、云计算、大数据分析等新兴技术于一体，不仅是传统博物馆功能的延伸与拓展，更是通过高新技术对文化遗产保护、传承与创新的全新诠释。通过数字化展示、虚拟现实体验、互动学习等方式，观众可以更加直观、深入地了解文物的故事，感受历史的厚重与文化的璀璨。

一、智慧博物馆的内涵及产生背景

智慧博物馆是博物馆与新技术的结合，但又不仅仅是二者"1 + 1 = 2"的简单相加，更是在组织架构、管理模式及运营方式等方面的自上而下的全方位创新，其产生受多种因素影响。

（一）博物馆定义演变

自 1946 年以来，国际博物馆协会对博物馆的定义曾有 10 次修改。最初，博物馆的定义为"包括藏品对公众开放的所有艺术的、技术的、科学的、历史的或考古的（机构）"。2022 年，最新修改的博物馆定义是"为社会服务的非营利性常设机构，它研究、收藏、保护、阐释和展示物质与非物质遗产。向公众开放，具有可及性和包容性，博物馆促进多样性和可持续性。博物馆以符合道德且专业的方式进行运营和交流，并在社区的参与下，为教育、欣赏、深思和知识共享提供多种体验"。

从博物馆定义的演变中，可以看出博物馆越来越贴近大众，愈加注重宣传及教育功能，最新定义中首次提出包容性、多样性、知识共享、多种体验等概念，强调博物馆的参与性及互动性，为智慧博物馆的发展提供了可能。

（二）智慧博物馆的概念

从20世纪90年代起开始，我国博物馆掀起信息化浪潮，先后建立博物馆官方网站，如今，国内大中型博物馆已基本具有独立的官方网站，小型博物馆也多数拥有微信公众号等传播媒介渠道。

进入21世纪后，文博领域出现了“数字博物馆”概念，即“以数字形式对可移动文物和不可移动文物的各方面信息进行收藏、管理、展示和处理，并可以通过互联网为用户提供数字化的展示、教育和研究等各种服务，是计算机科学、传播学以及博物馆学相结合的信息服务系统。”[①]数字博物馆以藏品数字化为主要内容，利用数字扫描技术、模拟技术对文物本体进行数字化采集和计算机处理，用多媒体手段使文物和展览实现数字化呈现，实现传统博物馆“人—物”二元关系在数字空间中的单向呈现。[②]

然而，由于各文博单位扫描技术和数字模拟技术水平参差不齐，存在复杂文物扫描还原度不高的问题；数据系统中数字藏品数据是孤立存在的，形成数据孤岛，难以被高效利用。

随着信息技术的进一步提高，综合物联网、大数据、人工智能、智能终端等形式于一体的智慧博物馆，作为新形势下博物馆的全新模式呈现。智慧博物馆以博物馆为平台，以文物及观众为中心，采用系统集成的方式，集合建筑结构、信息系统、业务服务、资源管理于一体，为文物及观众提供数据智能融合服务。[③] 宋新潮认为，智慧博物馆实现了“物—人”“物—数据”“人—数据”的信息交互和远程控制，是一个智能生态系统。[④]

（三）国家政策对智慧博物馆政策的支持

近年来，随着科技的进一步发展，“互联网+”盛行，推动着社会不断进步，国家政策层面上也对智慧博物馆予以大力支持，也成为智慧博物馆飞速发展的重要原因。

2014年，四川博物院、山西博物院、内蒙古博物院、广东省博物馆、甘肃省博物馆、金沙遗址博物馆、苏州博物馆等7家博物馆被确定为智慧博物馆建设试点单

---

① 杨向明：《数字博物馆及其相关问题》，《中原文物》2006年第1期。

② 王春法：《关于智慧博物馆建设的若干思考》，《博物馆管理》2020年第3期。

③ 贺琳、杨晓飞：《浅析我国智慧博物馆建设现状》，《中国博物馆》2018年第3期。

④ 宋新潮：《关于智慧博物馆体系建设的思考》，《中国博物馆》2015年第2期。

位。2017年,《国家文物事业发展“十三五”规划》提出建设现代博物馆体系。同年,党的十九大报告强调“加强文物保护利用和文化遗产保护传承”。2021年,《关于推进博物馆改革发展的指导意见》提出要“大力发展智慧博物馆”“大力发展博物馆云展览”。2024年,《智慧旅游创新发展行动计划》提出鼓励和支持文博场馆、考古遗址公园等单位“运用虚拟现实(VR)、增强现实(AR)、拓展现实(XR)、混合现实(MR)、元宇宙、裸眼3D、全息投影、数字光影、智能感知等技术和设备建设智慧旅游沉浸式体验新空间,培育文化和旅游消费新场景”。

二、博物馆智慧服务建设与应用

智慧博物馆的核心理念在于“智慧”,体现在多个方面。从智慧博物馆的特点、应用范围及服务人群等标准进行划分,智慧博物馆主要包含智慧保护、智慧服务、智慧管理三个核心内容。三者相互关联、密不可分,共同构成了智慧博物馆平台建设,而智慧服务是提升博物馆参观体验的关键所在,是智慧博物馆理念下加强与公众联系的重要体现。

(一)智慧导览与讲解

博物馆导览是指引导观众参观和获取公众服务的一种辅助方式。[①] 随着科技的不断进步及移动终端的普及,在传统的人工语音导览基础之上,许多博物馆开发了相关数字化产品,将面向公众的服务内容融为一体,打造智慧导览服务。

1. 智慧导览

中国国家博物馆推出“国家博物馆”APP,分为展览、导览、藏品等主要部分,包含参观预约、讲解预约、展览资讯、藏品介绍、自主导览、路线推荐、餐饮服务、国博文创等与游客参观切身相关的内容,观众只需下载一个APP,即可获知在国家博物馆参观游览时想要获知的全部内容。对于初次参观的游客而言,“路线推荐”一栏尤其便捷。除了根据游客参观时间不同,分别有一小时、两小时、半日游展览路线推荐,还可以由游客自定义路线,APP自动生成参观路线及参观所需时间,极大地提升了游客在大型展馆中的参观体验。

除了智慧导览APP,也有部分博物馆选择通过第三方平台,搭建智慧导览服

① 刘怡珂:《基于服务设计理念的博物馆智慧导览APP设计研究》,南京信息工程大学硕士学位论文,2022年。

务。如“故宫博物院”小程序,依托微信平台,既包含购票预约、地图导览、AR游览、在展展览、时令推荐路线等在馆游客最为关心的内容,又有全景故宫、数字文物库、数字多宝阁、数字名画记、故宫小游戏、每日故宫照片等线上用户也可参与体验的内容,真正达到足不出户即可“云”参观的目的。

2. 智慧讲解

如今,多数博物馆配备有基于RFID技术的导览系统。RFID(Radio Frequency Identification)意为“无线射频识别技术”。基于RFID技术的语音导览系统,是结合蓝牙定位技术、GPS定位技术、GIS展示技术,结合智能设备的重力感应器、陀螺仪等多种传感器,制作出的一种导览系统。① 通过博物馆内提供的相应语音导览设备,可以为到达固定展厅及文物点位的用户自动播放讲解,实现随行随导。

此外,许多博物馆还为特定文物提供二维码文物讲解。通过微信“扫一扫”功能,扫描特定文物的二维码,游客可以选择聆听感兴趣的文物语音讲解,更具针对性。相较于RFID语音导览系统的“大而全”,二维码文物讲解平台成熟、开发周期短,可以为用户提供精准服务。

2023年10月,郑州博物馆在中原象踪展厅推出AR眼镜智慧导览服务,通过AR识别、语音交互等形式,让展柜中静止的鸵鸟蛋化石、纳玛象牙化石、犀牛桡骨等文物“活”起来,让人仿佛置于50万年前的丛林,带来博物馆参观新体验。

(二) 线上虚拟展览

知识图谱是一种以数字技术为核心,利用计算机存储、管理和呈现概念及其相互关系的新技术,可以将不同知识、数据以图形形式呈现,便于用户更加准确搜索不同信息及相互关联。知识图谱突破了馆际之间时空限制,可以从数据端实现多个博物馆之间数据的开放与融合。随着数字技术的日益成熟,知识图谱技术也成了智慧博物馆建设的一个重要环节②。在“丹青宝笺:董其昌书画艺术大展”中,上海博物馆将线上展览分为观看、探索、创作三种形式,通过知识图谱的形式,在地图、时间线、径向树状图上对董其昌生平、行迹、交游的线性化探索,把展览主人公置于时代大背景之下,挖掘董其昌亲属及社会关系、了解交游行迹,将董其昌其人在时间、空间中具象化,可以帮助观众更好地理解展览主人公的生平、作品及思想。

① 郭甜:《智慧导览系统在博物馆的应用研究》,《文物鉴定与鉴赏》2022年第5期。
② 杨拓:《新技术视角下博物馆发展实践与趋势》,《中国国家博物馆馆刊》2019年第11期。

此外，在展示董其昌绘画作品时，线上虚拟展以动画形式呈现，让文物跃然而生。《秋兴八景图》是董其昌在水中行舟的过程中所画，线上展览以 VR 视频形式，将原画作动态化，以第一人称视角带领观众乘坐一叶小舟，360 度沉浸式体验四百年前的山水风光，通过数字技术的赋能，让静止的文物“动”起来。

（三）数字博物馆与线上策展

中国丝绸博物馆发起“丝绸之路数字文物共享平台”，打造“馆中之馆”——丝绸之路数字博物馆，打通了各博物馆间的文物资源壁垒，汇聚了国内外多家博物馆的数字藏品，构成丝绸之路文物资源库。截至 2023 年 8 月，丝绸之路数字博物馆平台的“数字藏品”板块由中国、英国、美国、俄罗斯等 18 个国家的 50 余家博物馆共建，数字化的藏品汇聚丝绸之路各国包括难以运输的壁画及易碎的器皿等在内的精品文物 2 600 余件，涵盖了不同时间、空间、材质、题材①。数字博物馆的构建打破了实体博物馆间藏品资源与线下空间的限制，降低了运输风险和布展成本，极大地方便了全球文博爱好者通过线上平台体验多元文化的交流融合。

同时，中国丝绸博物馆搭建了具有即时策展、设计、形成 3D 虚拟展览的云上策展平台，并以此为依托发起了“丝绸之路云上策展”大赛。通过举办系列高规格策展大赛，平台传播力和影响力持续提升。截至 2023 年 8 月，平台注册人数突破 8 万，2 400 余人参与策展设计比赛，吸引国内外 220 余所高校推广参赛，共产出 356 个展览，吸引观众 66 万人次②。

三、博物馆智慧服务建设的问题及对策建议

我国智慧博物馆发展有十年左右的时间，尚处于起步发展阶段，部分博物馆的智慧化建设取得了初步成果，但整体而言，智慧博物馆建设仍存在诸多问题，智慧服务领域需要进一步优化完善。

（一）当前博物馆智慧服务建设存在的问题

1. 博物馆智慧化建设不健全，尚无统一标准及规范

博物馆智慧服务建设作为博物馆智慧化的重要内容，其建设需要遵循一定的

---

① 国家文物局编：《文物事业高质量发展案例研究》，文物出版社 2023 年版，第 40—41 页。

② 国家文物局：《中国丝绸博物馆：丝绸之路数字文物共享平台　促进文明交流互鉴》，2023 年 8 月 8 日，https://mp.weixin.qq.com/s/eqoBG4A_lox6sbkholz-iw。

标准和规范。通过制定智慧博物馆标准,可以确保博物馆在数字化、智能化方面的建设有章可循,避免盲目建设和资源浪费。当前,我国智慧博物馆建设尚处于发展初期,关于智慧博物馆的理论及实践经验较为缺乏,各馆处于单兵作战的摸索阶段,容易陷入盲目建设、更新缓慢、内容偏离博物馆主题等误区。因此在智慧博物馆建设初期,应首先建立起智慧博物馆的行业标准,包括数据安全标准、技术要求标准、终端支持标准、运营维护标准、评价体系标准等。形成统一规范的智慧博物馆标准后,有助于提高博物馆的服务质量和效率,推动馆际之间的交流与合作,促进博物馆全行业的发展。

2. 智慧服务内容及形式欠缺

一些博物馆仅满足于具备智慧服务形式或设备,对所提供的服务内容打磨不足,尤其文物及展览解读方面,容易存在内容过于浅显或将线下内容照搬线上的情况;一些博物馆存在智慧服务内容分散于小程序、第三方平台、馆方 APP 等多个平台的情况,甚至同一服务内容仍需跳转多个平台,观众操作烦琐低效,无法体现智慧服务的便捷性;还有一些博物馆智慧化服务内容更新缓慢,甚至一段时间后出现页面无法打开的情况,存在运营维护欠缺的问题。

3. 智慧服务受众群体不明晰

博物馆在打造具有本馆特色的智慧服务之前,若未进行深度的受众群体调研,无法为公众提供精准服务。如青少年儿童容易被趣味性和互动体验吸引,学生和家长更注重知识性和教育性,研究学者更关注学术前沿知识,而老年观众更在意智慧服务的操作便利性等。

(二) 优化博物馆智慧服务建设的对策建议

1. 吸纳社会力量,共建智慧博物馆标准规范

智慧博物馆的建设是一项庞大而又复杂的交叉学科工程,除了需要文博行业工作人员,还需要包括云计算、人工智能、大数据分析与管理等多领域技术人才共同建设完成,这是绝大多数博物馆所欠缺的。而社会力量中包括许多具有创新精神和专业技术的企业与个人,他们可以为博物馆提供先进的信息化技术和解决方案,推动博物馆的智能化发展。因此,对于博物馆来说,应了解社会需求与技术水平,积极引入高校、科技企业等社会力量参与共建,打造智慧博物馆规范标准,实现博物馆的智能化管理、个性化服务,提升观众的参观体验,扩大博物馆的社会影响力。

2. 提升智慧服务内容及形式，打造线上线下互补展览形式

线下展览的实物体验、教育功能与社交互动体验，是单一形式的线上展览难以替代的，同时，线下展览也有着展厅空间不足、展览时间有限、运营成本较高等缺点。智慧博物馆的出现，为博物馆线上展览创造了更多的可能性。而基于数字博物馆平台打造的线上展览，也应摒弃原封不动照搬线下展览的形式，打破时空界限，做到线上线下展览互补，如利用 VR、AR 技术沉浸式观展，通过知识图谱进行知识信息发散，利用 3D 打印技术使观众亲手制作文物模型，增加互动游戏提高社交体验，开设策展功能增强文博爱好者的参观体验感，对展览增强更为深刻和生动的认识与感受。

3. 提供多样化服务，实现精准受众

博物馆在打造智慧服务之前，应选择多种媒体渠道进行全面的用户调查，借助大数据和人工智能技术分析，深入了解潜在受众群体，如根据年龄、知识程度等标准进行合理分类，以提供相应不同的智慧服务内容，满足公众多样性的需求。另外，博物馆也应注意操作平台的操作便捷度，一些开放性程度较高的城市博物馆及大中型博物馆应根据需要提供多语种服务。

结　语

在新质生产力的作用下，智慧博物馆不仅是一个展示平台，更是一个开放、包容、创新的文化交流空间，其借助先进的信息技术和智能设备，将文物的历史脉络、文化内涵和科技魅力融为一体。

作为城市发展历程的见证者、城市文化记忆的守护者，城市博物馆负有记录城市历史、展现城市文化、传播城市精神、提升城市内涵的使命，其各项业务也围绕着与这座城市息息相关的“物证”展开，其中既有代表城市发展历程的重要人、事、物，也有反映城市日常生产生活方式的点滴记录。通过博物馆智慧服务这一崭新形式，城市博物馆以生动鲜活的方式将城市发展的历史脉络呈现给市民及公众，城市博物馆也将更好地推动城市文化遗产的保护传承，激发市民的情感共鸣，让城市历史文化在岁月的长河中熠熠生辉。

留住城市的声音
——上海城市听觉文献初探

黄培莉[①] 上海市历史博物馆(上海革命历史博物馆) 上海 200002

摘要:

在博物馆展览策划和社会教育中,应充分利用声音资源,尤其是隐性的、可以转化为音频的听觉文献。同时,根据声音的特点,与城市考古、视觉文献相结合,策划新的历史叙述主题,在观众沉浸式互动中完成对历史的再现与沉思。

关键词:

城市化 城市意象 听觉文献 博物馆

Retaining the Voice of the City: A Preliminary Exploration of Auditory Documents in Shanghai

HUANG Peili

Abstract:

In museum exhibition planning and social education, it is recommended to fully utilize sound resources, especially implicit auditory literature that can be converted into audio. At the same time, based on the characteristics of sound, combined with urban archaeology and visual literature, new historical narrative themes are planned to complete the reproduction and contemplation of history in an immersive interaction with the audience.

Key words:

Urbanization Image of the city Auditory documents Museum

一座城市的声音,是她的呼吸。对于城市而言,"其声可闻"来自"其声可视":正是道路、边界、区域、节点、标志物等可视物的产生和存在,发挥着它的社会功能,才使城市具有活力;久而久之,"似乎任何一个城市,都存在一个""或者说是一系

---

① 黄培莉,上海市历史博物馆(上海革命历史博物馆)馆员。HUANG Peili, Shanghai History Museum & Shanghai Revolution Museum.

列”“由许多人意象复合而成的公共意象”。[①] 历史类博物馆的展教工作，要借助反映城市意象以体现城市精神，也就要寻找、整理和应用城市之声。

声音以显性或隐性的形式无处不在，从乐音悠扬到机器噪音，声音包容一切也讲述一切。它是日常生活的一部分，它也留存在诗文里，录制在唱片中，定格在胶卷上；它可以是文物、“非物质文化遗产”或“工业遗产”。总之，它留驻于文献，活跃于传承。作曲家约翰·凯奇曾写道：“无论我们身在何处，我们所听到的大部分都是噪音。我们试图忽视噪音时，它会令人烦躁。不过当我们侧耳倾听时，却会发现它如此迷人。”[②]该观点同样适合博物馆对城市声音载体——听觉文献的研发利用。

怎样发掘藏品内涵、让文物“说话”，“物尽其用”，历来是博物馆展教关注的重点。随着科技进步，展示手段多元，使上述意愿有望扩容。同时在受众方面，日趋深度观展，沉浸式互动，加强体验感和双向交流。实体文物已开始向“非遗”延伸，在数字技术赋能更多文博、文旅项目的大趋势下，展教理念也在与时俱进。梳理具有代表性的听觉文献，思考怎样活化城市之声，还原、解读上海城市生态场景，让观众通过“如是我闻”而沉思历史，探索博物馆展教创新，不妨多做尝试。

一、听觉文献的应用分类

根据现状，博物馆展教所用的听觉文献大致可分为史料和素材；史料如名人讲话录音、重要新闻首播录音、名家名曲演奏录音等直接可用的原始音频文本；素材如演讲稿、新闻稿、乐谱、诗歌、剧本，以及单纯的机器声、汽车行驶声等需要二度创制的文本。根据载体属性，又可将其分为静态和动态两大类；上述图文、声像等史料和素材属于静态文献，需要解读研究或创制、解码播放；另外还有大量民间专技余音则属动态文献，不断在演出、运行，两者都涵盖了城市物质生活、精神生活的方方面面，均应予以重视，按用途作梳理研判，对其应用价值形成共识。

（一）静态类听觉文献载体

第一，包括自有录音、录像以来，从母带、开盘带、黑胶、胶片到数码拍摄录制的

---

① ［美］凯文·林奇著，方益萍等译：《城市意象》，华夏出版社2017年版，第35页。

② ［美］亚历克斯·罗斯著，郭建英译：《余下只有噪音：聆听20世纪》，广西师范大学出版社2020年版，前言。

所有相关音像资料;第二,包括可诵读、演出,可转化为声音、音乐如学堂课文、诗词、民谣、谚语、口号标语、文告、乐谱、戏剧脚本、影视剧本等可听式文字符号与图片。其存在并需要关注的问题如下。

历史音像资料特别丰富,尚待进一步编辑各类细目以利检索选用。上海音像资料馆《近现代江南历史影像资料库》,以及拥有自1898年以来的新闻纪录片、专题片、素材、各类影像档案10多万部,已形成的“上海百年音像史志”,都是用之不竭、尚待不断钩沉研发的丰厚资源。关乎重大历史节点如抗战捷报、第一声“上海人民广播电台”的播出、我国第一颗人造地球卫星发射成功的播报,更多上海人民生活日常的纪录片,创作的银屏银幕、舞台演出影像等等。可望随着深化研发必能各取所需。

“可读式”图片文献尚待加强利用。它是指带有文字符号需要解读,或表现人物动态如呼号、演唱、说话的照片、绘画等资料。入选上海小学生乡土教材的一幅老照片里,墙上所贴的是一张沪语版的传教文字,可以按照目前的上海话朗读但发音又不完全相同,反映了语言的变化和开埠之初西学东渐中以传教名义来华办教育的历史,其中美租界创办人文惠廉就曾翻译出版多种沪语书籍[①]。另外,宣传抗战的画面如胡一川1932年创作版画《到前线去》、李桦1935年创作版画《怒吼吧,中国!》,虽然没有文字,但人物的呐喊、挥手等动态配合画面,都可视作有声素材,配上《义勇军进行曲》《黄河大合唱》,即可强化展览效果。再如丰子恺漫画《村学校的音乐课》,绘出一班孩童的张张小嘴在教师二胡伴奏中放歌一曲,他们所唱的或许就是丰子恺老师李叔同填词的《送别》:“长亭外,古道边,芳草碧连天……”该曲1936年由百代唱片公司(EMI)灌录成唱片,由北师附小学生演唱;也可以从上海电影制片厂摄制并于1983年公映的故事片《城南旧事》中看到城里学校用风琴伴奏演唱此曲的情景。

可听式文字符号更加丰富,也须重视、研发利用。可以举竹枝词和文人诗词为例。竹枝词犹如长镜式、可读式展卷上海历史风俗的史诗韵文,是上海生活百态的回响。上海地区的竹枝词经过系统整理和专门研究,已形成比较完整的文本和论述,包括《上海历代竹枝词》,甚至新人新作《浦东新竹枝词·非

---

① 沈思睿:《文惠廉与沪上第一座教主堂》,《都会遗踪》2015年第1辑。

遗卷》均已问世。[①] 竹枝词可演唱，江南以丝竹管弦乐曲作伴奏，清人黄霆曰："暇将风土人情，述之吟咏，被之管弦，以俟夫采风者得焉。"[②]因此，可根据古代曲谱或民间传统，恢复、演绎这些歌曲，是否能按照上海流行的紫竹调、喜洋洋等曲调填词？或是参考上海说唱、浦东说书的唱念结合方式来演出，都可以深入研讨。与此相关，文人雅士的唱和吟咏体现在传统诗词集里，现代词人龙榆生编《近三百年名家词选》，其中有不少与上海乃至江南文化相关的名家，从开头的明清之际陈子龙、李雯、吴伟业三位，到近人沈曾植、朱祖谋、夏敬观、吴梅，抑扬顿挫间，见证的是"心缘物感，情随事迁，风气转移，胥关世运"。当然论词"固当以意格为主，不得以其不复能被管弦而有所轩轾也"。吟诵与歌唱都是读词品韵的主要形式，是艺术地再现光阴"世运"。[③] 对于古代诗词的吟诵，素来是有传承的，唐文治、叶嘉莹都是名家。而对于吟唱，同竹枝词一样，既可以按古乐谱恢复演唱，如元曲经过整理，有诸宫调、南戏、杂剧等新曲谱问世[④]，也可以根据部分词曲的曲牌素材，结合现代作曲技法的音乐语汇和声乐艺术歌曲特征，另外创编新曲，中央音乐学院作曲系师生已有这方面成果。[⑤] 推而广之，在表现上海城市变迁的各种主题里，童谣、民谚、口号、标语、文告等以文字记录下来的静态文献，都可以通过整理、研究和技术处理，转化为历史的回声。

（二）动态类听觉文献载体

包括文艺演出、生产制作、生活现场等特殊文献。作为文物性质的有声动态、活态文献，典型资源可以列举已有的"非遗"相关名录，即城市历史文化中带地域特性、行业特性、标志符号性、历史节点性，正在传承并具有现实意义的部分。这些项目名为"非遗"，实则有物，比如有剧本、道具，有乐谱、乐器，有机器、工具，通过言传身教来演出和实施；并且，当这些言传身教一旦被拍摄制作成数据，借助载体去宣

① 顾炳权编著：《上海历代竹枝词》(上下)，《上海洋场竹枝词》，上海书店出版社 2018 年版；陈珑、张帆编注：《南翔竹枝词》，上海文化出版社 2014 年版；金山区图书馆编：《金山竹枝词・胜迹篇》，上海书店出版社 2022 年版；(清) 沈蓉城编，张青云等译注：《枫泾竹枝词》，上海文艺出版社 2010 年版；张春华等撰：《沪城岁事衢歌・上海县竹枝词・淞南乐府》，上海古籍出版社 1989 年版；张坚撰：《浦东新竹枝词・非遗卷》，上海远东出版社 2022 年版；程洁著：《上海竹枝词研究》，上海社会科学院出版社 2014 年版；朱易安著：《竹枝词及其近代转型研究》，上海古籍出版社 2020 年版。

② 黄霆：《松江竹枝词・序》，载顾炳权编著：《上海历代竹枝词》(下)，上海书店出版社 2018 年版，第 740 页。

③ 龙榆生编：《近三百年名家词选》，上海古籍出版社 2012 年版，第 236 页。

④ 新曲谱如刘崇德译谱：《元曲古乐谱百首》，河北大学出版社 2001 年版。

⑤ 成果如黄华丽、张佳佳编：《中国古曲与古诗词艺术歌曲选集》，中央音乐学院出版社 2022 年版。

传、教育，即也真正成为“有物”。根据上海市文物主管部门的规定，时限上属于1949年以前的文献均为文物。这些鲜活的文物在博物馆展教中的应用，同样还有许多探讨空间。

截至2023年12月，中国国家级“非遗”共确定十大类3610个子项（据上海市非物质文化遗产网），而各地省、市、区县级项目为数更加壮观。其中直接涉及声音文献的共有7个大类：民间文学、传统音乐、传统舞蹈、传统戏剧、曲艺、传统体育游艺与杂技、民俗；与上海及周边江南文化有关，一定程度体现上海特色的国家、上海市两级“非遗”虽然标准因人而异但数量也很可观，如反映农业生产、自然环境的金山田山歌（在耘稻、耥稻时传唱）、崇明鸟哨（模仿鸟鸣）、崇明天气谚语（农谚），反映工人生活的上海港码头号子（传唱于黄浦江畔的码头工人搬运号子）、杨浦工人大锣鼓；有行业特点的珠算，体现日常生活的浦东地区哭嫁哭丧歌、玉佛禅寺传统梵呗艺术，体现节庆的豫园灯会、龙华庙会、罗店划龙船，反映娱乐、艺术生活的海派杂技、江南丝竹、独角戏、滑稽戏、浦东说书、宣卷、昆曲、京剧、越剧、沪剧、淮剧、苏州评弹，体现居住文化变迁的金山嘴渔村生活习俗、三林老街民俗仪式、石库门里弄居住习俗，体现历史教育的钱氏家训及其家教传承、沪上闻人名宅掌故与口碑、淀山湖传说、杨瑟严的故事、小刀会传说、川沙民间故事等。因此，“非遗”已经自成完整的体系，而且在文旅结合的大形势下发展迅速，有些文艺项目如戏曲已建立自己的专属博物馆。

历史类博物馆引入“非遗”，主要注重其活态的特性和二度创作的价值。“非遗”往往体现了“现实即历史”，其声可闻，其态可仿，特别适合博物馆教育中开展沉浸式互动活动。因此，在界定、筛选听觉文献时，宜多加注意方言、校歌、弄堂游戏、叫卖声、名胜中的题词楹联等内涵，尽力予以“盘活”。[①] 同时也要注意，历史诠释、博物馆教育不等同于导游，“非遗”中也有些娱乐、夸张、边界待定的内容，传说不等于历史，寓教于乐是方法论，文旅结合宗旨是“以文化旅”。

二、听觉文献的策展研究

在博物馆策展人视野中，史料与素材终将物尽其用，实现文物保藏的意义，恪

① 相关研究成果，如邵文菁：《近代海上校歌刍议》，《都会遗踪》2012年第4辑；薛理勇编著：《文以兴游：豫园匾对、碑文赏析》，同济大学出版社1987年版。

尽社会共享之责。研究工作包括听觉文献的规范化及具体展教项目。当然就整体而言，听觉文献是展教所用材料之一，应当注意与其他材料的契合，并非欲凸显“声光化电”之“声”而刻意为之。作为城市历史博物馆，策展的目光，是在城市化发展脉络视域下，聚焦城市、市场、知识、理性、启蒙等节点，确定叙事主题和展项。[①] 城市化由经济、人口、政治、文化、科技、环境和社会等系列变更所推动，它在城市体系(区域内所有城镇的总和)的动态、特征方面产生巨大变化，比如土地利用模式的改变，社会生态(社会和邻里人口结构)的改变，建筑环境的改变，和城市生活本质(在城市环境下所进行的生活方式和社会相互作用的形式)的变化。[②] 上述静态的脉络与动态的变化，在策展人眼里，莫不由具体细节“一叶知秋”式地予以体现，因此筛选、审视、创作、谛听城市之变的交响，也是博物馆策展研究、概念设计的过程，包括对史料与素材、展陈内容主题展开讨论，以形成一定方法与进路。

(一) 听觉文献的规范化

在史料与素材本体层面，主要是规范问题，即对其真实性、典型性的研判，对于二度创作确立依据原则。

历史声音的真实性，一般在数据库成立、定名著录和分类时已经解决。在以声音为主的展项中，比如“迎春音乐会”主题，上海交响乐团某年某场音乐会录音不会存在真伪、匹配度问题；但在以声音为辅的展项中，音频是否属实、典型则需要研判并涉及理念。例如战争中的枪炮声，在中国冷兵器为主的清中晚期，与北伐、抗战时不能混为一谈；外滩回响的海关钟声在不同年代也不一样。电视剧《繁花》选用了上海音像资料馆的历史录音和镜头，一些国产老故事片为衬托大背景也经常使用历史原声和纪录片片段，文艺作品的这种尊重历史的处理方法值得博物馆坚守。

历史声音的二度创制，指对年代较早的原始录音进行数据修复(即 remastered 重制)，还包括对书面文字的诵读等声音的模拟转化。数字修复争议焦点在于秉承的原则。早期黑白故事片《一江春水向东流》经数字化转为高清版，确实更具风采。但并非所有单声道、模糊的历史余音都适合修复为亮丽悦耳的高清 24 比特数据，这种过度修复也是如今新版唱片不如旧版受欢迎的原因。有时候应该保持原声中独有的走音、混杂等历史特点，如梅百器指挥工部局乐队的早期交响曲录音，应该在声音修复中“修旧如旧”，如观赏斑驳的商周青铜器那样保持今天所闻历史声音

① 李天纲著：《年代记忆：中国近代意识的形塑》，中国人民大学出版社 2023 年版，第 475 页。

② ［美］保罗・诺克斯等著，顾朝林等译：《城市化》，科学出版社 2009 年版，第 9 页。

的旧貌。

对书面文字的诵读等声音的模拟转化，是将原始文本作为二度创作的资料，带有艺术虚构成分，属于音频中的报告文学，特别需要遵循有据、适度原则。例如1919年8月5日，孙中山出席在南京路先施公司屋顶花园举行的全国学生联合会评议部闭幕会并发表演讲："学生诸君：今次之爱国运动，所谓罢课、罢市、罢工者，皆属一种牺牲之精神，推动的救国运动……今日诸君则胜利之诸君，完全获得国民同情之诸君也……"这是一篇证明孙中山与五四运动密切相关的重要演讲，与他致徐世昌声援学生的电报、嘱宋庆龄起草"学生无罪"的电报，以及认为这次运动"在我国今日思想界空前之大变动"的文章，构成"孙中山与五四运动"主题的系列史料，虽然发表时经过书面语式改动，但基本能够还原演讲时的口语文本，如参考今存孙中山讲话录音对其作技术处理，完全可以仿制生成这篇历史演讲语音。这样，就产生出一篇从文字到语音全新的孙中山演讲听觉文献。① 其他内容的孙中山遗存语音、书面演讲文字就是其创作依据，文字只能根据语气口吻、参考其他发表的孙中山演讲稿，揣度模仿其口语用词，略加增删；语速也要根据已有录音做调整，这样才称得上适度，并在实际展览中必须注明这是模拟而非原声。孙中山在沪有多次讲话，民国宣布成立前夕的1911年12月他在上海8天7夜，曾在汇中饭店欢迎会上发表关于三民主义的讲话……历史重要节点上许多名人都有过演讲，如何规范地盘活、重现这些资源是个长远课题。

（二）遵循声线特点的多元赋能研发

在史料与素材的应用方面，首先须注意声音的特点或者说遵循其特点，才能最大限度发挥其作用。声源是声线、音色的源头，不同物质的震动产生不同的音色，机器声、乐器声、人声各有特点，须辨声寻物，追根寻源，在一片嘈杂中确定发声的主体，研判是否为己所需。

在一个农事生活展项音频中，田山歌、风吹稻浪、杜鹃报春等都各有音色，只有在确定上述声音属实的前提下，该主题才有意义。同样，在工业题材里，上钢某厂"钢花飞溅"、江南造船厂制造的我国第一台万吨水压机在闵行重型机器厂的启动之声，也首先确定其真实性，以区别于电影制片厂拍摄时所用的人工模拟声。

人声以独有的音色，在听觉中占据审美、名人效应等重要位置，在新技术赋能

① 王耿雄编：《伟人相册的盲点：孙中山留影辨证》，上海书店出版社2001年版，第264—267页。

下可以策划出许多有关上海古今变迁、经济伦理与近代城市、乡土音声与都市繁华等展项。上海作家王安忆有《长恨歌》《天香》等由今而古描写上海的许多作品，她对上海博物馆展厅陈列的肇家浜路明代潘允征墓出土成套家具明器有篇解读：《出巡回来乐遥遥》①，如果由她朗读并录音，可以加入"名人说上海"项目，以名人视角看上海、讲上海。其中上海方言更能体现声音对历史文化的传播，宁波上海话、苏州上海话、上海"洋泾浜英语"，一直到独角戏、滑稽戏，衣食住行各方面都有大量策展元素，目前沪语"葛明铭讲故事"公众号上的"说《繁花》"广受"老上海"欢迎即是证明。

人类活动的交响，在上海近代化过程中，最令人瞩目的莫过于机器轰鸣，交通繁忙，商业兴隆。苏州河沿岸曾经有许多纺织厂、仓储、码头，见证了上海工业化的变迁，因此其声线非常具备展项元素，"苏州河的倾诉"或"倾听苏州河"可以有许多聆听点。

文艺之声，更是听觉文献的"当然代表"。虽然艺术史也是城市史的一部分，但除去专题临展之外，通史式宏观叙事中的艺术史，基本是生活史、社会变迁叙述、主旋律的配角，即使如"从社戏到文明戏"这样的主题，主要渲染的也是居民的娱乐生活史，注重的是以艺术讲史，以艺术家的影响力作点睛之笔，如海派电影、梅派京剧等。再如讲述"犹太人在上海"，可以根据犹太音乐家居多的特点，选用他们在沪演奏的历史录音，而以小提琴家帕尔曼五次登上上海舞台的录音作结束，注意其曲目中有克莱斯勒的《中国花鼓》。而上海的俄侨也曾对上海音乐事业的发展起过极大推动作用，钢琴教育家查哈罗夫播下的种子，男低音之王夏里亚宾在国际饭店的公演、齐尔品发起中国风格作曲比赛，都是极佳的选题素材。当然，历届"上海之春"音乐会更是反映新社会市民精神面貌的"新上海之声"。

（三）听觉文献与城市考古的结合

上海地区多年来在遗址遗迹、墓葬、古建筑和近代优秀建筑、历史风貌区、工业遗产等不可移动文物的勘察与发掘、研究与保护方面成果颇丰。循着城市发展的足迹，有"点"有"线"，去发掘、利用听觉资源，有望形成独特角度的展项。

如果以城市中心区域为"点"，以声讯考察、展播上海城市之变，应该会有所收获。百余年来，黄浦江上沙船风帆猎猎，外滩芦苇萧瑟、水鸟啾啾，逐渐有火轮船汽

① 王安忆著，陆宗寅等摄影：《王安忆的上海》，生活·读书·新知三联书店 2014 年版，第 89—93 页。

笛悠扬，海关钟声沉沉……这一切，今日得以部分还原，创作、拍摄有历史人文纪录片《外滩》予以重现①，其中不乏访谈、历史原声等音频元素。沿此思路，徐家汇、老城厢、静安寺、杨浦工业区等工商业、文化中心点都可以创制系列音频历史人文剧，从“徐（光启）利（玛窦）谈道”开始中西文化对话（徐家汇）、1845年《上海土地章程》重要条款中文版述读、“小刀会传说”（“非遗”）的复原（均老城厢），到“沪上闻人名宅掌故与口碑”（“非遗”）（法租界）、上海家门口的“老槐树”（杨树浦发电厂大烟囱故事），会发现声音有“厚度”，有广阔的纵深开掘空间。

假如以马路为“线”，沿着市政府公布的多条具有历史文化保护价值的“永不拓宽的马路”，同样会发现风景无限，有色复有声。不少学者专家也对此开展了城市文化考古，比如对愚园路的研究，其沿线各主要住户的变迁、故事已基本清楚，这条上海西区承载沪上百年发展历程的马路，也涉及许多人和事的历史听觉文献，串联、编演起来，就是一部城市历史广播剧。②

（四）听觉文献与视觉文献的结合

这里指的是除去有声影视之外的前述“可读式”图片文献。在策展中，某类引人入胜的特殊图片往往能激发创新力，酝酿出有意义的新主题。

例如，体现明星多重生活的组合式素材虽然凤毛麟角但也有整理成果问世，《未见沧桑：孙道临、王文娟艺术人生珍藏》就是其中之一。③ 这是两位艺术家的女儿从电影、戏曲、父母遗存照片、书信、画作和其他影艺珍档中精选编辑而成的画册，记录的是两位巨星的事业与生活，折射的是两个艺术门类的变迁史。影视与戏曲声像资源丰富，“音配像”有保障。另外，孙道临配音《哈姆雷特》，还有歌曲专辑发行（中国唱片公司《孙道临中外名曲独唱精选》cd），加上王文娟的越剧部分，见证艺术与人生天作之合的策展主题油然而生。又如连续出版物《点石斋画报》的配声，其画面题材多样，叙事完整，而现存历史听觉文献并不连续，但多数聚焦历史节点、大事要闻，由此出发去寻觅声源应该会有收获。同理，最能体现上海特色的月份牌广告画，与之前的旧校场年画、其后的新中国年画密切相关，这些画面很能体现民俗、时政、商业实况，按门类细分，再作原声配置，即成一个个展项，如过年、清

① 上海东方传媒集团有限公司、中央新闻纪录电影制片厂联合摄制，上海五洲传播有限公司、中国唱片上海公司出版DVD五集。

② 参见徐锦江：《上海城记》附录2《愚园路大事记》、附录3《愚园路空间弄号分布与内涵表》，东方出版中心2023年版；徐锦江：《愚园路上》，上海人民出版社2016年版；徐锦江：《愚园路》，上海书画出版社2017年版。

③ 孙庆原编：《未见沧桑：孙道临王文娟艺术人生珍藏》，上海人民美术出版社2023年版。

明、美容、马戏团、十九路军抗战、公社丰收等。再如上海市历史博物馆藏“百年上海”主题油画，本身就是遴选具有代表意义的主题作画，这类主题比较容易找到历史听觉文献。

三、听觉文献活化利用

博物馆面向社会的教育，日益呈现出观众分化、需求多元、形式活跃等特点。受众面对海量的信息，文化大餐的多重选择，进博物馆已不再满足于听讲解那样简朴而单向的活动。当今博物馆的观众分化，不是由于博物馆类型的多样化，而是随着技术进步而造成的观览陈列展示方式的千差万别。博物馆数量已经不少(上海市 2023 年向政府管理机构登记的博物馆达 165 家)，除基本陈列外，每年举办的主题临展也很多，其中的区别在于展、观方式，能让观众驻足、回头、留下深刻印象的展教，新技术含量往往较多，社教活动往往也有所创新。

依据声音特点研发新型文博、文旅项目已经有了成功的尝试，如 2022 年英国利兹大学表演和创意经济专业马海丽教授通过 VR、AR 技术“讲述”的《纺织女工之歌》。此创意舞台剧由马海丽团队与上海越剧院、上海纺织博物馆、上海戏剧学院、英国利兹工业博物馆、利兹大学，联手数字公司 HUMAN 和 Megaverse 共同制作，上海越剧院国家一级演员王柔桑主演，分别以“云连线”方式在上海与利兹实施，著名劳模、1958 年以自身事迹参与主演由谢晋导演、以自己姓名命名的故事片的黄宝妹也参与了活动。该项活动后续是戏曲在上海城乡遗产场域的混合现实表演。有关纺织的原声文献在其中功不可没。除了戏曲，20 世纪 30 年代由孙师毅作词、聂耳作曲、黎莉莉演唱的《新女性》，20 世纪 50 年代《黄宝妹》插曲《如今织女在人间》，同时期传唱的俄罗斯歌曲《纺织姑娘》，20 世纪 60 年代的《国棉四厂厂歌》，20 世纪 80 年代朱逢博原唱的《金梭和银梭》……这些歌曲都承载着满满的城市女工尤其是纺织工人的记忆。串联起来，用于表演，或让观众参与演出，亲临体验，就是很好的沉浸式活动。

音色可以将原本凌乱、无用之物以声线形式连接起来，在人的参与下令其发声从而“叙述”自己。在人的活动方面，此举可以视作行为艺术，在物质层面，便是——“物尽其用”。巫鸿在《物尽其用：老百姓的当代艺术》中介绍了这个超过一万件展品的当代艺术装置：原本来自一户人家、一个老人和其子收集保存的曾经用过的全部家当。“它们属于一个特定个人的收集，也被这个人所珍惜。因此，甚至在被转化为艺术材料，进入展厅之前，这些物品已经产生了相互之间的联系。已经具有了和‘杂货摊儿’不同的性格和意义。这些性格和意义包括它们的实际的或想象中的用途，以及它们所蕴含的感情和道德的涵义。”①它是一部家庭生活史，经济史，透出的节俭、馈赠或受赠、保存旧物遗物则属于伦理史。这些用品中，无疑有一部分是可以有声的。因此，当我们将一批来自一个家庭的旧物准备展示时，可以先寻出发声的原物，三五牌台钟、收音机、藤条拍子、各式瓶瓶罐罐，再阅读家庭支出账本（“豆腐账”）以至日记、往来书信……让其发声，让观众循声辨物，沉浸于长辈的生活记忆中。

城市历史类博物馆的教育方式注重以“物”说史。相对于固态的“物”，声音更显活态，应进一步转化为文物的视角，在保护利用的同时挖掘潜力，以声音魅力更紧密联系博物馆与人、城市与人的关系。

结　　语

“博物馆致力于教育和研究”是 2024 年国际博物馆日宣传主题。博物馆文化正在以更加新颖、鲜活的方式走进市民百姓日常，发挥其社会学校的重要功能；而新媒体技术艺术与媒体文化的发展，使博物馆展教焕发出新的活力，综合性跨媒体的新模式更加贴近当代年轻人的介入习惯和接受语境。虚拟还原、非线性叙事等手法的运用使历史描述更加立体、深刻和生动，其中声音元素意义重大，音频资源占据重要份额。并且，目前的“历史之声”概念已经从传统的现存声像成品资源，扩容为包括传承中的、可再生的、可二度创作的声源文献，不妨统称为听觉文献，其保护与研发利用前景非常广阔。从城市历史角度看，上海的沧桑巨变，传统文化、海派文化与红色文化，都有色有声，通过对听觉文献的分类研究、主题策展和活化应用，更能发挥博物馆在提供全面教育体验方面的重要作用。

---

① ［美］巫鸿编著：《物尽其用：老百姓的当代艺术》，上海人民出版社 2011 年版，第 4 页。

元宇宙跨界之旅：数实共生的博物视界

陈一欣[①] 上海华成文化科技有限公司 上海 200023

摘要：

2021年"元宇宙"的到来，在世界范围内掀起了新一轮的产业布局和科技博弈，"颠覆"了人们固有的生活、工作和思维方式。2022年5月，中共中央办公厅、国务院办公厅印发《关于推进实施国家文化数字化战略的意见》，为文化数字化指明了发展方向和实施路径。随即元宇宙技术在城市博物馆的创新发展中，愈发展显露出在科技、社会、艺术、经济等方面多元融合的创造力，重新架构博物馆生态系统。本文探讨了元宇宙技术在未来城市博物馆展览设计中的创新和优势，浅析数智交互技术在实现时空对话、临场体验、情感链接以及藏品"资源活化"的应用场景和现实意义。

关键词：

元宇宙博物馆　数智交互　情感链接　藏品活化

Cross Disciplinary Journey to the Metaverse：A Natural History Perspective of Symbiosis Between Numbers and Reality

CHEN Yixin

Abstract：

The advent of the "meta-universe" in 2021 has initiated a new round of industrial layout and technological competition worldwide, and "revolutionized" people's inherent modes of living, working, and thinking. In May 2022, the General Office of the CPC Central Committee and the General Office of the State Council issued the Opinions on Promoting the Implementation of the National Strategy for Cultural Digitalization, which indicated the development direction and implementation path for cultural digitalization. Subsequently, in the innovative development of the city museum, meta-universe technology has increasingly demonstrated its diversified and integrated creativity in the aspects of science and technology, society, art, and economy, and reconfigured the museum ecosystem. Entitled "Cross disciplinary Journey to the Metaverse：A Natural History Perspective of Symbiosis between Numbers and Reality", this paper explores the

---

① 陈一欣，上海华成文化科技有限公司展陈策划。CHEN Yixin, Shanghai Huacheng Culture Technology Co., Ltd.

innovation and advantages of meta-universe technology in exhibition design of future urban museums, and analyzes the application scenarios and practical significance of digital-intelligence interaction technology in achieving spatio-temporal dialogue, on-site experience, emotional connection, and "resource activation" of collections.

Key words:
Museum of the metaverse Digital intelligent interaction Enhanced emotional connection Activation of cultural relics

1981 年,美国数学家和计算机专家弗诺·文奇教授在其出版的小说《真名实姓》中创造了一个通过脑机接口进入并获得感官体验的世界。1992 年,美国著名科幻大师尼尔·斯蒂芬森在作品《雪崩》中描绘了一个与真实世界平行的虚拟空间。这就是最初"Metaverse(元宇宙)"概念的由来。2003 年,美国一款叫作 Second Life 的现象级虚拟世界游戏出现,人们可以在其中社交、购物、建造、经商,"元宇宙"这一概念开始为大众熟知。2021 年 3 月 10 日,在线游戏创作平台 Roblox 作为"元宇宙"概念股成功登陆纽交所,随后,Facebook、微软、字节跳动等巨头也对元宇宙展开投资。① 至此,"元宇宙"一炮而红,开启了真实世界与虚拟世界融合共生的新局面,人类的思考方式、生活方式在重新建构之下,焕发新生。

一、如何理解元宇宙

元宇宙英文单词"Metaverse"中,meta 意为超越,universe 意为宇宙,即在现实世界的基础上搭建一个超越现实的平行世界。从技术层面来说,元宇宙是整合现实技术、数字孪生技术、区块链技术等多种新技术将虚拟世界与现实世界在经济系统、社交系统、身份系统上密切融合,并且允许每个用户能够生产内容以及编辑。

它展现出沉浸式体验、虚拟化分身、开放式创造、强社交属性、稳定化系统五大特征和体验、发现、创造者经济、空间计算、去中心化、人机交互、基础设施②七大价值链。

① 贾伟、邢杰:《元宇宙力:构建美学新世界》,中译出版社 2022 年版。
② 贾伟、邢杰:《元宇宙力:构建美学新世界》,中译出版社 2022 年版。

二、当元宇宙遇见博物馆

博物馆是人类文明的重要载体，主要研究、收藏、保护、阐释和展示物质与非物质遗产，为公众提供知识、教育和欣赏的文化教育。党的十八大以来，我国博物馆在场馆建设、文物保护、藏品研究、陈列展览、开放服务、教育传播、国际交流等方面不断取得新进展，日益成为世界博物馆发展的中心和热点。根据国家文化数字化战略目标要求，传统博物馆以文物展示为主的单一呈现方式正在悄然发生变化。

2018 年起，国家博物馆持续推进以数据资源为基础的“智慧国博”建设工程，推动智慧库房、智慧展厅、智慧楼宇建设。2022 年，在国家博物馆创建 110 周年之际，习近平总书记在给馆内老专家的回信中要求：“坚持正确政治方向，坚定文化自信，深化学术研究，创新展览展示，推动文物活化利用，推进文明交流互鉴，守护好、传承好、展示好中华文明优秀成果，为发展文博事业、为建设社会主义文化强国不断作出新贡献。”2023 年 2 月，中共中央、国务院印发的《数字中国建设整体布局规划》提出“推进文化数字化发展，深入实施国家文化数字化战略，建设国家文化大数据体系，形成中华文化数据库。提升数字文化服务能力，打造若干综合性数字文化展示平台，加快发展新型文化企业、文化业态、文化消费模”。依托数字技术提升博物馆智慧保护、智慧管理和智慧服务水平，已然成为博物馆发展的必然趋势。

在政策利好的情况下，因场馆安全、文物保护、环境条件、服务管理等因素使得文物无法尽数展出、不能满足观众体验感等问题依然存在，这大大降低了博物馆的文化传播及教育能力。据统计，截至 2022 年，中国拥有不可移动文物 76 万多处。[①]加上不可对外展出文物，以故宫为例，每年展出的文物仅占藏品总量的 5%左右。

元宇宙技术的应用将在一定程度上缓解或解决这些问题，对博物馆提档升级，加速数字化转型将产生十分积极的影响，例如互动技术提升沉浸式观展体验、虚拟展览打破观展条件局限、数字藏品实现“资源活化”等，不仅能提升博物馆的社交属性及运营管理，扩大博物馆的知名度和影响力，而且解决既能保护展品，又能尽可能多地传递文化价值的实际困难，提升各类观众对我国历史文化遗产的学习兴趣，为研学教育、国际馆际交流提供更好的平台和渠道，甚至链接文旅、影视、艺术等领

① 韦衍行：《存续文化基因　凝聚奋进力量——我国文物事业交出亮眼答卷》，2022 年 8 月 5 日，http://ent.people.com.cn/n1/2022/0805/c1012-32495295.html。

域的跨界破圈也指日可待。

三、数智交互打破时空界限

2024年5月，文化和旅游部办公厅、中央网信办秘书局、国家发展改革委办公厅、工业和信息化部办公厅、国家数据局综合司等五部门印发《智慧旅游创新发展行动计划》，提出“鼓励和支持文博场馆、考古遗址公园、旅游景区、旅游度假区、旅游休闲街区、主题公园、演艺场所、夜间文化和旅游消费集聚区等，运用虚拟现实（VR）、增强现实（AR）、拓展现实（XR）、混合现实（MR）、元宇宙、裸眼3D、全息投影、数字光影、智能感知等技术和设备建设智慧旅游沉浸式体验新空间，培育文化和旅游消费新场景。鼓励数字文创等智慧旅游产品出海，提升国际传播力和影响力”。元宇宙技术在文博、文旅行业的发展方兴未艾，借助技术手段，打破真实与虚拟的边界，让观众任何时间、任何地点，只要有网络，即可在广袤无垠的时空中徜徉。

从技术层面来说，通过人工智能技术训练出具备更高算力的芯片，能够帮助提升参与者在元宇宙世界中的体验感，再结合数字技术优化虚拟体验。[①] 即让观众从现实世界瞬间跳入特定的历史时期及文化场景之中，获得身临其境的感受。

在上海华成文化科技有限公司设计布展的汉口中华全国总工会旧址纪念馆案例中，序厅空间两侧运用裸眼3D对大革命时期工运历史进行二次创作，虚实交互，大革命高潮时期工人形象跃然眼前，瞬间将观众拉入到那个波澜壮阔的革命历史年代。

在武汉市中山舰博物馆改造提升设计方案中，为了让观众更深入地了解当年船员的舰船生活，我们围绕中山舰舰体设计数个VR望远镜用于观察舱室内部，结合影像演绎当年舰船生活场景，观众不登舰也可重温历史时刻，同时保护舰体不受损伤。虽然该项目因资金问题搁置，但这一方案不失为一个设计巧思。

四、线上还是线下

随着元宇宙技术赋能传统博物馆，我国不同级别的博物馆都提供了“云展览”，或网页端或微信端。“云展览”采用前沿的720全景技术复刻影像，并叠加5G通

---

① 成生辉：《元宇宙：概念、技术及生态》，机械工业出版社2022年版。

信、人工智能，结合 3D、VR、AR 技术全方位还原出一个等规格的虚拟博物馆，多维度空间辅以更多信息输出的方式被赋予更高的自由度和参与感①，体验到足不出户、如临现场的展厅实况，受到了广大民众的欢迎与点赞。对于文博行业从事人员，也是一个成本少、专业性强且生动直观的学习方式。以故宫博物院为例，VR 技术创建的全景故宫，以地理位置为线索，展示故宫各宫殿全貌，每一处红墙、每一片琉璃瓦分毫毕现，并配有解说，与线下无异，甚至更为详尽。对于养心殿、重华宫等暂未开放的区域，在“全景故宫”里也可一探究竟。

除了故宫博物院的数字化探索，中国国家博物馆、秦始皇帝陵博物院、南京博物馆、洛阳博物馆、尼泊尔 3D 造像博物馆、伦敦国家美术馆等文博机构也纷纷将文物搬进“元宇宙”，通过 3D 扫描建模、全息影像、AR/VR、虚拟互动等技术，为观众提供“元宇宙游览模式”。陕西历史博物馆特别推荐展厅中的“韩休墓壁画虚拟展”推出了“修复文物”互动游戏，真实还原发掘现场，进入墓室后，边游览边修复，云体验感非常强。

因此，线上虚拟博物馆的开发，是对线下实体博物馆的一次提升变革，观展形式更加多元，观展体验更加丰富，实现了从参观者向参与者的转变。展览模式由线下单轨向线上＋线下双轨并行模式发展，拉近了文物与观众之间的距离，并结合语音导览、图文介绍、多媒体影像、人机互动等技术手段，为观众提供更多内容信息及亲历体验。

五、穿越上下五千年，与古人面对面

中华文明源远流长，是世界古文明中唯一没有中断、传承至今的伟大文明。5 000 年的历史沉淀孕育出中华优秀传统文化，是中华民族的根和魂，是最深沉的精神追求，是民族历史上道德传承、文化思想和精神观念的总体。博物馆对文化传承的职能和使命，促使我们把中华历史文明的展示研究引向深入，鉴往知来、向史而新，让传统文化活起来，传下去。

2019 年，湖北省博物馆推出“虚拟曾侯乙编钟”，通过计算机视觉和 AR 技术让观众以手代槌敲，在互动区模拟敲击。2 000 年前的古代乐器被唤醒，沉沉声入磬，观众如同久别重逢的乐师，在感受中传递文化价值。

① 申继平：《基于元宇宙的博物馆“云展览”探究》，《大众标准化》2024 年第 2 期。

除文物遗产外，还遗存有许多名垂青史的风流人物和旷世巨作，我们只能通过书本或口口相传的事迹窥见一二。

（一）如何破局

紧抓元宇宙的两大特征：第一，虚拟化分身即现实世界的用户将在数字世界中拥有一个或多个身份（ID）；第二，强社交属性，即现实社交关系链将在数字世界发生转移和重组。[①] 在展览设计具体实践中，可以通过人物3D建模、AI技术以及数据编程来还原人物的重塑，根据人物性格、身世、成就等条件，运用程序设计来实现历史人物有思维，可以说话，可与观众“面对面”交谈。

（二）如何对话

对话模式可分为：① 一对一：个体观众与单个历史人物对话。② 一对多：个体观众与多个历史人物对话。③ 多对一：多个观众与单个历史人物对话。

以《竹林七贤图》举例，观众可通过选择对话人物、相关场景、多人模式/单人模式等条件，既可与一人互诉衷肠，也可与众人一道把酒言欢。在“多对一”的模式中，运用游戏思维，引入时下流行的剧本杀模式，设计不同故事单本，提升体验感。例如：不同用户组成一支考古队，在参与发掘的过程中，逐步揭开谜团；或扮演某个历史人物，如嵇康，喝他的酒、吟他的诗、唱他的歌、谈他的恋爱，走完他的一生。当然这种体验模式更适合线上虚拟展览，在多用户组队体验中，还能凸显其社交属性。

六、注入角色情感的场景叙事

“场景”一词最初应用于电影、戏剧之中，它包括演员、场地、道具、音乐等不同要素的组合，传递给观众特殊的讯息和感觉。后来不断延伸到社会各领域，演变为能够承载文化价值和内涵的社会空间。在当今数字化、体验经济和消费社会时代，人们需要的不再是单一的空间场所，而是物质、技术、符号、文化相组合的场景空间。[②] 在博物馆空间中，如何精准且全面剖析历史文化内涵、讲好历史文物故事，如何调动“五感”，从感知到认知，引发观众与场景的共情与认同，是对博物馆设计叙事能力的一大考验。

以上海华成文化科技有限公司设计布展的邵武市体育中心“闽赣赤焰——中

① 贾伟、邢杰：《元宇宙力：构建美学新世界》，中译出版社2022年版。

② 蔡斐：《“场景”概念的兴起》，《中国社会科学报》2017年4月20日。

央苏区闽赣省历史陈列”为例，多媒体艺术场景“中央红军三次攻打邵武城”深挖“三打”故事内涵，结合建筑空间，用好展品、多媒体设备、图像、声音等物质或非物质载体，营造出现实与虚拟交织的宏大场面，生动再现闽赣军民创建邵武苏区过程中的艰难与惨烈，诠释出“坚定信念、求真务实、一心为民、清正廉洁、艰苦奋斗、争创一流、无私奉献”的苏区精神。我们在物质或非物质载体的契合上下了很大功夫，从环境布置、音响、画面炸点位置、烟雾效果以及时间点的配合上，做了多次修改，最终达到精准适配、相互融合的效果，主打一个真实感体验。

在2023年湖南芒果展厅设计方案征集项目中，我们结合芒果台IP形象“芒果崽”和中国首位综艺节目虚拟主持人（湖南首位数字主持人）“小漾”等元素，运用裸眼3D、虚拟导览、VR等技术展现湖南广电5G新技术多场景应用创新技术成果，彰显其“主流是底色，年轻是气质，创新是基因”的品牌形象，不仅是元宇宙技术在博物馆展览设计中的一次突破，也是文博、影视的跨界链接。

2023年，短片《逃出大英博物馆》火爆出圈，短片以拟人手法，讲述一盏从大英博物馆出逃的中华缠枝纹薄胎玉壶，偶遇一名在海外工作的中国媒体人，随后共同踏上归家之路的故事。影片最后，远在大英博物馆的一众文物展开跨越千年的对话，道出共同的心声“愿山河无恙，家国永安”，情感震撼溢于言表。

可见，在博物馆展览设计中，可以植入影视化手法编译解码故事内涵，通过元宇宙技术加持，在观展过程中，让观众亲自下场参与表演，引发更加直观的情感体验；或以人化物，唤起观众的深刻思考。

七、文物藏品的“资源活化”

围绕文物本身，技术人员还可以整合文物标引内容，结合数字空间，打造数字文物陈列架，构建数字文物知识库，实现“云把玩”“云学习”“云收藏”，打造文博IP，把元宇宙博物馆的品牌发展推向深入。

（一）“云把玩”

元宇宙技术可以利用高精度的三维扫描和建模将文物进行数字化保存，精确还原文物细节，文物数字化数据在多重备份后，能够保证数据的安全和稳定。这既为观众提供更高质量、更近距离的观展方式，又为文物藏品的保护和传承提供更多可行性方案，减少对原始文物的频繁搬动和展示，降低损害风险。

以故宫博物院为例，与全景故宫同时打造的数字多宝阁，利用全球领先的 3D 高保真数字测量与重建技术对文物进行真实感重建，一比一复制，让文物真正“活起来”，点开页面后可以随意转动文物，360 度零距离“触摸”文物并与之互动。目前数字多宝阁收录有几百件文物影像，文物底部的编号以及历史沉淀的纹理，仿佛诉说着它几千年来的风雨沧桑、喜怒哀愁，这一点是线下实体展览无法企及的。

美国纽约大都会艺术博物馆在 150 周年庆之际，与热门游戏《集合啦！动物森友会》梦幻联动，为玩家们提供了约 40.6 万件虚拟展品。通过虚拟展品二维码将藏品导入游戏中，在不同平台和场景中转换，突破了博物馆本身的空间限制，吸引了跨领域用户的关注。这无疑是文博界与游戏界的一次跨界尝试。

大胆试想，从单个博物馆场景的构建到多个博物馆资源的链接融合，未来的某一天，只要动动手指注册登录后，在某个链接内，点击区域、国家、城市、博物馆等选项，即可进入世界各地的博物馆场景，还可随意变换博物馆空间，直接跳入下一个博物馆，实现藏品观赏、收藏及购买自由。针对数字化文创产品甚至能够做到线上下单、线下送货，这就非常理想化了。当然，这需要的不仅是一个庞大的数据系统，用户全球化也是一个待研究的课题。

（二）“云学习”

2023 年 2 月 8 日下午，由国家图书馆、北京大学和字节跳动公司合作推出的“国家古籍数字化工程”优秀项目——《永乐大典》高清影像数据库及《国家珍贵古籍名录》知识库在国家图书馆正式发布，免费向公众开放。《永乐大典》高清影像数据库收录国家图书馆藏《永乐大典》40 册 75 卷内容，共涉及 14 个韵部、17 个韵字、1 800 部书。数据库专门通过设置初见、流光、惊鸿、珠联、缀玉、遗编六大版块，实现了数字化全文识别和版式还原，使大典的风貌、内容在数字条件下实现永续保存和广泛传播。数据库采用 Web3D、光影还原等交互技术，实现了对《永乐大典》进行旋转、放大、翻页等操作，让读者身临其境地“触摸”大典；数据库采用可视化叙事，使用动画制作、音效制作等技术，通过整理大典的时间、地点、事件、叙事线索，生动、立体地展现《永乐大典》的坎坷历史，数字化解决了古籍的“藏”“用”并举。①

《永乐大典》高清影像数据库兼具学术性与普及性，用数字化手段保存珍贵古籍、激活古籍生命力、提高公共文化服务效能的典型范例。参照这一范例，随着技

① 张妮：《国家图书馆数字赋能古籍活化“〈永乐大典〉高清影像数据库”：汲古慧今　古籍新生》，《中国文化报》2023 年 10 月 13 日。

术的成熟，在成本允许的前提下，可以广泛推广于博物馆的设计中，真正实现知识系统化、搜索智能化、资源共享化。

此外，XR 技术的运用将拓展博物馆的服务模式。参观场景下，观众可抛弃讲解员和解说设备，佩戴 XR 眼镜，由虚拟导览员全程陪伴；教育场景下，师生可通过佩戴 XR 眼镜将文物虚拟传送至课堂上，实现寓教于乐的沉浸式教学。场地、方式、资源的共享转化，为文化教育、学术交流、馆际交流开辟了更为广阔的视野。

（三）“云收藏”

根据博物馆学定义，藏品是博物馆收藏的具有一定历史价值、科学价值和艺术价值，并反映自然界发展变化的规律和人类科学文化进程的历史见证物。博物馆依据自身性质、任务和社会需要搜集并经过鉴选符合入藏标准，完成登记、编目等入藏手续的文物和自然标本。

数字藏品则是使用区块链技术，对应特定的作品、艺术品生成的唯一数字凭证，在保护其数字版权的基础上，实现真实可信的数字化发行、购买、收藏和使用。其品类丰富，包括但不限于数字图片、音乐、视频、3D 模型、电子票证、数字纪念品等各种形式[①]，具有稀缺性、可确权性、原真性、可转让、价格亲民、便于收藏等特点，同样具有博物馆宣传、展示、教育等职能。将实体文物与数字藏品结合，利用元宇宙相关技术将数字藏品投射到现实世界，让更多无法亲临博物馆的观众感受博物馆馆藏的魅力(图 1)。[②]

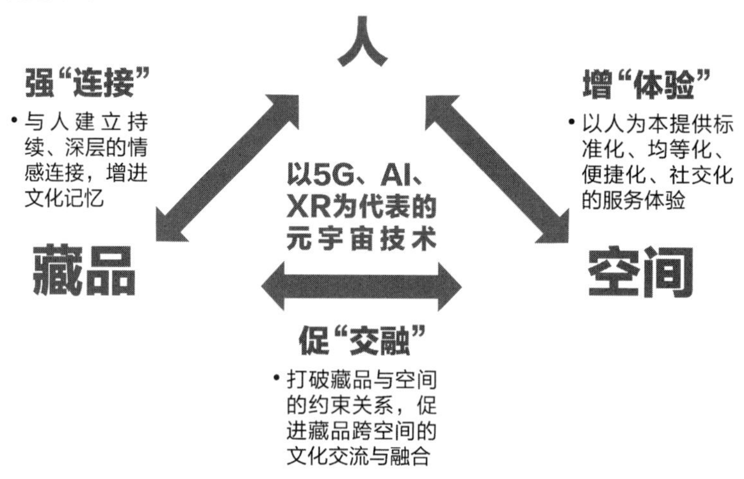

图 1　元宇宙技术重塑博物馆“人—藏品—空间”关系(来源：商汤智能产业研究院)

① 袁璐：《区块链技术激活传统文化，国内博物馆试水数字藏品》，《北京日报》2021 年 12 月 22 日。
② 王芳芳：《数字化时代元宇宙在博物馆中的应用和实践》，《收藏与投资》2024 年第 4 期。

2021 年至今,广东、西安、甘肃、河北、四川、河南、安徽等地 20 余家文博机构均已推出多款由镇馆之宝衍生的数字藏品。例如:2021 年 10 月,湖北省博物馆镇馆之宝“越王勾践剑”数字藏品正式对外发行;2022 年新年期间,南京博物总馆等 22 家机构推出了支付宝“集五福”活动数字藏品,湖北省博物馆联合多家机构免费送出限量版编钟数字藏品;2022 年 3 月,大明宫国家遗址公园发行“千宫系列”数字藏品,9 分钟内全部售罄。数字藏品越来越受到大众尤其是年轻朋友的喜爱和追捧,它的炙手可热在一定程度上推动了文博事业乃至文旅市场的发展。

博物馆文创产品已成为人们旅游打卡留念的一种热门方式,从纪念币、纪念册、印章、冰箱贴、钥匙扣、盲盒等文化产品,到雪糕、奶茶,再到饰品、美妆、箱包,形形色色、五花八门,成为年轻人追捧的新晋“奢侈品”,充分彰显文化自信的魅力。基于历史及文物本身,与 IP 品牌结合,打造出虚拟技术与现实艺术结合的交互文创产品,将是未来城市博物馆的新领域。例如:通过拍照的方式,邀请历史人物一同入镜;运用 VR 技术实现与历史人物或文物的握手、击掌、比剪刀手等,影像媒介在这一过程记录下来后,观众通过扫码下载到移动设备中带走留念。数字文创产品相对于买一个实体纪念品更为生动、有趣、易保存,可以随时翻阅,观众愉悦度、新鲜感更强烈,技术层面上,也是一种文创产品虚实交互的创新表达;情感层面上,更是观众与历史文化的双向奔赴;从博物馆运营的角度来说,这属于用户 VIP 式个性定制服务的范畴。

结　语

从二维到三维,从着眼当下到穿越时空,从信息孤岛到全民共享,从地域壁垒到全球共融,从单线发展到跨界创新,博物馆在元宇宙技术的加持下,将完成一次次跨行业、跨产业的变革重组,数实共生的创新迭代正在发生,新的博物馆生态系统正在形成,梦想正在一步步照进现实。让文物“活起来”,历史人物“活起来”,文化自信“秀出来”,博物馆“火起来”,城市“靓起来”,不再是一句口号,博物馆新时代之旅将横跨历史、艺术、科学、游戏、潮玩等不同行业、不同领域,打破年龄、职业甚至国籍的界限,释放出无限可能,在世界文博舞台上绽放中国文化自信自强的时代华彩。

编后记

随着新时代博物馆事业的蓬勃发展，如何实现博物馆的高质量发展成了一个重要议题。中国城市博物馆协会城市博物馆专业委员会于 2023 年 11 月启动了相关议题的学术论文征稿，不仅得到了会员的积极响应，还吸引了高校学者、文化科技企业从业者的参与。经过两轮专家审稿，本书最终收录学术论文 44 篇，围绕“博物馆高质量发展”做了以下三个方面的探讨：① 博物馆是国家文化建设的主体、传播中华文化的主力，须持续生产创意展览、教育活动等优质文化产品促进中华优秀传统文化创造性转化、创新性发展；② 博物馆现在已经成为文化旅游的前沿阵地，为更好地适应新业态新场景，传统的“博物馆＋”产品应以紧密联系市民生活需求为目标，进一步走向品牌化、个性化、品质化，助推文旅融合和博物馆发展实现价值共创；③ 新技术应用让我们看到了博物馆传统功能的更多可能，也为观众创造了丰富的互动体验，而科学收集、合理利用博物馆庞大的数字资源，主动打破博物馆信息“孤岛”将会是“数智化”时代下博物馆建设的关键。作者们通过工作实践收集的案例和总结的经验，使得本论文集能够涵盖从理论探讨到实践案例的广泛议题，让更多博物馆同行能了解到这一时期城市博物馆工作的成绩与趋势。本论文集的出版亦感谢上海交通大学出版社的支持与帮助。提升学术质量、激发研究潜力、丰富交流形式也将是城市博物馆专委会未来重点的工作方向。

中国博物馆协会城市博物馆专委会 2024 年学术年会将于 11 月中旬在上海举行，除了分享本论文集的学术成果之外，我们还会与参会同行们分享更多优秀案例并且发布全新的文博项目，共同探寻新时代博物馆与城市融合共生的有效路径，充分发挥博物馆力量对个体获得感、幸福感提升的影响，让博物馆高质量发展成果更好地赋能市民美好生活。

编委会

2024 年 8 月